GLOBALIZAÇÃO: COMO DAR CERTO

JOSEPH E. STIGLITZ

Globalização: como dar certo

Tradução
Pedro Maia Soares

COMPANHIA DAS LETRAS

Título original
Making globalization work

Capa
João Baptista da Costa Aguiar

Preparação
Claudia Abeling

Índice remissivo
Luciano Marchiori

Revisão
Valquíria Della Pozza
Otacílio Nunes

Dados Internacionais de Catalogação na Publicação (CIP)
(Câmara Brasileira do Livro, SP, Brasil)

Stiglitz, Joseph E.
Globalização : como dar certo / Joseph E. Stiglitz ; tradução Pedro Maia Soares. — São Paulo : Companhia das Letras, 2007.

Título original: Making globalization work.
Bibliografia.
ISBN 978-85-359-1063-6

1. Globalização - Aspectos econômicos I. Título.

07-4900 CDD-337

Índice para catálogo sistemático:
1. Globalização : Relações econômicas internacionais : Economia internacional 337

EDITORA SCHWARCZ LTDA
Rua Bandeira Paulista 702, cj. 32
04532-002 — São Paulo — SP
Telefone (11) 3707-3500
Fax (11) 3707-3501
www.companhiadasletras.com.br

A Anya, para sempre

Sumário

Introdução à edição brasileira

É com grande prazer que vejo a publicação da edição brasileira de *Globalização: como dar certo.* O Brasil tem estado no centro de muitos dos mais importantes debates mundiais sobre globalização e vem desempenhando um papel fundamental na redefinição de seu funcionamento.

O PAPEL DO BRASIL NA REDEFINIÇÃO DO REGIME DE COMÉRCIO MUNDIAL

O papel do Brasil tem sido notável nas negociações da Rodada do Desenvolvimento das conversações sobre comércio que começou com tantas promessas em Doha, no Qatar, em novembro de 2001. As rodadas anteriores haviam liberalizado os mercados e diminuído as barreiras tarifárias, mas de um modo desvantajoso para os países em desenvolvimento. A Europa e os Estados Unidos se comprometeram a corrigir esses desequilíbrios, caso contrário outro acordo de comércio mundial seria muito provavelmente inaceitável para os habitantes dos países em desenvolvimento. A Rodada Doha, porém, chegou a um impasse, e embora ainda tenha de ser declarada oficialmente morta, as perspectivas são sombrias. Qualquer que seja a situação das conversações, a maioria dos países em desenvolvimento perdeu o interesse por elas porque percebeu que, mesmo que se chegue a um acordo, ele não lhe será muito benéfico.

As conversações da Rodada do Desenvolvimento, no entanto, foram diferentes das rodadas anteriores de negociações comerciais. Antes, apenas os países industriais avançados sentaram-se realmente à mesa. Os acordos eram feitos entre as grandes potências comerciais, Europa, Estados Unidos e Japão; o resto do mundo era obrigado a acompanhar. Dessa vez, o Brasil e a Índia participaram da principal mesa de negociação juntamente com a União Européia e os Estados Unidos. O Brasil exigiu, com razão, que a União Européia e os Estados Unidos cumprissem as promessas de cortar os subsídios agrícolas. Os americanos fizeram uma oferta "generosa" de *não aumentar* seus subsídios em mais de 50% — de um patamar que já havia sido duplicado pelo governo Bush, e acusaram o Brasil de má-fé por não aceitar essa oferta. E acusaram de modo mais amplo a Índia e o Brasil de perseguir seus interesses próprios, às custas dos outros países em desenvolvimento. Mas a realidade é que são os Estados Unidos que estão agindo de má-fé. São os Estados Unidos e a Europa que quebraram as promessas feitas em Doha em novembro de 2001 de uma rodada que promoveria realmente o desenvolvimento dos países mais pobres. Essas promessas mal podem ser reconhecidas nas ofertas que os Estados Unidos e a União Européia colocaram sobre a mesa. Eles simplesmente puseram vinho velho em garrafas novas, na esperança de que os países em desenvolvimento caíssem na artimanha. O Brasil posicionou-se na vanguarda para que isso não acontecesse.

O Brasil deu outra contribuição importante: contestou a legalidade dos subsídios agrícolas americanos na Organização Mundial do Comércio e *ganhou*. Se não tivesse prevalecido, isso sugeriria que o processo da OMC seria uma farsa. A Rodada Uruguai havia definido limites para "subsídios agrícolas que distorcem o comércio", mas os Estados Unidos alegaram que seus subsídios ao algodão não causavam essa distorção. Sem esses subsídios, porém, os Estados Unidos nem mesmo exportariam algodão; com eles, o país se tornou seu maior exportador mundial. Se isso não é distorção do comércio, então nada o é. Mesmo tendo perdido o caso na OMC, no momento em que escrevo este prefácio, os Estados Unidos estão renovando seus generosos programas de subsídios, apesar das receitas recordes da agricultura.

Os interesses especiais que moldaram as políticas econômicas americanas, em especial no governo Bush, são tão fortes que o país parece disposto até a sacrificar seus interesses de segurança. Ouviu-se dizer que os Estados Unidos querem se livrar da dependência do petróleo estrangeiro, em parte porque sabem que o dinheiro gasto em petróleo sustenta ditadores e governos indesejáveis no Oriente Médio e outras regiões. O Brasil alcançou efetivamente a independência energética, em parte graças ao programa de pesquisa apoiado pelo governo de produção de etanol a partir da cana-de-açúcar. O etanol brasileiro é tão bem-sucedido que os Estados Unidos precisam tributá-lo em mais de 50 centavos de dólar o galão e aplicar um subsídio de igual valor no ineficiente etanol de milho americano para torná-lo competitivo.

PROPRIEDADE INTELECTUAL

O Brasil tem estado em primeiro plano também na área da contestação ao regime de propriedade intelectual, chamado TRIPS, da Rodada Uruguai. Ao dificultar a produção de medicamentos genéricos aos países em desenvolvimento, esse regime reduziu o acesso às drogas que salvam vidas para as pessoas mais pobres do planeta. Isso tem sido especialmente importante para os remédios contra aids: um ano de tratamento com medicamentos genéricos custa hoje em torno de 160 dólares, em contraste com os 10 mil dólares cobrados pelos grandes laboratórios. Sem acesso aos medicamentos genéricos, milhares de pessoas são desnecessariamente condenadas à morte. Para o Brasil, que está decidido a fazer com que isso não aconteça, o impacto orçamentário de pagar o preço dos laboratórios significaria simplesmente esgotar o dinheiro para as outras necessidades da saúde.

Qualquer que seja a nossa posição política, a idéia de pessoas morrendo de doenças como a aids, quando há medicamentos disponíveis que poderiam curá-las, ou pelo menos prolongar suas vidas, é profundamente perturbadora. As maravilhas da medicina moderna são de fato espantosas, mas a defasagem entre o sucesso das ciências médicas na descoberta de curas e o fracasso das ciências sociais em encontrar maneiras de assegurar que os benefícios desse conhecimento estejam à disposição de todos é também espantosa.

O ataque deste livro ao TRIPS provocou reações fortes: um alto funcionário da Organização Mundial do Comércio queixou-se de que eu estava sendo injusto. Ele disse que eu certamente conhecia as "flexibilidades" que estavam embutidas no acordo, as quais permitem que os países emitam licenças compulsórias. Se os países em desenvolvimento não fazem uso pleno dessas flexibilidades, a culpa não deveria ser atribuída à OMC, mas a esses países. Esse tipo de argumento é falso. Em primeiro lugar, se a intenção fosse preservar o acesso aos medicamentos genéricos, o acordo teria sido moldado de forma completamente distinta. Uma lista de medicamentos *não* vitais (como aqueles para o crescimento de cabelos) teria sido formulada e os países em desenvolvimento teriam então permissão para emitir licenças para todos os outros remédios. Mas os laboratórios queriam dificultar aos países a obtenção de licenças compulsórias. Alguns chegaram a argumentar que tais licenças deveriam ser emitidas somente quando um grande número de pessoas estivesse morrendo: se esse número fosse pequeno, estaríamos diante de um problema que caberia aos indivíduos resolver.

O Brasil foi um dos poucos países dispostos a ameaçar usar as provisões que haviam sido incluídas no TRIPS para o licenciamento compulsório. O país sabia, é claro, que seria atacado pelos laboratórios e pelo governo americano por fazer *aquilo que tinha todo o direito de fazer*. E foi atacado. A postura firme funcionou *para o Brasil*: em vez de o país emitir licenças compulsórias, na maioria dos casos os laboratórios baixaram seus preços para o Brasil. Mas isso significou que países menores, sem capacidade de produzir medicamentos genéricos e sem meios de enfrentar os Estados Unidos e seus laboratórios, tiveram de continuar pagando preços muito mais altos — com a conseqüência inevitável de mortes devidas à falta de acesso a remédios e restrições orçamentárias no âmbito da saúde pública para outros propósitos.

É necessária uma maior solidariedade entre os países em desenvolvimento. Na Organização Mundial da Propriedade Intelectual, em Genebra, em fevereiro de 2007, o Brasil uniu-se à Argentina e a outros países em desenvolvimento para exigir um regime de propriedade intelectual orientado para o desenvolvimento.

Até agora, no entanto, essas demandas não foram ouvidas nos corredores da OMC nos quais a assim chamada Rodada do Desenvolvimento está sendo negociada, nem nos acordos bilaterais de comércio que a União Européia e os Estados Unidos apressam-se em assinar. Com efeito, esses acordos significam um passo atrás. Enquanto um dos pontos do acordo entre os líderes empresariais, acadêmicos, de trabalhadores, das ONGS e dos governos que constituíram a Comissão Mundial sobre as Dimensões Sociais da Globalização (criada pela Organização Internacional do Trabalho em fevereiro de 2002, com um relatório final em fevereiro de 2004) era que precisávamos modificar as provisões sobre propriedade intelectual da Rodada Uruguai para promover o desenvolvimento e assegurar o acesso a medicamentos vitais nos países mais pobres, os Estados Unidos vêm impondo exigências que reduziriam ainda mais o acesso a remédios genéricos.

Novas tecnologias (tais como mecanismos de pesquisa aperfeiçoados) deixam em aberto a possibilidade de um acesso sem precedentes ao conhecimento em escala global, mas essas oportunidades correm o risco de serem tolhidas por um regime de propriedade intelectual desequilibrado. Uma batalha de gigantes se aproxima, entre aquelas empresas como Google e IBM, que vêem o mundo futuro baseado no acesso livre e acreditam que há amplas oportunidades para lucro nesse tipo de mundo, e aquelas como a Microsoft que, concentradas nas suas próprias oportunidades de lucrar, querem restringir esse futuro. O bem-estar dos consumidores e o ritmo futuro da inovação podem depender criticamente do resultado dessa batalha, mas para os países em desenvolvimento há ainda mais coisas em jogo, pois o que separa o mundo desenvolvido do em desenvolvimento não é apenas a disparidade de recursos, mas uma disparidade de conhecimento. O ritmo em que essa defasagem pode ser diminuída dependerá do acesso dos países em desenvolvimento ao conhecimento, e isso, por sua vez, dependerá de nosso avanço para um sistema mais livre ou mais restrito.

Ironicamente, enquanto os Estados Unidos tentam forçar os outros a adotar seu regime de propriedade intelectual, o descontentamento com esse regime continua a crescer dentro do próprio país. A Microsoft, que tem sido uma das mais fortes defensoras e aparente beneficiária da "propriedade intelectual forte", foi forçada a pagar 1,52 bilhão de dólares numa ação judicial americana em que foi acusada de roubar propriedade intelectual essencial relacionada à execução de música digital. A propriedade intelectual tornou-se objeto de uma enorme quantidade de litígios caros, com desacordos tão complexos e contenciosos que as questões chegam à Suprema Corte. Em alguns desses casos, a própria Corte pareceu preocupada com o fato de o regime de propriedade intelectual impedir a inovação.

POLÍTICAS INDUSTRIAIS

O sucesso do Brasil em biocombustíveis, para além de seu sucesso mundial com os aviões da Embraer, mostrou que políticas industriais — apoio governamental a determinados setores industriais — podem funcionar. Ao fazê-lo, o Brasil segue as estratégias adotadas pelos países do milagre do Leste Asiático, mas vai fortemente contra as idéias propostas pelo Consenso de Washington. É evidente que se a Coréia do Sul tivesse seguido essas idéias, talvez estivesse hoje entre os países mais eficientes na plantação de arroz, mas ainda seria pobre, em vez de membro da OCDE, o clube dos países industriais avançados.

As políticas ativistas do Brasil desempenharam um papel importante em sua rápida expansão das exportações, que mais do que dobraram em quatro anos.[1] De algum modo, porém, não aconteceu o que deveria acontecer. No Leste Asiático, a expansão rápida das exportações levou a um maior crescimento econômico, o chamado crescimento liderado pelas exportações. O Brasil parece ter inventado um conceito novo: o não-crescimento liderado pelas exportações. Hoje, o país fica feliz quando seu crescimento "explode" para 3% (acima do anêmico 1% dos primeiros anos da última década) e parece esquecer que durante 75 anos, nos três quartos de século anteriores a 1980, cresceu a uma taxa média de 5,7%. Parece haver uma explicação simples para esse fracasso: política monetária excessivamente restritiva. Diante das altas taxas de juros reais (em certos momentos, essas taxas no Brasil eram 10% mais altas do que nos Estados Unidos), não surpreende que o crescimento foi engessado; nessas condições, teria estagnado mesmo em países industriais avançados em bom funcionamento.

A contribuição mais importante do Brasil para o desenvolvimento em anos recentes talvez tenha sido suas inovações nos programas contra a pobreza. O mais notável é o programa Bolsa Escola, que condiciona os programas de ajuda à freqüência dos filhos à escola. Esses programas foram tão influentes que estão sendo imitados em todo o mundo — há inclusive um programa experimental nos Estados Unidos. Outra inovação, que também é amplamente reproduzida, são os orçamentos participativos, que fortalecem os processos democráticos, ao mesmo tempo em que levam a alocações de recursos que são mais eficientes e mais sensíveis às necessidades dos cidadãos.

PERSPECTIVAS GLOBAIS

Passou-se um ano desde a publicação deste livro nos Estados Unidos. Ao olhar para trás, as questões discutidas me parecem tão ou mais relevantes agora do que eram então. A Índia e a China continuam a crescer de forma extraordinária — a Índia com uma taxa anual de mais de 8% e a China superando os 10%.[2] E houve efeitos indiretos globais desses sucessos. Os altos preços das commodities ajudaram a impulsionar o crescimento global para 5%, e até a África vem se saindo muito melhor do que no quarto de século anterior, que assistiu à diminuição das rendas per capita.[3]

Não surpreende que a persistência dos altos níveis de desigualdade de renda nos países em desenvolvimento tenha continuado a alimentar aqueles que defendem o protecionismo no comércio internacional. Com efeito, uma das "surpresas" do ano passado foi que até os defensores da globalização descobriram que pode haver uma conexão entre globalização e desigualdade. Eles estão agora dando tratos à bola para descobrir como é possível proteger *sem protecionismo* aqueles que são prejudicados.

Essa não é a única área em que a globalização não andou bem e na qual os problemas que destaquei neste livro pioraram no último ano. O aquecimento global, os desequilíbrios comerciais e financeiros e a controvérsia furiosa sobre o acesso a medicamentos — tão crítico na luta contra os riscos mundiais da saúde como a aids — continuam no centro dos debates globais.

AQUECIMENTO GLOBAL

O debate sobre o aquecimento global, embora ainda intenso, foi alterado fundamentalmente pelo relatório dos cientistas de fevereiro de 2007: há poucas dúvidas agora de que o mundo está se aquecendo e de que as emissões de gases de efeito estufa (como o dióxido de carbono resultante da queima de combustíveis fósseis) contribuem muito para isso.[4] No entanto, essas conclusões por si mesmas não levaram a avanços na redução efetiva das emissões de carbono. O Protocolo de Quioto de 1997 deixou de fora a vasta maioria das fontes de poluição, inclusive aquelas originárias dos Estados Unidos e dos países em desenvolvimento. Apesar da crescente urgência de se fazer alguma coisa, há um impasse persistente: não parece haver nem mesmo um conjunto de *princípios* para estabelecer metas de redução de emissões que sejam aceitáveis tanto para os países em desenvolvimento como para os Estados Unidos e outras nações industrializadas. Existe, porém, uma abordagem distinta daquela assumida em Quioto — uma abordagem baseada no mercado em que todos recebem *incentivos* para reduzir as emissões, com a cobrança de impostos sobre elas. Faz muito mais sentido tributar as coisas ruins, como a poluição, do que as coisas boas, como o trabalho e a poupança. Ministrei palestras no mundo inteiro no último ano para apresentar esse argumento e sugerir que pode ser mais fácil chegar a um acordo sobre um conjunto de incentivos comuns e padrões básicos — com todos os países concordando, por exemplo, que deveriam impor tributos similares sobre as emissões de carbono — do que a um acordo sobre quanto cada país deveria reduzir em suas emissões. Essa análise encontrou eco em políticos e cidadãos de muitos lugares do mundo. Na meados de 2007, o primeiro-ministro britânico Gordon Brown e o presidente francês Nicolas Sarkozy se uniram àqueles que defendem tributos ecológicos.

Enquanto crescia o reconhecimento de que alguma coisa precisa ser feita em relação ao aquecimento global, o mesmo aconteceu com os temores em relação à vantagem competitiva que firmas em países como os Estados Unidos, que se recusam a tomar alguma medida, terão em relação a empresas em países como os da Europa, que assumiram compromissos para reduzir as emissões de carbono. Se as empresas migrarem para países que não regulam as emissões, é até possível que as emissões globais aumentem. É por isso que a Europa e outros países que levam a sério sua responsabilidade para com as gerações futuras *devem* impor sanções comerciais, e estou contente que essa idéia também comece a ser discutida, não somente nos círculos empresariais, mas também por governos.

Pouco antes do novo relatório científico, sir Nicholas Stern, que na época dirigia o Serviço de Economia do Governo (ele também foi meu sucessor no posto de economista-chefe do Banco Mundial, embora nossa amizade date de muitos antes, do período em que trabalhamos no Quênia, no final da década de 1960), publicou, em nome do governo britânico, um relatório sobre a economia do aquecimento global.[5] Seu argumento concordava com uma idéia central deste livro: é simplesmente arriscado demais não fazer nada. Embora o relatório tenha sido amplamente elogiado (Stern foi escolhido "pessoa do ano" pela edição européia da revista *Time* em dezembro de 2006), alguns economistas levantaram uma questão técnica: Stern havia utilizado uma taxa de desconto baixa demais.[6] As taxas de desconto são o modo pelo qual traduzimos os custos futuros para o presente; assim, em língua comum, o que esses economistas disseram foi que, uma vez que as calamidades provavelmente não ocorreriam nas próximas décadas, por que lhes dar atenção agora? Seria melhor pôr dinheiro numa "conta da calamidade do aquecimento global", deixar acumular juros e depois, quando a calamidade acontecer, teríamos dinheiro suficiente para consertar o dano. A questão que enfatizo — e os novos estudos reforçam — é que há uma enorme incerteza quanto ao que poderá acontecer: o aumento do dióxido de carbono aumentará a acidez dos oceanos, o que pode ter conseqüências dramáticas para toda a vida marinha, ou a corrente do Golfo pode mudar, ou desaparecer, levando partes da Europa a ficar muito mais frias, mesmo que boa parte do mundo enfrente um aquecimento. Com a intensificação do processo de desertificação, já vemos secas cada vez mais freqüentes, em especial na África — mesmo sendo poupada desse fenômeno, é uma região em que é prevista a duplicação dos números da pobreza. Novas doenças podem se disseminar: como vamos calcular o valor das vidas perdidas? Deixar de agir agora é uma aposta que não vale a pena — em especial quando podemos reduzir os riscos a um custo relativamente baixo.

DESEQUILÍBRIOS GLOBAIS E INSTITUIÇÕES FINANCEIRAS INTERNACIONAIS

O mundo está aliviado porque não houve uma repetição das crises que marcaram o fim do século XX e começo do XXI. O fato de não haver crise tranqüilizou alguns, levando a um sentimento de complacência. Lembro que, no final dos anos 90, quando o intervalo entre uma recessão e outra havia superado os quatro anos habituais, até Alan Greenspan, presidente do conselho diretor do Federal Reserve, jactava-se de que havíamos entrado numa nova era. Novas tecnologias haviam conduzido a uma nova economia em que as recessões eram coisa do passado. Mas no momento que essas idéias foram amplamente aceitas, a economia dos Estados Unidos afundou na recessão de 2001.

O mesmo acontece hoje na economia global. O fato de não ter havido crise durante vários anos não significa que tudo está bem com a economia mundial. Devemos observar, sobretudo, que os Estados Unidos continuaram a importar muito mais do que exportam — a diferença cresceu em 2006 para espantosos 856,7 bilhões de dólares, equivalentes a uma média de 4,28 bilhões para cada um dos aproximadamente duzentos dias úteis, ou 6,5% do PIB.[7] Se qualquer outro país apresentasse um déficit dessa ordem, os especialistas estariam prevendo um desastre iminente; lançariam acusações de má gestão econômica e os emprestadores ameaçariam cortar o fluxo de fundos. Mas apenas por serem a maior economia, isso não significa que os Estados Unidos sejam economicamente invulneráveis. Há muito tempo, demasiado para a memória de muitos dos jovens operadores dos mercados financeiros do mundo todo, no começo da década de 1970, os investidores mundiais perderam a confiança no dólar, jogaram os mercados financeiros globais na turbulência e acabaram com o sistema de taxa cambial fixa que havia sido montado ao final da Segunda Guerra Mundial. Entre aqueles que vêem as coisas para além do horizonte de curto prazo da maioria dos operadores de moeda, em especial aqueles que vêem o que está ocorrendo hoje a partir dessas perspectivas históricas, há uma preocupação verdadeira com uma crise iminente, com a turbulência nos mercados financeiros, com um "ajuste desordenado" quando o mundo "corrigir" esses desequilíbrios globais.

O fato de não ter ocorrido uma crise mundial em 2006 levou alguns dos otimistas em relação à economia global a se alegrarem: uma vez mais, afirmaram que os arautos do desastre estão errados. Mas minha reação é exatamente a oposta: os problemas continuam a se acumular, de tal modo que quando a inevitável correção acontecer, é muito mais provável que seja significativa. A queda pode ser dolorosa. O fato de não ter havido crise no ano passado deveria nos deixar mais — e não menos — preocupados.

O tumulto global que atingiu os mercados financeiros em meados de 2007 parece confirmar essas preocupações. A economia americana foi sustentada nos últimos seis anos pela dívida — e boa parte dos empréstimos foi para gente que apostou que os preços imobiliários continuariam a subir. Mas de um modo previsível — e foi previsto — o jogo começou a ficar claro: à medida que os preços das casas estagnavam e depois caíam, um número cada vez maior de pessoas deixou de pagar suas hipotecas. Os emprestadores haviam securitizado essas hipotecas podres, colocando-as em pacotes, talvez na esperança de que ninguém notaria os problemas escondidos. Mas quando a profundidade desses problemas tornou-se mais clara, a falta de transparência cobrou novamente seu tributo: os mercados de crédito emperraram, pois ninguém sabia com exatidão o quanto da riqueza dos tomadores potenciais estava amarrado a essas hipotecas. Os americanos conseguiram se aproveitar dos tomadores de empréstimos do resto do mundo, e assim as más práticas de empréstimo nos Estados Unidos causaram perturbações ainda maiores nos mercados financeiros de outros lugares, entre eles Europa, Austrália e especialmente Ásia. (Vale a pena observar o contraste entre o modo como o Federal Reserve tratou a recente crise das hipotecas *subprime* nos Estados Unidos — sob muitos aplausos —, baixando as taxas de juros, e as políticas de taxas altas que o FMI forçou o Brasil e outros países a adotar durante épocas de crise.) No momento em que este livro é publicado no Brasil, ainda não estão claras todas as conseqüências dessa crise.

O excedente comercial da China em relação aos Estados Unidos aumentou para 229,4 bilhões de dólares em 2006, levando a um previsível crescimento dos sentimentos protecionistas americanos e resultando em exigências de que os chineses tomem medidas para valorizar sua moeda.[8] (Parece que o superávit comercial chinês será significativamente maior em 2007.) A apreciação tornaria os bens chineses mais caros e desestimularia os americanos a comprá-los. Ao mesmo tempo, faria com que os bens americanos ficassem mais baratos para os chineses. A esperança é que o resultado seria uma redução do influxo de importações baratas e mais empregos nos Estados Unidos. O debate continua, com recriminações mútuas entre Estados Unidos, China e Europa, e com as autoridades americanas insistindo em ignorar o fato de que a apreciação da moeda chinesa faria pouco para diminuir o déficit comercial dos Estados Unidos; os americanos deixariam simplesmente de comprar têxteis na China e passariam a comprá-los no Camboja, ou em Bangladesh.

Subjacente a esses problemas está o sistema mundial de reservas — muitos países guardam vastas quantidades de dólares (e cada vez mais euros), um dinheiro que pode ser usado na eventualidade de uma crise. Em muitas das palestras para apresentar a edição em inglês deste livro, gastei algum tempo para explicar as ligações entre o sistema mundial de reservas e os desequilíbrios globais e que esse sistema é tanto desestabilizador quanto injusto. Há, por exemplo, algo de esquisito no dinheiro que flui dos países pobres para os ricos — e em 2006, mais de 500 bilhões de dólares foram na direção errada![9] Parte desse fluxo perverso é atribuível ao desejo dos países em desenvolvimento de manter dólares em suas reservas. Numa operação típica, eles compram letras do tesouro americano, o que significa que estão emprestando dinheiro aos Estados Unidos. Ao mesmo tempo, porém, muitos dos países em desenvolvimento tomam dinheiro emprestado dos Estados Unidos. Podemos ver isso como um círculo em que o dinheiro vai dos países em desenvolvimento para os Estados Unidos e depois volta. Mas há um aspecto peculiar — dir-se-ia errado — nesse sistema: a taxa de juros que os países em desenvolvimento recebem quando emprestam é muito menor do que a que pagam quando tomam emprestado. Essas mensagens também produziram enorme ressonância ao serem divulgadas na ONU, no Tesouro britânico e em seminários pelo mundo todo. Na ONU, por exemplo, os países em desenvolvimento começam a exigir que se faça alguma coisa, e Bangladesh colocou a questão sobre a mesa durante a reunião da Assembléia Geral, em setembro de 2006.

Embora não tenha havido crise em 2006, os mercados financeiros mundiais andam assustadiços. Em 28 de fevereiro de 2007, por exemplo, rumores sobre uma mudança nas taxas da China desencadearam uma queda de 8% na bolsa de valores desse país e provocaram tremores no resto do mundo; seguiu-se uma das maiores quedas nas bolsas de valores desde o 11 de setembro. Em meados de 2007, com a crise do assim chamado mercado de hipotecas *subprime* nos Estados Unidos, os temores de problemas iminentes aumentaram.

Embora o dólar não tenha declinado de forma abrupta em 2006, também não se fortaleceu. As desventuras americanas no Iraque contribuíram para a falta de confiança nos Estados Unidos e em sua liderança. Não surpreende que o sistema de reservas baseado no dólar — no qual os governos acumulam a moeda americana para dar confiança ao seu país e à sua moeda — tenha continuado a se desgastar, com um quarto de todas as reservas sendo mantido agora em euros. Mas o sistema de reservas em duas moedas pode se revelar ainda mais instável do que o anterior. Se as reservas se deslocarem com facilidade de dólares para euros, isso pode contribuir para o enfraquecimento do dólar e o fortalecimento do euro, apressando a fuga de dólares para euros. Os especuladores — pelo menos aqueles que apostam na direção certa — podem ficar contentes com toda essa volatilidade, mas os exportadores europeus talvez encontrem dificuldades cada vez maiores para vender seus produtos. Embora a Europa não seja responsável pelos desequilíbrios mundiais, ela terá de pagar o preço do "ajuste" desordenado que provavelmente acontecerá.

Em setembro de 2006, o Fundo Monetário Internacional começou a discutir sobre o que fazer em relação à instabilidade global. Enquanto a instituição se congratulava pela própria iniciativa, o resto do mundo se perguntava: mas não era isso que ele deveria ter feito nos últimos sessenta anos, desde a sua criação no final da Segunda Guerra Mundial? Mas não importa: as discussões não foram muito longe e o FMI não se empenhou muito. Como poderia, tendo em vista que a fonte mais importante dos desequilíbrios é o déficit fiscal e comercial dos Estados Unidos, e levando-se em conta que esse país exerce um papel dominante e é o único com poder de veto na instituição?

O FMI tem pago um alto preço pela falta de confiança mundial nele depositada e por sua falta de legitimidade política. Aqueles que devem à instituição, reembolsam-na o mais depressa que podem. No final de 2006, a Turquia era o único país a ter grandes empréstimos. Tudo isso ressalta as falhas fundamentais do "modelo de negócios" do FMI, que precisa de crises e de empréstimos em crises para financiar suas operações — um conjunto perverso de incentivos, no qual se beneficia do aumento da instabilidade. E embora grande parte das operações do FMI (como a coleta de dados) seja de valor para toda a comunidade financeira internacional, esses "bens públicos globais" foram, na verdade, pagos pelos países pobres por meio do pagamento de juros sobre os empréstimos feitos em tempos de crise.

O FMI começou a confessar os problemas de sua legitimidade política ao propor reformas no direito a voto, dando aos sub-representados mais fortes — México, Turquia, Coréia e China — mais votos em sua reunião de Cingapura, em setembro de 2006. Mas as mudanças foram pequenas demais para fazer muita diferença e deixaram grande parte do mundo em desenvolvimento — inclusive boa parte daqueles que pagam há muito tempo pela manutenção de toda a instituição — sem voz efetiva. O FMI prometeu mais reformas, mas os críticos continuam céticos: depois de subornar essas quatro nações, que incentivo restou para aprofundar as reformas? Ao contrário, começaram a ensaiar propostas que dariam aos países ricos ainda mais direitos de voto.

Com os Estados Unidos sendo capazes de vetar sozinhos qualquer medida importante de que não gostem, e com a ajuda das outras economias industriais avançadas, capazes de obter maioria em qualquer questão de sua preferência, os países ricos e poderosos não precisam dar mais do que uma falsa atenção às preocupações dos países mais pobres. Mas esse tipo de atitude é míope. Ela ajuda a explicar por que tantos países em desenvolvimento continuam a acumular reservas: eles não querem ter de apelar ao FMI na ocorrência de uma crise. Está cada vez mais claro que é preciso uma reforma mais fundamental nos procedimentos de votação.[10]

O BANCO MUNDIAL

Os países em desenvolvimento nunca souberam ao certo a quem favoreciam os interesses representados pelo Banco Mundial. Suas políticas de ajuste estrutural (trabalhando junto com o FMI) pareciam freqüentemente piorar a situação desses países.

A escolha de Paul Wolfowitz, conhecido por ser um dos arquitetos da estratégia fracassada dos Estados Unidos no Iraque, para presidente do Banco Mundial em 2005 ressaltou os problemas de governança nas instituições financeiras internacionais. Logo após a fundação do FMI e do Banco Mundial, a Europa e os Estados Unidos (que controlam de fato ambos) se reuniram e fizeram um acordo de "velhos camaradas": a Europa escolheria o chefe do FMI e seu vice; em troca, os Estados Unidos poderiam designar o presidente do Banco Mundial. Não havia nem um simulacro de busca pela pessoa mais qualificada. Alguns observadores acharam que a manobra americana de indicar alguém tão antipatizado em boa parte do mundo devido ao seu papel no Iraque iria finalmente romper o acordo de cavalheiros, mas um par de telefonemas de Bush para os líderes europeus parece ter selado o acordo. Está claro que o procedimento para a seleção desses chefes não está de acordo com os princípios democráticos; a designação de Wolfowitz não foi o tipo de exemplo que se gostaria que essas instituições dessem: seleção aberta e transparente da pessoa mais qualificada, independente de nacionalidade, raça, credo ou gênero.

Não surpreende que a indicação de Wolfowitz por Bush

para a presidência do Banco Mundial não tenha sido bem recebida, tanto dentro como fora da instituição. Seu papel central na guerra do Iraque não constituía uma forte recomendação para chefiar a instituição multilateral mais importante do mundo dedicada ao combate da pobreza. Seu pronunciamento econômico mais famoso — que o Iraque seria capaz de pagar por sua reconstrução — não aumentava sua credibilidade. Nem sua aparente ignorância da intratabilidade da divisão entre xiitas e sunitas e de outros conflitos internos do Iraque realçava a credibilidade de suas análises políticas. (A estratégia do Departamento de Defesa americano, de que Wolfowitz era subsecretário, para tratar das conseqüências da guerra costuma ser acusada de tornar impossível o que já era um problema difícil.)

Mas os críticos de dentro e de fora do banco deram a Wolfowitz o benefício da dúvida. Alguns disseram que ele talvez se tornasse um novo Robert McNamara, o secretário de Defesa que atolou os Estados Unidos na Guerra do Vietnã, mas que usou seu período no banco como penitência. McNamara, porém, reconheceu seus erros, Wolfowitz não.

De início, havia motivo para esperanças. Wolfowitz foi enérgico na defesa do perdão da dívida e do fim dos subsídios agrícolas. Mas logo ele se cercou de uma "guarda pretoriana" de assessores americanos, com pouca ou nenhuma experiência em desenvolvimento. Havia pouca coisa que se parecesse com uma estratégia coerente de desenvolvimento; houve apenas uma expansão da luta contra a corrupção que seu antecessor, James Wolfensohn, iniciara anos antes.

Era louvável que Wolfowitz desse continuidade à estratégia anticorrupção. Wolfensohn havia dado à questão da governança a proeminência que ela merece na pauta do desenvolvimento. Antes disso, as políticas do Consenso de Washington promovidas pelo Banco Mundial se concentravam na redução do Estado, não em seu fortalecimento. Alguns sustentavam que a carta do banco não permitia que ele tratasse de questões como a corrupção, que era uma questão "política", e não econômica. Na qualidade de economista-chefe do Banco Mundial na época, argumentei que a corrupção era um problema tão econômico quanto outras questões que estavam na agenda do banco, como a privatização, e que deixar de enfrentá-la significava correr o risco de prejudicar o crescimento e o alívio da pobreza.

Quando deixei o banco, essas idéias já eram amplamente aceitas. Mas a corrupção é apenas uma parte de uma pauta mais abrangente do desenvolvimento; a eficácia da ajuda pode ser enfraquecida tanto pela corrupção como pela incompetência. A corrupção em si precisa ser atacada de forma abrangente — por exemplo, eliminando as contas bancárias secretas que a facilitam (é por isso que fui particularmente crítico do veto do governo Bush, em agosto de 2001, aos esforços da OCDE para fazer alguma coisa em relação a essas contas secretas).

Na época em que a pauta da corrupção se tornou essencial para a missão do banco, havia preocupações quanto à sua politização. Eu acreditava então, e ainda acredito, que isso não é inevitável. Mas o que aconteceu justificou as preocupações com a corrupção da agenda anticorrupção — que a corrupção seria usada para negar ajuda aos países "fora das graças", mas tolerada quando os interesses políticos dominassem. De que outro modo seria possível justificar a pressão para ajudar o Iraque, um país eivado de corrupção?

Uma outra preocupação que não foi plenamente prevista também apareceu em país após país: o devido processo legal. A oposição política sempre lança acusações de corrupção contra os governos. Às vezes, elas são verdadeiras, às vezes não, e com freqüência, há um elemento de ambigüidade, como Wolfowitz alegou em seu próprio caso. O Banco Mundial, em seus esforços para apoiar a democracia e a boa governança, deve insistir nos mais altos padrões de devido processo legal; as acusações de corrupção devem ser tratadas com seriedade, com as provas entregues às autoridades nacionais para a realização do processo com procedimentos abertos e transparentes. Na minha opinião, entre as acusações mais graves feitas ao Banco Mundial nos dois últimos anos está a de que não se manteve fiel a esses padrões. São essas acusações — e não apenas as de corrupção dentro do Banco Mundial — que minaram a sua credibilidade.

Em certo sentido, se lutar contra a corrupção deveria ser a mensagem central do banco, Wolfowitz era uma pessoa estranha para fazer o papel de mensageiro, pois o Departamento de Defesa americano (e o governo Bush) haviam sido amplamente criticados por corrupção. A contratação de um único fornecedor que rendeu contratos lucrativos para a Halliburton, companhia da qual o vice-presidente Dick Cheney havia sido CEO, levantou dúvidas em todo o mundo, e ainda mais quando surgiram alegações de preços excessivos e evasão fiscal. Como Wolfowitz poderia criticar os procedimentos do Banco Mundial e defender processos de compras públicas que estivessem livres de corrupção quando seu próprio Departamento de Defesa estava envolvido em tais práticas?

Especialmente depois que explodiu o escândalo de corrupção de Wolfowitz — em que foi acusado de promover e aumentar o salário de sua namorada, coisa que infringia as regras do banco, e depois soube-se que ele se recusava a interromper seus contatos profissionais com ela —, sua saída era inevitável. A pouca credibilidade que ele pudesse ter havia se perdido. Embora sua magnanimidade com a namorada possa ter lhe granjeado alguns pontos pelo cavalheirismo, havia algo de indecoroso no fato de ela ter sido cedida ao Departamento de Estado com um salário mais alto do que o do próprio Secretário de Estado, com uma garantia de volta no nível de vice-presidente do banco. Normalmente, apenas os altos funcionários do banco ganham essa posição, depois de anos de trabalho duro, realizado sob condições difíceis no campo, e em forte competição com outros destacados profissionais de todo o mundo.

O episódio todo demonstrou a insensibilidade da turma de Bush em relação aos processos democráticos. Com efeito, à medida que o escândalo continuava, outros fatos em que as regras e procedimentos do Banco Mundial haviam sido infringidos ou abreviados vinham à luz, inclusive aqueles que envolviam violação de e-mails. O que está em questão, obviamente, não é apenas a violação da ética dos procedimentos do banco, embora isso seja importante. Nem se trata apenas das distorções dos fatos que a equipe de Wolfowitz apresentou repetidamente em sua defesa — descritos pelo ex-conselheiro-geral do Banco Mundial Roberto Dañino como uma série de "meias-verdades que induzem o leitor ao erro e escondem o desejo [de Wolfowitz] de não obedecer às regras do banco".[11] Por exemplo, foram necessárias as reportagens investigativas de jornais como o *Financial Times* e o escrutínio rigoroso de algumas ONGs para desacreditar a defesa falsa da nomeação de Suzanne Folsom, uma republicana amiga íntima de Wolfowitz, para chefiar o Departamento de Integridade Institucional do Banco Mundial. O banco alegou que a designação de Folsom para o cargo, que deve exercer um monitoramento independente do banco e de seu presidente, foi feita por meio de uma pesquisa internacional, mas revelou-se que o nome de Folsom não estava na curta lista resultante da pesquisa. Então, a verdadeira questão é que Wolfowitz e sua equipe não parecem entender que ser presidente do Banco Mundial é um privilégio, não um direito. Uma postura desse tipo não ajuda a engendrar a confiança de longo prazo no banco que é tão necessária. Na verdade, ela reforça o sentimento de que há uma falta de compreensão do que é preciso para comandar uma instituição multilateral.

Em sociedades democráticas, a liderança requer a confiança do que são liderados. Wolfowitz perdeu essa confiança e lhe era impossível restaurá-la nos três anos que lhe restavam de mandato. (Evidentemente, ele poderia ter tentado designar gente mais fiel para os altos cargos, como fez quando nomeou Ana Palacio, ex-ministra do Exterior do primeiro-ministro espanhol José Maria Aznar, para conselheira-geral do Banco Mundial. Mas designar pessoas como Palacio, uma defensora aberta da invasão do Iraque que não tinha experiência com desenvolvimento, só poderia levar a um maior afastamento dos 10 mil funcionários que têm de levar adiante a missão do banco.)

Há uma velha expressão que diz que o peixe apodrece a partir da cabeça. Do mesmo modo, a boa governança começa na escolha do líder. A boa governança numa instituição multilateral democrática começa com a escolha do melhor indivíduo, independente de nacionalidade, raça, gênero ou etnia. Podem haver diferenças de opinião honestas sobre características essenciais, ou pelo menos desejáveis, mas com certeza a lista de qualificações deveria incluir um domínio da economia do desenvolvimento, experiência política e expertise gerencial comprovada na direção de uma grande organização multilateral. São essas as características que assegurarão o respeito dos múltiplos públicos interessados — sua equipe, os países doadores, os países receptores e as ONGs que têm sido uma voz tão eficaz na promoção da consciência moral do mundo em relação à necessidade de ajuda externa. Talvez não seja necessário que o chefe venha do mundo em desenvolvimento, mas certamente alguém com essa característica leva vantagem natural na compreensão dos problemas que os países em desenvolvimento enfrentam. Se é para a boa governança fazer parte da mensagem do Banco Mundial (e do FMI), eles devem praticar o que pregam: o modo como seus dirigentes são escolhidos deve mudar.

Devemos pôr a controvérsia sobre Wolfowitz em perspectiva. Sua magnanimidade para com a namorada é certamente café pequeno comparada aos bilhões de dólares gastos inexplicavelmente pelo Departamento de Defesa do qual Wolfowitz veio. A falta de critério na concessão de benefícios à namorada empalidece diante dos pronunciamentos do governo Bush de que a guerra no Iraque — cujo custo, por estimativas conservadoras, já está entre 1 e 2 trilhões de dólares — se pagaria, ou custaria no máximo 50 ou 60 bilhões. As conseqüências das meias-verdades que o Banco Mundial emitiu em defesa de suas ações nesse e em outros casos são insignificantes em relação àquelas associadas às falsidades que conduziram à guerra no Iraque. Os problemas de procedimento do banco parecem ninharia se comparados com os contratos para a Halliburton durante sua gestão no Departamento de Defesa. A falta do devido processo legal em relação aos países em desenvolvimento que tiveram suas ajudas cortadas, ou ameaçadas de corte, não é nada em comparação com a falta do devido processo legal para os detidos na baía de Guantánamo. Wolfowitz foi descrito como um homem de princípios: pode ter havido julgamentos errados na guerra do Iraque, mas dizem que faziam parte de um esforço bem-intencionado para criar novas democracias fortes no Oriente Médio. Mas é certo que um homem de princípios deveria ter insistido para que os responsáveis pelos abusos na prisão de Abu Ghraib fossem punidos, demitindo-se caso isso não acontecesse. Se não naquela ocasião, então depois, quando o governo Bush endossou a tortura, renegando a Convenção contra a Tortura e outros Tratamentos ou Punições Cruéis, Desumanos ou Degradantes, que os Estados Unidos e todos os países civilizados assinaram.

As infrações que foram tema de debate sobre a gestão de Wolfowitz no Banco Mundial podem, de fato, parecer triviais, mas há um outro sentido em que elas assumem grandes proporções. A pobreza mundial é um dos problemas mais urgentes do mundo de hoje, e o Banco Mundial é a instituição global mais importante na luta contra a miséria. Embora o que ele faz seja pequeno em relação ao tamanho dos desafios, suas ações fizeram e continuam a fazer uma grande diferença para centenas de milhares de pessoas do Terceiro Mundo. Olhar de outra maneira as impropriedades de Wolfowitz seria reforçar o crescente cinismo no Terceiro Mundo, o qual nutre conflitos e turbulências políticas. Os países industriais avançados já mostraram sua hipocrisia em importantes áreas como comércio e agricultura.

A Europa acabou por agir com energia para obter a demissão de Wolfowitz, mas não fez o acompanhamento que deveria, exigindo mudanças no modo de escolha do presidente da instituição. Em vez disso, o presidente Bush pôde novamente designar um membro de sua "equipe", Robert Zoellick, que foi subsecretário de Estado e Representante de Comércio americano. Outro membro ativo de um governo comprometido a solapar o multilateralismo foi escolhido para chefiar uma das instituições multilaterais mais importantes. A seu favor, diga-se que desempenhou um papel central em fazer decolar as negociações da "Rodada do Desenvolvimento", mas também foi responsável, em ampla medida, pela evolução dessas conversações — a tal ponto que a Rodada do Desenvolvimento nem merece mais esse nome. Defendeu ardentemente os subsídios ao algodão, que beneficia 25 mil fazendeiros ricos americanos às custas de mais de 10 milhões de agricultores pobres do mundo em desenvolvimento que são empurrados cada vez mais para a pobreza. Foi um forte defensor das iniciativas bilaterais de comércio, que enfraqueceram o regime de comércio multilateral que o mundo trabalhou tanto para criar durante um período de seis décadas. Esses acordos bilaterais foram ainda mais iníquos para os países em desenvolvimento e tornaram-lhes ainda mais difícil o acesso a medicamentos que salvam vidas. Em conseqüência desses acordos, como já observamos, milhares de pessoas morrerão desnecessariamente no mundo em desenvolvimento. Eram essas as credenciais que se deveria buscar ao procurar por um novo chefe de uma instituição supostamente devotada ao aumento do bem-estar do mundo em desenvolvimento? Infelizmente, o processo de escolha do presidente foi tão não-transparente quanto no passado: do que é possível deduzir, essas questões nunca foram levantadas.

O Banco Mundial está infestado há muito pelo descontentamento — um dos temas de meu livro anterior, *A globalização e seus malefícios*. Mas as reformas feitas durante a presidência de Wolfensohn levaram a melhorias marcantes, tanto no moral dentro do banco como em seus programas de empréstimos. Mas desde a saída de Wolfensohn, o descontentamento com o banco, tanto dentro como fora da instituição, cresceu enormemente. Ele atinge não apenas o modo de escolha do seu presidente, mas também procedimentos específicos que o banco tem seguido. Havia uma preocupação em particular com a aparente retração de seu compromisso de reduzir o excesso de condicionalidade. Agora aceita-se amplamente que as condições anexadas aos empréstimos, relativas a coisas como privatização e liberalização rápidas, eram muitas vezes ineficazes, enfraquecendo os processos democráticos e sendo até contraproducentes, ao ponto de tornar os empréstimos mais danosos do que benéficos. Durante a gestão de Wolfensohn, o banco começou um processo de redução da condicionalidade excessiva. Mas está havendo uma preocupação crescente com uma possível inversão de curso. Em dezembro de 2006, a Grã-Bretanha virou a mesa no Banco Mundial e reteve os 50 milhões de dólares que devia, sob a condição de que o Banco Mundial reduzisse sua condicionalidade.

Em certo sentido, as coisas estavam piores do que os britânicos perceberam, pois impôs-se, pela porta dos fundos e de uma forma totalmente não-transparente, um novo conjunto de condições. Há alguns anos, introduziu-se uma nova maneira de alocar esses escassos fundos. O princípio parecia fazer sentido: dar mais dinheiro aos países em que esse dinheiro seria provavelmente bem utilizado. Partindo do pressuposto de que a noção de "boa governança" oferecia maior probabilidade de o dinheiro ser bem gasto, criou-se um conjunto de indicadores para determinar se um país tinha boa governança, mas, por ironia, ainda que a transparência fosse uma parte crítica da boa governança, o Banco Mundial não tornou público seus indicadores. Evidentemente, isso tornava impossível para os países tentar melhorar sua alocação de ajuda por meio da melhoria de seu desempenho (medido). Por fim, as medidas foram divulgadas e descobriu-se que incluíam classificações subjetivas feitas pelos membros da equipe do banco, bem como políticas controvertidas: um país ganhava classificação mais alta se parecia seguir as recomendações do banco alinhadas com o Consenso de Washington. É discutível o grau — se é que existe algum — em que essas medidas aumentam a capacidade de prever se os fundos serão bem utilizados — além de simplesmente usar o desempenho passado. Recompensar países que se saíram bem no passado oferece evidentemente um incentivo a mais para se comportar bem, mas não enfrenta, de fato, os problemas mais difíceis do desenvolvimento. É melhor encontrar maneiras de ajudar os países que não estão se saindo bem do que simplesmente se afastar deles. Por exemplo, Bangladesh encarou problemas enormes em sua governança; mas há várias ONGs bem-sucedidas (BRAC, Grameen) que mostraram que podem utilizar a ajuda de forma muito eficaz, a tal ponto que o impacto dos programas se reflete nas estatísticas gerais de saúde e educação do país.

O descontentamento com o Banco Mundial e o FMI manifestou-se também na criação de instituições alternativas. No capítulo 9, descrevo a tentativa do Japão em 1997 de criar um Fundo Monetário Asiático, com 100 bilhões de dólares — em parte motivada pela insatisfação com o modo como o FMI estava tratando a crise financeira asiática. Os Estados Unidos e o FMI conseguiram deter essa iniciativa: ao mesmo tempo em que dizem acreditar na competição no mercado, ficaram estarrecidos diante da idéia de competição no oferecimento de ajuda aos países necessitados, ou no oferecimento de assessoria sobre como gerir uma economia nacional.

Em fevereiro de 2007, a Venezuela, enriquecida pela alta dos preços do petróleo provocada pela guerra no Iraque, uniu-se a vários outros países, entre eles Argentina, Bolívia, Equador e Brasil, para fundar o Banco do Sul. Esse novo banco propiciaria fundos para os países em desenvolvimento, dinheiro que não estaria mais amarrado à adoção das políticas defendidas pelo Banco Mundial ou o FMI, as quais se mostraram muito ineficazes em muitos países e se tornaram impopulares.

É POSSÍVEL REFORMAR?

Fiquei contente com a recepção que este livro recebeu. Sua rápida tradução para 21 idiomas me deu a oportunidade de participar de um debate mundial sobre globalização. Meu primeiro livro, *A globalização e seus malefícios*, ajudou a afastar a discussão do simplismo de ser a favor ou contra. Antes, a questão era a da forma de gestão da globalização. *Globalização: como dar certo* também ajudou a mudar o debate. Hoje, poucos negam o problema da desigualdade crescente, para a qual a globalização tem contribuído. Com efeito, desde sua publicação, a questão ocupa o centro do palco das discussões sobre globalização. Ninguém pensa realmente que o mundo é plano. Hoje, o debate se concentra no mérito de determinadas medidas reformistas.

Mas uma pergunta que sempre me fazem é: por que sou otimista e acho que ocorrerão reformas significativas, pelo menos na direção correta? Críticos amistosos dizem que apontei com clareza os fracassos da globalização e as forças políticas que deram origem a esses problemas. Por que, perguntam eles, uma palestra — ou um livro — mudaria alguma coisa? Não é provável que os produtores americanos de algodão, depois de ouvir falar dos danos que seus subsídios causam aos agricultores pobres da África e de outros lugares, ou de escutar as histórias dos plantadores de algodão da Índia, desanimados por sua incapacidade de pagar suas dívidas em razão dos preços baixos, causados em parte pelos subsídios americanos ao algodão, e que estão sendo levados ao suicídio, venham a dizer: "Obrigado por nos alertar. Estamos apenas tentando ajudar a nós mesmos. Não pretendemos prejudicar ninguém. Agora que temos consciência de tudo isso, pediremos ao Congresso para revogar os subsídios". Sempre me impressionou a capacidade dos indivíduos de racionalizar, com seu senso de ética e suas crenças econômicas, o que os deixa em situação melhor. Aqueles que, em geral, acreditam no livre mercado — e argumentam contra a ajuda em dinheiro aos pobres porque isso enfraquece os incentivos —, não obstante estão mais do que dispostos a aceitar e até exigir subsídios para eles mesmos. Concordo com os críticos que dizem que um livro como o meu — ou dez livros similares — por si só não levará a uma reforma revolucionária da globalização. Mas há mudanças em jogo na economia mundial — os crescentes desequilíbrios globais, as provas cada vez mais contundentes do aquecimento global, o impasse nas conversações da Rodada do Desenvolvimento, a crescente insatisfação com o Banco Mundial e o FMI, o aumento da consciência dos perigos do unilateralismo, a decisão da OMC de que os subsídios americanos ao algodão são "ilegais" — que alterarão inevitavelmente o modo como a globalização é gerida.

As vozes do mundo em desenvolvimento estão começando a ser ouvidas. Essas vozes, às vezes, não foram tão altas e enérgicas quanto deveriam ter sido. O Brasil manifestou-se claramente nas discussões sobre comércio e propriedade intelectual, mas sua voz em defesa de reformas fundamentais no Banco Mundial e no FMI tem sido mais abafada.

Ao escrever este livro, minha esperança era de que ele ajudaria a incentivar mudanças na maneira como a globalização é gerida — mudanças que são inevitáveis — na direção certa e a acelerar o ritmo das reformas. Ao tornar esta edição disponível no Brasil, minha esperança é de que ele ajude a fortalecer as vozes do Terceiro Mundo.

Prefácio

Meu livro *A globalização e seus malefícios* foi escrito logo depois que deixei o Banco Mundial, do qual fui vice-presidente sênior e economista-chefe de 1997 a 2000. Esse livro tratou do que vi durante o período em que estive nesse banco e na Casa Branca, onde fui membro e depois presidente do Conselho de Assessores Econômicos de 1993 a 1997, durante a presidência de William Jefferson Clinton. Foram anos tumultuados; a crise financeira do Leste Asiático de 1997-98 levou alguns dos países em desenvolvimento mais bem-sucedidos a recessões e depressões sem precedentes. Na antiga União Soviética, a transição do comunismo para a economia de mercado, que se supunha que traria uma nova prosperidade, provocou, ao contrário, uma queda na renda e nos padrões de vida de até 70%. O mundo, na melhor das circunstâncias, marcado por intensa competição, incerteza e instabilidade, não é um lugar fácil, e os países em desenvolvimento nem sempre fizeram o melhor que poderiam para melhorar seu bem-estar. Mas me convenci de que as nações industriais avançadas, por meio de organizações internacionais como o Fundo Monetário

Internacional (FMI), a Organização Mundial do Comércio (OMC) e o Banco Mundial, não só não estavam fazendo tudo o que poderiam para ajudar esses países como, às vezes, tornavam a vida deles mais difícil. Os programas do FMI pioraram claramente a crise do Leste Asiático e a "terapia de choque" que aplicaram na antiga União Soviética e em seus satélites desempenhou um papel importante nos fracassos da transição.

Tratei de muitos desses tópicos em *A globalização e seus malefícios*. Achava que tinha uma perspectiva especial para trazer ao debate, uma vez que vi as políticas serem formuladas de dentro da Casa Branca e de dentro do Banco Mundial, onde trabalhamos ao lado dos países em desenvolvimento a fim de ajudar a criar estratégias para aumentar o crescimento e reduzir a pobreza. De importância igual para minha formação de teórico da economia foi o fato de eu ter passado quase quarenta anos trabalhando para compreender os pontos fortes e as limitações da economia de mercado. Minha pesquisa lançou dúvidas não somente sobre a validade das afirmações gerais sobre a eficiência do mercado, mas também sobre algumas das crenças fundamentais subjacentes à globalização, tais como a noção de que o livre-comércio melhora necessariamente o bem-estar.

Em meu livro anterior, descrevi alguns dos fracassos do sistema financeiro internacional e suas instituições e mostrei por que a globalização não beneficiou tanta gente quanto poderia e deveria. E esbocei um pouco do que deve ser feito para fazer a globalização funcionar, em especial para os países pobres e em desenvolvimento. O livro continha algumas propostas de reforma do sistema financeiro mundial e das instituições financeiras internacionais que o governam, mas a falta de espaço não me permitiu desenvolver essas propostas.

Da mesma forma como me coloca numa posição única para compreender os problemas da globalização, o tempo que passei na Casa Branca e no Banco Mundial me proporciona a base para esta continuação. Durante meus anos em Washington, viajei pelo mundo e conheci muitos líderes e autoridades governamentais, ao mesmo tempo em que estudava os sucessos e os fracassos da globalização. Depois que deixei Washington e voltei à universidade, continuei envolvido no debate sobre a globalização. Em 2001, recebi o prêmio Nobel por meu trabalho teórico sobre a economia da informação. Desde então, visitei dezenas de países em desenvolvimento, continuei minhas discussões com acadêmicos e empresários, com primeiros-ministros, presidentes e parlamentares de todos os continentes e me envolvi em fóruns de debates sobre desenvolvimento e globalização dos quais participaram todos os segmentos de nossa sociedade global.

Quando eu estava prestes a trocar a Casa Branca pelo Banco Mundial, o presidente Clinton pediu-me que permanecesse como presidente de seu Conselho de Assessores Econômicos e como membro de seu gabinete. Recusei o convite, porque achava que a tarefa de projetar políticas e programas que fariam alguma coisa para melhorar a pobreza abjeta que infestava o mundo menos desenvolvido era um desafio muito mais importante. Parecia-me terrivelmente injusto que em um mundo de riqueza e fartura tanta gente vivesse na miséria. Os problemas eram obviamente difíceis, mas me sentia confiante de que algo poderia ser feito. Aceitei a oferta do Banco Mundial, não só porque me daria novas oportunidades de estudar os problemas, mas porque me propiciaria uma plataforma de onde eu poderia apoiar os interesses dos países em desenvolvimento.

Em meus anos do Banco Mundial, vim a compreender por que havia tanto descontentamento com o modo como a globalização avançava. Embora o desenvolvimento fosse possível, estava claro que não era inevitável. Eu havia visto países em que a pobreza estava aumentando em vez de diminuir, e havia visto o que isso significava, não somente em termos estatísticos, mas na vida das pessoas. É claro que não existem soluções mágicas. Mas há uma multiplicidade de mudanças a serem feitas — em políticas, nas instituições econômicas, nas regras do jogo e nas mentalidades — que oferecem a promessa de ajudar a globalização a funcionar melhor, em especial para os países em desenvolvimento. Algumas ocorrerão inevitavelmente: a entrada da China na cena global como economia manufatureira dominante e o sucesso da Índia na terceirização, por exemplo, já estão forçando mudanças nas políticas e no pensamento. A instabilidade que marcou os mercados financeiros globais na década passada — da crise financeira global de 1997-98 às crises latino-americanas nos primeiros anos do novo milênio e à queda do dólar que começou em 2003 — nos forçou a repensar o sistema financeiro mundial. Mais cedo ou mais tarde, o mundo terá de fazer algumas das mudanças que sugiro nos capítulos deste livro; a questão não é tanto se essas mudanças ou similares irão ocorrer, mas *quando* — e, o que é mais importante, se elas ocorrerão antes ou depois de outro conjunto de desastres globais. Mudanças casuais feitas rapidamente na esteira de uma crise não são a melhor maneira de reformar o sistema econômico global.

O fim da Guerra Fria abriu novas oportunidades e removeu velhas restrições. A importância de uma economia de mercado foi reconhecida e a morte do comunismo significa que os governos podem agora deixar de lado as batalhas ideológicas e se voltar para resolver os problemas do capitalismo. O mundo teria se beneficiado se os Estados Unidos tivessem usado a oportunidade para ajudar a construir um sistema econômico e político internacional baseado em valores e princípios, tais como um acordo de comércio destinado a promover o desenvolvimento nos países pobres. Em vez disso, livres da competição para "conquistar as mentes e os corações" do Terceiro Mundo, os países industriais avançados criaram um regime de comércio global que ajudou seus interesses especiais empresariais e financeiros e prejudicou os países mais pobres do mundo.

O desenvolvimento é complexo. Com efeito, uma das principais críticas feitas ao FMI e a outras instituições econômicas internacionais é que suas soluções de tamanho único não captam e não podem captar essas complexidades. Sim, da miríade de narrativas econômicas globais, surgem alguns princípios gerais. Muitos dos países em desenvolvimento têm algumas políticas em comum, que cada um adaptou à sua própria situação. Um dos objetivos deste livro é explicar esses pontos em comum.

Devo dizer uma palavra sobre a relação entre minha pesquisa anterior, em especial aquela ligada ao trabalho que me valeu o prêmio Nobel, minhas posições políticas durante os anos que passei em Washington e meus escritos posteriores, especialmente *A globalização e seus malefícios* e *Os exuberantes anos 90*.[1]

Meu primeiro trabalho acadêmico sobre as conseqüências da informação imperfeita e limitada e da competição imperfeita me levou a uma consciência das limitações dos mercados. Ao longo dos anos, eu e outros pesquisadores ampliamos esse trabalho para a macroeconomia. Na economia do setor público meu trabalho enfatizara a necessidade de um equilíbrio entre o governo e o mercado — perspectiva próxima daquela do governo Clinton e que ajudei a articular no *Relatório econômico do Presidente* anual do período em que participei do Conselho de Assessores Econômicos. Quando fui para o Banco Mundial, fiquei perturbado com o que vi: o Banco — e, mais ainda, o FMI — promovia políticas econômicas conservadoras (como a privatização da previdência social) que eram exatamente o oposto daquelas pelas quais eu havia lutado tanto quando estava na Casa Branca. Pior: eles usavam modelos que meu trabalho teórico havia desacreditado. (Fiquei mais perturbado ainda, é claro, ao saber que o próprio Tesouro de Clinton estava promovendo aquelas políticas.)

Minha pesquisa econômica havia mostrado as profundas falhas subjacentes à política econômica do FMI, ao "fundamentalismo de mercado", à crença de que os mercados levam por si sós à eficiência econômica. A coerência *intelectual* — com meu trabalho acadêmico anterior — me impeliu a expressar minha preocupação de que as políticas que estavam sendo impostas, por exemplo, no Leste Asiático, só poderiam piorar as coisas. Fazer menos do que isso seria negligenciar minhas responsabilidades.

Aquilo pelo que havíamos lutado enquanto eu estava no governo Clinton era relevante não somente para os americanos, mas também para o resto do mundo. Quando passei do governo para o Banco Mundial, continuei a defender o equilíbrio correto entre os setores público e privado e políticas que promovessem a igualdade e o pleno emprego. As questões que levantei durante meu mandato no Banco Mundial — que foram bem recebidas por muitos dos economistas do banco — são as mesmas que levantei em *A globalização e seus malefícios*.

As paixões provocadas pelas crises financeiras globais e a difícil transição do comunismo para uma economia de mercado já se dissiparam. Hoje, essas questões podem ser olhadas com mais calma e, como mostro no primeiro capítulo, em muitas das questões centrais há um consenso emergente que se parece com as idéias apresentadas em *A globalização e seus malefícios*. Esse livro ajudou a mudar o debate sobre como a globalização deveria ser remodelada. Várias dessas idéias são amplamente aceitas agora, e até o FMI passou a concordar com meu ponto de vista de que permitir fluxos de capital especulativo sem nenhum controle é extremamente arriscado. Naturalmente, como deixam claro os choques contínuos entre esquerda e direita nos Estados Unidos e no resto do mundo, permanecem grandes áreas de desacordo quanto à economia e aos valores básicos. Com efeito, uma das minhas principais críticas às instituições econômicas internacionais é que, independentemente das circunstâncias, elas apoiaram uma determinada perspectiva econômica, a qual, em minha opinião, é mal orientada.

Este livro reflete minha fé nos processos democráticos e minha crença em que cidadãos bem informados têm mais probabilidade de controlar os abusos dos interesses especiais empresariais e financeiros que dominaram tanto o processo da globalização, bem como a crença em que os cidadãos comuns dos países industriais avançados compartilham com os do mundo em desenvolvimento um interesse comum em fazer a globalização funcionar. Espero que este livro, tal como seu predecessor, ajude a transformar o debate sobre a globalização e, em última análise, os processos políticos que moldam a globalização.

A globalização é o campo no qual se desenrolam alguns de nossos principais conflitos sociais, inclusive aqueles sobre os valores básicos. Entre os mais importantes desses conflitos está a discussão sobre o papel do governo e dos mercados.

Os conservadores costumavam apelar para a "mão invisível" de Adam Smith — a noção de que os mercados e a busca do interesse pessoal conduziriam, como que por uma mão invisível, à eficiência econômica. Mesmo que admitissem que os mercados, por eles mesmos, poderiam não engendrar uma distribuição de renda socialmente aceitável, argumentavam que as questões da eficiência e da eqüidade deveriam ser separadas.

Nessa visão conservadora, a economia trata apenas da eficiência, e as questões de eqüidade (que, como a beleza, mente com freqüência aos olhos do espectador) devem ser deixadas para a política. Hoje, em grande medida, a defesa intelectual do fundamentalismo de mercado desapareceu.[2] Minha pesquisa mostrou que sempre que a informação é imperfeita, em particular quando há assimetrias de informação — em que alguns indivíduos conhecem alguma coisa que os outros não conhecem (em outras palavras, *sempre*) —, o motivo de a mão parecer invisível é que ela não está presente.[3] Sem regulamentação nem intervenção apropriada do governo, os mercados não levam à eficiência econômica.[4]

Em anos recentes, vimos ilustrações dramáticas desses *insights* teóricos. Como descrevi em *Os exuberantes anos 90*,[5] a busca do interesse pessoal por CEOs, contadores e bancos de investimentos não levou à eficiência econômica, mas a uma bolha acompanhada por imensas alocações erradas de investimentos. E a bolha, quando estourou, levou, como quase sempre acontece, à recessão.

Hoje, de um modo geral, há uma compreensão (pelo menos entre os economistas, se não entre os políticos) da limitação dos mercados. Os escândalos dos anos 90 nos Estados Unidos e em outros lugares derrubaram o "estilo americano de finanças e capitalismo" do pedestal em que esteve durante demasiado tempo. De forma mais ampla, a perspectiva de Wall Street, que é freqüentemente míope, está sendo reconhecida como antitética ao desenvolvimento, que exige pensamento e planejamento de longo prazo.

Há também um reconhecimento crescente de que não existe apenas uma forma de capitalismo, apenas uma maneira "correta" de dirigir a economia. Existem, por exemplo, outras formas de economia de mercado — como a da Suécia, que experimentou um crescimento robusto — que levaram a sociedades bastante diferentes, marcadas por saúde e educação melhores e menos desigualdade. Embora a versão sueca possa não funcionar tão bem em outros lugares, ou possa não ser apropriada para um determinado país em desenvolvimento, seu sucesso demonstra que há formas alternativas de economia de mercado eficaz. E quando há alternativas e escolhas, os processos políticos democráticos deveriam estar no centro da tomada de decisões, não os tecnocratas. Uma de minhas críticas às instituições econômicas internacionais é que elas tentaram fingir que não havia *trade-offs* — um único conjunto de políticas melhorava a vida de todo mundo —, ao passo que a essência da economia é a escolha, que há alternativas, algumas das quais beneficiam alguns grupos (como os capitalistas estrangeiros) à custa dos outros, algumas das quais impõem riscos a certos grupos (como os trabalhadores) em proveito vantagem de outros.

Entre as escolhas centrais com que todas as sociedades se defrontam está o papel do governo. O sucesso econômico exige obter o equilíbrio certo entre o governo e o mercado. Que serviços devem ser oferecidos pelo governo? Deve haver programas de pensão públicos? O governo deve estimular os setores particulares com incentivos? Que regulamentações ele deve adotar — se é que deve adotar alguma — para proteger os trabalhadores, os consumidores e o meio ambiente? Esse equilíbrio muda obviamente ao longo do tempo e será diferente de país para país. Mas vou sustentar que a globalização, tal como foi imposta, tornou, com freqüência, mais difícil obter o equilíbrio necessário.

Espero também mostrar que embora os críticos da globalização estejam corretos ao dizer que ela foi usada para impor um conjunto particular de valores, isso não precisa ser necessariamente assim. A globalização não tem de ser ruim para o meio ambiente, nem aumentar a desigualdade, enfraquecer a diversidade cultural e promover os interesses empresariais à custa do bem-estar dos cidadãos comuns. Neste livro, tento mostrar como a globalização, gerida de forma adequada, como foi no desenvolvimento bem-sucedido de boa parte do Leste Asiático, pode fazer muito para beneficiar tanto os países em desenvolvimento como os desenvolvidos.

As atitudes em relação à globalização e os fracassos e desigualdades associados ao modo como ela foi gerenciada propiciam um teste de Rorschach para os países e seus povos, revelando suas crenças e atitudes fundamentais, seus pontos de vista sobre o papel do governo e do mercado, a importância que atribuem à justiça social e o peso que dão aos valores não-econômicos.

Os economistas que dão menos importância à redução da desigualdade de renda são mais propensos a pensar que as medidas que os governos podem tomar para reduzi-la são custosas demais e podem até ser contraproducentes. Esses economistas do "livre mercado" também estão mais inclinados a crer que os mercados, por eles mesmos, sem a intervenção do governo, são eficientes, e que a melhor maneira de ajudar os pobres é simplesmente deixar a economia crescer: de algum modo, os benefícios chegarão a eles (é interessante ver que essas crenças persistiram, mesmo quando a pesquisa econômica minou seus fundamentos intelectuais).

Por outro lado, aqueles que, como eu, pensam que os mercados, com freqüência, deixam de produzir resultados eficientes (produzindo poluição demais e pesquisa básica de menos, por exemplo) e se preocupam com as desigualdades de renda e os altos níveis de pobreza acreditam também que reduzir essa desigualdade pode custar menos do que os economistas conservadores predizem. Aqueles que se preocupam com a desigualdade e a pobreza também vêem os enormes custos de não enfrentar o problema: as conseqüências sociais, entre elas a alienação, a violência e os conflitos sociais. Eles são também mais otimistas em relação às possibilidades das intervenções governamentais; embora os governos às vezes — ou mesmo freqüentemente — sejam menos eficientes do que se esperaria, há exemplos notáveis de sucesso, vários dos quais discuto nas páginas deste livro. Todas as instituições humanas são imperfeitas e o desafio para cada uma delas é aprender com os sucessos e com os fracassos.

Essas perspectivas sobre a importância de enfrentar a desigualdade e a pobreza se espelham nas diferenças de opinião sobre suas origens. De modo geral, aqueles que se preocupam com a desigualdade pensam que boa parte dela tem origem na sorte — a sorte de nascer com bons genes ou ter pais ricos (a "loteria do esperma"),[6] ou a sorte de comprar um pedaço de terra no lugar certo no momento certo (logo antes da descoberta de petróleo, ou antes do surgimento de uma bolha de especulação imobiliária).[7] Aqueles que se preocupam menos acham que a riqueza é uma recompensa para o trabalho duro. Nessa visão, a redistribuição de renda não somente retira os incentivos para o trabalho e a poupança como é quase imoral, pois priva os indivíduos de suas justas recompensas.

Concomitantes a essas opiniões, existem posicionamentos sobre várias outras questões. Aqueles que se preocupam menos com a desigualdade e mais com a eficiência econômica tendem a se preocupar menos com valores não-econômicos, como justiça social, meio ambiente, diversidade cultural, acesso universal à saúde e proteção dos consumidores (existem naturalmente muitas exceções, como conservadores que se preocupam com o meio ambiente).

Enfatizo essas conexões entre atitudes econômicas e culturais para frisar a importância das pessoas a quem confiamos aspectos essenciais das tomadas de decisões econômicas. Se as delegamos para "conservadores", é quase inevitável que tenhamos políticas econômicas e resultados que reflitam seus interesses políticos e valores culturais.[8] Este livro reflete obviamente meus próprios juízos e valores; espero pelo menos ser transparente e apresentar ambos os lados dos debates econômicos em andamento.

SALVANDO A GLOBALIZAÇÃO DE SEUS DEFENSORES

Há cerca de setenta anos, durante a Depressão, o economista inglês John Maynard Keynes formulou sua teoria do desemprego, que detalhava como a ação governamental poderia ajudar a restaurar o pleno emprego e o crescimento da economia. Keynes foi vilipendiado pelos conservadores, que viam em sua receita um aumento do papel do governo. Eles aproveitaram os déficits orçamentários que inevitavelmente acompanham uma queda da economia para defender o corte de programas do governo. Na verdade, Keynes fez mais para salvar o sistema capitalista do que todos os financistas pró-mercado juntos. Se os conselhos dos conservadores fossem aceitos, a Depressão teria sido ainda pior: teria sido mais longa e mais profunda e a demanda por uma alternativa ao capitalismo teria crescido. Pela mesma razão, acredito que, se não reconhecermos e enfrentarmos os problemas da globalização, será difícil sustentar seu impulso atual.

A globalização, tal como o desenvolvimento, não é inevitável, ainda que existam forças políticas e econômicas poderosas por trás dela. De acordo com a maioria das medidas, entre a Primeira e a Segunda Guerra Mundial, tanto o ritmo como a amplitude da globalização diminuíram, e até recuaram. Por exemplo, o comércio internacional, como porcentagem do PIB, declinou.[9] Se a globalização levar a padrões de vida mais baixos muitos ou a maioria dos cidadãos de um país e se ela comprometer valores culturais fundamentais, então haverá demandas políticas para diminuir seu ritmo ou detê-la.

Naturalmente, o caminho da globalização será mudado não somente pela força das idéias e das experiências (idéias sobre se a liberalização do comércio ou do mercado de capitais melhorará o crescimento e as experiências efetivas com essas reformas, por exemplo), mas também pelos eventos globais. Em anos recentes, o 11 de setembro, a guerra ao terrorismo, a guerra no Iraque e a emergência da China e da Índia foram fatos que redefiniram o debate sobre a globalização de uma forma que discutirei adiante.

Este livro é tanto sobre como a política foi usada para moldar o sistema econômico como sobre a própria economia. Os economistas acreditam que os incentivos têm importância. Há incentivos fortes — e enormes oportunidades — para moldar os processos políticos e o sistema econômico de um modo que gere lucros para alguns à custa da maioria.

Os processos democráticos abertos podem circunscrever o poder de grupos de interesse especiais. Podemos levar a ética de volta aos negócios. A governança corporativa pode reconhecer os direitos não somente dos acionistas, mas das outras pessoas que são atingidas pelas ações das empresas.[10] Uma cidadania engajada e instruída pode compreender como fazer a globalização funcionar ou, pelo menos, funcionar melhor, e pode exigir que seus líderes políticos moldem a globalização do mesmo modo. Espero que este livro ajude a transformar essa visão em realidade.

Agradecimentos

Minha lista daqueles com quem estou em dívida pela minha compreensão da globalização tornou-se muito mais longa nos últimos quatro anos, depois que escrevi *A globalização e seus malefícios.* Além dos membros das instituições econômicas internacionais e, em especial, do Banco Mundial a quem agradeci naquele livro, devo acrescentar agora Nick Stern e François Bourguignon, que me sucederam no posto de economista-chefe e com quem continuei a discutir o processo do desenvolvimento. Gostaria de agradecer a Supachai Panitchpakdi, ex-diretor-geral da Organização Mundial do Comércio, com quem tive incontáveis discussões sobre a direção da rodada do desenvolvimento; Leif Pagrotsky, ministro da Educação da Suécia, que esteve na linha de frente da defesa de um regime de comércio mais justo quando foi ministro do Comércio sueco; Pascal Lamy, ex-comissário para o comércio da União Européia (agora diretor-geral da OMC), especialmente pelas discussões sobre a iniciativa "Tudo Menos Armas"; Kemal Dervis, com quem trabalhei estreitamente no Banco Mundial e que é agora administrador internacional do PNUD;

e Juan Somavia, diretor-geral da OIT, que convocou a Comissão Mundial sobre a Dimensão Social da Globalização, cujo relatório representa um marco importante na mudança de perspectivas sobre a globalização.

Preparando-me para escrever este livro, voltei a muitos dos países que havia visitado anteriormente e sobre os quais havia estudado e escrito, como Argentina, Etiópia, Tailândia, Coréia do Sul, China, Rússia, Colômbia, Filipinas, Indonésia, México, Vietnã, Equador, Índia, Turquia e Brasil, para ver como as coisas haviam mudado. Voltei também a alguns países que havia visitado por pouco tempo, como Bangladesh e Nigéria, e estive em alguns que não tivera a chance de conhecer, como Bolívia, Madagascar, Venezuela e Azerbaijão. Tenho uma grande dívida para com as numerosas autoridades governamentais (de primeiros-ministros ou presidentes a seus ministros das finanças e assessores econômicos para baixo), os professores universitários e os empresários, os membros da comunidade de doadores e da sociedade civil (ONGs) que me concederam tão generosamente seu tempo. Muitos deles verão suas idéias refletidas nestas páginas.

Várias versões de algumas das idéias aqui formuladas foram discutidas e apresentadas em seminários em todo o mundo. Quero agradecer em particular a George Papandreou, ex-primeiro-ministro da Grécia, que promove um seminário anual de estudiosos e líderes políticos (o Symposium Symi), no qual as questões da globalização ocupam com freqüência o primeiro plano; à Academia de Ciências Sociais do Vaticano, na qual algumas das idéias relativas à dívida foram discutidas; à Commonwealth, que me pediu para empreender um estudo com Andrew Charlton, da London School of Economics, sobre como poderia ser uma *verdadeira* rodada de negociações sobre comércio voltada para o desenvolvimento e que ajudou a financiar esse estudo. Quero agradecer ao presidente da Assembléia Geral da ONU, aos ministros das Finanças da Commonwealth, à OMC, ao Centro para o Desenvolvimento Global e ao Banco Mundial por me convidarem para apresentar os resultados daquele estudo. Beneficiei-me também da exposição que as idéias de cada capítulo receberam em seminários e reuniões internacionais em todo o mundo. As idéias sobre reformas do sistema financeiro mundial foram apresentadas ao Comitê sobre Assuntos Econômicos e Sociais da ONU, à reunião da Associação Americana de Economia em Boston, em janeiro de 2006, a um seminário na Suécia (com George Soros), em dezembro de 2001, e na reunião anual da Associação Espanhola de Economistas, em La Coruña, em setembro de 2005. Os problemas do regime de propriedade intelectual e as reformas propostas foram discutidos numa reunião ministerial para os países menos desenvolvidos realizada pela Organização Mundial da Propriedade Intelectual em Seul, em outubro de 2004, e numa conferência internacional patrocinada pela Iniciativa para o Diálogo Político (IDP) na Universidade Columbia, em junho de 2005. Algumas das idéias do primeiro capítulo foram apresentadas e discutidas nas Tanner Lectures pronunciadas na Universidade de Oxford na primavera de 2004. Quero agradecer à Fundação CIDOB, de Barcelona, que no outono de 2004 co-patrocinou uma conferência sobre o "consenso pós-Consenso de Washington", na qual muitas dessas idéias foram aprofundadas.

Este livro cobre uma ampla gama de idéias. Muitos dos tópicos são áreas que pesquiso há mais de três décadas, e durante esse tempo acumulei um enorme estoque de dívidas intelectuais. As discussões sobre política comercial do capítulo 3 devem muito a Peter Orszag, com quem trabalhei estreitamente sobre os problemas de dumping quando estava no Conselho, e a Alan Winters, Michael Finger e Bernard Hoeckman no Banco Mundial. Quanto às discussões sobre propriedade intelectual do capítulo 4, estou particularmente em dívida com Jamie Love, Michael

Cragg, Paul David, Giovanni Dosi, Mario Cimoli, Richard Nelson, Ha Joon Chang e todos os participantes das reuniões da força-tarefa sobre propriedade intelectual da IDP, bem como com meus vários co-autores na teoria geral da inovação, Richard Gilbert, Carl Shapiro, David Newbery e Partha Dasgupta. Várias dessas pessoas também trabalharam comigo sobre problemas de recursos naturais e de meio ambiente. Kevin Conrad e Geoff Heal em Columbia e o primeiro-ministro Somares de Papua-Nova Guiné e o ministro do Meio Ambiente Rodriguez estiveram no centro da Coalizão da Floresta Úmida descrita no capítulo 6. Michael Toman, Alan Krupnick e Ray Squitieri trabalharam junto comigo no Conselho de Assessores Econômicos sobre os problemas do aquecimento global; e Ruth Bell teve a paciência de ler uma versão anterior do capítulo 6. Sobre a questão da dívida, David Hale, Barry Herman, Kunibert Raffer, Michael Dooley, Roberto Frenkel, Jurgen Kaiser e Susan George merecem agradecimentos, bem como todos os participantes das reuniões da força-tarefa sobre dívida soberana da IDP. A proposta das reservas globais, a Iniciativa Chang Mai e a tentativa fracassada de criar um Fundo Monetário Asiático foram discutidas em reuniões, seminários e colóquios em Estocolmo, Washington e outros lugares, e desejo agradecer aos participantes desses seminários, em especial a George Soros, que apresentou uma proposta similar. Beneficiei-me também das discussões sobre esses tópicos com Andrew Sheng e Eusake Sakikabara.

Fiquei sabendo em primeira mão dos problemas das práticas das companhias petrolíferas em trabalho que fiz para os estados do Alasca, Texas, Louisiana e Califórnia, e devo muito ao meu colaborador naquele trabalho, Jeff Leitzinger. O desafio de manter a competição no mercado tem sido uma preocupação permanente, tanto em meu trabalho teórico como em minha prática política; Steven Salop, Jason Furman, Barry Nalebuff e

Jon Orszag estão entre meus muitos colaboradores que influenciaram meu pensamento.

Há um outro conjunto de dívidas bastante especiais que desejo reconhecer. O debate sobre a globalização e a questão dos limites da economia de mercado, do qual a discussão sobre globalização se tornou parte central, já tem uma longa vida. Há algumas pessoas (deveria dizer muitas?) que discordam das opiniões aqui apresentadas; tentei escutar com cuidado seus argumentos, para avaliar as provas, entender os modelos, para averiguar a fonte subjacente de desacordo. Passei anos na Hoover Institution, um dos *think tanks* mais conservadores do mundo, com luminares tais como os ganhadores do prêmio Nobel Milton Friedman, George Stigler e Gary Becker. Desejo expressar meu agradecimento a todos eles por sua paciência e tolerância. Temo que, às vezes, eles achem exasperante ter alguém que questiona o que eles consideram óbvio ou provado além da sombra razoável de uma dúvida. Com muita freqüência, parece que os combatentes nesses debates não dão ouvidos aos outros e simplesmente reafirmam suas posições. Eles estão mais engajados em reunir suas tropas do que em conquistar conversos. Suspeito que eu talvez não ganhe muitos convertidos, mas penso que tenho feito um esforço para participar das discussões, a fim de revelar as diferenças nos supostos e valores subjacentes.

O debate público sobre globalização foi especialmente animado nos últimos cinco anos, com contribuições importantes de Martin Wolf (*Why globalization works*), Jagdish Bhagwati (*Em defesa da globalização*), Bill Easterly (*The elusive quest for growth*), Jeff Sachs (*O fim da pobreza*) e Thomas Friedman (*O mundo é plano*). Em público e em privado, continuamos com esses debates entre nós e creio que nos beneficiamos todos com isso, ainda que não tenhamos conseguido convencer uns aos outros dos méritos de nossas posições. Nossas democracias nos deram a oportunidade — eu diria, a responsabilidade — de nos engajar nesses debates, que, espero, desempenharão um papel no planejamento das políticas públicas nessa área vital.

Há quatro dívidas específicas que quero destacar. A primeira é para com meus colegas da Iniciativa para o Diálogo Político, uma rede de economistas do mundo desenvolvido e em desenvolvimento, dedicada à exploração de abordagens alternativas ao desenvolvimento e à globalização e a trabalhar para que essas alternativas sejam ouvidas em debates públicos. Embora hesite em apontar indivíduos, eu seria negligente se não mencionasse José Antonio Ocampo, ex-secretário executivo da CEPAL (a Comissão para a América Latina da ONU) e agora subsecretário da ONU para a economia; K. S. Jomo, agora secretário-adjunto da ONU para a economia; Deepak Nayyar, professor de economia na Universidade Jawaharlal Nehru; Dani Rodrik, da Universidade Harvard; Eric Berglof, economista-chefe do Banco Europeu de Reconstrução e Desenvolvimento (EBRD); Patrick Bolton, professor de administração e economia da Universidade Columbia; Ha-Joon Chang, da Universidade de Cambridge; Ricardo Ffrench-Davis, também da CEPAL; Akbar Noman, com quem trabalhei sobre os problemas da África; e especialmente Shari Spiegel, diretor da IDP. A IDP recebeu apoio financeiro das fundações Ford, Charles Stewart Mott, John D. e Catherine T. MacArthur e Rockefeller; da Agência Canadense de Desenvolvimento Internacional (CIDA); do Secretariado da Commonwealth; do Instituto Sociedade Aberta; do Fundo Rockefeller Brothers; da Agência Sueca de Desenvolvimento Internacional (SIDA); e do Programa das Nações Unidas para o Desenvolvimento (PNUD).

A segunda dívida é para com Bruce Greenwald, meu colega em Columbia, com quem fiz boa parte de meu trabalho pioneiro na economia da informação e com quem ministrei, nos últimos quatro anos, um curso sobre globalização e mercados. Como sempre, Bruce contestou minhas idéias, enriqueceu meu pensamento e trouxe pontos de vista originais sobre todos os aspectos da globalização. Sua influência é evidente em todo o livro, mas em especial no capítulo 9.

A terceira é para com Andrew Charlton, co-autor de nosso relatório para a Commonwealth, com quem trabalhei estreitamente, em especial na área do comércio.

A quarta é para com a Universidade Columbia e seu presidente, Lee Bollinger, que orientou a instituição a concentrar sua atenção nas questões da globalização e ajudou a fazer dela um centro global de conhecimento e estudo, criando um Comitê sobre Pensamento Global, que presido. Colegas como Jeff Sachs e Merit Janow (atualmente membro do painel de apelação da OMC) combinaram o compromisso com a universidade com um envolvimento profundo no mundo circundante. A diversidade de alunos e professores em Columbia é um microcosmo do mundo. Tal como qualquer grande centro de estudo e aprendizagem, ela proporciona um ambiente que estimula um debate florescente entre idéias divergentes. Eu e este livro nos beneficiamos enormemente das contestações a minhas idéias.

Estou em dívida para com minhas assistentes na Columbia, Jill Blacksford e, em especial, Maria Papadakis, por fazerem o possível e o impossível em tantas ocasiões. Gostaria de agradecer aos assistentes de pesquisa por seu trabalho neste livro, entre eles Hamid Rashid, Anton Korinek, Dan Choate, Josh Goodman, Megan Torau, Jayant Ray e Stephan Litschig. Sharon Cleary ajudou na pesquisa e na edição e gerenciou a enorme tarefa de reunir tudo no final. Alan Brown, Sheridan Prasso e Gen Watanbe ajudaram a editar as versões finais do livro.

Na Norton, meu editor de muito tempo Drake McFeely compreendeu a importância deste livro desde o início e trabalhou incansavelmente nas duas primeiras versões do manuscrito. A equipe de apoio — liderada com competência por Nancy Palmquist e Amanda Morrison, e que inclui Allegra Huston, Brendan Curry e Don Rifkin — realizou milagres dentro de prazos apertados. E meus agradecimentos especiais vão para Stuart Proffitt, da Penguin, com quem a idéia deste livro foi tramada durante um almoço e cujos comentários sobre o manuscrito também foram valiosos.

Minha esposa, Anya Stiglitz, esteve envolvida desde o início. Como jornalista que passou vários anos no mundo em desenvolvimento, Anya ajudou-me a ver com mais clareza o que se passava nesses países, a ver, em nossas viagens de meses sem fim, como a globalização afetou a vida cotidiana do povo — a ver para além das fronteiras estreitas a que as disciplinas acadêmicas inevitavelmente nos confinam. Sua curiosidade sobre por que as coisas eram do jeito que eram me forçou a tentar explicar as forças subjacentes. Ela é, se possível, ainda mais comprometida com a idéia de que um outro mundo é possível, no qual a globalização possa estar mais à altura de seu potencial para aumentar o bem-estar dos pobres — e ela me desafiou a ir além do diagnóstico dos problemas para mostrar como esse mundo poderia ser criado. Mas também estava disposta a ir dessas aspirações elevadas ao trabalho pedestre, duro e freqüentemente tedioso de dar forma a este manuscrito, lendo cada versão e tendo a paciência de editá-la e reeditá-la.

1. Um outro mundo é possível

Em um vasto campo nos arredores de Mumbai, Índia, militantes de todo o mundo se reuniram para o Fórum Social Mundial em janeiro de 2004. Era o primeiro fórum a se realizar na Ásia e causava uma impressão muito diferente daqueles realizados em Porto Alegre, Brasil, nos quatro anos anteriores. Mais de 100 mil pessoas compareceram ao evento de uma semana e a cena era, tal como a própria Índia, um apinhamento colorido de gente. Organizações a favor do comércio justo cuidavam de barracas onde vendiam jóias feitas à mão, tecidos coloridos e artigos domésticos. Faixas penduradas pelas ruas proclamavam: "TEARES MANUAIS SÃO A MAIOR FONTE DE RENDA NA ÍNDIA". Colunas de manifestantes tocavam tambores e cantavam slogans enquanto abriam caminho por entre a multidão. Grupos de militantes *dalit* (membros das castas que eram conhecidas como intocáveis) vestidos com tangas, representantes de organizações dos direitos dos trabalhadores, grupos de mulheres, a ONU e as ONGs estavam lado a lado. Milhares de pessoas se reuniam em salões improvisados do tamanho de hangares de aviões para ouvir uma programação de palestrantes que incluía a ex-presidente irlandesa Mary Robinson (ex-alta comissária da ONU para Direitos Humanos, 1997-2002) e o prêmio Nobel Shirin Ebadi. O tempo estava quente e úmido e havia multidões por toda parte.

Ocorreram muitas conversas no Fórum Social Mundial. Houve um debate sobre como reestruturar as instituições que governam o mundo e como controlar o poder dos Estados Unidos. Mas havia uma preocupação que se sobrepunha: a globalização. Havia um consenso de que é necessária uma mudança, resumida no lema da conferência: "Um outro mundo é possível". Os militantes presentes à reunião haviam escutado a promessa de que a globalização melhoraria a vida de todo mundo, mas haviam visto a realidade: enquanto alguns estavam, de fato, se dando muito bem, outros viram sua situação piorar. Aos olhos deles, a globalização constituía uma grande parte do problema.

A globalização abrange muitas coisas: o fluxo internacional de idéias e conhecimento, o compartilhamento de culturas, uma sociedade civil global e o movimento ambiental mundial. Este livro, no entanto, trata principalmente da globalização econômica, que implica uma maior integração econômica dos países do mundo por meio do aumento do fluxo de bens e serviços, capitais e até mão-de-obra. A grande esperança da globalização é que ela elevará os padrões de vida em todo o mundo: dará aos países pobres acesso aos mercados externos para que possam vender seus produtos, permitirá a entrada de investimentos estrangeiros que fabricarão novos produtos a preços menores e abrirá as fronteiras, de tal modo que as pessoas possam viajar para o exterior a fim de estudar, trabalhar e mandar para casa dinheiro para ajudar suas famílias e financiar novos negócios.

Creio que a globalização tem o potencial de trazer enormes benefícios para as populações tanto do mundo em desenvolvimento como do desenvolvido. Mas há provas avassaladoras de que ela não tem estado à altura desse potencial. Este livro mostrará que o problema não está na globalização em si, mas no modo como ela foi gerida. A economia tem impulsionado a globalização, especialmente por meio do barateamento das comunicações e dos transportes. Mas ela foi moldada pela política. As regras do jogo foram, em larga medida, estabelecidas pelos países industriais avançados — e, em particular, pelos interesses especiais dentro desses países — e eles moldaram a globalização para promover seus interesses próprios, o que não surpreende. Eles não procuraram criar um conjunto justo de regras, muito menos um conjunto de regras que promovesse o bem-estar dos habitantes dos países mais pobres do mundo.

Depois de falar no Fórum Social Mundial, Mary Robinson, o reitor da Universidade de Delhi, Deepak Nayyar, o presidente da Organização Internacional do Trabalho, Juan Somavia e eu estávamos entre os poucos que seguiram para o Fórum Econômico Mundial, em Davos, o *resort* de esqui da Suíça onde a elite global se reúne para matutar sobre o estado do mundo. Ali, naquela cidade de montanha coberta de neve, os capitães da indústria e das finanças mundiais tinham opiniões sobre a globalização muito diferentes daquelas que havíamos ouvido em Mumbai.

O Fórum Social Mundial foi uma conferência aberta que reuniu um imenso número de pessoas de todo o mundo que queriam discutir mudanças sociais e como tornar realidade o slogan "Um outro mundo é possível". Foi um evento caótico, sem foco e maravilhosamente animado — uma chance para as pessoas se encontrarem, se fazerem ouvir e estabelecerem contatos com seus companheiros militantes. Fazer contatos é também um dos principais motivos para que os poderosos do mundo compareçam ao Fórum Econômico Mundial. As reuniões em Davos sempre foram um bom lugar para tomar o pulso dos líderes da economia mundial. Embora seja, em ampla medida, uma reunião de empresários brancos, suplementados por um rol de autoridades governamentais e jornalistas veteranos, em anos recentes a lista de convidados foi expandida para incluir alguns artistas, intelectuais e representantes de ONGS.

Em Davos, havia alívio, e um pouco de autocontentamento. A economia global, que andava fraca desde a explosão da bolha das empresas ponto-com nos Estados Unidos, estava finalmente se recuperando, e a "guerra ao terror" parecia estar sob controle. A reunião de 2003 fora marcada por uma tensão enorme entre os Estados Unidos e o resto do mundo, causada pela guerra no Iraque, e reuniões anteriores haviam testemunhado desacordos sobre a direção que a globalização estava tomando. A reunião de 2004 foi marcada pelo alívio de que essas tensões tinham finalmente sido reduzidas. Ainda havia preocupações com o unilateralismo americano, com o país mais poderoso do mundo impondo sua vontade sobre os outros ao mesmo tempo em que pregava a democracia, a autodeterminação e os direitos humanos. O mundo em desenvolvimento sempre se preocupou com o modo como as decisões globais — decisões sobre economia e política que afetavam suas vidas — eram tomadas. Em Davos, parecia que o resto do mundo também estava preocupado.

Freqüento as reuniões anuais de Davos há muitos anos e sempre ouvi falar com muito entusiasmo da globalização. O fascinante do encontro de 2004 foi a velocidade com que as opiniões mudaram. Muitos participantes questionaram se a globalização estava realmente trazendo os benefícios prometidos — pelo menos para os países mais pobres. Eles haviam sido castigados pela instabilidade econômica que marcou o fim do século XX e se preocupavam com a capacidade dos países em desenvolvimento de enfrentar as conseqüências. Essa mudança é emblemática da enorme mudança no pensamento sobre a globalização que ocorreu nos últimos cinco anos em todo o mundo. Na década de 1990, a discussão em Davos era sobre as virtudes da abertura dos mercados internacionais. Nos primeiros anos do novo milênio, ela centrava-se na redução da pobreza, nos direitos humanos e na necessidade de acordos de comércio mais justos.

No painel de Davos sobre comércio, o contraste entre as posições dos países desenvolvidos e em desenvolvimento era especialmente marcante. Um ex-diretor da OMC disse que se a liberalização do comércio — a diminuição de tarifas e de outras barreiras comerciais — não havia cumprido plenamente sua promessa de aumentar o crescimento e reduzir a pobreza, a culpa era dos países em desenvolvimento, que precisavam abrir mais seus mercados ao livre-comércio e se globalizar com mais rapidez. Mas um indiano que dirigia um banco de microcrédito enfatizou o lado negativo do livre-comércio para a Índia. Ele falou dos produtores de amendoim que não conseguiam competir com as importações de óleo de palma da Malásia. Contou que estava cada vez mais difícil para os pequenos e médios negócios obter empréstimos dos bancos. Isso não era surpresa. Em todo o mundo, os países que abriram seus setores bancários para os grandes bancos internacionais descobriram que esses bancos preferem negociar com outras multinacionais, como Coca-Cola, IBM e Microsoft. Na competição entre grandes bancos internacionais e bancos locais, estes apareciam freqüentemente como os perdedores, mas os verdadeiros perdedores eram os pequenos negócios locais que dependiam deles. A perplexidade de alguns ouvintes, convencidos de que a presença dos bancos internacionais seria indiscutivelmente melhor para todos, mostrou que esses empresários haviam dado pouca atenção a queixas semelhantes da Argentina e do México, que viram secar os empréstimos para as empresas locais depois que muitos de seus bancos foram comprados por bancos estrangeiros na década de 1990.

Tanto em Mumbai como em Davos houve discussões sobre

reformas. Na Índia, pediu-se que a comunidade internacional criasse uma forma mais justa de globalização. Na Suíça, recomendou-se que os países em desenvolvimento se livrassem da corrupção, liberalizassem seus mercados e se abrissem para as empresas multinacionais tão bem representadas na reunião. Mas em ambos os eventos havia um entendimento de que alguma coisa tinha de ser feita. Em Davos, a responsabilidade foi atribuída diretamente aos países em desenvolvimento; em Mumbai, a toda a comunidade internacional.

AS DUAS FACES DA GLOBALIZAÇÃO

No começo da década de 1990, a globalização foi saudada com euforia. Os fluxos de capital para os países em desenvolvimento aumentaram seis vezes em seis anos, de 1990 a 1996. A criação da Organização Mundial do Comércio em 1995 — um objetivo buscado durante meio século — daria aparência de império da lei ao comércio internacional. Todos supostamente sairiam ganhadores, tanto no mundo em desenvolvimento como no desenvolvido. A globalização traria uma prosperidade sem precedentes *para todos.*

Não admira então que o primeiro grande protesto moderno contra a globalização, ocorrido em Seattle, em dezembro de 1999, no que deveria ser o começo de uma nova rodada de negociações sobre comércio que levaria a uma maior liberalização, tenha sido uma surpresa para os defensores dos mercados abertos. A globalização havia conseguido unir gente de todo o mundo — contra a globalização. Os operários fabris dos Estados Unidos viam seus empregos ameaçados pela concorrência da China. Os agricultores de países em desenvolvimento viam seus empregos ameaçados pelos altos subsídios agrícolas americanos. Os trabalhadores da Europa viam a proteção do emprego, conquistada a duras penas, sendo atacada em nome da globalização. Os militantes contra a aids viam os novos acordos comerciais aumentando o preço dos remédios a níveis fora do alcance para boa parte do mundo. Os ambientalistas sentiam que a globalização punha em perigo sua luta de uma década para estabelecer regulamentações a fim de preservar nossa herança natural. Aqueles que queriam proteger e desenvolver suas heranças culturais também percebiam a intrusão da globalização. Esses manifestantes não aceitavam o argumento de que, pelo menos economicamente, a globalização acabaria por beneficiar todo mundo.

Muitos relatórios e comissões têm sido dedicados ao tópico da globalização. Participei da Comissão Mundial sobre as Dimensões Sociais da Globalização, criada em 2001 pela Organização Internacional do Trabalho (fundada em 1919, em Genebra, para reunir governos, empresários e trabalhadores). Co-presidida por Benjamin W. Mkapa, presidente da Tanzânia, e Tarja Kaarina Halonen, presidente da Finlândia, nossa comissão divulgou um relatório muito cético em 2004. Algumas linhas revelam nossa compreensão de como boa parte do mundo se sente em relação à globalização:

> O atual processo de globalização está gerando resultados desequilibrados, tanto entre países como dentro deles. Cria-se riqueza, mas um número muito grande de países e de pessoas não está se beneficiando dela. Eles também têm pouca ou nenhuma voz na moldagem do processo. Vista através dos olhos da vasta maioria das mulheres e dos homens, a globalização não atendeu a suas aspirações simples e legítimas de empregos decentes e um futuro melhor para seus filhos. Muitos deles vivem no limbo da economia informal, sem direitos formais e numa faixa de países pobres que subsistem precariamente às margens da economia global. Até

mesmo nos países economicamente bem-sucedidos, alguns trabalhadores e algumas comunidades foram afetados de forma negativa pela globalização. Enquanto a revolução nas comunicações globais aumenta a consciência dessas disparidades [...] esses desequilíbrios globais são moralmente inaceitáveis e politicamente insustentáveis.[1]

A comissão examinou 73 países em todo o mundo. Suas conclusões foram chocantes. Em todas as regiões do mundo, com exceção da Ásia Meridional, dos Estados Unidos e da União Européia (UE), as taxas de desemprego aumentaram entre 1990 e 2002. Quando o relatório foi publicado, o desemprego global havia alcançado um novo recorde de 185,9 milhões de pessoas. A comissão também concluiu que 59% da população mundial vivia em países com desigualdade crescente, com apenas 5% em países com desigualdade em declínio.[2] Até mesmo na maioria dos países desenvolvidos, os ricos estavam ficando mais ricos, enquanto os pobres, com freqüência, nem conseguiam manter sua renda.

Em suma, a globalização pode ter ajudado alguns países — seu PIB, a soma total dos bens e serviços produzidos, pode ter aumentado —, mas não ajudou a maioria das pessoas, nem mesmo nesses países. A preocupação era que a globalização poderia estar criando países ricos com populações pobres.

Naturalmente, aqueles que estão descontentes com a globalização econômica em geral não fazem objeções ao maior acesso aos mercados globais ou à disseminação do conhecimento global, que permitem ao mundo em desenvolvimento aproveitar-se das descobertas e inovações feitas nos países desenvolvidos. Mas apresentam cinco preocupações:

- As regras do jogo que governam a globalização são injustas e especificamente projetadas para beneficiar os países industriais avançados. Na verdade, algumas mudanças recentes são tão injustas que pioraram a situação de alguns dos países mais pobres.

- A globalização promove os valores materiais acima de outros valores, tais como a preocupação com o meio ambiente e com a própria vida.
- O modo como a globalização foi administrada tirou grande parte da soberania dos países em desenvolvimento e de sua capacidade de tomar decisões em áreas essenciais que afetam o bem-estar de seus cidadãos. Nesse sentido, ela prejudicou a democracia.
- Embora os defensores da globalização tenham afirmado que todos se beneficiarão economicamente, há provas suficientes tanto nos países em desenvolvimento como nos desenvolvidos de que há muitos perdedores em ambos os lados.
- E o que talvez seja mais importante, o sistema econômico que foi recomendado com insistência aos países em desenvolvimento — em alguns casos, imposto a eles — é inapropriado e, com freqüência, altamente danoso. A globalização não deveria significar uma americanização da política econômica ou da cultura, mas foi isso que aconteceu muitas vezes, provocando ressentimento.

O último tópico diz respeito às populações tanto dos países em desenvolvimento como dos desenvolvidos. Há muitas formas de economia de mercado — o modelo americano é diferente do dos países nórdicos, do japonês e do modelo social europeu. Até mesmo cidadãos de países desenvolvidos se preocupam com o fato de a globalização estar sendo usada para promover o "modelo liberal anglo-americano" em detrimento de outras alternativas — e, mesmo que o modelo americano tenha se saído bem em termos de PIB, ele não se saiu bem em muitas outras dimensões, tais como a duração (e alguns diriam a qualidade) de vida, a erradicação da pobreza, ou mesmo a manutenção do bem-estar daqueles que se encontram no meio. Os salários reais nos Estados Unidos, especialmente aqueles dos que estão na base da sociedade, estagnaram por mais de um quarto de século e as rendas são tão altas em parte porque os americanos trabalham mais horas do que seus equivalentes europeus. Se a globalização está sendo usada para promover o modelo americano de economia de mercado, há muita gente em outros lugares que não tem certeza que deseja isso. Os habitantes do mundo em desenvolvimento têm uma queixa ainda mais contundente: que a globalização foi usada para promover uma versão da economia de mercado mais radical e que reflete mais os interesses empresariais do que a que se pode encontrar até mesmo nos Estados Unidos.

Globalização e pobreza

Os críticos da globalização apontam para o número crescente de pessoas vivendo na pobreza. O mundo está numa corrida entre o crescimento econômico e o crescimento populacional e, até agora, a população está ganhando. Ainda que as porcentagens de pessoas vivendo na pobreza estejam caindo, o número absoluto está aumentando. Pelo critério do Banco Mundial, pobres são os que vivem com menos de dois dólares por dia; na pobreza absoluta ou extrema, as pessoas vivem com menos de um dólar por dia.

Pensemos por um minuto no que significa viver com um ou dois dólares por dia.[3] A vida das pessoas pobres assim é brutal. A desnutrição infantil é endêmica, a expectativa de vida fica freqüentemente abaixo dos cinqüenta anos, e o acesso à medicina é escasso. Essas populações passam horas por dia em busca de combustível e água potável, e ganham a vida de forma miserável, plantando algodão num pedaço de terra semi-árida e esperando que nesse ano a chuva não falhe, ou na labuta insana de plantar arroz numa propriedade minúscula, sabendo que por mais que dêem duro no trabalho, mal haverá alimento suficiente para toda a família.

A globalização desempenhou um papel tanto nos maiores sucessos como em alguns dos grandes fracassos. O crescimento econômico da China, que se baseou nas exportações, tirou centenas de milhões de pessoas da pobreza. Mas os chineses administraram a globalização com cautela: o país demorou a abrir seus mercados para as importações e ainda hoje não permite a entrada de dinheiro especulativo — dinheiro que busca altos rendimentos no curto prazo e entra correndo num país numa onda de otimismo e foge rapidamente ao primeiro sinal de dificuldades. O governo chinês percebeu que embora o influxo rápido de capitais pudesse trazer um boom de curta duração, as recessões e depressões que poderiam vir depois provocariam danos de longa duração, muito acima dos ganhos de curta duração. A China evitou o processo de expansão e contração que marcou outros países do Leste Asiático e da América Latina (como veremos no capítulo 2), mantendo um crescimento acima de 7% ao ano.

Porém, a triste verdade é que, fora da China, a pobreza no mundo em desenvolvimento aumentou nas duas últimas décadas. Cerca de 40% dos 6,5 bilhões de habitantes do mundo vivem na pobreza (em 1981, eram 36%), um sexto — 877 milhões — vive em pobreza extrema (3% mais do que em 1981). O pior fracasso ocorre na África, onde a porcentagem da população que vive na miséria aumentou de 41,6% em 1981 para 46,9% em 2001. Tendo em vista o aumento da população, isso significa que o número de pessoas vivendo na pobreza extrema quase dobrou, de 164 milhões para 316 milhões.[4]

Historicamente, a África é a região mais explorada pela globalização: durante os anos do colonialismo, o mundo tomou seus recursos, mas deu muito pouco em troca. Em anos recentes, a América Latina e a Rússia também ficaram desapontadas com a globalização. Elas abriram seus mercados, mas a globalização não cumpriu suas promessas, especialmente para os pobres.

A renda e os padrões de vida mais altos são importantes, mas as privações da pobreza vão além da falta de dinheiro. Quando eu era economista-chefe do Banco Mundial, publicamos um estudo chamado *Vozes dos pobres*. Uma equipe de economistas e pesquisadores entrevistou cerca de 60 mil homens e mulheres pobres de sessenta países a fim de descobrir como eles se sentiam em relação a sua situação.[5] Não surpreende que tenham enfatizado não apenas sua renda inadequada, mas seus sentimentos de insegurança e impotência. Os desempregados, em especial, sentiam-se marginalizados, deixados de lado pela sociedade.

Para aqueles que têm um emprego, grande parte dessa insegurança advém do risco de ser despedido ou da queda abrupta dos salários — o que se viu de forma dramática nas crises da América Latina, da Rússia e do Leste Asiático no final da década de 1990. A globalização expôs os países em desenvolvimento a riscos maiores, mas as garantias dos mercados contra esses riscos são notavelmente ausentes. Em países mais avançados, os governos assumem responsabilidades, proporcionando pensão para os cidadãos idosos, pensão por invalidez, seguro-saúde, seguro-desemprego. Mas, nos países em desenvolvimento, os governos costumam ser pobres demais para implementar programas de seguridade social. O pouco dinheiro que têm é gasto com maior probabilidade em educação básica e saúde e na construção de infra-estrutura. Os pobres são deixados aos seus próprios cuidados e ficam assim vulneráveis quando a economia diminui seu ritmo ou aumenta o desemprego causado pela competição de países estrangeiros. Os ricos possuem uma poupança para protegê-los, mas os pobres não.

A insegurança era uma das maiores preocupações dos pobres; o sentimento de impotência era outra. Os pobres têm poucas oportunidades para se manifestarem. Quando falam, ninguém escuta; quando alguém escuta, a resposta é que nada pode ser feito; quando lhes dizem que algo pode ser feito, isso nunca acontece. Uma observação presente no relatório do Banco Mundial, feita por uma jovem da Jamaica, capta esse sentimento de impotência: "A pobreza é como viver na prisão, viver na servidão, esperando para ser libertado".

O que é verdade para as pessoas pobres vale também com demasiada freqüência para os países pobres. Embora a idéia de democracia tenha se difundido e mais países tenham eleições livres do que, digamos, trinta anos atrás,[6] os países em desenvolvimento vêem sua capacidade de agir dificultada por novos constrangimentos impostos de fora e pelo enfraquecimento de suas instituições existentes, para o qual a globalização contribuiu. Consideremos, por exemplo, as exigências impostas aos países em desenvolvimento como condição para receber ajuda. Algumas podem fazer sentido (embora não todas, como veremos no capítulo 2). Mas não é essa a questão. A condicionalidade enfraquece as instituições políticas nacionais. O eleitorado vê seu governo se submeter aos estrangeiros ou ceder a instituições internacionais que ele acredita serem dirigidas pelos Estados Unidos. A democracia é minada; os eleitores se sentem traídos. Desse modo, embora tenha ajudado a difundir a idéia de democracia, a globalização, paradoxalmente, foi gerida de uma forma que enfraquece os processos democráticos no interior dos países.

Ademais, há uma percepção — correta, na minha opinião — de que o modo como a globalização é atualmente administrada não é coerente com os princípios democráticos. Por exemplo: dá-se pouco peso às vozes e às preocupações dos países em desenvolvimento. No Fundo Monetário Internacional, a instituição encarregada de supervisionar o sistema financeiro global, um único país — os Estados Unidos — possui poder de veto efetivo.

Não se trata de um homem, um voto, ou um país, um voto: os dólares votam. Os países com as economias maiores têm mais votos — e nem são os dólares de hoje que contam. Os votos são determinados, em larga medida, com base no poder econômico da época em que o FMI foi criado, há sessenta anos (com alguns ajustes desde então). A China, com sua economia em grande expansão, está sub-representada. Outro exemplo: o presidente do Banco Mundial, a organização internacional encarregada de promover o desenvolvimento, sempre foi designado pelo presidente dos Estados Unidos (sem nem mesmo consultar o Congresso americano). O que se leva em consideração é a política americana, não as qualificações: não se exige experiência em desenvolvimento ou em atividade bancária. Em dois casos — Paul Wolfowitz e Robert MacNamara — os designados eram secretários da Defesa e ambos estavam associados a guerras desacreditadas (Iraque e Vietnã).

PARA REFORMAR A GLOBALIZAÇÃO

O debate sobre a globalização avançou de um reconhecimento geral que nem tudo estava bem e que havia uma base real para, pelo menos, uma parte do descontentamento até uma análise mais profunda que estabelece a ligação entre determinadas políticas e fracassos específicos. Especialistas e formuladores de políticas concordam agora em relação às áreas em que é preciso fazer mudanças. Este livro está voltado para a questão mais difícil de todas: quais mudanças, pequenas ou grandes, permitirão que a globalização cumpra suas promessas, ou pelo menos se aproxime disso? Como faremos a globalização funcionar?

Fazê-la funcionar não será fácil. Aqueles que se beneficiam do sistema atual resistirão à mudança, e eles são muito poderosos. Mas as forças a favor da mudança já foram postas em movimento. Haverá reformas, mesmo que sejam graduais e parceladas. Espero que este livro ajude a levar a reformas baseadas numa visão mais ampla do que está errado atualmente. Ele também oferece várias sugestões específicas para fazer a globalização funcionar melhor. Algumas são pequenas e deveriam enfrentar pouca resistência; outras são grandes e talvez não sejam implementadas por muitos anos.

Há muitas coisas que precisam ser feitas. Seis áreas em que a comunidade internacional reconheceu que nem tudo está bem ilustram tanto o progresso alcançado como a distância ainda por percorrer.

A difusão da pobreza

A pobreza tornou-se finalmente uma preocupação global. As Nações Unidas e instituições multinacionais como o Banco Mundial começaram a dar mais atenção à sua redução. Em setembro de 2000, cerca de 150 chefes de Estado ou governo compareceram à Cúpula do Milênio, na sede da ONU, em Nova York, e assinaram as Metas de Desenvolvimento do Milênio, prometendo cortar a pobreza pela metade até 2015.[7] Eles reconheceram as muitas dimensões da pobreza — não apenas renda inadequada, mas também, por exemplo, atenção à saúde e acesso à água inadequados.

Até há pouco, os pontos de vista do FMI foram predominantes nas discussões sobre política econômica, e o FMI tradicionalmente preocupou-se mais com inflação do que com salários, desemprego ou pobreza. Seu ponto de vista era de que a responsabilidade pela redução da pobreza cabia ao Banco Mundial, enquanto seu mandato se restringia à estabilidade econômica global. Mas o fato de concentrar-se na inflação e ignorar o desemprego levou ao resultado óbvio: mais desemprego e mais pobreza. A boa notícia é que, pelo menos oficialmente, o FMI passou a tratar a redução da pobreza como prioridade.

A esta altura, já ficou claro que a abertura dos mercados (redução das barreiras ao comércio, abertura aos fluxos de capital) *por si só* não "resolverá" os problemas da pobreza, e pode até piorá-los. O que é preciso é mais ajuda e um regime de comércio mais justo.

A necessidade de ajuda estrangeira e alívio da dívida

Em março de 2002, na Conferência Internacional sobre Financiamento ao Desenvolvimento realizada em Monterrey, México, à qual compareceram cinqüenta chefes de Estado ou governo e duzentos ministros, entre outros, os países industriais avançados se comprometeram a aumentar substancialmente a ajuda — para 0,7% de seu PIB (embora, até agora, poucos países tenham cumprido essa promessa e alguns — em especial os Estados Unidos — estejam muito longe disso).[8] Associado ao reconhecimento de que a ajuda deveria ser aumentada, formulou-se um amplo acordo de que mais ajuda deveria ser dada em forma de doações e menos em empréstimos, o que não surpreende, tendo em vista os constantes problemas de pagamento dos empréstimos.

O que é mais revelador, no entanto, é a alteração na abordagem da condicionalidade. Aos países que buscam ajuda externa costuma-se exigir que cumpram um grande número de condições. Por exemplo: exige-se do país que deseja receber ajuda que aprove rapidamente leis sobre reforma da previdência social, falências ou outros sistemas financeiros. Muitas vezes, o enorme número de condições desvia o governo de tarefas mais vitais. A condicionalidade excessiva era uma das maiores queixas contra o FMI e o Banco Mundial. Ambas as instituições admitem agora que extrapolaram, e, nos últimos cinco anos, reduziram muito a condicionalidade.

Muitos países em desenvolvimento enfrentam um enorme ônus da dívida. Em alguns, metade ou mais dos gastos do governo ou dos ganhos em moeda estrangeira das exportações precisa ser usada no serviço da dívida, utilizando dinheiro que poderia ser empregado na educação, na saúde ou em infra-estrutura. O desenvolvimento já é difícil: com o peso da dívida, torna-se praticamente impossível.

Uma vez por ano, os líderes dos maiores países industrializados (chamados de G-8) se reúnem para discutir os principais problemas do mundo. Na reunião de 2005, realizada em Gleneagles, Escócia, eles concordaram em cancelar totalmente a dívida para com o FMI e o Banco Mundial dos dezoito países mais pobres do mundo, catorze dos quais estão na África.[9] Mesmo depois de duas tentativas anteriores de redução da dívida, muitos países em desenvolvimento ainda têm uma enorme dívida pendente. No momento em que escrevo, os países em desenvolvimento do mundo devem em torno de 1,5 trilhão de dólares aos credores, entre eles os bancos internacionais, o FMI e o Banco Mundial. Aproximadamente um terço disso é devido por países de baixa renda.[10] E, apesar do perdão da dívida, o nível de endividamento desses países continuou a aumentar.

A dívida e o modo como o mundo trata os países que não conseguem honrar suas obrigações não são, infelizmente, um problema apenas dos países de baixa renda. O *default* da Rússia ameaçou, pelo menos por um momento, precipitar uma crise financeira mundial. O calote da Argentina no final de 2001 — o maior da história — levou o FMI a ponderar as vantagens de algum mecanismo de reestruturação regular, análogo aos procedimentos de falência para as dívidas privadas. Foi um grande passo adiante.

A aspiração a um comércio mais justo

A liberalização do comércio — a abertura dos mercados ao livre fluxo de bens e serviços — deveria conduzir ao crescimento. As provas disso são, no mínimo, controversas.[11] Parte do motivo de os acordos de comércio internacional terem tido tão pouco êxito em promover o crescimento nos países pobres foi seu freqüente desequilíbrio: os países industriais avançados tiveram permissão para impor tarifas sobre bens produzidos pelos países em desenvolvimento que eram, em média, quatro vezes mais altas do que aquelas sobre bens produzidos por outros países industriais avançados.[12] Enquanto os países em desenvolvimento eram forçados a abandonar os subsídios destinados a ajudar suas indústrias nascentes, os países industriais avançados puderam manter seus enormes subsídios agrícolas, forçando a queda dos preços da agricultura e solapando os padrões de vida nos países em desenvolvimento.

Na esteira dos tumultos de Seattle, ao se fazer um exame mais detalhado dos acordos de comércio do passado, ficou claro que pelo menos uma parte do descontentamento era justificada. A situação dos países mais pobres havia piorado com o último acordo. E o mundo reagiu: em Doha, em novembro de 2001, acordou-se que a próxima rodada de negociações comerciais deveria enfocar as necessidades dos países em desenvolvimento (infelizmente, como veremos no capítulo 5, nos anos subseqüentes, a Europa e os Estados Unidos renegaram em larga medida as promessas que haviam feito em Doha).

As limitações da liberalização

Na década de 1990, quando as políticas de liberalização deixaram de produzir os resultados prometidos, o foco estava em saber em que os países em desenvolvimento haviam falhado. Se a liberalização do comércio não produzia crescimento era porque os países não haviam liberalizado o suficiente, ou porque a corrupção criava um clima desfavorável aos negócios. Hoje, mesmo entre muitos dos defensores da globalização, há mais consciência de uma culpa compartilhada.

A liberalização contestada com mais veemência nos anos 90 foi a dos mercados de capital, com sua abertura para o fluxo livre de dinheiro especulativo, de curto prazo. O FMI chegou mesmo a tentar mudar seu estatuto, na reunião anual de 1997, realizada em Hong Kong, a fim de ter poderes para impor a liberalização aos países. Em 2003, até mesmo essa instituição já admitia que, pelo menos para muitos países em desenvolvimento, a liberalização do mercado de capitais não havia levado a um crescimento maior, mas apenas a mais instabilidade.[13]

A liberalização do comércio e a do mercado de capitais eram dois componentes fundamentais de uma proposta política mais ampla, conhecida como o Consenso de Washington — um consenso forjado entre o FMI (localizado na rua 19), o Banco Mundial (na rua 18) e o Tesouro americano (na rua 15) — sobre o que constituía o conjunto de políticas que melhor promoveria o desenvolvimento.[14] Ele enfatizava a diminuição de escala do governo, a desregulamentação, liberalização e privatização rápidas. Nos primeiros anos do milênio, a confiança no Consenso de Washington já estava desgastada e surgia um consenso pós-Consenso de Washington. O Consenso, por exemplo, havia dado pouquíssima atenção às questões de eqüidade, emprego e competição, ao gradualismo e ao seqüenciamento das reformas, ou ao modo como deveriam ser conduzidas as privatizações. Existe agora também um consenso de que ele punha um foco excessivo em um simples aumento do PIB, não em outras coisas que afetam os padrões de vida, e dava pouca atenção à sustentabilidade — se o crescimento pode ser sustentado econômica, social, política e ambientalmente. O fato de países como a Argentina — que ganhou uma classificação A+ do FMI por seguir os preceitos do Consenso de Washington — terem andado bem durante alguns anos para depois enfrentar a calamidade ajudou a reforçar a nova ênfase na sustentabilidade.

A proteção do meio ambiente

Um fracasso da estabilidade ambiental representa um perigo ainda maior para o mundo no longo prazo. Há uma década, a preocupação com o meio ambiente e a globalização se limitava principalmente aos seus grupos de defesa e aos especialistas. Hoje, é quase universal. Se não diminuirmos os danos ambientais, não racionarmos o uso de energia e outros recursos naturais e não tentarmos diminuir o ritmo do aquecimento global, o desastre será inevitável. O aquecimento global tornou-se um verdadeiro desafio para a globalização. Os sucessos do desenvolvimento, especialmente na Índia e na China, proporcionaram a esses países os meios econômicos para aumentar o uso de energia, mas o meio ambiente do mundo simplesmente não pode sustentar esse tipo de investida violenta. Teremos graves problemas à frente se todo mundo emitir gases de efeito estufa ao ritmo que os americanos vêm mantendo. A boa notícia é que isso é agora quase universalmente reconhecido, exceto em alguns setores de Washington, mas os ajustes nos estilos de vida não serão fáceis.

Um sistema de governança global defeituoso

Hoje, há também um consenso, pelo menos fora dos Estados Unidos, de que algo está errado com o modo como as decisões são tomadas em âmbito global; em particular, há um consenso sobre os perigos do unilateralismo e sobre o "déficit democrático" nas instituições econômicas internacionais. Tanto pela estrutura como pelo processo, vozes que deveriam ser ouvidas não o são. O colonialismo está morto, mas os países em desenvolvimento não possuem a representação devida.

A Primeira Guerra Mundial deixou clara nossa crescente interdependência global e, quando ela terminou, criaram-se várias instituições internacionais. A mais importante, a Liga das Nações, fracassou em sua missão de preservar a paz. Quando a Segunda Guerra Mundial se aproximava do fim, houve uma decisão de agir melhor. A Organização das Nações Unidas foi criada para evitar as guerras que constituíram um flagelo tão terrível na primeira metade do século XX. Com as lembranças da Grande Depressão ainda frescas, duas novas instituições econômicas foram criadas: o Fundo Monetário Internacional e o Banco Mundial. Na época, boa parte do mundo em desenvolvimento ainda estava colonizada; essas instituições eram clubes dos países ricos, e sua governança refletia essa condição. Eles estabeleceram rapidamente regras da "velha turma" para aumentar seu controle: os Estados Unidos concordaram que a Europa poderia designar o chefe do FMI, desde que um americano ocupasse a segunda posição em importância; por sua vez, a Europa concordou que o presidente americano designasse o chefe do Banco Mundial. Se essas instituições tivessem sido mais bem-sucedidas na solução dos problemas que deveriam resolver — se, por exemplo, o FMI tivesse garantido a estabilidade da economia mundial —, esses anacronismos na governança poderiam ser perdoados. Mas o FMI fracassou em sua principal missão de garantir a estabilidade financeira mundial, como ficou evidente nas crises mundiais do final da década de 1990 que afetaram todas as principais economias de mercado emergentes que haviam seguido seus conselhos. Ao arquitetar políticas para responder às crises, o FMI parecia mais preocupado em salvar os credores ocidentais do que em ajudar os países em crise e suas populações. Havia dinheiro para socorrer (*bail out*) os bancos ocidentais, mas não para subsídios mínimos para a alimentação daqueles que estavam à beira da inanição. Os países que pediram orientação do FMI fracassaram no desenvolvimento sustentado, ao passo que um país como a China, que seguiu seu próprio caminho, obteve enorme sucesso. Análises mais profundas revelaram o papel que determinadas políticas do FMI, como a liberalização dos mercados de capitais, desempenharam nos fracassos. Enquanto essa instituição reclamava de problemas de governança e falta de transparência nos países em desenvolvimento, parecia que ela também estava assediada por esses mesmos problemas. Ao FMI faltavam algumas das regras básicas das instituições democráticas, entre elas a transparência — de modo que os cidadãos pudessem ver quais as questões que estavam sobre a mesa e tivessem tempo para reagir, e também para que pudessem ver como seus representantes haviam votado, a fim de responsabilizá-los. Além disso, havia necessidade de regulamentos que restringissem a passagem rápida desses representantes para a iniciativa privada quando deixassem o serviço público no FMI; tais restrições são comuns nas democracias modernas, a fim de reduzir a aparência — ou a realidade — de conflitos de interesses, o incentivo de servidores recompensando futuros empregadores por meio de regulamentos ou aquisições favoráveis.

Há um consenso crescente de que existe um problema de governança nas instituições públicas internacionais que moldam a globalização, como o FMI, e que esses problemas contribuem para seus fracassos. No mínimo, o déficit democrático em sua governança contribui para sua falta de legitimidade, o que prejudica sua eficácia, especialmente quando elas falam sobre questões de governança democrática.

Há cerca de 150 anos, a diminuição dos custos das comunicações e dos transportes deu origem ao fenômeno que pode ser considerado precursor da globalização. Até então, a maior parte do comércio era local; foram as mudanças do século XIX que levaram à formação das economias nacionais e ajudaram a fortalecer o Estado-nação. Os governos foram pressionados por novas demandas: os mercados podiam estar produzindo crescimento, mas eram acompanhados por novos problemas sociais e, em alguns casos, até econômicos. Os governos assumiram novos papéis na prevenção dos monopólios, no estabelecimento dos alicerces dos modernos sistemas de seguridade social, na regulamentação dos bancos e de outras instituições financeiras. Houve um reforço mútuo: o sucesso dessas iniciativas ajudou a moldar e fortalecer o processo de construção nacional e o aumento das capacidades do Estado-nação levou a um maior sucesso no fortalecimento da economia e no aumento do bem-estar individual.

A opinião convencional de que o desenvolvimento dos Estados Unidos foi resultado de um capitalismo sem freios está errada. Ainda hoje, o governo americano, por exemplo, desempenha um papel central nas finanças. Ele oferece uma fração significativa de todo o crédito, ou propicia garantias para ele, com programas para hipotecas, empréstimos a estudantes, exportações e importações, cooperativas e pequenos negócios. O governo não somente regulamenta a atividade dos bancos e assegura os depositantes como tenta garantir o fluxo de crédito para os grupos com menos acesso e, até recentemente, para todas as regiões do país — não apenas para os grandes centros financeiros.

Ao longo da história, o governo americano desempenhou um papel ainda maior na economia ao promover o desenvolvimento, inclusive o de tecnologia e infra-estrutura. No século XIX, quando a agricultura estava no centro da economia, o governo criou todo o sistema de universidades agrícolas e serviços de "extensão". Enormes concessões de terras estimularam o desenvolvimento das ferrovias do oeste. No mesmo século, o governo financiou a primeira linha telegráfica; no século XX, financiou a pesquisa que levou à criação da internet.

O sucesso dos Estados Unidos se deveu, em parte, ao papel que seu governo desempenhou na promoção do desenvolvimento, na regulamentação dos mercados e na oferta de serviços sociais básicos. A questão que os países em desenvolvimento encaram hoje é: serão seus governos capazes de desempenhar um papel comparável? Ao mesmo tempo em que colocou novas exigências aos Estados-nações para enfrentar a crescente desigualdade e insegurança que ela pode causar e responder aos desafios competitivos que ela apresenta, a globalização limitou, de várias maneiras, a capacidades deles de reagir. Por exemplo, ela desencadeou forças do mercado que, em si mesmas, são tão fortes que os governos, especialmente no mundo em desenvolvimento, não conseguem muitas vezes controlá-las. Os governos que tentam controlar os fluxos de capital podem se ver impotentes para fazê-lo, na medida em que os indivíduos encontram formas de driblar as regulamentações. Um país talvez queira elevar o salário mínimo, mas descobre que não pode porque as empresas estrangeiras que nele operam decidirão mudar-se para um país com salários mais baixos.

A incapacidade dos governos de controlar as ações de indivíduos e empresas é cada vez mais limitada também pelos acordos internacionais que interferem no direito dos Estados soberanos de tomar decisões. Um governo que quer garantir que os bancos emprestem uma certa fração de seus portfólios para áreas menos servidas, ou assegurar-se de que os marcos contábeis reflitam com precisão a real situação de uma empresa pode descobrir que não tem condições de aprovar as leis adequadas. A assinatura de acordos de comércio internacional pode impedir que os governos regulamentem o influxo e a saída de dinheiro especulativo, embora a liberalização do mercado de capitais possa levar a crises econômicas.

O Estado-nação, que foi o centro do poder político e (em grande medida) econômico nos últimos 150 anos, está sendo espremido atualmente — de um lado, pelas forças da economia global e, do outro, pelas exigências políticas de devolução do poder. A globalização — a integração estreita dos países do mundo — resultou na necessidade de mais ação coletiva, da ação conjunta de povos e países para resolverem seus problemas comuns. Existem problemas demais — comércio, capital, meio ambiente — que só podem ser enfrentados em nível global. Mas, ao mesmo tempo em que o Estado-nação foi enfraquecido, ainda não foram criadas em nível internacional instituições globais democráticas que possam tratar com eficácia dos problemas que a globalização criou.

Com efeito, a globalização econômica foi mais rápida do que a globalização política. Temos um sistema caótico e descoordenado de governança global sem governo global, uma variedade de instituições e acordos que tratam de uma série de problemas, do aquecimento global ao comércio internacional e aos fluxos de capital. Os ministros das finanças discutem questões financeiras globais no FMI, dando pouca atenção para o efeito de suas decisões sobre o meio ambiente ou a saúde global. Os ministros do meio ambiente podem pedir para que algo seja feito em relação ao aquecimento global, mas não possuem os recursos para apoiar esses apelos.

Há uma necessidade óbvia de instituições internacionais fortes para enfrentar os desafios propostos pela globalização econômica; contudo, hoje, a confiança nas instituições existentes é fraca. O fato de as instituições que tomam as decisões sofrerem, como observamos, de um déficit democrático é claramente um problema. Isso resulta em decisões que não são, com muita freqüência, a favor dos interesses das populações do mundo em desenvolvimento. Para piorar as coisas, as populações dos países industriais avançados, cujos governos ditam a direção da globalização econômica, ainda não desenvolveram as simpatias subjacentes que são necessárias para fazer a comunidade global funcionar. Naturalmente, quando vemos terremotos na Turquia, ou a fome na Etiópia, ou um tsunami na Indonésia — imagens que a globalização possibilitou que entrassem nas salas de todo o mundo —, sentimos uma enorme compaixão pelas vítimas e ocorre um grande fluxo de ajuda. Mas é preciso mais do que isso.

À medida que o Estado-nação se desenvolveu, os indivíduos sentiram-se ligados aos outros dentro da nação — de modo não tão estreito quanto com sua comunidade local, mas muito mais próximo do que com aqueles de fora do Estado-nação. O problema é que, com o avanço da globalização, as lealdades mudaram pouco. A guerra mostra essas diferenças de atitude de forma mais dramática: os americanos mantêm uma contagem exata do número de soldados americanos perdidos, mas, quando foram divulgadas estimativas de iraquianos mortos, cinqüenta vezes maiores, isso não causou nenhum alvoroço. A tortura de americanos teria provocado escândalo e indignação; a tortura executada por americanos pareceu preocupar apenas os militantes dos movimentos contra a guerra; muitos até a defenderam como necessária para proteger os Estados Unidos. Essas assimetrias têm seu paralelo na esfera econômica. Os americanos deploram a perda de empregos em seu país e não comemoram um grande ganho em empregos daqueles que são muito mais pobres no exterior.

A maioria de nós sempre viverá localmente — em nossas

comunidades, estados, países. Mas a globalização significa que somos, ao mesmo tempo, parte de uma comunidade mundial. Os europeus estão aprendendo, às vezes com dificuldade, a pensar em si mesmos ao mesmo tempo como alemães, italianos ou ingleses e como europeus. A maior integração econômica ajudou. O mesmo ocorre no nível global: podemos viver em nossas cidades, mas cada vez mais teremos de pensar globalmente, pensar em nós mesmos como fazendo parte de uma comunidade global. Isso implicará mais do que simplesmente tratar os outros com respeito e levará a pensar sobre o que é justo. Por exemplo: como deveria ser um regime de comércio justo? Isso fará com que nos coloquemos no lugar dos outros: o que acharíamos justo ou correto se estivéssemos na posição deles?[15] E nos levará a pensar com cuidado sobre quando precisaremos impor regras e regulamentos para fazer o sistema global funcionar e quando deveremos respeitar a soberania nacional, permitindo que cada um tome as decisões apropriadas para si mesmo.

Uma mudança de mentalidade é essencial se quisermos mudar o modo como a globalização é administrada. Uma tal mudança já está em andamento. Este capítulo destacou as enormes mudanças de atitude com respeito à globalização que ocorreram na última década. Em larga medida, o debate não é mais "anti" ou "pró" globalização. Percebemos seu potencial positivo: quase metade da humanidade — a Ásia, inclusive China e Índia — está sendo integrada à economia global; 2,4 bilhões de pessoas cujos países sofreram o colonialismo e a exploração, guerras e desordens internas, experimentaram taxas de crescimento sem precedentes durante um quarto de século ou mais. Trata-se de um evento de proporções históricas que também precisa ser posto no contexto histórico. Mesmo nos melhores anos do Ocidente, durante a Revolução Industrial ou no boom que se seguiu à Segunda Guerra Mundial, o crescimento raramente superou os 3%.

O crescimento médio da China nas últimas três décadas foi o triplo disso. Esses sucessos devem-se, em parte, à globalização. Mas vimos também seu lado mais escuro: as recessões e depressões que a instabilidade global trouxe com ela; a degradação do meio ambiente à medida que o crescimento mundial avança sem regras globais; o continente africano espoliado em seus recursos naturais e deixado com uma dívida acima de sua capacidade de pagar. Até mesmo os países industriais avançados estão começando a questionar a globalização, porquanto ela traz insegurança e desigualdade econômica e faz com que o materialismo econômico prevaleça sobre outros valores. Os países se dão conta de que seu bem-estar e até mesmo sua sobrevivência dependem de outros nos quais talvez não confiem, como os regimes instáveis do petróleo no Oriente Médio e em outros lugares. Pode haver crescimento, mas a maioria das pessoas pode estar em situação pior. A teoria do "trickle down",* que sustenta que enquanto a economia como um todo cresce, todos se beneficiam, mostrou-se repetidamente errada.

Alguns dizem que a globalização é inevitável, que se deve simplesmente aceitá-la com seus defeitos. Mas, na medida em que a maior parte do mundo passou a viver em democracias, se a globalização não beneficiar a maioria das pessoas, elas acabarão por reagir. Elas podem ser enganadas durante algum tempo — podem acreditar, por um tempo, em histórias que dizem que é preciso sofrer agora para ter ganhos logo adiante —, mas depois de um quarto de século ou mais, essas histórias perdem sua credibilidade. Já ocorreram reversões da globalização no passado — o grau de integração econômica do mundo diminuiu depois

* O "trickle down effect" tem sido traduzido de várias formas em português: percolação, filtração, vazamento, infiltração, transbordamento e até derrame. Optamos por gotejamento, dentro do espírito crítico do livro. [N. T.]

da Primeira Guerra Mundial[16] — e isso pode acontecer de novo. O mundo já assistiu aos inícios de uma reação contra a globalização, mesmo nos países que foram seus grandes beneficiários, quando as tentativas de companhias da Índia, da China e de Dubai de comprar empresas no mundo desenvolvido enfrentaram resistências.

Alguns dos problemas da globalização são inevitáveis, e aprendemos a lidar com eles: teorias econômicas antigas, explicadas nos últimos capítulos, sustentam que a globalização levará ao aumento da desigualdade nos países industriais avançados à medida que os salários, especialmente dos trabalhadores não especializados, forem comprimidos. Pode haver resistência à pressão para baixo sobre os salários, mas então o desemprego aumentará. Até mesmo os políticos mais poderosos não podem revogar essas leis da economia, por mais que tentem. Mas eles podem ajudar nossas sociedades a se ajustarem a essa grande transformação da sociedade global, assim como o Estado-nação ajudou na transição para a industrialização há mais de um século.[17]

Hoje, há uma compreensão de que muitos dos problemas da globalização são de nossa responsabilidade — são o resultado do modo como ela foi gerida. Fico animado ao ver movimentos de massa, especialmente na Europa, pedindo o alívio da dívida, e ao ver os líderes da maioria dos países industriais avançados pedindo um regime comercial mais justo, fazendo alguma coisa a respeito do aquecimento global e se comprometendo em diminuir a pobreza pela metade até 2015. Mas há um abismo entre a retórica e a realidade — e muitos desses líderes estão adiante dos habitantes de suas democracias, que podem estar comprometidos com essas metas elevadas, desde que não lhes custem nada.

Espero que este livro ajude a mudar as mentalidades, à medida que o mundo desenvolvido veja com mais clareza algumas das conseqüências das políticas que seus governos empreenderam. Espero que convença muitas pessoas, em todos os países, de que "um outro mundo é possível". Mais ainda: que "um outro mundo é necessário e inevitável". Não podemos continuar no caminho que tomamos. As forças da democracia são fortes demais: os eleitores não permitirão a continuação do modo como a globalização tem sido gerida. Já começamos a ver manifestações disso nas eleições na América Latina e em outros lugares. A boa notícia é que a economia não é um jogo de soma zero. Podemos reestruturar a globalização de modo a fazer com que tanto o mundo desenvolvido quanto o em desenvolvimento, as atuais gerações e as futuras, possam todos se beneficiar — embora existam alguns interesses especiais que perderão, e eles resistirão a essas mudanças. Podemos ter economias e sociedades mais fortes que atribuam mais peso a valores como a cultura, o meio ambiente e a própria vida.

2. A promessa de desenvolvimento

As estradas do interior do estado de Karnataka, no sul da Índia, estão cheias de buracos e levamos horas de carro para percorrer distâncias curtas. Mulheres trabalham nas estradas quebrando manualmente pedras. A paisagem é pontilhada por homens sozinhos que aram campos empoeirados com bois. Nas barracas de beira de estrada, vendem-se biscoitos e chá. É uma cena típica da Índia, onde boa parte da população ainda é analfabeta e a renda média é de apenas 2,70 dólares por dia.

A poucos quilômetros dali, em Bangalore, capital do estado, uma revolução está em marcha. A reluzente sede mundial da Infosys Technologies, gigantesca firma indiana de alta tecnologia e consultoria, tornou-se o símbolo de um controvertido movimento de terceirização, em que empresas americanas contratam funcionários indianos para fazer um trabalho que era feito anteriormente nos Estados Unidos e na Europa. Embora empresas ocidentais venham transferindo o trabalho de manufatura para países de salários baixos há décadas, o sucesso da Índia ao atrair empregos de alta especialização, como desenvolvimento de sistemas e suporte técnico ao cliente, provocou muita preocupação nos Estados Unidos.

A Infosys, que gera uma receita de cerca de 1,5 bilhão de dólares por ano, tem sido uma dádiva para a economia local. Seus empregados gastam dinheiro em carros, moradia, roupas e nos novos restaurantes e bares que se espalharam por Bangalore. Qualquer visitante da cidade pode perceber o aumento da prosperidade. Mas o entusiasmo por esse mundo novo não é compartilhado por todos. Na eleição nacional de 2004, o partido governante Bharatiya Janata apresentou uma plataforma que falava em "Índia brilhante" — e a Índia estava de fato brilhando na vida de cerca de 250 milhões de pessoas, na medida em que seu padrão de vida havia aumentado imensamente em relação às duas décadas anteriores. Mas a apenas quinze quilômetros de Bangalore, ou mesmo em partes da cidade, é possível ver a pobreza por toda parte; para os outros 800 milhões de indianos, a economia não brilhou de forma alguma.

Cerca de 80% da população do mundo vive em países em desenvolvimento, marcados por renda baixa e alta pobreza, alto desemprego e baixa educação. Para esses países, a globalização apresenta ao mesmo tempo riscos e oportunidades sem precedentes. Para fazer a globalização funcionar de um modo que enriqueça o mundo inteiro é preciso fazê-la funcionar para os habitantes desses países.

Neste capítulo, veremos que não existem soluções mágicas ou receitas simples. A história da economia do desenvolvimento é marcada pela busca quixotesca da "resposta" em que o desapontamento com o fracasso de uma estratégia leva à esperança de que a próxima funcionará.[1] Por exemplo, a educação é importante, mas se não há empregos para os instruídos, não haverá desenvolvimento. É importante que os países desenvolvidos abram seus mercados para os países mais pobres, mas se os países em desenvolvimento não têm estradas nem portos para levar seus produtos ao mercado, de que serve a abertura? Se a produtividade na agricultura é tão baixa que os agricultores têm pouco a vender, então portos e estradas farão pouca diferença. O desenvolvimento é um processo que envolve todos os aspectos da sociedade, implicando os esforços de todos: mercados, governos, ONGs, cooperativas, instituições sem fins lucrativos.

Um país em desenvolvimento que simplesmente se abre ao mundo exterior não colhe necessariamente os frutos da globalização. Mesmo que seu PIB cresça, o crescimento pode não ser sustentável, ou sustentado. E, mesmo que o crescimento seja sustentado, a maioria de seus habitantes pode piorar de vida.

O debate sobre a globalização econômica está misturado aos debates sobre teoria e valores econômicos. Há um quarto de século, três escolas principais de pensamento econômico competiam entre si: o capitalismo de livre mercado, o comunismo e a economia de mercado controlada. Porém, com a queda do Muro de Berlim, em 1989, as três ficaram reduzidas a duas e a discussão hoje se dá, em larga medida, entre aqueles que defendem a ideologia do livre mercado e aqueles que vêem um papel importante tanto para o setor privado como para o governo. Evidentemente, essas posições se sobrepõem. Até mesmo os defensores do livre mercado reconhecem que um dos problemas na África é a falta de governo. E até os críticos do capitalismo sem freios respeitam a importância do mercado.

Ainda assim, há um abismo entre as diferentes perspectivas, e não devemos nos deixar enganar e pensar que não existem diferenças. No capítulo anterior, descrevemos a estratégia para o desenvolvimento do Consenso de Washington. Essas políticas concentravam-se na minimização do papel do governo, enfatizavam a privatização (a venda das empresas estatais para o setor privado), a liberalização do comércio e do mercado de capitais (eliminando as barreiras comerciais e os impedimentos ao livre fluxo de capitais) e a desregulamentação (eliminação de regulamentações sobre a condução dos negócios). O governo tinha um papel na manutenção da estabilidade da macroeconomia, mas a atenção estava voltada para a estabilidade dos preços, em vez de para a estabilidade da produção, do emprego ou do crescimento. Havia um grande conjunto de coisas a fazer e não fazer: privatizem tudo, das fábricas à previdência social; não envolvam o governo na promoção de determinados setores industriais; fortaleçam os direitos de propriedade; não sejam corruptos. Minimizar o governo significava baixar os impostos — mas manter os orçamentos equilibrados.

Na prática, o Consenso de Washington pouco enfatizava a eqüidade. Alguns de seus defensores acreditavam na economia do gotejamento, que de alguma forma todos se beneficiariam — embora existam poucos indícios para sustentar essa conclusão. Outros acreditavam que a eqüidade pertencia ao campo da política, não da economia: os economistas deveriam se concentrar na eficiência e acreditavam que as recomendações do Consenso de Washington trariam isso.

A visão alternativa que defendo considera que os governos devem ter um papel mais ativo tanto na promoção do desenvolvimento como na proteção dos pobres.[2] A teoria econômica e a experiência histórica proporcionam orientações sobre o que um governo precisa fazer. Embora os mercados estejam no centro de qualquer economia bem-sucedida, o governo precisa criar um clima que possibilite a prosperidade dos negócios e a criação de empregos. Ele precisa construir uma infra-estrutura física e institucional, como, por exemplo, leis que garantam um sistema bancário saudável e mercados de valores mobiliários em que os investidores confiem que não estão sendo trapaceados. Mercados mal desenvolvidos caracterizam-se por monopólios e oligopólios;

preços altos numa área vital como as telecomunicações prejudicam o desenvolvimento, então os governos devem ter políticas fortes de competição. Há muitas outras áreas em que os mercados, por si só, não funcionam bem. Haverá algumas coisas em demasia, como poluição e degradação ambiental, e escassez de outras, como pesquisa. O que separa os países mais desenvolvidos dos outros não é apenas uma distância em recursos, mas um abismo em conhecimento, motivo pelo qual os investimentos em educação e tecnologia — em larga medida, do governo — são tão importantes.

Na prática, os partidários dessa visão alternativa também enfatizam mais o emprego, a justiça social e valores não-materialistas, como a preservação do meio ambiente, do que aqueles que defendem um papel mínimo para o governo. O desemprego, por exemplo, não é considerado apenas um desperdício de recursos, mas como elemento destruidor do sentimento de valor do indivíduo que tem várias conseqüências sociais indesejáveis, entre elas a violência. Os proponentes dessa visão também costumam defender reformas políticas para dar aos cidadãos mais voz na tomada de decisões: eles afirmam que a condicionalidade e instituições econômicas como bancos centrais autônomos que não são politicamente responsabilizáveis prejudicam a democracia. Ao contrário, os defensores do Consenso de Washington expressam falta de confiança nos processos democráticos, argumentando, por exemplo, que a independência dos bancos centrais é essencial para garantir uma boa política monetária.

Por que, se poderia perguntar, os economistas — todos com anos de estudos que culminam com títulos de pós-graduação — não conseguem entrar em acordo sobre o que levará ao desenvolvimento? O que deve fazer o primeiro-ministro de um país que é visitado por um consultor do FMI que lhe prescreve os remédios conhecidos dessa instituição e depois recebe a visita de um consultor acadêmico que recomenda o contrário? Ambos começam com um apelo à teoria econômica, às leis universais da economia, às leis da oferta e da procura. Mas a teoria econômica não é monolítica. A receita do Consenso de Washington baseia-se numa teoria da economia de mercado que supõe informação perfeita, competição perfeita e riscos de mercado perfeitos, uma idealização da realidade que tem pouca relevância para os países em desenvolvimento em particular. Os resultados de qualquer teoria dependem de seus pressupostos — e se os pressupostos se afastam demais da realidade, as políticas baseadas naquele modelo estarão provavelmente erradas.

Os progressos da teoria econômica nas décadas de 1970 e 1980 iluminaram os limites dos mercados; eles mostraram que mercados sem controle não levam à eficiência econômica sempre que a informação é imperfeita ou não há mercados (por exemplo, bons mercados de seguros para cobrir os riscos essenciais que os indivíduos correm). E a informação é sempre imperfeita e os mercados são sempre incompletos.[3] Os mercados, por eles mesmos, também não levam necessariamente à eficiência econômica quando a tarefa de um país é absorver novas tecnologias, superar o atraso do conhecimento: uma característica central do desenvolvimento. Hoje, a maioria dos economistas acadêmicos concorda que os mercados, por si só, não levam à eficiência; a questão é se o governo pode melhorar essa situação.

Embora seja difícil para os economistas realizar experiências a fim de testar suas teorias, como fazem os químicos ou físicos, o mundo oferece uma grande variedade de experimentos naturais, na medida em que dezenas de países tentam diferentes estratégias. Infelizmente, uma vez que cada país tem história e circunstâncias diferentes, bem como difere numa miríade de detalhes das políticas econômicas — e os detalhes importam —, é muitas vezes difícil obter uma interpretação clara. Porém, o que está evidente é que houve diferenças marcantes no desempenho, que os países mais bem-sucedidos foram aqueles da Ásia em que o governo desempenhou um papel muito ativo. Ao olharmos com mais cuidado para os efeitos de determinadas políticas, essas conclusões se reforçam: há uma notável congruência entre o que a teoria econômica diz que o governo deveria fazer e o que os governos do Leste Asiático efetivamente fizeram. Pelo mesmo motivo, as teorias econômicas baseadas na informação imperfeita e nos mercados de risco incompleto que prediziam que o livre fluxo de capital de curto prazo — uma característica essencial das políticas fundamentalistas do mercado — não produziria crescimento, mas instabilidade, também se confirmaram.

Há 25 anos, era compreensível que ocorresse um debate sobre o fundamentalismo de mercado e as receitas do Consenso de Washington: elas não haviam sido experimentadas (naturalmente, as objeções teóricas e as experiências históricas ofereciam uma forte palavra de cautela). Hoje, ao vermos os sucessos e fracassos, é difícil entender a continuação desse debate — afora o papel da ideologia e dos interesses que são servidos pelas políticas do Consenso (mesmo quando a economia não cresce, há quem lucre com essas políticas).

Hoje, a tarefa dos países menos desenvolvidos é, de alguma forma, mais fácil do que aquela que Europa e Estados Unidos tiveram de encarar quando se industrializaram no século XIX: eles precisam simplesmente alcançar os mais desenvolvidos, em vez de explorar um território desconhecido. Não obstante, essa tarefa revelou-se insuperável em quase todos os lugares, exceto na Ásia, o exemplo mais bem-sucedido de desenvolvimento econômico que o mundo já viu. O sucesso dos países asiáticos tem sido tão grande — e durante tanto tempo — que é fácil considerá-lo favas contadas. Mas o crescimento da Ásia surpreenderia muitos expertos das décadas de 1950 e 1960, como o ganhador do prêmio Nobel de economia Gunnar Myrdal, que considerava as perspectivas da Ásia realmente negras.[4] Dizia-se então que países como a Coréia deveriam se limitar ao que sabiam fazer melhor: plantar arroz. O milagre do Leste Asiático mostra que o desenvolvimento rápido — e o crescimento com eqüidade, em que pobres e ricos são beneficiados — é possível, ainda que não existam certas precondições. Os fracassos em outros lugares mostram que o desenvolvimento não é inevitável.

As diferenças de desempenho entre regiões são espantosas. Enquanto o Leste Asiático teve uma média de crescimento de 5,9% nos últimos trinta anos (6,5% durante os últimos quinze anos), a América Latina e a África mantiveram uma disputa para ver quem tinha a taxa de crescimento mais baixa, na qual a renda per capita da região subsaariana caiu uma média de 0,2% ao ano nos últimos trinta anos.[5] Mas ambas foram superadas pela Rússia, que viu sua renda declinar, desde o início da transição do comunismo para a economia de mercado, um total de 15%; na verdade, a renda per capita caiu 40% na primeira década, mas a economia russa recomeçou finalmente a crescer nos últimos cinco anos.

Leste Asiático

A globalização, na forma de desenvolvimento liderado pelas exportações, ajudou a tirar os países do Leste Asiático da pobreza, graças ao acesso aos mercados internacionais que possibilitou, bem como a tecnologias que permitiram enormes aumentos de produtividade. Mas esses países administraram a globalização, tiveram a capacidade de se aproveitar dela sem que a globalização se aproveitasse deles, o que explica boa parte de seu sucesso.

Esses países conseguiram ao mesmo tempo crescimento e estabilidade: alguns não tiveram um único ano de crescimento negativo ao longo de quase um quarto de século, outros tiveram um único ano ruim; nesse aspecto, seu desempenho foi melhor do que o dos países industriais avançados. Mesmo durante a crise de 1997-98, a China e o Vietnã continuaram a crescer. A China seguiu o padrão das políticas macroeconômicas expansionistas (não as recomendadas pelo FMI para outros países da região) e viu seu crescimento diminuir para respeitáveis 7% antes de retomar os níveis mais altos de 8% e 9% (há quem pense que esses números subestimam o verdadeiro crescimento). Se suas províncias fossem tratadas como países separados — e com populações às vezes superiores a 50 milhões, elas são muito maiores do que boa parte dos países do globo —, a maioria dos países de crescimento mais rápido do mundo estaria na China.[6]

É importante observar que esses governos asseguraram que os benefícios do crescimento não ficassem apenas com uns poucos, mas fossem amplamente compartilhados.[7] Eles não se concentraram apenas na estabilidade dos preços, mas também na estabilidade real, garantindo que novos empregos fossem criados para acompanhar o ritmo do crescimento da força de trabalho. A pobreza caiu imensamente — na Indonésia, por exemplo, a taxa de pobreza (segundo o padrão de um dólar por dia) caiu de 28% para 8% entre 1987 e 2002[8] —, enquanto a saúde e a expectativa de vida melhoravam e a alfabetização se aproximava da universalidade. Em 1960, a renda per capita da Malásia era de 784 dólares (em dólares americanos de 2000), levemente abaixo da do Haiti na mesma época. Hoje, está acima dos 4 mil dólares. O nível médio de educação da Coréia do Sul em 1960 estava abaixo dos quatro anos; hoje, o país é líder em indústrias de alta tecnologia como a produção de chips e sua renda aumentou dezesseis vezes nos últimos quarenta anos.[9] A China começou sua jornada mais tarde, mas suas realizações foram, em certos aspectos, ainda mais notáveis. A renda aumentou mais de oito vezes desde 1978; a pobreza de um dólar por dia caiu em três quartos.[10]

Mas, enquanto esses países de economia de "mercado" estavam profundamente envolvidos na globalização, seus mercados internos estavam longe da falta de controle. A globalização foi calculada e graduada e o governo intervinha com cuidado, mas amplamente, na economia. Evidentemente, fizeram todas as coisas usuais que se espera de um governo. Expandiram a educação primária e a superior ao mesmo tempo, reconhecendo que o sucesso exigia tanto a alfabetização universal quanto quadros altamente habilitados, capazes de absorver a tecnologia avançada. Investiram pesadamente em infra-estrutura, como portos, estradas e pontes, facilitando o transporte de bens e diminuindo o custo dos negócios e da exportação de mercadorias.

Mas também foram além da lista usual do que os governos costumam fazer. No Leste Asiático, eles desempenharam um grande papel no planejamento e no progresso da tecnologia, escolhendo quais setores seus países iriam desenvolver, em vez de deixar essa decisão apenas para o mercado. A partir da década de 1960, esses países fizeram grandes esforços para desenvolver as indústrias locais. O investimento no setor de alta tecnologia ajudou Taiwan, Coréia e Malásia a se tornarem produtores importantes de bens eletrônicos, computadores e chips. Além disso, tornaram-se alguns dos produtores mais eficazes do mundo de mercadorias tradicionais, como aço e plásticos.

A intenção dos governos não era "passar a perna" no mercado — escolher vencedores de uma forma melhor do que o mercado. Mas eles se deram conta de que havia, com freqüência, enormes transbordamentos: os avanços tecnológicos em uma área ajudavam a estimular o crescimento em outra. Perceberam que os mercados deixavam freqüentemente de coordenar bem as novas atividades: empresas que utilizavam plásticos não se desenvolveriam sem um fornecedor local dessa matéria, mas era um enorme risco para uma firma produzir plásticos sem a garantia de demanda por sua produção. Eles perceberam também que muitas vezes os bancos estavam menos interessados em emprestar para indústrias novas do que oferecer financiamento à especulação imobiliária, ou (como acontece com tanta freqüência nos países em desenvolvimento) simplesmente emprestar para o governo.

Há muito tempo os economistas falam da importância da poupança e do investimento para o crescimento, mas, antes que o Leste Asiático assumisse a tarefa, os dirigentes políticos deixavam isso nas mãos do mercado. Os economistas talvez lamentassem o baixo nível de poupança, mas achavam que não havia muito que o governo pudesse fazer. Os governos do Leste Asiático mostraram que isso não era verdade. O dinheiro para seus investimentos veio da própria população, à medida que estimulavam a poupança; e, assim, esses países não precisaram depender dos fluxos de capital volátil do exterior. Quase todos os países da região poupavam 25% ou mais do PIB; hoje, a China tem uma taxa de poupança nacional acima de 40% do PIB, em contraste com os 14% nos Estados Unidos. Em Cingapura, 42% da renda salarial era depositada compulsoriamente num "fundo de previdência". Em outros países, como o Japão, instituições de poupança criadas pelo governo, intensamente presentes nas áreas rurais, propiciaram um modo seguro e conveniente para as pessoas pouparem.

Todos esses países acreditavam na importância dos mercados, mas se deram conta de que era preciso criá-los e governá-los, e que, às vezes, as empresas privadas podem não fazer o que é preciso ser feito. Se os bancos privados não abrem agências nas áreas rurais para captar poupança, o governo precisa intervir. Se os bancos privados não oferecem crédito de longo prazo, o governo precisa intervir. Se as empresas privadas não oferecem os inputs básicos para a produção — como aço e plástico —, o governo deve intervir, se puder fazê-lo com eficiência. Coréia e Taiwan mostraram que podiam; o governo coreano procedeu com cautela, mas, depois que percebeu que poderia investir com lucro, foi em frente e criou, em 1968, uma das siderúrgicas mais eficientes do mundo. Antes disso, em 1954, o governo de Taiwan ajudou a fundar a Formosa Plastics Corporation, com enorme sucesso.

Embora a maior parte da região se tenha liberalizado, abrindo mercados e diminuindo as regulamentações governamentais, isso foi feito de forma lenta, num ritmo consistente com a capacidade das economias. Ao mesmo tempo em que se concentraram no crescimento liderado pelas exportações, especialmente nos primeiros tempos do desenvolvimento, os governos asiáticos limitaram as importações que prejudicariam as indústrias e a agricultura nacionais.

Alguns países, como China, Malásia e Cingapura, acolheram o investimento externo; outros, como Coréia do Sul e Japão, sentiram-se mais confortáveis sem ele e cresceram da mesma forma. Mesmo aqueles que chamaram investidores estrangeiros, asseguraram-se de que as empresas convidadas transferissem tecnologia e treinassem os trabalhadores locais, de modo a fazê-las contribuir para o esforço de desenvolvimento da nação. A Malásia não entregou simplesmente seu petróleo para empresas petrolíferas estrangeiras, mas fez com que elas ajudassem a desenvolver seus recursos, aprendendo ao mesmo tempo; hoje a empresa estatal Petronas oferece treinamento a outros países em desenvolvimento. Ao administrar sua própria empresa petrolífera, foi possível garantir que uma parte maior do valor do recurso ficasse na Malásia, em vez de ser enviado para fora como lucro.

O debate sobre a liberalização do mercado de capitais foi mais tendencioso. Ainda que tenham aberto seus mercados para investimentos de longo prazo, os dois gigantes asiáticos, Índia e

China, restringiram os fluxos de capital de curto prazo. Eles reconheceram que não se podem construir indústrias e criar empregos com dinheiro que pode entrar e sair de um dia para o outro. Eles viram a instabilidade que acompanhava esses fluxos, o risco que vinha sem uma recompensa evidente.

Com suas altas taxas de poupança, os países do Leste Asiático dificilmente precisaram de capital adicional. Mas, durante a década de 1980, muitos desses países, talvez sucumbindo às pressões do FMI e do Tesouro americano, abriram seus mercados ao livre fluxo de capitais. Durante algum tempo, os capitais entraram, mas então o sentimento mudou e eles fugiram. O resultado foi uma crise que se espalhou pela região e além dela. Em 1997, os especuladores atacaram o baht, a moeda tailandesa, fazendo com que ela entrasse em queda livre a partir do início de julho. Os bancos estrangeiros suspenderam seus empréstimos à Coréia. A Indonésia enfrentou problemas tanto com os bancos como com os especuladores. Os bancos centrais da região gastaram bilhões de dólares tentando segurar suas moedas. Quando ficaram sem fundos, apelaram ao FMI, mas essa instituição só daria dinheiro sob uma longa lista de condições, entre elas cortes dos gastos públicos, aumentos de impostos e taxas de juros mais altas. Quando os bancos centrais aumentaram as taxas de juros, as empresas locais viram que não poderiam cumprir com suas obrigações. Houve uma grande quantidade de falências e a crise monetária se transformou numa crise bancária.

Foi um momento terrível: houve tumultos e agitação social na Indonésia, executivos coreanos desempregados passeando pelos parques de Seul porque tinham vergonha de contar às esposas que não iam mais para os escritórios, gente vendendo suas roupas e utensílios domésticos nas ruas de Bangkok. Muitas pessoas voltaram ao campo para viver com suas famílias porque não achavam emprego na capital. Os coreanos fizeram filas para entregar suas jóias de ouro ao governo a fim de derretê-las e usá-las para pagar parte da dívida nacional.

As políticas do FMI não conseguiram estabilizar as moedas; elas conseguiram apenas tornar a crise econômica ainda pior do que teria sido — tal como a teoria econômica comum teria previsto. Os críticos do FMI afirmam que suas recomendações não estavam voltadas para proteger os países da recessão, mas para proteger os emprestadores; sua intenção era reconstruir rapidamente as reservas, de tal modo que os credores internacionais pudessem ser pagos. Com efeito, os países restauraram rapidamente suas reservas e até conseguiram pagar o que deviam ao FMI em poucos anos.

Hoje, boa parte da Ásia se recuperou, mas a crise foi danosa e desnecessária. O Leste Asiático aprendeu que a globalização, quando bem gerida, traz imensa prosperidade, mas, quando significa abertura para fluxos especulativos desestabilizadores, causa uma devastação econômica. Ao refletirem sobre as lições dessa experiência brutal, as autoridades da região passaram a rejeitar com maior firmeza ainda o fundamentalismo de mercado do Consenso de Washington que abriu seus países para os estragos dos especuladores. E enfatizaram mais a eqüidade e as políticas de ajuda aos pobres. O crescimento se recuperou, mas esses estudantes da "classe de 97" não esqueceram as lições.

América Latina

O Leste Asiático demonstrou o sucesso de um caminho marcadamente diverso do Consenso de Washington, atribuindo ao governo muito mais do que o papel minimalista defendido pelo fundamentalismo de mercado. Enquanto isso, a América Latina adotava as diretrizes do Consenso com muito mais entusiasmo do que qualquer outra região (com efeito, a expressão "Consenso de Washington" foi cunhada inicialmente com referência a políticas defendidas para essa região). Juntos, os fracassos latino-americanos e os sucessos do Leste Asiático proporcionam a argumentação mais forte contra o Consenso.

Em décadas anteriores, a América Latina obteve um sucesso notável com políticas governamentais fortemente intervencionistas que não eram tão refinadas nem tão sutis como as do Leste Asiático e estavam centradas mais na restrição às importações do que na expansão das exportações. Impunham-se altas tarifas sobre certos produtos importados para estimular o desenvolvimento das indústrias locais, na chamada estratégia de substituição das importações. Embora seu sucesso não se equiparasse ao asiático, ainda assim a renda per capita latino-americana cresceu a uma média anual de mais de 2,8% de 1950 a 1980 (2,2% de 1930 a 1980).[11] O Brasil, cujo governo interveio de forma mais agressiva na economia, cresceu a uma média de 5,7% durante o meio século iniciado em 1930.

Em 1980, na luta contra seu problema de inflação, os Estados Unidos começaram a aumentar as taxas de juros, que chegaram a mais de 20%. Essas taxas atingiram os empréstimos à América Latina, deflagrando a crise da dívida latino-americana do começo dos anos 80, quando México, Argentina, Brasil, Costa Rica e vários outros países suspenderam o pagamento da dívida. Em conseqüência dessa crise, a região sofreu três anos de declínio e dez de estagnação, um desempenho tão fraco que o período ficou conhecido como a "década perdida".

Foi nessa época que as políticas econômicas latino-americanas mudaram radicalmente e a maioria dos países adotou as diretrizes do Consenso de Washington. Como muitos países mergulharam numa inflação altíssima, o foco do Consenso no combate à inflação fazia sentido. Os governos não haviam trabalhado bem e a atração pelo Consenso — que pregava a diminuição do papel do Estado — era compreensível. Quando adotaram essas diretrizes, países como a Argentina receberam profusos elogios. Quando se restabeleceu a estabilidade dos preços e houve uma retomada do crescimento, o Banco Mundial e o FMI reivindicaram o mérito e a defesa do Consenso de Washington estava feita. Mas logo ficou claro que o crescimento não era sustentável. Baseava-se num forte endividamento externo e numa privatização que vendeu os ativos nacionais a estrangeiros — e o produto dessas vendas não foi investido. Houve uma explosão do consumo. O PIB aumentou, mas a riqueza nacional diminuiu. O crescimento durou apenas sete anos e foi seguido por recessão e estagnação. Na década de 1990, o crescimento foi de apenas a metade do que havia sido nas décadas anteriores a 1980 e o pouco que houve foi parar desproporcionalmente no bolso dos ricos.

Enquanto o Leste Asiático assistia a enormes reduções da pobreza, o progresso na América Latina foi mínimo. No momento em que escrevo este livro, é possível dizer que há uma desilusão disseminada na América Latina com o Consenso de Washington: um consenso crescente contra o Consenso de Washington refletiu-se na eleição de governos de esquerda no Brasil, na Venezuela e na Bolívia. Esses governos têm sido acusados com freqüência de populistas, porque prometem levar educação e saúde aos pobres e adotar políticas econômicas que não tragam apenas alto crescimento, mas que garantam também que os frutos desse crescimento sejam compartilhados de forma mais equânime. Numa democracia, parece natural — não errado — que os políticos lutem por melhorar o bem-estar do cidadão médio; e está claro que as políticas anteriores não conseguiram satisfazer as necessidades legítimas do cidadão médio, embora tenham favorecido aqueles situados no topo da pirâmide distributiva. Ainda é cedo para dizer se cumprirão suas promessas. O presidente venezuelano Hugo Chávez parece ter conseguido levar educação e saúde aos bairros pobres de Caracas, que anteriormente pouco haviam se beneficiado da riqueza petrolífera do país. Se esses líderes não cumprirem suas promessas, é difícil prever que rumo tomarão as atuais correntes de inquietação.

Países em transição do comunismo

Assim como os sucessos do Leste Asiático foram muito maiores do que sugerem as impressionantes estatísticas do PIB, os fracassos da Rússia e da maioria dos outros países que fizeram a transição do comunismo para o capitalismo foram muito mais profundos do que essas estatísticas sozinhas indicam. A diminuição da expectativa de vida — na Rússia, caiu espantosos quatro anos entre 1990 e 2000 — confirma a impressão de uma penúria crescente.[12] (No resto do mundo, a expectativa de vida vem aumentando.) O crime e a ilegalidade aumentaram desenfreadamente.

Depois da queda do Muro de Berlim, havia esperanças de democracia e prosperidade econômica em toda a ex-União Soviética e seus Estados satélites. Consultores do Ocidente acorreram à Europa Oriental para orientar a transição. Muitos acreditavam, erroneamente, que era preciso uma "terapia de choque", que a transição para o capitalismo de estilo ocidental deveria ser feita da noite para o dia por meio de privatizações e liberalizações rápidas. A liberação instantânea dos preços trouxe com ela — previsivelmente — a hiperinflação. A certa altura, os preços na Ucrânia estavam aumentando à taxa de 3300% ao ano. Uma política monetária rígida (altas taxas de juros com pouco crédito disponível) e a austeridade fiscal (orçamentos apertados) foram usadas para derrubar a hiperinflação; elas também derrubaram as economias, que entraram em recessões e depressões profundas. Enquanto isso, as privatizações rápidas entregavam centenas de bilhões de dólares dos ativos mais valiosos dos países, criando uma nova classe de oligarcas que levaram dinheiro para fora do país com mais rapidez do que o influxo dos bilhões em ajuda do FMI. Os mercados de capitais foram liberalizados na crença errada de que isso induziria a entrada de dinheiro. Em vez disso, houve uma fuga imensa de capitais, entre elas a famosa compra do time de futebol do Chelsea e de numerosas propriedades rurais britânicas por um dos oligarcas, Roman Abramovich. Naturalmente, os russos comuns não conseguiram ver como isso poderia ajudar no crescimento de seu país. Era como se os consultores acreditassem que a abertura de uma gaiola levaria passarinhos a entrar nela, em vez de estimular a fuga dos que estavam engaiolados.

Quando eu era economista-chefe do Banco Mundial, tivemos um intenso debate sobre aquelas privatizações. Eu estava entre aqueles que achavam que sua rapidez não somente gerava receita mais baixa para governos que precisavam desesperadamente de dinheiro como solapava a confiança na economia de mercado. Sem leis apropriadas sobre a governança corporativa, poderia haver um roubo imenso dos ativos empresariais pelos gestores; haveria incentivos para apropriar-se de ativos em vez de construir riqueza. Preocupava-me também a enorme desigualdade que essas privatizações poderiam gerar. O outro lado dizia: não se preocupe, apenas privatize o mais rapidamente possível; os novos proprietários farão com que os recursos sejam bem usados e a economia crescerá. Infelizmente, o que aconteceu na Rússia e em outros lugares foi ainda pior do que eu temia. Embora os consultores do FMI, do Tesouro americano e de outras instituições tenham dito ao governo russo que a privatização levaria ao crescimento e a investimentos, o resultado foi desapontador: a produção caiu em um terço.

As privatizações rápidas e corruptas na Rússia deflagraram

um círculo vicioso. As quantias irrisórias recebidas pelo governo levaram ao questionamento da legitimidade da transferência de recursos públicos para o setor privado. Os investidores — aqueles que haviam adquirido ações — sentiram então, com razão, que seus direitos de propriedade não eram seguros, que um novo governo poderia, sob pressão popular, reverter a privatização. Em conseqüência, limitaram seus investimentos e levaram para fora do país o máximo de seus lucros que puderam, o que resultou em mais desilusão com o processo de privatização e tornou os direitos de propriedade ainda mais inseguros. A liberalização do mercado de capitais sob pressão do FMI piorou as coisas porque tornou mais fácil para os oligarcas que se haviam apropriado das ações das empresas que controlavam levar seu dinheiro para lugares no exterior onde os direitos de propriedade já estavam bem estabelecidos. Eles se aproveitaram das estruturas legais fracas de seus países e das fortes proteções à propriedade no exterior.

Para alguns observadores que visitaram Moscou naqueles primeiros dias da transição, parecia um sucesso. As lojas estavam cheias de mercadorias, as ruas repletas de automóveis. Mas as mercadorias eram bens de luxo importados para os novos ricos que haviam conseguido pôr a mão nos vastos ativos do Estado; enquanto uns poucos dirigiam Mercedes e se deleitavam com a nova Rússia, milhões viam suas magras pensões caírem abaixo do nível de subsistência.

Agora, há um amplo acordo de que a velocidade das reformas nos países do antigo bloco soviético foi um erro. As privatizações foram feitas antes da implantação de regulamentações corretas e fortes leis tributárias. Com a queda da receita governamental, os gastos com saúde e infra-estrutura despencaram. Um dos legados do passado da Rússia era um sistema educacional de alta qualidade, mas isso se deteriorou rapidamente com os cortes orçamentários. Ao mesmo tempo, as velhas redes de segurança social foram deixadas de lado. Os resultados foram sinistros: a pobreza nos países do antigo bloco soviético foi multiplicada por dez de 1987 (pouco antes do início da transição) até 2001. O contraste entre as alegações dos defensores do livre mercado, que prediziam o desencadeamento de forças que trariam uma prosperidade recorde, e os aumentos sem precedentes da pobreza que ocorreram de fato não poderia ser maior.

Alguns países, como Polônia e Eslovênia, administraram melhor a transição, em parte porque não adotaram a terapia de choque com tanta ênfase.[13] Creio que os países da Europa Oriental como um todo se deram bem devido, em larga medida, à perspectiva de entrar para a União Européia, que os forçou a adotar rapidamente um marco legal sólido, o que tranqüilizou os investidores. Ao entrar para a UE, eles obtiveram acesso a um mercado enorme — e seus salários baixos, combinados com suas forças de trabalho altamente instruídas, lhes deram uma vantagem bem definida.

Os países do bloco soviético não foram os únicos a fazer a transição do comunismo. A China e o Vietnã, embora mantendo um regime político comunista, começaram também a avançar no sentido de uma economia de mercado, e o contraste foi notável. Enquanto a renda despencava na Rússia — caindo em um terço de 1990 para 2000 —, ela disparou nos dois países asiáticos, aumentando 135% na China e 75% no Vietnã. Eles rejeitaram a terapia de choque em favor de uma transição mais lenta e suave para uma economia de mercado. Hoje, a vitalidade de suas economias sugere que a tartaruga ultrapassou a lebre.

A diferença de desempenho entre China e Rússia pôs na defensiva os advogados da terapia de choque com suas mudanças rápidas, pouca sensibilidade para os custos sociais e pouca preocupação com os pré-requisitos que fazem uma economia de mercado funcionar.[14] Ele dizem que a tarefa da China era mais fácil porque se tratava um país menos desenvolvido e principalmente agrícola. Mas o desenvolvimento é em si mesmo difícil — as histórias de sucesso fora do Leste Asiático são raras —, e os defensores da terapia de choque jamais explicaram adequadamente por que a soma de dois problemas difíceis — desenvolvimento e transição — deveria tornar a tarefa mais fácil. Muitos dos países menos desenvolvidos do antigo bloco soviético que seguiram seus conselhos de terapia de choque obtiveram resultados tão ruins quanto os da Rússia; as economias dominantemente agrárias da Mongólia e da Moldávia tiveram um declínio ainda maior. Aqueles que se saíram melhor, como o Cazaquistão, o fizeram devido ao petróleo.

África

Eu estava na África oriental nos primeiros dias da independência, no final da década de 1960. Havia um sentimento de euforia, embora os países soubessem que o colonialismo os havia deixado mal preparados para o desenvolvimento e a democracia. Eles não tinham nem um pouco de experiência de governo próprio — havia alguns poucos indivíduos treinados e os países careciam da infra-estrutura institucional necessária para a democracia e da infra-estrutura física necessária para o crescimento. Em Uganda, os britânicos haviam promovido Idi Amin dentro das forças armadas e assim o prepararam para ser um dos líderes do futuro. Mas o legado britânico era uma maravilha em comparação com a história sangrenta das atividades belgas no Congo.

Não foi nada surpreendente que, na década de 1980, muitos países africanos tivessem caído em tempos difíceis. Cada um deles tem sua própria história: ditadores corruptos e freqüentemente impiedosos em Uganda, Congo, Quênia e Nigéria; políticas de "socialismo africano" bem-intencionadas e, em geral, honestas, mas muito imperfeitas na Tanzânia; políticas macroeconômicas mal orientadas na Costa do Marfim. Nos anos 80, muitos deles pediram ajuda ao Banco Mundial e ao FMI. Ganharam assistência — em geral, empréstimos, em vez de subsídios — acompanhada de condições projetadas para ajudar em seu "ajuste estrutural". Porém, com muita freqüência, as condições eram mal orientadas e os projetos para os quais o dinheiro era emprestado estavam mal concebidos. Os países tomadores tiveram de adaptar a estrutura de suas economias ao fundamentalismo de mercado do FMI, às diretrizes do Consenso de Washington. A liberalização abriu os mercados africanos para mercadorias estrangeiras, mas os países africanos tinham pouca coisa para vender no exterior. A abertura dos mercados de capitais não trouxe um fluxo de capital; os investidores estavam mais interessados em levar embora os abundantes recursos naturais da África. Muitas vezes, as exigências do FMI traziam austeridade fiscal; embora todos os países devam aprender a viver de acordo com seus recursos, o FMI foi muito além do necessário, impondo restrições que impediam os países tomadores de até mesmo fazer bom uso da quantidade limitada de ajuda externa que recebiam. Na Etiópia, por exemplo, o Fundo chegou ao ponto de exigir que o país ignorasse a ajuda externa na avaliação do equilíbrio de seu orçamento; com efeito, a ajuda externa foi destinada para o aumento das reservas, não para a construção de hospitais, escolas ou estradas. Não surpreende que essas políticas não tenham conseguido trazer crescimento. Mas o ônus da dívida ficou.

Nos anos 90, muitos países africanos, entre eles Nigéria, Quênia, Tanzânia, Uganda, Etiópia e Gana, ganharam novas lideranças que pareciam mais comprometidas do que as antigas com a implementação de boas políticas econômicas. Déficits e inflação foram postos sob controle. Alguns governantes, como

Olusejun Obasanjo da Nigéria, Yoweri Museveni de Uganda, Benjamin Mkapa da Tanzânia e Meles Zenawi da Etiópia, assumiram uma posição forte contra a corrupção; ainda que ela não tenha sido eliminada completamente, fez-se um progresso digno de nota. Uganda e Etiópia tiveram períodos de crescimento: a Etiópia cresceu mais de 6% ao ano entre 1993 e 1997, quando irrompeu a guerra com a vizinha Eritréia; Uganda cresceu, em média, mais de 4% ao ano entre 1993 e 2000. Vários países fizeram grandes esforços para diminuir o analfabetismo, e, se não fosse pela epidemia de aids, teria havido grandes avanços em saúde e expectativa de vida. Mas mesmo esses países bem-sucedidos não conseguiram atrair investimentos do exterior. Os vastos mercados da Ásia, com suas forças de trabalho mais instruídas, infra-estruturas melhores e economias de crescimento mais rápido, eram simplesmente mais atraentes para a maioria das multinacionais.

Enquanto as economias africanas não cresciam, a população aumentava. A África havia sido um continente com abundância de terra, e a terra mantinha sua produtividade por ser deixada sem cultivo por longos períodos de tempo. Mas, com a pressão populacional, isso não foi mais possível. A produtividade agrícola declinou e aumentou a pobreza. De novo, a globalização passou ao largo da África. Assim como os países com boas políticas macroeconômicas não conseguiram atrair investimentos, a Revolução Verde, que aumentou imensamente a produtividade agrícola na Ásia, não chegou à África. Hoje, sua produtividade é um terço da asiática. E como se isso não fosse suficiente, a epidemia de aids atingiu o continente com força devastadora. Até mesmo países como Botsuana, que geria bem sua economia e economizava seus recursos, crescendo 9% ao ano durante quase todo o período de quatro décadas decorrido desde sua independência da Inglaterra, tiveram retrocessos na expectativa de vida. Em conseqüência dessas forças, nos primeiros anos do século XXI, como vimos, o número de pessoas mergulhadas na pobreza na África já havia dobrado em relação a duas décadas antes.

Ásia meridional

Nas últimas duas décadas, com exceção de uma crise econômica no início dos anos 90, a Índia — país de cerca de 1,1 bilhão de habitantes — cresceu 5% ao ano ou mais. Em 2006, espera-se que cresça 8%.

Durante décadas após a independência, as doutrinas socialistas prevaleceram e a economia estagnou. Mas, mesmo naquela época, o governo plantava as sementes do sucesso futuro, ao criar vários institutos de tecnologia e ciência, investimentos em educação e pesquisa que viriam a dar seus frutos no novo milênio. O surgimento de Bangalore como capital do setor de tecnologia da informação da Índia pode ter suas origens identificadas na fundação do Instituto Indiano de Ciência em 1909, em terras doadas pelo marajá de Mysore e em doações do barão da indústria J. N. Tata.

A Revolução Verde da década de 1970, que promoveu o uso de melhores técnicas agrícolas e novas sementes, aumentou a produção imensamente. Mas o crescimento só ganhou ímpeto no início dos anos 80, quando o governo acabou com sua hostilidade aberta aos negócios e removeu muitas das restrições que obstruíam o setor privado.[15] As liberalizações do início da década de 1990 foram fundamentais na continuação do impulso das reformas anteriores, mas, ao mesmo tempo que abria o país ao investimento externo direto, o governo mantinha restrições aos fluxos de capital de curto prazo. Somente em 2006, quinze anos depois do início das reformas, começaram as discussões sobre o ajuste — não a eliminação — dessas restrições.

O advento da internet foi o ponto de inflexão mais importante. A nova tecnologia significou para a Índia que o país poderia finalmente colher os frutos de seus investimentos de longo prazo em educação, e as inadequações da infra-estrutura não constituíram obstáculo. As oportunidades criadas pela economia da bolha nos Estados Unidos na década de 1990 também ajudaram, de uma forma indireta.[16] Enquanto a tecnologia baixava os custos da comunicação, o excesso de investimentos maciços em telecomunicações os diminuía ainda mais, junto com a imensa capacidade dos cabos que atravessavam o Pacífico e dos satélites. As empresas que pensam em investir num país em desenvolvimento precisam sopesar uma longa lista de vantagens e desvantagens: os salários podem ser baixos em comparação com os dos países desenvolvidos, mas a falta de infra-estrutura significa freqüentemente custos de transporte, bem como um fornecimento caro e não confiável de eletricidade e serviços de comunicação. O que diferenciava o novo setor de alta tecnologia da Índia era que esses problemas de infra-estrutura eram irrelevantes (os custos de transporte simplesmente não tinham importância), ou podiam ser contornados. As empresas construíam seus geradores próprios a fim de driblar o fornecimento errático de energia do lugar. Os satélites, que podiam ligar quase instantaneamente as firmas indianas com as do Vale do Silício ou de qualquer outro lugar na Europa e nos Estados Unidos, significavam que era possível fazer chamadas para o resto do mundo sem depender do sistema telefônico precário da Índia.

Na verdade, o sucesso da Índia tem muito em comum com o da China. Nos dois países, há uma classe média emergente de várias centenas de milhões que começam a desfrutar da vida abundante que os ocidentais levam há tanto tempo e, em ambos, ainda há enormes distâncias entre ricos e pobres. A Índia teve êxito muito menor do que a China na redução da pobreza, mas se saiu muito melhor na prevenção do aumento da desigualdade, das disparidades entre regiões e entre os muitos ricos e o resto. Ainda assim, China e Índia, mesmo ao atingir novos picos de sucesso, reconheceram que não podem continuar como fizeram até agora. Ambos os governos se comprometeram a concentrar a atenção no setor rural atrasado; ambos estão preocupados com a criação de novos empregos para aqueles que entram na força de trabalho (a Índia chegou a criar um plano de emprego garantido para as áreas rurais). Ambos reconhecem a importância da tecnologia e da educação no competitivo mercado global e sabem que isso exigirá o fortalecimento de seus já enormes investimentos em educação: atualmente, a Ásia forma três vezes mais engenheiros e cientistas do que os Estados Unidos. O desafio é melhorar a qualidade ao mesmo tempo em que aumenta a quantidade.

Hoje, os países em desenvolvimento de todo o mundo observam a Ásia, os exemplos de sucesso, para ver o que podem aprender. Não surpreende que o apoio global ao Consenso de Washington tenha declinado. Seus fracassos podem ser vistos na África, na América Latina e nas economias em transição. O teste mais claro ocorreu na transição do comunismo para uma economia de mercado: quase todos os países que seguiram suas recomendações fracassaram. Na melhor das hipóteses, conseguiram um desenvolvimento débil; na pior, sofrem de uma desigualdade crescente e de instabilidade. Até a democracia parece menos segura.

UMA VISÃO DO DESENVOLVIMENTO

Diante da variedade de estatísticas e histórias que descrevem os países em desenvolvimento — algumas totalmente deprimentes, outras que transmitem uma enorme esperança —, é importante não esquecer o quadro maior: sucesso significa um desenvolvimento sustentável, eqüitativo e democrático que tenha seu foco na melhoria dos padrões de vida e não apenas no PIB medido. A renda é, evidentemente, uma parte importante dos padrões de vida, mas também o são a saúde (medida, por exemplo, em expectativa de vida e mortalidade infantil) e a educação.[17] O rei do Butão falou de FIB, felicidade interna bruta, ao buscar estratégias que melhorassem a educação, a saúde e a qualidade de vida nas áreas rurais, assim como nas cidades, ao mesmo tempo em que se mantivessem os valores tradicionais.

O PIB é uma medida útil de crescimento econômico, mas não é tudo. O crescimento deve ser sustentável. Todos sabem que o estudo de última hora faz passar nos exames, mas o que se aprende é logo esquecido. É possível aumentar o PIB espoliando o meio ambiente, esgotando recursos naturais escassos, fazendo empréstimos no exterior, mas esse tipo de crescimento não é sustentável. Papua-Nova Guiné está pondo abaixo suas florestas tropicais, lar de uma imensa variedade de espécies; as vendas aumentam seu PIB hoje, mas dentro de vinte anos não haverá mais nada para cortar.[18]

Mesmo assim, uma vez que é relativamente fácil de ser medido, o PIB se tornou uma fixação dos economistas. O problema é que aquilo que medimos é aquilo pelo qual procuramos. Às vezes, aumentos do PIB estão associados à redução da pobreza, como aconteceu no Leste Asiático. Mas isso não foi por acaso: os governos criaram políticas para garantir que os pobres participassem dos benefícios. Em outros lugares, o crescimento tem sido freqüentemente acompanhado pelo aumento da pobreza e, às vezes, até pela diminuição da renda dos indivíduos de renda média. É isso o que está acontecendo nos Estados Unidos: entre 1999 e 2004, a renda disponível média cresceu 11% em termos reais, mas a renda familiar mediana — a renda da família no centro, a verdadeira família de classe média média — caiu por volta de 1500 dólares, ajustados pela inflação, ou cerca de 3%. Na América Latina, de 1981 a 1993, enquanto o PIB aumentou 25%, a parte da população que vivia com menos de 2,15 dólares por dia aumentou de 26,9% para 29,5%. Se o crescimento econômico não é compartilhado por toda a sociedade, então o desenvolvimento fracassou.

Os governos do Leste Asiático perceberam que o sucesso exige estabilidade social e política, e que, por sua vez, essa estabilidade requer altos níveis de emprego e desigualdade limitada. Eles não somente desestimularam o consumo conspícuo como também as grandes disparidades salariais. Na China, pelo menos nos primeiros estágios do desenvolvimento, os diretores seniores não recebiam mais do que três vezes o salário de um trabalhador comum; no Japão, dez vezes. (Ao contrário, em anos recentes, os diretores seniores nos Estados Unidos ganham centenas de vezes mais do que trabalhadores comuns.)[19]

Creio que é importante que os países voltem seu foco para a eqüidade, para garantir que os frutos do crescimento sejam amplamente compartilhados. Há argumentos morais convincentes a favor da eqüidade, mas ela também é necessária se quisermos um crescimento sustentado. O recurso mais importante de um país é seu povo, e, se uma grande parcela de sua população não realiza seu potencial — em conseqüência da falta de acesso à educação ou porque sofre os efeitos duradouros da desnutrição infantil —, o país também não será capaz de realizar seu potencial. Os países que não investem amplamente em educação encontram dificuldades para atrair investimentos externos em negócios que dependem de uma força de trabalho especializada — e hoje cada vez mais negócios dependem desse tipo de mão-de-obra. No outro extremo, altos níveis de desigualdade, causados especialmente pelo desemprego, podem resultar em agitação social e é provável que o crime aumente, criando um clima desestimulante para os negócios.

Não é apenas a renda — mesmo a renda do indivíduo médio — que importa, mas os padrões gerais de vida. Pode haver uma discrepância entre os dois. O desenvolvimento costuma ser acompanhado pela urbanização, e muitas cidades dos países em desenvolvimento são esquálidas, prejudicadas por barulho, congestionamentos, saneamento precário e ar poluído. Em março de 2001, a poluição do ar ficou tão grave na Cidade do México que o presidente Carlos Salinas de Gortari mandou fechar uma grande refinaria de petróleo. Na transformação do século XIX que marcou a Revolução Industrial na Europa e nos Estados Unidos, os problemas ambientais foram tão graves que a saúde se deteriorou e diminuiu a expectativa de vida.[20] Na Inglaterra, primeiro país a entrar na Revolução Industrial, a altura média — uma medida de bem-estar físico — diminuiu entre o final do século XVIII e a metade do século XIX.[21] Felizmente, os avanços da medicina e da nutrição conseguiram superar parcialmente os fatores ambientais, de tal modo que na maioria dos países em desenvolvimento, com exceção daqueles devastados pela aids, a duração de vida está aumentando.

Hoje, há mais preocupação na comunidade de estudiosos do desenvolvimento com a importância da saúde e do meio ambiente. Há também mais preocupação com a segurança econômica, refletindo a importância que os trabalhadores comuns atribuem a isso, como vimos no primeiro capítulo.[22]

O PAPEL DOS MERCADOS

Em décadas recentes, houve mudanças marcantes no pensamento, não somente sobre o que significa desenvolvimento bem-sucedido, mas também sobre como empreendê-lo.[23] Durante as décadas de 1960 e 1970, pensava-se que o que separava países menos e mais desenvolvidos era a falta de capital dos primeiros. Enfatizavam-se poupança e investimento. Esse foi um dos motivos da criação do Banco Mundial em 1944, para ajudar a oferecer mais capital aos países em desenvolvimento. Quando ficou claro que a ajuda externa e o acesso mais fácil ao capital não levavam aos resultados esperados, muitos estudiosos do desenvolvimento propuseram a idéia de que os mercados eram a solução, embora não tivessem produzido desenvolvimento nos anos anteriores ao fim do colonialismo.[24] Quando se colocou a questão de por que os mercados não haviam feito o esperado, surgiu uma resposta fácil: os governos atravancavam o caminho. Portanto, tudo o que era preciso para o desenvolvimento era tirar o governo do caminho, privatizar e liberalizar, eliminar regulamentações, cortar gastos públicos e apertar as restrições ao crédito.

A ênfase na importância dos mercados, que começou nos anos 80, quando Thatcher e Reagan estavam no governo, foi fortalecida após a queda do comunismo, numa reação natural ao fracasso da economia planejada dos antigos Estados comunistas. Na última década do século XX, os exemplos da Rússia e da América Latina já mostravam que a estratégia de simplesmente tirar o governo do caminho também havia fracassado. Àquela altura, a busca por alternativas começou seriamente. Alguns economistas se voltaram para pequenas variações sobre o tema, formas variadas de "mercado mais alguma coisa" (ou Consenso de Washington mais alguma coisa), acrescentando, por exemplo, a importância do capital humano e, em especial, da educação feminina. Quando essas políticas também falharam, ficou claro que era preciso uma mudança profunda de estratégia, uma abordagem mais abrangente do desenvolvimento, com diferença de ênfase de país para país e de momento para momento. Porém, essas estratégias não eram realmente novas: eram variantes daquelas que haviam funcionado tão bem e durante tanto tempo no Leste Asiático e em outros lugares, mas que foram ignoradas pelos crentes do Consenso de Washington e do fundamentalismo de mercado.

UMA ABORDAGEM ABRANGENTE DO DESENVOLVIMENTO

O Banco Mundial endossou essa abordagem "abrangente" do desenvolvimento quando eu era economista-chefe e Jim Wolfensohn seu presidente.[25] Ela foi criticada por falta de foco, mas essa acusação estava simplesmente errada. Em qualquer momento, pode haver várias áreas sobre as quais se concentra a atenção — por exemplo, gargalos na economia. A abordagem abrangente reconhecia, no entanto, os perigos do tipo de foco simplista que havia caracterizado as políticas de desenvolvimento do passado: escolas sem empregos não levariam ao desenvolvimento, assim como a liberalização do comércio sem estradas e portos não levaria a mais comércio. A China tem sido adepta da mudança de foco de sua atenção ao longo de suas três décadas de desenvolvimento. Seu décimo primeiro plano qüinqüenal, adotado em março de 2006, mudou a ênfase da exportação para o aumento da demanda interna, reconhecendo as crescentes pressões protecionistas em todo o mundo. Para a China, com uma taxa de poupança acima de 40% do PIB, o problema não é mais capital para investir; a necessidade atual é estimular o consumo. Em certo estágio, o foco estava em atrair investidores estrangeiros; depois do enorme sucesso dessa estratégia, o foco mudou para o desenvolvimento dos empreendedores nacionais.

Proporcionar mais recursos e fortalecer os mercados — elementos fundamentais da estratégia de desenvolvimento do Banco Mundial em décadas anteriores — ainda são elementos importantes do desenvolvimento bem-sucedido. Os países não podem crescer sem capital. Os mercados são essenciais: eles ajudam a alocar recursos, garantindo que sejam bem distribuídos, o que é especialmente importante onde os recursos são escassos. A abordagem abrangente implicava o fortalecimento dos mercados, mas igualmente essencial foi o fortalecimento dos governos e descobrir, para cada país que atinge cada estágio do desenvolvimento, qual o mix correto de governo e mercado.

Os sucessos na Ásia repetiram o dos Estados Unidos e de outros países do mundo industrializado: o governo tem um grande papel a desempenhar. O mix correto de governo e mercado será diferente entre países e ao longo do tempo. Na China, por exemplo, onde já havia uma enorme presença do governo, o desafio era desenvolver o mercado. Foi isso que aconteceu no período posterior à Revolução Cultural, na década de 1980, quando a economia do país começou a espantosa decolagem que continua até hoje.[26] O que importa, evidentemente, não é apenas o tamanho do governo, mas o que o governo faz. Um componente essencial do crescimento rápido chinês foram as empresas de comunas e aldeias criadas pelas comunidades locais. O governo retirou-se da agricultura e deu às famílias o direito de controlar a terra, e a produtividade agrícola disparou. Ao mesmo tempo, o governo central afastou-se da microgestão de todos os detalhes da economia para gerir a estrutura econômica geral, inclusive garantindo o financiamento para o desenvolvimento da infra-estrutura. À medida que a transição chinesa avançava, o governo se deu conta de que a continuação do êxito exigiria leis mais fortes sobre a governança corporativa. Percebeu também que, no afã de fortalecer o mercado, áreas como a educação e a saúde da zona rural haviam sido esquecidas. O plano qüinqüenal de 2006 pretende corrigir esses desequilíbrios.

A lista de áreas potenciais para a ação do governo é grande. Hoje, quase todo mundo concorda que o governo precisa se envolver no fornecimento de educação básica, estruturas legais, infra-estrutura e de alguns elementos de uma rede de proteção social, e na regulamentação da competição, dos bancos e dos impactos ambientais. Os países do Leste Asiático acreditavam, como vimos, que o governo deveria fazer mais, que era responsabilidade sua sustentar o pleno emprego e promover ativamente o crescimento, além de manter uma preocupação com a desigualdade e a estabilidade social. Na Malásia, o papel do governo ampliou-se ainda numa outra direção. Durante décadas, o governo malaio realizou um agressivo programa de ação afirmativa para ajudar os malaios nativos. Isso foi uma parte importante da construção da nação; a idéia de que todos os grupos se beneficiariam com uma sociedade mais estável e eqüitativa era amplamente aceita, ainda que alguns membros da comunidade de origem chinesa do país tenham perdido oportunidades em conseqüência disso. Porém, uma vez que o governo garantia que todos compartilhariam dos frutos do desenvolvimento, evitou-se, em larga medida, os conflitos étnicos.

As pessoas estão no cerne do desenvolvimento

O desenvolvimento diz respeito a transformar a vida das pessoas, não apenas as economias. As políticas de educação ou de emprego precisam ser vistas através dessa dupla lente: como elas promovem o crescimento e como afetam os indivíduos diretamente. Os economistas falam de educação como capital humano: o investimento nas pessoas produz um retorno, do mesmo modo como o investimento em máquinas. Mas a educação faz mais do que isso. Ela abre as cabeças para a noção de que a mudança é possível e que há outras maneiras de organizar a produção, na medida em que ensina os princípios básicos da ciência moderna e os elementos do raciocínio analítico, aumentando a capacidade de aprender. O prêmio Nobel Amartya Sen enfatiza o realce das capacidades que a educação proporciona e a resultante liberdade que o desenvolvimento traz aos indivíduos.[27]

Assim como a atenção exclusiva ao PIB resulta num foco estreito demais para as estratégias de desenvolvimento, a atenção ao número de anos de instrução pode levar a um foco estreito demais para as políticas educacionais. A escolaridade é um indicador importante do progresso da educação em um país, mas tão importante quanto isso é o que a escola ensina. A educação precisa ser compatível com o trabalho que as pessoas farão depois que deixarem a escola. Na Etiópia, o governo de Meles Zenawi percebeu que mesmo que seus programas de desenvolvimento mais ambiciosos tenham êxito, a maioria dos indivíduos que freqüentam a escola rural hoje continuará a ser agricultor quando crescer, então vem trabalhando para redirecionar o currículo a fim de torná-los melhores agricultores. A educação era vista como uma saída, uma oportunidade para obter empregos melhores nas cidades. Agora, é vista também como uma subida, uma chance de aumentar a renda até para aqueles que permanecem no setor rural. A educação pode ser utilizada para promover a saúde e o meio ambiente, bem como partilhar qualificações técnicas. Os alunos podem aprender na escola sobre os perigos de fazer as latrinas acima de suas fontes de água potável, ou da poluição do ar dentro de casa — a fumaça sufocante em choças sem ventilação — e as soluções para isso.

Com respeito à educação, uma abordagem ampla é importante. Com muita freqüência, as instituições internacionais de desenvolvimento como o Banco Mundial se concentram estreitamente na educação primária. Isso era compreensível: os retornos são altos e muitos países gastavam uma parte desproporcional de seus orçamentos em educação superior para os filhos da elite. Ademais, ter uma forte base de educação primária é essencial se quisermos identificar os mais capazes para o treinamento avançado. Ainda assim, se quisermos diminuir a distância entre o conhecimento nos países desenvolvidos e nos em desenvolvimento, é preciso ter também uma escola secundária e um sistema universitário fortes.[28]

Evidentemente, adianta pouco ter indivíduos altamente instruídos sem empregos para eles. Sem empregos apropriados, os países em desenvolvimento perderão para os países desenvolvidos esse capital intelectual tão necessário, seus filhos mais brilhantes, nos quais investiram muitíssimo ao longo da escola primária e secundária e, às vezes, até a faculdade. Costuma-se chamar esse processo de "evasão de cérebros", uma outra forma pela qual os países em desenvolvimento acabam subsidiando os desenvolvidos.[29] O ex-primeiro-ministro malaio Mahathir bin Mohamad chamava essa perda, em sua usual linguagem pitoresca, de roubo da propriedade intelectual dos países em desenvolvimento. Em defesa das proteções da propriedade intelectual, como veremos no capítulo 4, os países desenvolvidos dizem que o preço dos medicamentos são altos para poder pagar pelos fracassos, pelas pesquisas que não levam ao remédio de sucesso estrondoso. Mahathir diz que a mesma lógica se aplica à educação: o país proporciona educação a todos os seus jovens e depois descobre que, às vezes, os melhores se mudam para o Ocidente — e os países em desenvolvimento não recebem nada em compensação.

A importância da comunidade

Mercados, governos e indivíduos são três dos pilares da estratégia de desenvolvimento bem-sucedida. Um quarto pilar são as comunidades, gente trabalhando junto, muitas vezes com a ajuda do governo e de organizações não-governamentais. Em muitos países em desenvolvimento, uma ação coletiva muito importante ocorre no nível local. Em Bali, como em boa parte da Ásia, a irrigação para a agricultura é fornecida por uma rede de canais mantidos pela comunidade, que assegura a partilha justa da água entre as aldeias e seus habitantes.

A história do banco Grameen de microcrédito na zona rural de Bangladesh, que oferece pequenos empréstimos a mulheres pobres da região — e que apresentam uma taxa muito melhor de reembolso do que os ricos tomadores de empréstimo das cidades —, é bem conhecida. Esses projetos obtiveram tanto sucesso porque envolvem grupos de mulheres que assumem a responsabilidade umas pelas outras, se ajudam mutuamente e garantem que cada uma delas pague o que deve.[30] Sua organização-irmã BRAC (originalmente Comitê do Progresso Rural de Bangladesh), também não-governamental, é ainda maior do que o Grameen, e ambas se estenderam por uma ampla variedade de atividades. Hoje, elas constroem escolas e até mantêm uma universidade, oferecem telefones celulares, financiamento de hipotecas e serviços de saúde e advocacia. Observar seu trabalho é uma experiência extraordinária: grupos de mulheres sentadas em fileiras no chão, discutindo orgulhosamente o que fizeram com os pequenos empréstimos que receberam, crianças nas escolas rurais mais básicas entoando as lições do dia e cartazes em toda Bangladesh anunciando os programas de telefones celulares que conectaram milhares de pessoas pobres e as ajudaram a entrar no mundo depois de séculos de isolamento.

Em agosto de 2003, visitei uma fábrica de ração para galinhas administrada pelo BRAC. Uma das primeiras coisas que as mulheres haviam feito com os empréstimos que receberam da organização foi comprar pintos recém-nascidos, para poder criar galinhas para comer e produzir ovos. Aconteceu que muitos dos pintinhos morreram porque sua criação nos primeiros dias de vida exigia qualificações e uma atenção que as mulheres não podiam dar. Em vez de acabar com o projeto, os trabalhadores do BRAC montaram um programa para cuidar dos pintinhos e passá-los para as mulheres quando já tivessem condições de sobreviver. Eles descobriram que era preciso ração de melhor qualidade, então abriram uma companhia de rações animais e venderam a ração às mulheres que criavam os frangos. Desse modo, o BRAC criou riqueza e empregos ao longo da cadeia de suprimento: dos ovos aos pintinhos, ao processamento de ração nutritiva para os pintos.

Se não fosse pelo BRAC e o Grameen, os agricultores bangladeshianos seriam ainda mais pobres do que agora. A saúde está melhor e as taxas de natalidade baixaram em conseqüência de seus esforços e dos de organizações similares. A expectativa de vida subiu para 62 anos em 2002, um aumento de 12% em doze anos, e a taxa de crescimento populacional caiu de 2,4% em 1990 para 1,7%. O modelo de microcrédito usado pelo BRAC e o Grameen foi copiado em todo o mundo. O sucesso de seus programas se deve ao fato de que surgiram das comunidades que servem e se dirigem para as necessidades das pessoas dessas comunidades.

O banco Grameen e o BRAC sabiam, por exemplo, que o sucesso não era uma questão apenas de criar galinhas. Dizia respeito a mudar a estrutura de poder dentro da comunidade, dando mais recursos econômicos aos mais pobres dos pobres, em especial às mulheres, que sempre foram tratadas como cidadãos de segunda classe. A comunidade foi fortalecida pelos programas de saúde, auxílio jurídico e educação que criaram. Fui levado a uma aula elementar de direito familiar montada pelo BRAC, que ensinava às mulheres seus direitos legais básicos, inclusive rudimentos da lei do divórcio, para que soubessem a proteção que tinham contra a agressão física e o abandono pelos maridos. Muitas não sabiam que a justiça de Bangladesh não permite o divórcio rápido islâmico. As aulas do BRAC capacitaram-nas, não somente ao esclarecê-las sobre seus direitos, como as ajudando a pô-los em prática. Os programas de empréstimos do Grameen reforçaram isso: ao aceitar hipotecas somente de casas que fossem postas no nome de uma mulher, proporcionaram um incentivo econômico para que os homens ficassem com suas esposas.

Estudos do Banco Mundial destacaram a importância do envolvimento da comunidade ao constatar que a participação local na escolha e no desenho dos projetos leva a uma probabilidade maior de sucesso.[31] Atualmente, o Banco Mundial tem um programa que aloca concessões de 25 mil dólares a comunidades para que gastem como quiserem. A Tailândia é um dos vários países que imitam esse programa e põem a tomada de decisão nas mãos das comunidades locais. Há um argumento convincente a favor desses programas: os habitantes da aldeia conhecem melhor do que ninguém o que fará diferença em suas vidas; eles sabem como o dinheiro é gasto e qualquer corrupção os atinge diretamente. Tendo investido no planejamento e na execução de um projeto, é mais provável que se sintam donos dele e tenham um comprometimento com seu sucesso e, portanto, é mais provável que cuidem para receber os fundos exigidos para sua manutenção. Por exemplo, na Índia e em muitos outros países em desenvolvimento, as mulheres gastam enorme quantidade de tempo indo e voltando da fonte de suprimento de água para lavar e cozinhar. Os membros da comunidade sabem qual o melhor lugar para abrir um novo poço, e é por isso que os projetos de água com a participação local obtiveram muito mais sucesso do que aqueles feitos fora da comunidade. Evidentemente, houve fracassos, como no Timor Leste, onde algumas das doações locais foram malgastas, mas, em termos gerais, está claro que o desenvolvimento acontecerá melhor com o comprometimento da comunidade.

OS DESAFIOS DA IMPLEMENTAÇÃO

O sucesso do desenvolvimento não requer apenas uma visão e uma estratégia: as idéias precisam ser convertidas em projetos e políticas. Quando eu estava no Banco Mundial, costumava-se dizer diante do fracasso óbvio que nossa estratégia estava correta, mas não tinha sido bem implementada. Atribuía-se aos burocratas — especialmente aos dos países em desenvolvimento, mas, às vezes, também aos do Banco Mundial e do FMI — a culpa de não dar atenção a certos detalhes. Mas as políticas devem ser projetadas para serem implementadas por mortais comuns, e, se tudo indica que não é esse o caso, se ocorrem problemas de implementação repetidas vezes, então há algo fundamentalmente errado.

A gestão da mudança é extraordinariamente difícil. Está claro que grandes reformas feitas às pressas não funcionam. A terapia de choque fracassou na Rússia. O Grande Salto Adiante da China na década de 1960 foi uma catástrofe. Evidentemente, o que importa não é apenas o ritmo da mudança, mas o seqüenciamento das reformas. Na Rússia, fez-se a privatização antes de se implantar um sistema adequado de coleta de impostos e de regulamentar as novas empresas privatizadas. Na Indonésia e na Tailândia, a liberalização do livre fluxo de moeda estrangeira antes do fortalecimento do sistema bancário resultou em um desastre. Educar as pessoas sem ter empregos para elas é uma receita para o descontentamento e a instabilidade, não para o crescimento. O equilíbrio também é importante: permitir que cresçam as diferenças entre renda rural e urbana é outra receita para criar problemas. Muitas das estratégias de desenvolvimento que não foram bem implementadas fracassaram porque se baseavam numa visão defeituosa do desenvolvimento. Os países bem-sucedidos têm uma visão mais ampla do que o desenvolvimento implica e uma estratégia mais abrangente para produzi-lo. Sensíveis a preocupações como as descritas acima, saíram-se melhor na implementação da mudança.

Governança

Grande parte do debate sobre desenvolvimento centra-se na melhor maneira de os países industriais avançados propiciarem mais recursos — por meio de ajuda, alívio da dívida e investimento direto — e em como podem oferecer mais oportunidades, através da reforma do comércio internacional. Mas, mesmo que a globalização consiga aumentar os recursos para os países em desenvolvimento e abrir novas oportunidades, o desenvolvimento não está garantido. Os países devem ser capazes de usar bem esses recursos e de aproveitar as novas oportunidades. Essa é a responsabilidade de cada nação. Um fator importante para determinar o sucesso de um país é a "qualidade" das instituições públicas e privadas, que, por sua vez, está relacionada com o modo como as decisões são tomadas e no interesse de quem; um tema chamado, em termos gerais, de "governança".

Hoje, em todo o mundo em desenvolvimento, há uma enorme atenção voltada para um aspecto vital da governança: corrupção. Creio que isso está tendo seu efeito. Naturalmente, as histórias de corrupção continuarão. Nenhum país é imune a esse problema, que assume diferentes formas em diferentes países. A corrupção das contribuições de campanha eleitoral das grandes empresas nos países industriais avançados, que discutiremos no capítulo 7, é maior em magnitude e, de certa forma, mais insidiosa para o processo democrático do que a pequena mas mais disseminada corrupção que envolve pequenos subornos a funcionários do governo. Quando esses funcionários sobrevivem com salários mínimos, é compreensível, embora imperdoável, que peçam suborno para cumprir seu dever. Pelo menos esse dinheiro ilegal é usado para pagar a comida e a educação de seus filhos.

Cingapura mostrou que com punições fortes e altos salários públicos esse tipo de corrupção pode ser eliminado com rapidez. Mais notável tem sido o progresso feito por países que não tinham condições de seguir o exemplo de Cingapura. Na Etiópia, o governo é tão inflexível no combate à corrupção que a comunidade de negócios se queixa de fervor excessivo. Em Uganda, o governo divulga todos os cheques enviados aos governos locais para que os moradores das aldeias saibam o que deverão receber e tenham certeza de que os intermediários entre Kampala e a aldeia não fiquem com sua parte. Na Nigéria, o governo prometeu divulgar o que ganha das companhias de petróleo para que os cidadãos possam ver que esse dinheiro não está sendo roubado. Na Tailândia, a nova Constituição inclui a noção de que os cidadãos têm o direito básico de saber o que seu governo está fazendo — uma versão da Lei de Liberdade de Informação. Leis semelhantes estão sendo aprovadas em todo o mundo em desenvolvimento. São medidas notáveis na direção correta, mas com freqüência conseguem apenas um sucesso limitado nas culturas de corrupção predominantes.

Há duas coisas que os ocidentais podem fazer para ajudar os países em desenvolvimento a fortalecer a governança democrática. A primeira é simplesmente não minar a democracia. (Embora muitos dos países mais bem-sucedidos tenham sistemas políticos que estão longe de ser democráticos, o êxito continuado da Índia e dos países do Leste Asiático depois da democratização sugere que o sucesso econômico é plenamente consistente com a democracia.) Em muitos países, se fala sobre a importância da democracia, mas, assim que o povo capta a mensagem, dizem a ele que aquilo que mais preocupa — o desempenho geral da economia, que determina o ritmo da criação de empregos e da inflação — é importante demais para ser deixado a cargo dos processos políticos democráticos. A condicionalidade do FMI solapa a democracia na medida em que exige que a política monetária seja tirada desses processos políticos democráticos e posta nas mãos de "expertos". Muitos acordos de comércio internacional — em especial os bilaterais, que discutiremos no próximo capítulo — fazem isso também ao circunscrever as atividades legítimas de governos democraticamente eleitos.

A segunda coisa é igualmente importante e será discutida com mais detalhes no capítulo 5: os países desenvolvidos deveriam fazer mais para reduzir as oportunidades de corrupção, pondo limites ao sigilo bancário, aumentando a transparência e impondo medidas contra o suborno. Todo suborno requer duas partes e, com freqüência, o subornador vem de um país desenvolvido. A corrupção ocorrerá mesmo quando não houver paraíso fiscal seguro para mandar o dinheiro e onde o corrupto possa sustentar seu estilo de vida depois que seus crimes tenham sido descobertos, mas as contas secretas nos bancos tornam isso mais fácil.

PARA FAZER A GLOBALIZAÇÃO FUNCIONAR — PARA MAIS PESSOAS

Em seu livro de 2005 *O mundo é plano*, Thomas L. Friedman diz que a globalização e a tecnologia aplainaram o mundo, criando um campo de jogo plano em que os países desenvolvidos e os menos desenvolvidos podem competir em termos iguais.[32] Ele está correto ao dizer que houve mudanças enormes na economia global, na paisagem global; em algumas direções, o mundo está muito mais plano do que já foi e as pessoas nas várias partes do mundo estão mais conectadas do que jamais estiveram, mas o mundo não é plano.[33]

Os países que querem participar do novo mundo da globalização high-tech precisam de tecnologias novas, computadores e outros equipamentos para se conectar com o resto do mundo. Os indivíduos que querem competir nessa economia global precisam ter as capacitações e os recursos para tanto. Partes da Índia, como Bangalore, têm tanto a tecnologia como as pessoas capacitadas, mas a África não. Enquanto a globalização e a nova tecnologia reduzem a distância entre partes da Índia e da China e os países industriais avançados, o abismo entre a África e o resto do mundo aumenta. A distância entre ricos e pobres também está aumentando internamente nos países; em conseqüência, aumenta a distância entre aqueles que podem competir com eficácia no mundo global e aqueles que não têm condições para isso.

A alta tecnologia é um jogo de apostas altas que exige grandes investimentos (de governos e países). Os países industriais avançados e suas grandes empresas possuem os recursos; muitos outros não os têm. O que é notável é como Índia e China conseguiram progredir, tendo em vista suas desvantagens.

O mundo não só não é plano como, sob vários aspectos, está ficando menos plano. Os países do Leste Asiático fizeram a globalização funcionar para eles e seu sucesso é o melhor argumento a favor do bem que a globalização pode fazer para outros países em desenvolvimento. Mas, para alguns dos países mais pobres do mundo, dependentes como são da ajuda do Banco Mundial, do FMI, de doadores da Europa, Estados Unidos e Japão, as condições impostas para que possam receber essa ajuda — embora menos onerosas do que no passado — ainda podem impedi-los de seguir políticas econômicas de sua própria escolha, entre elas aquelas que deram tão certo no Leste Asiático. E os recentes acordos de comércio internacional tornaram mais difíceis, senão impossíveis, as políticas de promoção da tecnologia, diminuição da distância do conhecimento e utilização dos mercados financeiros como catalisadores para o crescimento.

Já é bastante ruim que os países em desenvolvimento estejam em desvantagem natural, mas as regras do jogo voltam-se contra eles e, sob certos aspectos, isso tende a piorar. Os regimes de comércio e finanças globais dão aos países industriais avançados uma vantagem marcante. Em capítulos posteriores, descreverei em detalhes como esses países são beneficiados dessa maneira à custa dos pobres.

Em certos aspectos, é igualmente preocupante como as novas tecnologias (reforçadas pelas novas regras de comércio) estão aumentando o poder de mercado de empresas dominantes, como a Microsoft, que são todas do mundo desenvolvido; pela primeira vez, num setor industrial fundamental, há um quase-monopólio mundial, tão poderoso que até as firmas mais inovadoras dos Estados Unidos, como a Netscape, que criou o primeiro navegador, são facilmente esmagadas. Que chances têm então as empresas muito menos capitalizadas e inovadoras dos países em desenvolvimento? No máximo, podem ficar com as migalhas, ocupar nichos pequenos demais para interessar às gigantes do mercado. A Microsoft tem tanto poder de mercado que ameaçou descaradamente se retirar da Coréia do Sul se o país continuasse com seu processo antitruste contra a empresa — em certo sentido, confirmando as alegações de poder de mercado arrogante, pois se isso não fosse verdade, sua ameaça de se retirar não faria sentido.

Os capítulos seguintes detalharão esses fracassos da globalização, inclusive como os acordos de comércio, em vez de criar as oportunidades que prometeram, criaram às vezes um campo de jogo ainda mais desequilibrado — tão desnivelado que os recentes acordos de comércio pioraram a situação dos países mais pobres. Esses acordos também condenaram à morte milhares de pessoas do mundo em desenvolvimento que sofrem de doenças como aids, para a qual já existem medicamentos que fazem maravilhas. Veremos como as empresas despojam os países de seus recursos naturais, deixando para trás uma trilha de devastação ambiental — e como estruturas legais comumente aceitas lhes permitem escapar impunes. Veremos como o país mais rico do mundo se recusa a fazer alguma coisa em relação ao maior problema ambiental do mundo — o aquecimento global —, cujos efeitos devastadores serão especialmente sentidos em alguns dos países mais pobres do globo. Veremos como os governos ocidentais permitem, às vezes, a existência de monopólios e cartéis mundiais, em detrimento do mundo em desenvolvimento.

Naturalmente, se os países em desenvolvimento tivessem resolvido melhor todos os seus próprios problemas, se tivessem tido mais governos honestos, menos influência de interesses especiais, mais empresas eficientes, trabalhadores mais instruídos — se, na verdade, não sofressem de todos os males da pobreza —, então eles poderiam ter administrado melhor essa globalização injusta e disfuncional. Mas o desenvolvimento é bastante difícil de qualquer forma. Existem poucas histórias de sucesso: nossa breve excursão nos mostrou um mundo repleto de fracassos. O resto do globo não pode resolver os problemas dos países em desenvolvimento. Eles terão de fazer isso por eles mesmos. Mas podemos, ao menos, criar um campo de jogo mais nivelado. Seria ainda melhor se o inclinássemos a favor dos países em desenvolvimento. Há um argumento moral convincente a favor disso. Penso que há também um argumento convincente que é o nosso próprio interesse. O crescimento desses países favorecerá nosso crescimento. Uma maior estabilidade e segurança no mundo em desenvolvimento contribuirá para a estabilidade e a segurança no mundo desenvolvido.

3. Para tornar o comércio justo

Se algum acordo de comércio tinha tudo para dar certo foi aquele firmado entre México, Estados Unidos e Canadá. Sancionado em 1994, o Acordo de Livre Comércio da América do Norte (NAFTA) criou o que era, na época, a maior área de livre-comércio do mundo, com 376 milhões de pessoas e um PIB de quase 9 trilhões de dólares.[1] O pacto abriu o país mais rico do mundo — os Estados Unidos — para o México. Esses dois países tinham uma história compartilhada, embora nem sempre agradável. A emigração mexicana para os Estados Unidos foi grande: em muitas regiões americanas fala-se espanhol e o país depende da mão-de-obra mexicana em áreas como agricultura, manufatura e serviços não especializados. Cerca de 10 milhões de mexicanos — um décimo da população do México — vivem, legal ou ilegalmente, nos Estados Unidos.[2] Ao irem para os Estados Unidos a fim de trabalhar, muitos mexicanos acabam ficando, casam-se com cidadãos americanos, criam seus filhos e agora chegam a dominar certas comunidades em estados como Califórnia, Texas e Arizona. Mesmo antes do NAFTA, México e Canadá eram os maiores parceiros comerciais dos Estados Unidos, bem como os países mais visitados por cidadãos americanos.

Os laços entre os dois países, combinados com a disparidade em poder econômico e político, provocam tensões. Como diz um ditado mexicano, "Pobre México, tão longe de Deus e tão perto dos Estados Unidos". A renda per capita dos americanos é seis vezes a dos mexicanos. Essa diferença salarial, aliada às altas taxas de desemprego do México, exerce uma enorme atração na fronteira, onde milhares de mexicanos arriscam a vida para entrar nos Estados Unidos ilegalmente. Não é do interesse americano ter um vizinho pobre e instável, e os defensores do NAFTA esperavam que o pacto impulsionasse a economia mexicana e ajudasse esse país rico em arte, história e cultura a prosperar. Em vez disso, mais de dez anos depois, está claro que o NAFTA não foi um sucesso. Embora não tenha sido o desastre que seus críticos previam, não trouxe todos os benefícios que seus defensores proclamavam.

Os defensores da liberalização do comércio acreditam que ele trará uma prosperidade sem precedentes. Eles querem que os países desenvolvidos se abram para as exportações dos países em desenvolvimento, liberalizem seus mercados, retirem as barreiras instituídas pelos homens aos fluxos de bens e serviços e deixem a globalização realizar suas maravilhas. Mas a liberalização do comércio está também entre os aspectos mais controvertidos da globalização: muitos críticos consideram que seus custos — salários mais baixos, desemprego crescente, perda da soberania nacional — superam os supostos benefícios de eficiência maior e aumento de crescimento.

Em parte, o livre-comércio não funcionava porque não o havíamos experimentado: os acordos comerciais do passado não eram livres nem justos, eram assimétricos, abrindo mercados nos países em desenvolvimento para bens dos países industriais avançados sem plena reciprocidade. Várias barreiras sutis, mas eficazes, foram mantidas. Essa globalização assimétrica pôs os países em desenvolvimento em desvantagem e os deixou em situação pior do que estariam num regime de comércio realmente livre e justo.

Mas, mesmo que os acordos comerciais tivessem sido livres e justos, nem todos os países se teriam beneficiado deles — ou, pelo menos, se beneficiado muito — e nem todas as pessoas, mesmo nos países beneficiados, compartilhariam os ganhos. Mesmo que as barreiras comerciais sejam derrubadas simetricamente, nem todos estão igualmente em posição de aproveitar as novas oportunidades. É fácil para aqueles que estão nos países industriais avançados aproveitar as oportunidades oferecidas pela abertura dos mercados nos países em desenvolvimento, e o fazem rapidamente. Mas há muitos impedimentos para o mundo em desenvolvimento. Com freqüência, há falta de infra-estrutura para transportar seus bens ao mercado e pode levar anos até que os bens que produzem se adaptem aos padrões exigidos pelos países industriais avançados. Essa é uma das razões de quase não ter havido alteração no comércio quando, em fevereiro de 2001, a Europa abriu unilateralmente seus mercados para os países mais pobres do mundo. Para cumprir a promessa de que a liberalização trará um aumento do comércio, é preciso muito mais, como veremos.

Ademais, a liberalização do comércio expõe os países a mais riscos, e os em desenvolvimento (e seus trabalhadores) estão menos preparados para enfrentar esse risco. Os trabalhadores dos Estados Unidos e da Europa se preocupam com a possível perda de seus empregos em conseqüência de um aumento das importações. Mas eles contam com uma rede de segurança forte para se sustentar: a educação que facilita a mudança de um emprego para outro; com freqüência, contas bancárias e uma indenização pela demissão que ameniza a passagem entre empregos. Os trabalhadores dos países em desenvolvimento não têm nada disso.

Por fim, mesmo que o comércio aumente, nem todos são vencedores. A teoria da liberalização do comércio (sob a suposição de mercados perfeitos e segundo a hipótese de que a liberalização é justa) promete apenas que o país como um todo se beneficiará. A teoria prevê que haverá perdedores. Em princípio, os vencedores poderiam compensar os perdedores; na prática, isso quase nunca acontece. Se todos os benefícios vão para uns poucos, então a liberalização do comércio conduz a países ricos com povos pobres, e mesmo aqueles que estão no meio podem sofrer. Desse modo, se a liberalização não for bem gerida, a maioria dos cidadãos pode ficar em situação pior, e não ver nenhum motivo para apoiá-la. Não é uma questão de interesses especiais se opondo à liberalização, mas de cidadãos percebendo corretamente o mundo tal como ele é.

Mas esse não é o mundo como deve ser. A liberalização do comércio pode, quando feita de forma justa, quando acompanhada pelas medidas e as políticas corretas, ajudar o desenvolvimento. Como vimos nos capítulos 1 e 2, os países em desenvolvimento mais bem-sucedidos alcançaram seu sucesso por meio do comércio, das exportações. A questão é: podem os benefícios que gozam serem sustentados e levados a todos os povos do mundo? Creio que sim, mas, para tanto, a liberalização do comércio terá de ser administrada de uma maneira muito diferente da do passado.

O ACORDO DE LIVRE-COMÉRCIO DA AMÉRICA DO NORTE

Entender por que o NAFTA não cumpriu sua promessa pode nos ajudar a compreender o desapontamento com a liberalização do comércio. Um dos principais argumentos a favor do NAFTA era que ele ajudaria a diminuir a diferença de renda entre México e Estados Unidos e, assim, reduziria a pressão da imigração ilegal.[3] Porém, a disparidade de renda entre os dois países aumentou em mais de 10% na primeira década do acordo. O NAFTA também não resultou num crescimento rápido da economia do México. O crescimento durante a primeira década foi somente de 1,8% real per capita, melhor do que boa parte do resto da América Latina, mas muito pior do que em períodos anteriores do século XX (no quarto de século entre 1948 e 1973, o México teve um crescimento médio anual per capita de 3,2%).[4] O presidente Fox prometeu um crescimento de 7% quando assumiu o governo, em 2000; na verdade, em termos reais, o crescimento durante seu mandato foi de apenas 1,6% ao ano — e o crescimento real per capita foi insignificante. Com efeito, o NAFTA tornou o México mais dependente dos Estados Unidos, o que significa que quando a economia americana anda mal, o mesmo acontece com a mexicana.

Além de não levar a um crescimento robusto, pode-se argumentar que o NAFTA contribuiu, de alguma forma, para a pobreza do México. Os mexicanos pobres que plantam milho têm agora de competir em seu próprio país com o milho americano altamente subsidiado (embora os habitantes relativamente em melhores condições econômicas das cidades mexicanas se beneficiem dos preços mais baixos do milho). Um acordo comercial mais justo teria eliminado os subsídios à agricultura americana e suas restrições às importações de produtos agrícolas, como açúcar, para os Estados Unidos. Mesmo que esses subsídios não fossem eliminados totalmente, o México deveria ter garantido o direito de contrabalançar, isto é, impor taxas às importações para compensar os subsídios. Mas o NAFTA não permite isso.

Ao mesmo tempo em que eliminou tarifas, o acordo permitiu que permanecesse todo um conjunto de barreiras não-tarifárias. Depois da assinatura do NAFTA, os Estados Unidos continuaram a usar essas barreiras para impedir a entrada de produtos mexicanos que haviam começado a aparecer em seus mercados, entre eles abacate, vassoura e tomate. Por exemplo, em 1996, quando as exportações de tomate mexicano começaram a crescer, os plantadores de tomate da Flórida pressionaram o Congresso e o governo Clinton a tomar medidas. Se fosse possível mostrar que o México estava vendendo tomate abaixo do preço de custo, o país poderia ser acusado de dumping e taxas antidumping poderiam ser impostas. Mas o México não estava fazendo isso. A razão pela qual o México pôde ser acusado de vender abaixo do custo foi que os preços foram medidos de uma forma deliberadamente distorcida (discutirei isso em detalhes mais adiante neste capítulo). O México não queria se arriscar a enfrentar um processo, então concordou em subir os preços. Os consumidores americanos e os plantadores mexicanos de tomate foram prejudicados, mas os produtores de tomate da Flórida ganharam o que queriam: menos competição dos tomates mexicanos.

A parte da economia mexicana que teve êxito, pelo menos nos anos imediatamente posteriores à assinatura do NAFTA, foi a área logo ao sul da fronteira. As assim chamadas *maquiladoras* proliferaram, suprindo empresas americanas como a General Motors e a General Electric de peças baratas. O emprego cresceu 110% nos primeiros anos do acordo, em comparação com 78% nos seis anos anteriores[5] (em outros lugares, o emprego estagnou).[6] Os defensores do NAFTA apressam-se em reivindicar o mérito desses sucessos, ao mesmo tempo em que afirmam que os fracassos não são culpa do acordo e que as coisas estariam muito piores sem ele. Evidentemente, não há resposta fácil para esse tipo de argumento contrafactual, que supõe uma alternativa imaginária. Mas estudos cuidadosos lançam alguma luz. Podemos perguntar se, dadas a expansão da economia americana e a enorme queda dos salários reais no México após 1994, em comparação com os Estados Unidos e com seus competidores asiáticos, deveríamos esperar um aumento nas exportações mexicanas para os Estados Unidos comparável com o que foi observado. A resposta, baseada em modelos econômicos comuns, é positiva. O NAFTA parece ter acrescentado pouco, se é que acrescentou alguma coisa.[7]

Igualmente revelador é o que aconteceu depois do primeiro incremento súbito do NAFTA. Após os primeiros anos de crescimento das *maquiladoras*, o emprego também começou a cair nessa região, com uma perda em torno de 200 mil postos nos primeiros dois anos do novo milênio.[8] Alguns dos fatores que haviam levado ao crescimento, como uma economia americana forte, desapareceram. Mas havia um problema mais fundamental. Os Estados Unidos cresceram mais depressa que o México nos anos posteriores à assinatura do NAFTA, mas o mesmo ocorreu com a China.[9] A liberalização do comércio é importante para o crescimento, mas não tanto quanto os defensores do acordo esperavam. O NAFTA deu ao México uma pequena vantagem sobre outros parceiros comerciais dos Estados Unidos, mas, com seu baixo investimento em educação e tecnologia, o país teve muita dificuldade para competir com a China, que investe duas vezes mais (em termos de porcentagem do PIB) em pesquisa. Com freqüência, os países esperam que os acordos de comércio impulsionem o investimento estrangeiro e criem empregos. Mas, quando tomam decisões de investimento, as empresas olham para muitos fatores, entre eles qualidade da força de trabalho, infra-estrutura, localização e estabilidade política e social.

As tarifas desempenham apenas um papel limitado, como o sucesso da China deixa claro. Ao concentrar o foco nas tarifas, o

NAFTA desviou a atenção de outras coisas que precisavam ser feitas para tornar o México competitivo. Com efeito, a redução das tarifas criou seus próprios problemas. Antes do NAFTA, as tarifas equivaliam a 7% da receita tributária mexicana; depois do acordo, esse número caiu para 4%. Os gastos públicos do México de cerca de 19% do PIB — mais de dois terços financiados pela receita do petróleo — são muito menores do que os do Brasil ou dos Estados Unidos e são insuficientes para financiar o investimento público necessário em educação, pesquisa e infra-estrutura.

LIBERALIZAÇÃO DO COMÉRCIO: TEORIA E PRÁTICA

O economista inglês Adam Smith, fundador da economia moderna, era um forte defensor do livre mercado e do livre-comércio, e seus argumentos são convincentes: o livre-comércio permite que os países aproveitem sua vantagem comparativa e todas as nações se beneficiem, pois cada uma se especializa naquilo que sabe fazer melhor. Grandes áreas de comércio permitem que empresas e indivíduos se especializem mais e se tornem ainda melhores no que fazem. Imaginemos uma pequena aldeia com apenas um padeiro, depois pensemos que uma aldeia maior pode ter dois ou três. Uma cidade maior sustentaria um grande número de padeiros, alguns dos quais farão somente pão, enquanto outros farão apenas bolos. Uma cidade ainda maior não terá apenas fazedores de pão e fazedores de bolo: seus padeiros terão tantos clientes que poderão se especializar ainda mais, oferecendo uma ampla variedade de excelentes bolos e pães refinados. Os mercados maiores aumentam a eficiência de cada produtor e a escolha à disposição dos consumidores.

Sem o livre-comércio, capital e trabalho ganharão diferentes retornos em diferentes países (supondo-se que capital e trabalho não podem se movimentar livremente, o que é uma suposição legítima, especialmente no curto prazo). Em um país que carece de capital, como maquinário e tecnologia, o trabalho será menos produtivo e os salários serão menores. Se o trabalho passa de um país onde a produtividade e os salários são baixos para outro em que são altos, o aumento da produção pode ser significativo e a economia mundial cresce. O livre-comércio substitui a necessidade de as pessoas efetivamente terem de se mudar. Podemos ficar em casa no mundo desenvolvido e comprar bens baratos da China, um país onde a mão-de-obra é barata. Do mesmo modo, os chineses podem ficar na China e comprar bens high-tech dos Estados Unidos, um país com tecnologia mais avançada, mão-de-obra altamente qualificada e um grande investimento de capital. Em teoria, isso significará que à medida que a demanda por bens chineses aumenta, cresce a demanda por sua mão-de-obra não especializada e os salários para esses trabalhadores chineses acabarão aumentando.[10]

O MEDO DA PERDA DO EMPREGO

O lado negativo desse cenário cor-de-rosa é a possibilidade de que se percam empregos na medida em que eles se transferem de um país para outro — por exemplo, quando os americanos compram bens baratos feitos na China em vez de em seu próprio país. Os defensores do livre-comércio dizem que, embora haja perda de empregos, criam-se novas oportunidades. Empregos de alta produtividade e salários altos substituem os de baixa produtividade e salários baixos. O argumento é persuasivo, exceto por um detalhe: em muitos países, as taxas de desemprego são altas e aqueles que perdem seus empregos não passam para alternativas de salários mais altos, mas caem nas listas de desempregados.

Isso aconteceu especialmente em muitos países em desenvolvimento em que a liberalização foi tão rápida que o setor privado não teve tempo para reagir e criar novos empregos, ou quando as taxas de juros estavam tão altas que o setor privado não tinha condições de fazer os investimentos necessários para criar novos empregos.

O mesmo acontece em países desenvolvidos, embora neles sejam criados empregos na medida em que outros são perdidos, caso as políticas monetária e fiscal estejam funcionando bem. Mas com muita freqüência não é assim que funciona. O desemprego na Europa mantém-se teimosamente alto. As pessoas que perdem o emprego não encontram automaticamente outro. Em especial, quando a taxa de desemprego é alta, pode haver um período longo de desemprego enquanto os trabalhadores procuram um novo patrão. Muitas vezes, os trabalhadores de meia-idade não encontram emprego algum e simplesmente se aposentam mais cedo. Trabalhadores de baixa qualificação são os mais propensos a sofrer. É por isso que as pessoas nos países industriais avançados se preocupam em perder seus empregos industriais para a China, ou os do setor de serviços (como os *back offices* das empresas financeiras) para a Índia.

Quando o resultado da liberalização rápida do comércio é o aumento do desemprego, então é provável que seus prometidos benefícios não se concretizem.[11] Quando os trabalhadores saem de empregos protegidos de baixa produtividade para o desemprego, o mais provável é que aumente a pobreza e não o crescimento.[12]

Mesmo que não percam seus empregos, os trabalhadores não especializados dos países industriais avançados sofrem uma diminuição de salários. Dizem-lhes que se não concordarem com salários mais baixos, com a redução dos benefícios e com o enfraquecimento das proteções ao emprego, a competição obrigará a empresa a se mudar para o exterior. Os trabalhadores jovens da França foram enganados com a conversa de que a remoção de proteções ao emprego que resultaram de longas lutas trabalhistas e a diminuição dos salários — necessárias, segundo alegações, para competir no mercado global — seriam melhores para eles. Dizem-lhes para ter paciência, que no longo prazo perceberão que se encontram em situação melhor; mas, tendo em vista o número de casos em que essas promessas não foram cumpridas depois de dez ou vinte anos de liberalização, o ceticismo dos trabalhadores é compreensível. John Maynard Keynes, o grande economista da metade do século XX, respondeu aos que pediam paciência durante a Grande Depressão, pois os mercados restaurariam o pleno emprego no longo prazo: "Sim, mas no longo prazo estaremos todos mortos".[13]

Os políticos e economistas que prometem que a liberalização do comércio irá melhorar a vida de todos não estão sendo sinceros. A teoria econômica (e a experiência histórica) indica o contrário: mesmo que a liberalização possa melhorar a situação do país como um todo, ela faz com que alguns grupos fiquem em situação pior.[14] E sugere que, pelo menos nos países industriais avançados, são aqueles que estão na base da pirâmide — os trabalhadores não especializados — que sofrerão mais.[15]

O mundo de Adam Smith e dos defensores do livre-comércio, o qual melhorará a vida de todos, não é apenas um mundo mítico de mercados funcionando perfeitamente sem desemprego: é também um mundo em que o risco não importa porque há mercados de seguros perfeitos que podem assumi-lo e onde a competição é sempre perfeita, sem Microsofts e Intels que dominem o campo. Nesse mundo, os trabalhadores não se preocupariam com a perda do emprego causada pela liberalização do comércio: eles mudariam facilmente para outros empregos. Mesmo que houvesse alguma falha no sistema, os trabalhadores poderiam comprar um seguro contra o risco do desemprego temporário, ou contra o risco de o novo emprego pagar menos que o antigo. Mesmo nas economias de mercado que funcionam melhor, esse tipo de seguro não é oferecido; enquanto nos países desenvolvidos o governo proporciona algum seguro-desemprego, na maioria dos países em desenvolvimento os trabalhadores precisam se virar sozinhos.

É por isso que a liberalização do comércio exige mais do que apenas uma assistência para mudar das velhas indústrias para as novas. As economias mais abertas podem estar sujeitas a todos os tipos de choques — empresas nacionais, por exemplo, podem encontrar dificuldades para competir com a invasão de importações que ficam subitamente mais baratas quando um país estrangeiro desvaloriza sua moeda, como acontece numa crise. Quando a moeda da Coréia foi desvalorizada, as exportações coreanas de aço para os Estados Unidos aumentaram e os metalúrgicos americanos protestaram. Quando o Brasil tem uma boa safra de laranja, os plantadores de laranja da Flórida pedem ajuda e, às vezes, a obtêm por meio dos mecanismos protecionistas não-tarifários descritos adiante.[16] Todos sentem a insegurança.

Não são apenas aqueles que perdem seus empregos e suas famílias que são afetados. Quase todo mundo está sob risco. Por exemplo, quando indústrias locais fecham devido à competição das importações, seus fornecedores também sofrem. O aumento da insegurança é um dos motivos de a oposição à liberalização do comércio ser tão disseminada.

Ao mesmo tempo em que levou a mais insegurança e contribuiu para o crescimento da desigualdade tanto nos países em desenvolvimento como nos desenvolvidos, a globalização limitou a capacidade de reação dos governos. Além de a liberalização exigir a remoção de tarifas, que são uma fonte importante de receita pública para os países menos desenvolvidos, um país, para competir, precisa baixar também outros impostos.[17] Ao diminuírem os impostos, caem as receitas públicas, forçando cortes em educação e infra-estrutura e nos gastos com redes de segurança como o seguro-desemprego num momento em que são mais importantes do que nunca, a fim de reagir à competição e ajudar os indivíduos a enfrentar as conseqüências da liberalização.

Embora os países em desenvolvimento possam sofrer com a liberalização do comércio, eles nem sempre estão em posição de colher seus benefícios através do aumento das exportações. Há vários motivos para isso. Um deles, já citado, é que carecem muitas vezes da infra-estrutura (portos e estradas) necessária para transportar seus produtos. O outro é que pode não haver nada para exportar. Os mercados de capitais são muito imperfeitos, com taxas de juros nos países em desenvolvimento muito mais altas do que até os melhores empresários do mundo desenvolvido poderiam suportar; mesmo que alguém perceba uma nova oportunidade de exportação, não consegue o crédito necessário, pelo menos em termos razoáveis. Esses constrangimentos do lado da oferta são um grande problema em muitos dos países mais pobres do mundo, como os da África. Atualmente, já existem numerosos exemplos de abertura dos mercados em países industriais avançados, mas os ganhos em exportações têm sido limitados. Esses países precisarão de algum tipo de assistência — ajuda para o comércio — a fim de que possam aproveitar as novas oportunidades. Há quem diga que o comércio é mais importante do que a ajuda direta: o comércio ajuda um país a se erguer sobre os próprios pés. Mas é melhor ver a ajuda e o comércio como complementares: ambos são necessários para um desenvolvimento bem-sucedido.[18]

Com freqüência, os países precisam de tempo para se desenvolver a fim de competir com empresas estrangeiras; para obter esse tempo, eles talvez tenham de proteger temporariamente suas indústrias nascentes. O argumento padrão a favor do livre-comércio baseia-se na eficiência. Mais bens podem ser produzidos com os recursos existentes se cada país se concentrar em sua vantagem comparativa. Mas ainda mais importante na determinação do ritmo do crescimento dos países em desenvolvimento é a rapidez com que se apossam do conhecimento e da tecnologia dos países industriais avançados. Vimos no capítulo anterior que os países em desenvolvimento carecem não somente de recursos, mas também de tecnologia: para alcançar o crescimento sustentável, diminuir a distância tecnológica é mais vital do que aumentar a eficiência ou o capital disponível. A questão é: qual a melhor maneira de aprender? Alguns sustentam que a melhor maneira — e provavelmente a única — de aprender a produzir aço é produzir aço, como fez a Coréia do Sul quando investiu na siderurgia. Na época, sua vantagem comparativa era plantar arroz. Mas, mesmo que os agricultores coreanos se tornassem os produtores de arroz mais eficientes do mundo, suas rendas ainda seriam limitadas. O governo coreano deu-se conta de que, se quisesse desenvolver o país, teria de transformar sua economia de agrícola em industrial.

Se os países em desenvolvimento precisam entrar nesses setores industriais, essas indústrias precisam ser protegidas até que estejam suficientemente fortes para competir com os gigantes internacionais. As tarifas redundam em preços mais altos — altos o suficiente para que as novas indústrias possam cobrir custos, investir em pesquisa e fazer os outros investimentos necessários para conseguir se sustentar sozinhas. Este é o chamado "argumento da indústria nascente" em favor da proteção.[19] Era uma idéia popular no Japão, na década de 1960 — e nos Estados Unidos e na Europa no século XIX. Com efeito, os países mais bem-sucedidos se desenvolveram atrás de barreiras protecionistas; os críticos da globalização acusam países como Japão e Estados Unidos, que subiram na escada do desenvolvimento, de querer chutar a escada para longe, a fim de que os outros não consigam seguir o mesmo caminho.

Os defensores do livre-comércio respondem com duas críticas principais ao argumento da indústria nascente. Primeiro, dizem que a reação apropriada não é a proteção: se no longo prazo a empresa será lucrativa, ela pode obter um empréstimo para superar os tempos difíceis. Porém, no mundo real, as empresas novas têm dificuldades para obter capital. O governo americano só superou parcialmente esse problema com a Administração de Pequenos Negócios (SBA), que oferece empréstimos a pequenos negócios (a gigantesca empresa de transporte e logística FedEx começou com um empréstimo da SBA). Nos países em desenvolvimento, esses problemas são ainda mais agudos.

Em segundo lugar, os críticos sustentam que, com demasiada freqüência, as indústrias nascentes protegidas nunca crescem e exigem ficar permanentemente isoladas da competição externa.

Em termos gerais, os interesses especiais se apropriam de qualquer argumento, inclusive o da indústria nascente, para propor medidas protecionistas, na busca de mais lucros — o que impõe custos enormes ao resto da economia.[20] Em Bangladesh, a proteção aos produtores têxteis põe em risco os fabricantes de roupas ao elevar o preço da matéria-prima. Essas experiências constituem uma advertência para qualquer país que pense em usar medidas protecionistas como base do estímulo a novas indústrias.

Mas a política dos diversos países difere e não há nada inevitável nesse fracasso político. O Leste Asiático conseguiu desmamar suas "crianças": a questão é se outros países têm sistemas políticos capazes de fazer o mesmo.

Uma das respostas a essa última crítica ao argumento da indústria nascente é utilizar uma proteção de base ampla, uma tarifa uniforme sobre, digamos, bens manufaturados. Essa é a abordagem do argumento da economia nascente (em oposição ao da indústria nascente) em defesa da proteção.[21] Sem proteção, um país cuja vantagem comparativa estática está, digamos, na agricultura corre o risco da estagnação; sua vantagem comparativa permanecerá na agricultura, com perspectivas limitadas de crescimento. A proteção industrial de base ampla pode levar a um aumento do tamanho do setor industrial, o que é, em quase todos os lugares, a fonte da inovação. Muitos desses avanços transbordam para o resto da economia, tal como fazem os benefícios do desenvolvimento de instituições como os mercados financeiros, que acompanham o crescimento de um setor industrial. Ademais, um setor industrial grande e crescente (e as tarifas sobre bens manufaturados) propicia receitas com as quais o governo pode financiar educação, infra-estrutura e outros ingredientes necessários para um crescimento de base ampla. No capítulo 4, veremos que os advogados da proteção forte da propriedade intelectual defendem exatamente o mesmo *trade-off*: eles afirmam que as ineficiências de curto prazo (naquele caso, decorrentes do monopólio; neste caso, da proteção tarifária) são mais do que compensadas por ganhos dinâmicos de longo prazo. Em cada caso, trata-se de uma questão de obter o equilíbrio correto: com quase certeza, alguma proteção para a propriedade intelectual é desejável; do mesmo modo, alguma proteção do comércio é desejável. Enquanto o raciocínio por trás do argumento da economia nascente é similar ao da indústria nascente, o argumento político é muito mais forte: a proteção de base ampla reduz o alcance dos interesses especiais.

Se os defensores do argumento da indústria nascente foram, algumas vezes, excessivamente otimistas quanto às virtudes da proteção, os advogados da liberalização parecem às vezes viver ainda mais no mundo dos sonhos, acreditando que quase qualquer acordo de comércio, em especial com os Estados Unidos ou a União Européia, por mais injusto que seja, trará magicamente investimentos e criará empregos. Eles citam estudos estatísticos que alegam que a liberalização do comércio aumenta o crescimento. Mas uma olhada cuidadosa nas provas indica algo bastante diferente. Elas mostram que países como os do Leste Asiático, que se integraram mais na economia global, cresceram mais rápido. Suas exportações — e não a remoção das barreiras — é que são a força motora do crescimento. Os estudos que tratam diretamente da remoção de barreiras comerciais mostram pouca relação entre liberalização e crescimento. Os advogados da liberalização rápida tentaram um truque de prestidigitação, na esperança de que a discussão genérica dos benefícios da globalização seria suficiente para sua defesa.[22]

COMÉRCIO JUSTO VERSUS COMÉRCIO LIVRE

Os economistas falam sobre como a liberalização do comércio afeta a eficiência e o crescimento. Mas as discussões populares tratam mais de *justiça*. Quando as pessoas do mundo desenvolvido falam de comércio injusto, o que têm em mente é a imensa vantagem dos salários baixos dos países em desenvolvimento. Mas esses países também têm desvantagens significativas, como alto custo do capital, infra-estrutura deficiente, níveis de qualificação menores e baixa produtividade em geral. O mundo em desenvolvimento queixa-se de modo igualmente vociferante das dificuldades de competir com os países industriais avançados. Os economistas enfatizam que essas diferentes fortalezas e fraquezas significam que cada economia tem uma vantagem comparativa, as coisas em que ela é relativamente boa, as quais devem determinar o que o país exportará. Não é injusto ser pobre e ter salários baixos: é uma infelicidade.

Com demasiada freqüência, no discurso político, há quase uma presunção de que, se alguma empresa ou nação está vendendo mais barato do que uma firma americana, deve ser porque está jogando deslealmente. Afinal, as firmas americanas devem ser mais eficientes do que as de qualquer outro lugar; num campo de jogo nivelado, elas venceriam. As leis sobre dumping (chamadas muitas vezes de "leis do comércio justo"), descritas com mais detalhes mais adiante neste capítulo, quase se baseiam nessa pressuposição: uma vez que as empresas americanas são mais eficientes, seus custos devem ser menores; se firmas estrangeiras estão vencendo a competição com as americanas, deve ser porque estão trapaceando — vendendo abaixo do custo. Mas esse argumento ignora o princípio básico do comércio: ele não se baseia nas forças absolutas de um país, mas nas forças relativas, em sua vantagem *comparativa*; e, mesmo que os Estados Unidos fossem mais eficientes em todas as indústrias (o que não é verdade), as indústrias em que o país fosse *relativamente* menos eficiente perderiam para a competição.

Qual seria, então, o significado de comércio justo? Há um ponto de referência natural: o regime comercial que surgiria se todos os subsídios e restrições ao comércio fossem eliminados.[23] Evidentemente, o mundo não está nada perto de tal regime. As assimetrias na liberalização podem beneficiar alguns grupos à custa de outros. Por exemplo, atualmente os acordos comerciais proíbem a maioria dos subsídios, exceto aos produtos agrícolas. Isso deprime a renda dos agricultores dos países em desenvolvimento que não recebem subsídios. E, uma vez que 70% dos habitantes do mundo em desenvolvimento dependem direta ou indiretamente da agricultura, isso significa que a renda dos países em desenvolvimento está deprimida. Mas, por qualquer padrão que se adote, o regime comercial internacional de hoje é injusto para os países em desenvolvimento.[24]

Mesmo com um sistema de comércio injusto, China, Índia e uns poucos países em desenvolvimento vêm crescendo muitíssimo e esse crescimento se baseia em grande parte no comércio. Mas outros países não foram tão afortunados. O campo de jogo desnivelado significa que haverá mais países como um todo que perdem e mais gente, até mesmo em países bem-sucedidos, que perderá. A China, que, pela maioria dos cálculos, é uma das verdadeiras vencedoras da competição comercial global, enfrenta um problema de desigualdade crescente; seus agricultores sofrem por causa dos subsídios agrícolas americanos e europeus que baixam os preços. A China e outros países em desenvolvimento têm diante de si um dilema cruel: podem gastar seus escassos recursos para subsidiar seus agricultores a fim de compensar a generosidade do mundo desenvolvido para com os seus, mas isso significará ter menos para gastar no desenvolvimento e, portanto, um crescimento mais lento para o país como um todo.

A HISTÓRIA DOS ACORDOS DE COMÉRCIO

Os economistas defendem o livre-comércio há dois séculos, mas foi a Grande Depressão da década de 1930, mais do que argumentos abstratos, a responsável pela onda de liberalização que começou há sessenta anos. Pensava-se que os aumentos sucessivos das tarifas no final dos anos 20 e começo dos 30 haviam desempenhado um papel importante no aprofundamento da Grande Depressão. Alguns países viram suas economias encolherem e apertaram as restrições às importações. Essas restrições prejudicaram outros países, que reagiram apertando suas próprias restrições; no processo, criou-se um círculo vicioso. Após a Segunda Guerra, quando os líderes mundiais procuraram criar uma nova e mais próspera ordem econômica internacional, era natural que eles buscassem não apenas aumentar a estabilidade financeira por meio da criação do Fundo Monetário Internacional, mas também tentassem estabelecer uma Organização Internacional do Comércio (OIC) para regulamentar o comércio. Isso não aconteceu. Em 1950, os Estados Unidos rejeitaram a proposta de uma OIC devido ao temor da parte de alguns conservadores e de algumas empresas de que ela levaria a uma violação da soberania nacional e a uma regulamentação excessiva. A Organização Mundial do Comércio (OMC) ganhou existência somente 45 anos mais tarde.

Nesse ínterim, as negociações comerciais lideradas pelos países industriais avançados sob os auspícios do Acordo Geral sobre Tarifas e Comércio (GATT) reduziram muito as tarifas sobre bens manufaturados e colocaram os alicerces do regime de comércio moderno. O sistema do GATT foi montado sobre o princípio da não-discriminação: os países não discriminariam outros membros do GATT. Isso significava que cada país trataria todos os outros da mesma maneira — todos seriam os mais favorecidos, daí o nome: o princípio da nação mais favorecida, a base do sistema multilateral. Em paralelo, havia o princípio do tratamento nacional: os produtores estrangeiros seriam tratados da mesma maneira e estariam sujeitos às mesmas regulamentações dos produtores internos.

As negociações sobre comércio ocorrem numa série de rodadas nas quais muitas questões são postas sobre a mesa, com barganhas complexas entre os países. Cada país concorda em baixar tarifas e abrir mercados se houver reciprocidade dos outros. Ao ter questões suficientes sobre a mesa, espera-se que os negociadores possam encontrar um conjunto de concessões comerciais que farão todos os países se sentirem melhor. O foco do GATT concentrou-se na liberalização do comércio de bens manufaturados, a vantagem comparativa dos países industriais avançados. Houve uma liberalização limitada nas áreas importantes para os países em desenvolvimento, tais como agricultura e têxteis; estas permanecem submetidas a fortes limites (cotas) numa base de país a país, produto a produto;[25] do mesmo modo, a agricultura permaneceu altamente protegida e subsidiada.

A Rodada Uruguai, que começou em Punta del Este em setembro de 1986, acabou em um acordo assinado em Marrakesh em 15 de abril de 1994. Por esse acordo, o GATT, que tinha 128 países-membros, foi substituído pela Organização Mundial do Comércio, que tem hoje 149 países-membros. A OMC foi criada para propiciar uma expansão mais rápida dos acordos comerciais do que havia ocorrido sob o GATT, alcançando novas áreas como serviços e direitos de propriedade intelectual.

O aspecto mais importante é que, pela primeira vez, existiu um mecanismo de aplicação efetivo, ainda que limitado. A OMC não punia diretamente os infratores, mas autorizava os países que haviam sofrido prejuízo em conseqüência de uma violação a retaliar, impondo restrições de comércio ao país infrator. A UE tornou-se bastante refinada no uso desse instrumento contra os Estados Unidos. Ela faz uma longa lista de candidatos potenciais à retaliação, visando áreas em que as tarifas terão um impacto particularmente doloroso, ou os bens produzidos nos distritos de congressistas que estão tentando influenciar. As ameaças têm funcionado muito bem.

O primeiro passo na direção de um império da lei no comércio internacional foi a grande realização da Rodada Uruguai.

Sem o império da lei, o poder bruto vence. O direito internacional da OMC é um império da lei imperfeito: as regras derivam de barganhas, inclusive entre países ricos e pobres, e nessa negociação é o rico e poderoso que normalmente prevalece. A aplicação é assimétrica: uma ameaça de restrição comercial dos Estados Unidos contra um país pequeno como Antígua provocará uma resposta, mas os EUA não dão muita atenção se Antígua ameaça com uma restrição do mesmo tipo. Somente quando a prática afeta um grande número de países — como no caso dos subsídios ao algodão que os Estados Unidos aquinhoa a seus agricultores — é que a ameaça de retaliação ganha credibilidade.[26] Ainda assim, um império da lei imperfeito é melhor do que nenhum.

DE SEATTLE A CANCÚN

Meia década depois do final da Rodada Uruguai, em 30 de novembro de 1999, a OMC reuniu-se em Seattle, Washington, para o que deveria ser o lançamento de uma nova rodada de negociações comerciais, destinada a ser o coroamento dos esforços do governo Clinton pela liberalização do comércio, que incluíam a criação do NAFTA em 1994 e da Organização Mundial do Comércio em 1995.[27] Em vez disso, a reunião foi um desastre. As negociações foram logo eclipsadas por grandes protestos de rua. A partir das cinco da manhã do primeiro dia da conferência, centenas de militantes começaram a assumir o controle das esquinas próximas do centro de convenções. No final do dia, o prefeito já havia declarado estado de emergência civil e imposto toque de recolher, enquanto o governador chamava a Guarda Nacional. A escala das manifestações foi muitíssimo maior do que qualquer protesto anterior associado à globalização.

Embora os manifestantes representassem uma mistura de opiniões e não oferecessem nenhuma alternativa coerente, havia muitos motivos para reclamar (ainda que a OMC em si não devesse suportar o impacto das queixas, pois ela simplesmente oferece um fórum onde as negociações acontecem). A Rodada Uruguai se baseara no que ficou conhecido como a "Grande Barganha", na qual os países desenvolvidos prometeram liberalizar o comércio em agricultura e têxteis (ou seja, produtos intensivos em mão-de-obra de interesse dos exportadores dos países em desenvolvimento) e, em troca, os países em desenvolvimento concordaram em reduzir tarifas e aceitar uma variedade de regras e obrigações novas em relação a direitos de propriedade intelectual, investimentos e serviços. Posteriormente, muitos países em desenvolvimento acharam que haviam sido iludidos ao aceitar a Grande Barganha: os países desenvolvidos não cumpriram seu lado do acordo. As cotas de têxteis continuariam em vigor por mais uma década e não estava à vista o fim dos subsídios à agricultura.

Durante quarenta anos, o foco da liberalização do comércio havia sido a abertura dos mercados para bens manufaturados — na época, a vantagem comparativa dos Estados Unidos e da Europa. Mas enfatizei antes a natureza dinâmica da vantagem comparativa: hoje, é a China e outros países em desenvolvimento que têm uma vantagem comparativa em muitas áreas da manufatura. Sem perceber, durante quatro décadas as negociações comerciais haviam trabalhado para abrir os mercados à China! Com a manufatura encolhendo no mundo desenvolvido — hoje, ela representa apenas 11% do emprego e da produção dos Estados Unidos —, os negociadores americanos e europeus teriam de apresentar algum resultado em serviços (que constituem agora mais de 70% da economia americana e quase isso na Europa e no Japão) e em propriedade intelectual para satisfazer seus eleitores. Eles conseguiram.

A lista de queixas contra o acordo de comércio da Rodada Uruguai é longa:

• Foi tão assimétrica que os países mais pobres ficaram em situação pior; a África subsaariana, a região mais pobre, com uma renda média anual pouco acima de 500 dólares per capita, perdeu cerca de 1,2 bilhão de dólares por ano.[28]

• 70% dos ganhos foram para os países desenvolvidos — cerca de 350 bilhões de dólares anuais. Embora tenha 85% da população mundial e quase a metade da renda global total, o mundo em desenvolvimento recebeu apenas 30% dos benefícios — e esses benefícios foram principalmente para países de renda média, como o Brasil.[29]

• A Rodada Uruguai fez um campo de jogo desnivelado ficar ainda menos nivelado. Os países desenvolvidos impuseram tarifas muito mais altas — em média, quatro vezes mais altas — aos países em desenvolvimento do que aos desenvolvidos. Um país pobre como Angola paga tarifas iguais às da Bélgica aos Estados Unidos; a Guatemala paga tanto quanto a Nova Zelândia.[30] E essa discriminação continuou a existir mesmo depois que os países desenvolvidos concederam as assim chamadas preferências aos países em desenvolvimento. Os países ricos custaram aos países pobres três vezes mais em restrições comerciais do que eles dão em ajuda total ao desenvolvimento.[31]

• O centro das atenções era a liberalização dos fluxos de capital (que os países desenvolvidos queriam) e dos investimentos, em vez da liberalização dos fluxos de mão-de-obra (que beneficiariam os países em desenvolvimento), ainda que esta última pudesse levar a um aumento muito maior da produção global.

• Da mesma maneira, a liberalização dos serviços não qualificados poderia levar a um aumento muito maior da eficiência global do que a liberalização dos serviços qualificados (como os financeiros), a vantagem comparativa dos países industriais avançados. Não obstante, as negociações se concentraram na liberalização dos serviços qualificados.

• O fortalecimento dos direitos de propriedade intelectual beneficiou em larga medida os países desenvolvidos e os custos para os países em desenvolvimento ficaram evidentes apenas mais tarde, quando medicamentos genéricos que salvam vidas foram tirados do mercado e as companhias do mundo desenvolvido começaram a patentear o conhecimento indígena e tradicional (discutiremos esse aspecto com mais detalhes no capítulo 4).

Os Estados Unidos e a Europa aperfeiçoaram a arte de defender o livre-comércio ao mesmo tempo em que trabalham por acordos comerciais que os protegem das importações dos países em desenvolvimento. Boa parte do sucesso dos países industriais avançados tem a ver com a formulação da agenda — eles a estabeleceram de tal modo que os mercados foram abertos para os bens e serviços que representavam sua vantagem comparativa.

Os negociadores ocidentais têm quase certeza de que podem controlar o que será discutido e determinar os resultados. Quando os Estados Unidos e a UE pressionam pela abertura dos mercados para serviços, eles não pensam (como logicamente deveriam): de um modo geral, os serviços são intensivos em mão-de-obra; de um modo geral, são os países em desenvolvimento que possuem abundância de mão-de-obra; portanto, de um modo geral, uma liberalização justa do setor de serviços significará um benefício especialmente para os países em desenvolvimento. Eles pensam: podemos liberalizar os serviços de alta qualificação que representam nossa vantagem comparativa agora e podemos impedir, de uma forma ou de outra, a liberalização dos serviços que são intensivos em mão-de-obra não especializada. Desde o início da discussão, eles tinham em mente um acordo desequilibrado.

Em larga medida, devem-se culpar os interesses especiais,

não aqueles dos países em desenvolvimento que resistem à liberalização do comércio, como seus proponentes reclamam, mas os do mundo desenvolvido que moldam a pauta para se beneficiarem, ao mesmo tempo em que deixam até mesmo o cidadão médio de seus próprios países em situação pior. Os negociadores, ao representarem seus "clientes" imediatos — as grandes empresas que fazem um lobby pesado e constante, em parte diretamente, em parte por meio de lobby junto ao Congresso e ao governo —, muitas vezes perdem de vista o quadro maior, confundindo os interesses dessas companhias com os interessas nacionais americanos ou, ainda pior, com o que é bom para o sistema de comércio mundial. E a situação é mais ou menos semelhante nos outros países industriais. Em cada país, os interesses das empresas de exportação pressionam os negociadores para obter acordos que proporcionem mais acesso para suas mercadorias, enquanto as empresas de importação pressionam por proteção. Os negociadores não lutam por coerência intelectual, por um acordo baseado em princípios, mas somente para equilibrar os interesses em competição.

Os protestos de Seattle enviaram uma mensagem importante de descontentamento aos ministros de comércio, mas os países industriais avançados ainda não estavam prontos para desistir da pressão por mais liberalização. Os ministros de comércio reuniram-se depois em novembro de 2001, em Doha, no Qatar, um pequeno país do golfo Pérsico, local distante escolhido por aqueles que não queriam ser perturbados por manifestantes que questionassem o que estava acontecendo atrás de portas fechadas. Os países desenvolvidos prometeram fazer das conversações uma "rodada do desenvolvimento"; em outras palavras, comprometeram-se a criar um regime de comércio que melhorasse ativamente as perspectivas de desenvolvimento e corrigisse os desequilíbrios das rodadas anteriores.[32] Os países em desenvolvimento hesitaram em prosseguir: temiam que outro acordo comercial injusto lhes fosse impingido e, tal como o último, os deixasse em situação ainda pior; temiam que, uma vez iniciadas as negociações, seus braços fossem torcidos de uma forma ou de outra e fossem forçados a assinar um novo acordo contra seus interesses. Estavam céticos em relação às promessas sendo feitas em Doha; à medida que as negociações evoluíram nos anos seguintes, esse ceticismo pareceu justificar-se.

As negociações empacaram com a recusa do mundo desenvolvido em cortar os subsídios agrícolas. Na verdade, em 2002, os Estados Unidos promulgaram uma nova lei agrária que quase dobrou seus subsídios. Em setembro de 2003, os ministros se reuniram de novo em Cancún, palavra que no idioma maia local significa "cova da serpente", expressão apropriada para o que aconteceu na reunião. Os ministros deveriam avaliar o progresso que havia sido feito e dar orientações para que seus negociadores concluíssem a "rodada do desenvolvimento". Apesar de continuarem a se recusar a fazer concessões em agricultura ou em qualquer outra questão importante de interesse dos países em desenvolvimento — deixando de cumprir suas promessas —, os países desenvolvidos insistiram em impor seu temário próprio de redução das tarifas e abertura do acesso aos bens e serviços que a União Européia e os Estados Unidos queriam exportar. Queriam inclusive impor novas exigências aos países em desenvolvimento. Embora os países industriais avançados ainda falassem de rodada do desenvolvimento, isso não passava de retórica: havia um risco real de que essa nova rodada, em vez de desfazer os desequilíbrios do passado, os piorasse. As conversações fracassaram no quarto dia da reunião. Em toda a sua história, as negociações sobre comércio jamais haviam acabado em tanto desarranjo.

A reunião global seguinte dos ministros de comércio, realizada em Hong Kong em dezembro de 2005 — cujo objetivo original era concluir a rodada do desenvolvimento —, não acabou em desastre, mas também não pôde ser chamada de sucesso: Pascal Lamy, diretor-geral da OMC, havia conseguido baixar as expectativas no sentido de que qualquer acordo, mesmo que tivesse pouco efeito sobre o comércio global, fosse considerado o melhor que se poderia obter nas circunstâncias. As relações com a imprensa foram mais enfatizadas do que a proposição de ofertas significativas. Os Estados Unidos, que, graças aos seus enormes subsídios, são o maior exportador de algodão, se ofereceram com muito alarde para abrir seu mercado aos produtores de algodão africanos, uma oferta sem muito valor, pois o país não importaria muito (graças aos subsídios, os EUA são um país exportador desse produto e não um importador significativo).

A era da liberalização do comércio multilateral parece estar perto do fim (pelo menos por um tempo), na medida em que a desilusão bem fundamentada dos países em desenvolvimento se combina com um crescente sentimento protecionista no mundo desenvolvido. Qualquer que seja o resultado — se houver algum — da assim chamada rodada do desenvolvimento, ele não estará à altura do epíteto. Também fará pouco para criar um regime de comércio mundial que seja justo para os países em desenvolvimento ou que promova seu desenvolvimento: as tarifas impostas pelos países desenvolvidos aos em desenvolvimento ainda serão muito mais altas do que aquelas impostas aos outros países desenvolvidos, e estes ainda oferecerão enormes subsídios agrícolas, causando um imenso dano aos países em desenvolvimento.

O verdadeiro perigo de hoje não é a presença ou ausência de alguma coisa no acordo de conclusão da rodada do desenvolvimento que venha a prejudicar os países em desenvolvimento de forma significativa: a escala das reformas é tão lenta que provavelmente terá pouca importância. Qualquer acordo eventual só causará um dano limitado, ou um benefício limitado. O verdadeiro perigo está em que o mundo acredite que realizou o que foi iniciado em Doha e que não haverá mais necessidade de uma rodada do desenvolvimento. As negociações comerciais voltarão então ao que eram antes — outras rodadas de negociações em que o jogo duro faz com que a parte do leão dos ganhos vá para os países desenvolvidos.

PARA FAZER A GLOBALIZAÇÃO FUNCIONAR

Doha fracassou.[33] Embora seja difícil definir com precisão o que é um regime justo de comércio global, está claro que os arranjos atuais não são justos e que a rodada do desenvolvimento fará pouco para tornar esse regime mais justo ou mais a favor do desenvolvimento.[34] Porém, acredito que é possível projetar um regime de comércio global que promova o bem-estar dos países mais pobres e que seja, ao mesmo tempo, bom para os países industriais avançados como um todo — embora, evidentemente, alguns interesses especiais das grandes empresas possam ser prejudicados. Essa era a promessa de Doha. As reformas custariam pouco aos países desenvolvidos — na maioria dos casos, nada, pois os contribuintes economizariam bilhões em subsídios e os consumidores economizariam bilhões com os preços mais baixos — e os países em desenvolvimento se beneficiariam enormemente.

Embora Doha não tenha cumprido sua promessa, permanece o desafio de criar em algum momento do futuro um regime de comércio justo e que dê aos países pobres a oportunidade de se desenvolver por meio do comércio. Há uma pauta cheia de reformas que vão muito além das questões agrícolas tão focadas nas discussões: são reformas ao mesmo tempo a favor dos pobres e do desenvolvimento. Essas reformas são o que uma *verdadeira* rodada do desenvolvimento teria de propor.

OS PAÍSES EM DESENVOLVIMENTO DEVERIAM SER TRATADOS DE FORMA DIFERENCIADA

Os países em desenvolvimento são diferentes dos países mais desenvolvidos e algumas dessas diferenças explicam por que eles são tão mais pobres. A idéia de que os países em desenvolvimento deveriam, em conseqüência disso, receber um "tratamento especial e diferenciado" é agora amplamente aceita e foi incluída em muitos acordos de comércio.[35] Os países desenvolvidos têm permissão, por exemplo, para se desviar do princípio da nação mais favorecida e propor tarifas mais baixas para importações de países em desenvolvimento — ainda que, mesmo com esse tratamento assim chamado preferencial, as tarifas do país desenvolvido para as importações dos países em desenvolvimento sejam, como vimos, quatro vezes maiores do que as tarifas impostas aos bens produzidos por outros países desenvolvidos.

Porém, o sistema atual torna o tratamento preferencial totalmente voluntário, oferecido pelos países industriais avançados conforme seu capricho. As preferências podem ser retiradas se o país em desenvolvimento não fizer o que o país desenvolvido quer. O tratamento preferencial tornou-se um instrumento político, uma ferramenta para manter os países em desenvolvimento na linha.

Livre-comércio para os pobres: uma proposta de acesso ampliado ao mercado

Uma única reforma ao mesmo tempo simplificaria as negociações, promoveria o desenvolvimento e trataria das iniqüidades do regime atual. Os países ricos deveriam simplesmente abrir seus mercados para os países mais pobres, sem reciprocidade nem condicionalidades políticas ou econômicas. Os países de renda média deveriam abrir seus mercados para os países menos desenvolvidos e deveriam poder estender preferências uns aos outros sem estendê-las aos países ricos, de tal modo que não precisem temer que as importações desses países possam matar suas indústrias nascentes. Até mesmo os países industriais avançados se beneficiariam disso, porque poderiam avançar com mais rapidez na liberalização entre eles — que suas economias são capazes de suportar — sem ter de satisfazer as necessidades do mundo em desenvolvimento. Essa reforma substitui o princípio da "reciprocidade para e entre todos os países, independentemente das circunstâncias" pelo princípio da reciprocidade entre iguais, mas diferenciação entre aqueles que estão em situações marcadamente diversas.[36]

A União Européia reconheceu a sabedoria dessa abordagem básica quando, em 2001, abriu unilateralmente seus mercados aos países mais pobres do mundo, retirando (quase) todas as tarifas e restrições comerciais sem exigir concessões políticas ou econômicas.[37] O raciocínio era que os consumidores europeus se beneficiariam com os preços mais baixos e com a maior diversidade de produtos; na medida em que isso teria um preço insignificante para os produtores europeus, seu benefício seria enorme para os países mais pobres, além de uma incisiva demonstraçao de boa vontade. A iniciativa européia deveria ser estendida para todos os países industriais avançados e os mercados deveriam ser abertos não apenas para os mais pobres, mas para todos os países em desenvolvimento. (Em um dos pontos altos de hipocrisia e cinismo da reunião de dezembro de 2005 em Hong Kong, os Estados Unidos se ofereceram para se abrir para 97% dos bens produzidos pelos países menos desenvolvidos, um número cuidadosamente calibrado para excluir a maioria dos produtos, tais como os têxteis e vestuários de Bangladesh, que os americanos queriam deixar de fora. Evidentemente, Bangladesh estaria livre para exportar motores a jato e todos os tipos de produtos que estão fora de sua capacidade de produção.)[38]

Ampliar a pauta do desenvolvimento dos países menos desenvolvidos

O desenvolvimento é suficientemente difícil: não deveríamos restringir as ações dos países em desenvolvimento em prol de seu próprio crescimento. Mas foi isso que a Rodada Uruguai fez, ao restringir a capacidade desses países de usar uma variedade de instrumentos de estímulo à industrialização.

Há uma diferença entre os efeitos sobre a economia global dos subsídios agrícolas oferecidos pelos Estados Unidos e a Europa, que são permitidos, e os subsídios que os países em desenvolvimento podem querer ofecerer para ajudar a abrir novas indústrias, ou mesmo proteger suas indústrias e seus agricultores contra a competição subsidiada, que são proibidos. Quando os Estados Unidos subsidiam o algodão, os preços globais são afetados: os agricultores do mundo em desenvolvimento são prejudicados graças à generosidade americana com seus plantadores de algodão (os economistas chamam isso de uma "externalidade"). Mas, se a Jamaica protege seus produtores de leite, os preços globais não são afetados. Além disso, os países em desenvolvimento possuem ferramentas limitadas para enfrentar as conseqüências da liberalização: os produtores jamaicanos de laticínios que são obrigados a abandonar o negócio em conseqüência da indústria americana de laticínios altamente subsidiada têm poucas alternativas viáveis. Há poucos empregos nas cidades e voltar-se para um produto agrícola de baixa rentabilidade pode tornar ainda pior sua subsistência. O governo tem uma escolha difícil a fazer: complementar a renda de cada um dos agricultores, ou gastar os fundos públicos em um investimento necessário a todo o país. Não há dinheiro suficiente para ambas as coisas. A proteção contra o leite subsidiado americano talvez seja a única alternativa sensata, pelo menos no curto prazo.

Se a proposta do acesso ampliado ao mercado for adotada, então os países terão liberdade de ação para implementar suas estratégias e políticas pró-desenvolvimento voltadas para proteger seus cidadãos paupérrimos. Mas, se isso não acontecer, então deve haver exceções que dêem aos países em desenvolvimento mais liberdade de movimento, em especial para utilizar tarifas uniformes que elevem as receitas (sendo o efeito sobre as importações pouco diferente daquele de uma mudança na taxa de câmbio) e subsídios industriais temporários. Como a Europa apontou corretamente, os Estados Unidos costumam usar seus gastos com defesa para subsidiar várias indústrias. A Boeing beneficiou-se dos gastos militares em design de aeronaves, e a indústria de software ganhou muito com toda uma gama de gastos governamentais que ajudaram a desenvolver a internet e até o navegador. Com efeito, os benefícios comerciais são, com freqüência, apresentados como uma das justificativas para os enormes gastos com defesa. Os Estados Unidos são suficientemente ricos para arcar com uma política industrial ineficiente escondida no interior de suas forças armadas; os países em desenvolvimento não têm condições para isso e deveriam ser livres para, se assim quiserem, ter uma política industrial apropriada às suas circunstâncias.

AGRICULTURA

Uma década depois da Rodada Uruguai, mais de dois terços da renda agrícola na Noruega e na Suíça vinham de subsídios, mais da metade no Japão e um terço nos Estados Unidos. Para alguns produtos, como açúcar e arroz, os subsídios chegavam a 80%.[39] Os subsídios agrícolas agregados dos Estados Unidos,

União Européia e Japão (inclusive os ocultos, como para a água), se não superam efetivamente a renda total da África subsaariana, equivalem a 75% da renda dessa região, tornando quase impossível para os agricultores africanos competir nos mercados mundiais.[40] A vaca européia recebe, em média, um subsídio de dois dólares por dia (a medida de pobreza do Banco Mundial); mais da metade das pessoas do mundo em desenvolvimento vive com menos do que isso. É melhor ser uma vaca na Europa do que uma pessoa pobre em um país em desenvolvimento.

O plantador de algodão de Burkina Fasso vive em um país de renda média anual de pouco mais de 250 dólares.[41] Ele retira a subsistência de pequenos lotes de terra semi-árida; não há irrigação e sua pobreza é demasiada para comprar fertilizantes, tratores ou sementes de alta qualidade. Enquanto isso, um plantador de algodão da Califórnia cultiva centenas de hectares usando toda a tecnologia da agricultura moderna: tratores, sementes de alta qualidade, fertilizantes, herbicidas, inseticidas. A diferença mais marcante está na irrigação — e a água que o agricultor americano utiliza para irrigar a terra é altamente subsidiada. Ele paga muito menos por ela do que faria num mercado competitivo. Mas, mesmo com o subsídio da água, mesmo com todas as outras vantagens, ele simplesmente não poderia competir num mercado global justo se não recebesse outros subsídios diretos do governo que proporcionam metade ou mais de sua receita. Sem esses subsídios, não valeria a pena para os Estados Unidos plantar algodão; valendo-se deles, o país é, como já dissemos, o maior exportador de algodão do mundo. Cerca de 25 mil plantadores americanos de algodão muito ricos dividem entre si 3 ou 4 bilhões de dólares em subsídios, o que os estimula a produzir ainda mais. O aumento da oferta deprime naturalmente os preços mundiais, prejudicando cerca de 10 milhões de agricultores de Burkina Fasso e de outros países africanos.[42]

Em mercados globalmente integrados, os preços internacionais afetam os preços domésticos. À medida que os preços agrícolas são deprimidos pelos enormes subsídios americanos e europeus, os preços internos também caem, de tal modo que mesmo os agricultores que não exportam são prejudicados. E sua renda mais baixa se traduz em renda mais baixa para aqueles que lhes vendem bens: os alfaiates e açougueiros, barbeiros e donos de mercearias. Todos sofrem. Os subsídios podem não pretender prejudicar tanta gente, mas essa é a conseqüência prevista.

O motivo mais ouvido para a continuação desses subsídios nos Estados Unidos é que eles são essenciais para manter o pequeno agricultor familiar e os modos tradicionais de vida. Mas o grosso do dinheiro vai para grandes fazendas, freqüentemente corporativas. Esses subsídios se transformaram simplesmente em outra forma de assistência pública às empresas. Examinando todos os produtos agrícolas, cerca de 30 mil fazendas (1% do total) recebem quase 20% da quantia total gasta, com uma média de mais de 1 milhão de dólares por fazenda. Oitenta e sete por cento do dinheiro vai para os 20% mais ricos, cada um desses agricultores recebe, em média, quase 200 mil dólares. Ao contrário, os 2.440.184 pequenos agricultores menos ricos — a verdadeira agricultura familiar — recebem 13% do total, menos de 7 mil dólares para cada um.[43] Na verdade, os enormes subsídios — inclusive aqueles que supostamente não distorcem o comércio — acabam expulsando o pequeno agricultor. Quando a agricultura se torna mais lucrativa graças aos subsídios, a demanda por terra aumenta, elevando os preços. Com o preço da terra lá em cima, a agricultura precisa se tornar intensiva em capital. Tem de fazer uso pesado de fertilizantes e herbicidas, que são tão ruins para o meio ambiente quanto o aumento da produção é para os lavradores do mundo em desenvolvimento. Em conseqüência, os pequenos agricultores, que não têm recursos para esse tipo de agronegócio, acham mais atraente vender suas terras para as empresas maiores e embolsar os ganhos de capital. Na medida em que a terra se concentra em grandes propriedades, com seu uso pesado de fertilizantes, herbicidas e tecnologia, a produção aumenta mais e os agricultores do mundo em desenvolvimento são prejudicados mais uma vez.[44]

Se os países desenvolvidos acreditam que precisam de um período de transição para a abolição dos subsídios, isso deveria ser feito com a eliminação de todos os subsídios aos agricultores que ganham mais do que, digamos, 100 mil dólares, e igualar os subsídios para todos os agricultores em, digamos, 100 mil dólares.

Uma vez que a imensa maioria dos habitantes dos países em desenvolvimento depende direta ou indiretamente da agricultura para sua sobrevivência, a eliminação dos subsídios e a abertura dos mercados agrícolas causariam, pelo aumento dos preços, um enorme benefício. Os importadores de produtos agrícolas sofreriam com esse aumento. Entre os países em desenvolvimento e no interior deles, haveria perdedores e ganhadores: os agricultores ficariam numa situação melhor, enquanto os trabalhadores urbanos enfrentariam preços mais altos na alimentação. Para resolver esse problema de transição, os países industriais avançados deveriam fornecer ajuda aos países em desenvolvimento durante o período de ajuste — até mesmo uma fração do que gastam agora com subsídios agrícolas seria o suficiente.

O algodão é uma exceção. Se seus subsídios forem retirados, o efeito seria significativo sobre os produtores, não sobre os consumidores. Uma vez que o custo da matéria-prima representa uma fração tão pequena do valor da roupa pronta, um aumento substancial do preço do algodão dificilmente se refletiria nos preços pagos pelos têxteis e vestuário. Essa é uma das razões da forte campanha atual dos países em desenvolvimento pela eliminação dos subsídios do algodão.

O ESCALONAMENTO DAS TARIFAS

Embora a redução das tarifas e subsídios agrícolas tenha recebido uma enorme atenção, isso não é suficiente para criar eqüidade. A própria estrutura das tarifas precisa ser modificada para favorecer o desenvolvimento. Podemos pensar que os países agrícolas poderiam enlatar seus hortifrútis e assim ganhar mais do que exportando produtos em estado natural. Essa iniciativa, além de fácil, criaria empregos. Mas eles não a tomam porque os países desenvolvidos projetam suas tarifas de tal modo que desestimulam esse tipo de industrialização, aplicando tarifas mais altas aos produtos manufaturados do que aos brutos; quanto mais manufatura envolvida, mais alta a tarifa. Isso é conhecido como o escalonamento das tarifas.

Eis seu mecanismo. Consideremos como exemplo hipotético um produto agrícola como laranjas, que um país desenvolvido não produz. A Europa pode deixar as laranjas frescas entrarem com taxas baixas — suponha-se que zero — porque tem uma plantação de laranjas pequena para proteger. Mas ela impõe uma tarifa de 25% sobre várias formas de processamento das laranjas, de geléias a suco congelado. Suponha-se que metade do valor da geléia de laranja esteja no seu processamento, metade no ingrediente laranja. A tarifa é claramente um imposto sobre a industrialização no país em desenvolvimento. Com efeito, há uma tarifa de 50% sobre a atividade de processamento, de tal modo que os custo do país em desenvolvimento teriam de ser muitíssimo mais baixos para poder competir com os enlatadores do país desenvolvido. Por meio do escalonamento das tarifas, a Europa continua a receber um suprimento de laranjas baratas ao mesmo tempo em que reduz a ameaça competitiva representada por indústrias de processamento dos países em desenvolvimento.[45]

A proposta de acesso ao mercado — livre acesso dos países

em desenvolvimento aos mercados dos países industriais avançados — resolveria obviamente esse problema. Em discussões recentes sobre comércio, os países desenvolvidos se concentraram em exigir que os países em desenvolvimento baixem suas altas tarifas.[46] O foco deveria mudar: a primeira prioridade deveria ser a eliminação do escalonamento das tarifas. O que importa não é apenas a tarifa nominal, mas a tarifa efetiva — tarifas sobre valor agregado; e as altas tarifas efetivas sobre valor agregado pela indústria dos países em desenvolvimento deveriam ser reduzidas drasticamente.

SERVIÇOS INTENSIVOS EM MÃO-DE-OBRA NÃO ESPECIALIZADA E MIGRAÇÃO

Os países desenvolvidos são ricos em capital e tecnologia, ao passo que os em desenvolvimento têm uma abundância de mão-de-obra não especializada. O que cada país produz reflete sua dotação em recursos. Um país com mão-de-obra especializada produz bens e serviços qualificados. A Rodada Uruguai expandiu as negociações comerciais para a área de serviços. Mas não surpreende que tenha abrangido a liberalização de serviços como bancos, seguros e tecnologia da informação — todos setores em que os Estados Unidos têm uma vantagem — e deixado totalmente fora da pauta os serviços não especializados, como transportes marítimos e construção civil.

Cerca de quarenta países, entre eles os Estados Unidos, possuem leis que exigem o uso de navios locais para o transporte doméstico de mercadorias. Nos Estados Unidos, a lei Jones de 1920 determina não somente que os barcos sejam de propriedade de americanos, mas também que sejam construídos em estaleiros americanos e tripulados por americanos (a história do protecionismo remonta há muito mais tempo, à primeira sessão do

Congresso, em 1789). Os Estados Unidos não têm uma vantagem comparativa ou absoluta em navegação — com efeito, já em 1986 se estimava que cada emprego conservado pela lei Jones custava ao país mais de 250 mil dólares.[47] O transporte marítimo oferece uma oportunidade maravilhosa para uma pauta comercial a favor dos pobres que se concentraria em serviços intensivos em mão-de-obra não especializada.

Argumento semelhante vem dos próprios movimentos de mão-de-obra e capital. Os países desenvolvidos são ricos em capital, que giram ao redor do mundo em busca dos rendimentos mais altos. Os países em desenvolvimento têm uma abundância de trabalhadores não especializados que querem circular pelo mundo em busca de melhores empregos. Nas duas últimas décadas, os Estados Unidos e a União Européia pressionaram, com considerável sucesso, em favor da liberalização dos mercados de capitais, que permite um fluxo de investimentos mais livre em todo o mundo, argumentando que isso é bom para a eficiência mundial. Mas até mesmo uma liberalização modesta dos fluxos de mão-de-obra aumentaria o PIB global numa ordem de magnitude maior do que as estimativas mais otimistas dos benefícios da liberalização dos mercados de capitais. Além disso, a liberalização da migração beneficiaria os países em desenvolvimento.[48] Para começar, os trabalhadores empregados no mundo desenvolvido mandam remessas de dinheiro para casa; bilhões de dólares já são mandados de volta todos os anos. Em 2005, estima-se que o México recebeu 19 bilhões de dólares em remessas do exterior, só perdendo como fonte de moeda estrangeira para o petróleo; na América Latina como um todo, as remessas em 2005 foram de 42 bilhões.[49] Mas o custo do envio do dinheiro pode ser muito alto, comendo uma fração significativa da quantia remetida. Os países desenvolvidos precisam facilitar a transferência das remessas aos países em desenvolvimento (como os Estados Unidos já estão fazendo), para que esses países possam colher todos os benefícios da migração.[50]

Evidentemente, os países desenvolvidos permitem a migração para seus territórios de mão-de-obra altamente qualificada, porque percebem com clareza o que ganham com isso. Mas, como observamos no capítulo anterior, isso equivale a tirar dos países em desenvolvimento seu capital intelectual mais valioso, sem nenhuma compensação: depois que os países em desenvolvimento investiram seus escassos fundos em educação, os países desenvolvidos, muitas vezes inadvertidamente, tentam ficar com a nata dos cérebros.

A assimetria na liberalização dos fluxos de capital e de mão-de-obra leva a uma outra iniqüidade. Com os mercados de capitais liberalizados, os países precisam lutar para manter o capital, baixando os impostos cobrados das empresas. Uma vez que a mão-de-obra — principalmente a não especializada — não tem mobilidade, eles não precisam lutar tanto para mantê-la. Em conseqüência, a liberalização assimétrica faz com que o peso maior dos impostos recaia sobre os trabalhadores, levando a uma progressividade reduzida do sistema tributário. A mesma coisa acontece com a negociação salarial: dizem aos trabalhadores que se eles não aceitarem salários mais baixos e menos proteção, o capital (com seus empregos) irá embora.

BARREIRAS NÃO-TARIFÁRIAS

A redução ou eliminação da tarifas não elimina os sentimentos ou as políticas protecionistas; apenas os força a encontrar novas saídas. Não surpreende, portanto, que à medida que as tarifas caem, os países industriais avançados encontram formas espertas de erguer barreiras não-tarifárias, que assumem várias formas.

Salvaguardas

As salvaguardas são tarifas temporárias que podem, em princípio, ajudar um país a fazer ajustes quando enfrenta um aumento grande e não previsto das importações, um "surto". As tarifas impedem temporariamente a entrada de produtos importados, propiciando à indústria o tempo necessário para se ajustar — por exemplo, aumentar a eficiência, ou dar tempo para que os trabalhadores encontrem outro emprego. É provável que os países em desenvolvimento não tenham feito tanto uso de salvaguardas quanto deveriam. No outro extremo do espectro, os Estados Unidos têm abusado repetidamente das medidas de salvaguarda, utilizando-as para proteger alguma indústria em declínio — como a do aço —, mesmo quando um grande aumento das importações tenha pouca relação com o problema subjacente.[51]

A justificativa para invocar salvaguardas não deveria ser apenas a perda de empregos ou vendas devido ao aumento das importações de um determinado país; deveria ser obrigatório mostrar que há uma relação causal entre o aumento das importações e o problema da indústria. Por exemplo, um aumento das importações de têxteis da China, quando acompanhado por uma diminuição das importações de Bangladesh, não deveria constituir uma situação que exija proteções adicionais. E a decisão quanto à validade da justificativa para a tarifa de salvaguarda não deveria ser deixada para os tribunais administrativos de cada país, com toda a sua suscetibilidade às pressões políticas. Deveria haver padrões internacionais, aplicados por tribunais designados internacionalmente. Um tal tribunal, por exemplo, não teria ouvidos simpáticos para as reivindicações americanas e européias de salvaguardas contra o surto de importações têxteis após a eliminação das cotas desses produtos em janeiro de 2005, uma vez que houve um período de transição de dez anos durante o qual os países desenvolvidos deveriam ter acabado com a proteção a fim de facilitar a transição e, na verdade, não fizeram nada.[52]

Taxas antidumping

A barreira não-tarifária preferida pelos Estados Unidos tem sido as taxas antidumping, que foram projetadas para deter a prática comercial injusta de vender bens abaixo do custo. Enquanto as medidas de salvaguarda são temporárias, essas taxas podem ser permanentes. Os Estados Unidos acusaram o México de praticar dumping com tomates; a Colômbia, de fazê-lo com flores; o Chile e a Noruega, com salmão; a China, com suco de maçã e mel. Atualmente, os produtores de vinho chilenos temem que, se continuarem a ter sucesso, os produtores da Califórnia exigirão que o país imponha taxas antidumping sobre seus vinhos. Essas taxas impedem a entrada do produto e abarcam todo o mercado: qualquer empresa teme que, se conseguir entrar no mercado americano com um produto novo, enfrentará taxas antidumping que a tornarão não-competitiva.

Na década de 1990, o Vietnã começou a exportar *catfish* [bagre] para os Estados Unidos, que logo se tornaram seu maior mercado de exportação. Em pouco tempo, o Vietnã ocupou 20% do mercado de bagre e os produtores americanos furiosos conseguiram que o Congresso aprovasse uma lei pela qual somente o bagre americano poderia ser vendido com o nome de bagre.[53] Mas o Vietnã foi mais esperto e voltou a entrar no mercado americano com um novo peixe — *basa* —, batizando assim seu bagre com um nome exclusivo e exótico. Dessa forma, não só ocuparam o lugar do bagre do Mississippi como ainda obtiveram um preço mais alto. Dessa vez, os Estados Unidos reagiram de forma ainda mais agressiva. Uma vez que a barreira não-tarifária havia fracassado, o país usaria outras taxas antidumping, acusando o Vietnã de vender abaixo do preço de custo.

As empresas racionais não vendem abaixo do preço, a não ser que acreditem que obterão uma posição de monopólio que possam manter por tempo suficiente não apenas para recuperar o que perderam, mas também para ter um retorno sobre seu investimento (suas perdas por vender abaixo do custo). A lei antitruste americana reconhece isso. Pelo direito americano, para que as acusações de fixação de preços predatória (quando uma companhia vende abaixo do custo para tirar do negócio uma empresa nacional rival) sejam sustentadas, é preciso mostrar que deve haver uma perspectiva não somente de monopolização, mas de manutenção desse monopólio por tempo suficiente para recuperar as perdas. A predação (o verdadeiro dumping) ocorre de fato, embora seja rara porque é difícil estabelecer um monopólio durável. Mas o direito americano sobre competição de empresas internacionais não reconhece essa lógica econômica básica. A monopolização — para não falar da monopolização durável — é uma possibilidade remota em poucos dos casos de dumping. O México não pode conseguir um monopólio dos tomates, a Colômbia não pode ter um das flores. Não obstante, são feitas não só acusações de dumping, como taxas são aplicadas. O motivo é que os custos são medidos de uma maneira pouco relacionada com as realidades ou os princípios econômicos. As leis antidumping não foram projetadas para discernir se uma firma está vendendo abaixo do seu custo (marginal), mas para obter um valor alto de custo, de tal modo que as taxas antidumping possam ser aplicadas. Não surpreende, portanto, que freqüentemente se descubra que empresas racionais estão vendendo seus produtos abaixo do custo.[54]

As coisas ficam ainda piores quando uma economia que não é de mercado é acusada de dumping. (A China, apesar de seu progresso na direção de uma economia de mercado, ainda não é tratada como tal.)[55] Nesse caso, os custos usados para calcular o preço dos bens não são os reais, mas os que seriam em algum país substituto. Os que querem fazer uma acusação de dumping procuram um país onde os custos sejam altos, de tal modo que seja possível aplicar altas taxas antidumping. Em um exemplo clássico, nos tempos anteriores à queda do Muro de Berlim, os Estados Unidos aplicaram taxas antidumping contra carrinhos de golfe poloneses, usando o Canadá como país substituto. Os custos no Canadá eram tão altos que o país não produzia carrinhos de golfe; assim, as taxas foram aplicadas levando em conta quanto custaria produzir carrinhos de golfe no Canadá, se o país decidisse produzi-los. Em muitos lugares, inclusive nos Estados Unidos, o país substituto pode ser até aquele que faz a acusação, caso em que, quase por definição, os custos são maiores, senão não haveria por que competir.

Uma exportação recente dos países industriais avançados é o uso de barreiras não-tarifárias como dispositivos protecionistas. Os países em desenvolvimento estão utilizando cada vez mais esse tipo de medida uns contra os outros. A Índia, por exemplo, usou os custos indianos para fazer uma acusação de dumping contra a China no caso de um importante produto químico, o isobutil-benzeno. No caso da liga de ferrocromo com baixo teor de carbono da Rússia, a Índia escolheu o Zimbábue como país substituto, supostamente devido aos seus altos custos de eletricidade — o determinante fundamental dos custos — e aplicou taxas antidumping com base nisso.

Há dois pesos e duas medidas. Se o padrão americano para avaliar a manipulação de preços predatória fosse usado internacionalmente (quando os Estados Unidos acusam uma empresa estrangeira de vender abaixo do custo), poucos, se é que algum, casos de dumping teriam sucesso nos tribunais. Se o padrão que os Estados Unidos usam contra os estrangeiros fosse usado internamente, a maioria das firmas americanas seria considerada culpada de dumping. Essa é uma exceção importante ao princípio que os Estados Unidos trombeteiam como tão importante: a não-discriminação. Os produtores estrangeiros são claramente tratados de forma diferente que os produtores nacionais.[56]

Deveria haver um único padrão para as práticas comerciais injustas que seria aplicado tanto nacional como internacionalmente. Deveria haver uma única lei sobre dumping e manipulação de preços predatória (como existe no acordo de comércio entre Austrália e Nova Zelândia). Deveria haver a presunção de que as empresas — seja em seu país ou no exterior — não desejam vender com perdas e ao acusador caberia provar que haveria uma perspectiva razoável de atingir poder de mercado suficiente para recuperar as perdas.

Parte do problema com as taxas antidumping, assim como com as salvaguardas, são os procedimentos pelos quais essas taxas são aplicadas. Vi isso várias vezes quando estava no governo Clinton. Fazíamos acusações de dumping (ainda que vender mercadorias a um preço baixo beneficiasse os consumidores americanos). Éramos promotor, juiz e júri, e as provas fariam um juiz de uma corte fajuta enrubescer. As evidências baseavam-se no que era freqüentemente apresentado pelo competidor americano, que queria expulsar seus rivais do mercado. (Em 2000, a emenda Byrd propiciou um incentivo a mais: qualquer taxa antidumping aplicada seria entregue à indústria afetada, ou seja, aos que faziam a acusação.)[57] Com base nessas informações, impunham-se altas taxas preliminarmente, fazendo com que o exportador perdesse vendas e saísse do negócio. Um ano ou dois depois, após uma investigação completa, eram anunciadas taxas revisadas e freqüentemente muito mais baixas — mas então o dano já havia sido causado.[58]

De novo, precisamos de um tribunal internacional para julgar se um país é culpado de dumping (ou de outra prática comercial iníqua). O sistema atual, em que cada país pode estabelecer seus próprios padrões e fazer seus próprios cálculos de custo, de modo a tornar mais provável a descoberta de dumping, deveria ser considerado inaceitável em um mundo no qual há um império da lei no comércio.

Barreiras técnicas

O comércio internacional é complexo, governado por regras complicadas e essas regras, muitas vezes, constituem uma importante barreira ao comércio, às vezes de forma deliberada.

As condições fito-sanitárias são restrições impostas para proteger a vida humana e animal dos riscos que advêm de, digamos, doenças ou aditivos em produtos agrícolas importados. A dificuldade está em determinar se se tratam de preocupações legítimas ou se são uma barreira disfarçada ao comércio. Os Estados Unidos alegam que o uso por outros países dessas restrições contra seus produtos — tais como alimentos geneticamente modificados — são barreiras comerciais, mas suas próprias restrições — tais como as invisíveis moscas-das-frutas que foram em certa época a justificativa para impedir a entrada dos abacates mexicanos nos Estados Unidos — são razoáveis. O Brasil alega que são injustificadas as restrições às exportações de carne fresca para os Estados Unidos por causa da febre aftosa: algumas áreas daquele imenso país foram certificadas como livres da doença, mas os Estados Unidos se recusam a permitir a entrada de qualquer remessa de carne brasileira. O governo chinês estimou que cerca de 90% de seus produtos agrícolas são afetados por barreiras técnicas, um prejuízo em torno de 9 bilhões de dólares em comércio perdido.

De todas as barreiras não-tarifárias, essa é a mais difícil de tratar. Os governos têm o direito — e a obrigação — de proteger seus cidadãos e não é fácil distinguir entre usos protecionistas e padrões legítimos. Alguns pediram a utilização de padrões "científicos", mas não está claro nem mesmo o que deveria ser um nível aceitável de tolerância ao risco. O risco "científico" dos alimentos geneticamente modificados pode ser baixo, mas um grande número de pessoas no mundo pensa que esse risco é desnecessário e inaceitável. No mínimo, os países devem ter o direito de exigir rotulagem. Os Estados Unidos argumentaram contra isso, temendo que a rotulagem desestimulasse a compra; isso é estranho, tendo em vista seu compromisso em outros contextos com os princípios da soberania do consumidor, que só faz sentido se ele souber o que está comprando.

Embora não exista resposta simples, um sistema de tribunais internacionais (como nos casos de dumping e salvaguardas) pelo menos levaria as deliberações para fora dos ambientes protecionistas em que elas são atualmente tomadas. Os juízes poderiam avaliar o peso das provas. Talvez se exija que a carne brasileira seja rotulada como carne brasileira, mas, se as provas científicas sugerem que não há risco significativo de febre aftosa em áreas certificadas como livres da doença, então a importação deveria ser permitida.

Regras de origem

Quando os países desenvolvidos dão preferência a países em desenvolvimento ou assinam acordos de livre-comércio, querem ter certeza de que os bens admitidos são realmente produzidos no país em questão. Não admitem que a única coisa feita no México em uma camisa com a etiqueta "Made in Mexico" seja a própria etiqueta. As regras que definem o que torna uma coisa mexicana ou marroquina (ou de qualquer outra nacionalidade) são chamadas "regras de origem". Mas, em nossa complicada economia global, todos são interdependentes. Nenhum país faz todos os componentes do que vende. Um fabricante de vestuário pode importar tecidos, corantes ou botões. As máquinas que usa também podem ser importadas, junto com o petróleo que faz a máquina funcionar. Se três países pequenos vizinhos trabalharem juntos — um produzindo a embalagem, outro o corte, o terceiro a costura —, nenhum deles pode satisfazer os testes de regra de origem. Um fabricante de vestuário talvez só possa exportar roupas se usar tecidos produzidos em seu próprio país; uma indústria têxtil talvez só possa exportar tecidos se usar algodão plantado em seu próprio país.

As regras de origem podem desfazer os benefícios das preferências ou do livre-comércio. Às vezes, o limite é estabelecido suficientemente alto apenas para negar os benefícios. Se o país exportador importa o tecido e 50% do valor da camisa vem do tecido importado, o país importador estabelece o limite da regra de origem em 55% (mesmo que sejam 50%, as camisas caras feitas com algodão de alta qualidade serão excluídas). Os Estados Unidos chegaram inclusive a utilizar as regras de origem para promover suas exportações: os países que fazem camisas usando algodão americano ganham preferências, ao contrário dos que usam algodão mais barato.

Às vezes, os problemas que surgem com as regras de origem são atribuídos a falhas técnicas, mas sua freqüência sugere que são usados deliberadamente como medida protecionista. Utilizam-se cálculos complicados e regras arbitrárias. Os exportadores são forçados por esses acordos a escolher insumos que satisfaçam os testes de origem, em vez de insumos de uma determinada qualidade a preços menores. Alguns produtores abrem mão do tratamento preferencial simplesmente porque o custo da documentação é maior do que o benefício.[59]

RESTRINGIR OS ACORDOS BILATERAIS DE COMÉRCIO

Depois do fracasso de Cancún, os Estados Unidos anunciaram que iriam investir em acordos bilaterais de comércio. Esses acordos prejudicam o movimento no sentido de um regime multilateral de livre-comércio. Como observamos, o princípio de que todas as nações seriam tratadas igualmente é um os preceitos mais básicos que orientaram a expansão do comércio mundial. Os acordos bilaterais americanos dizem claramente que os Estados Unidos tratarão melhor alguns países do que outros. Com freqüência, esses acordos nem expandem o comércio: eles simplesmente o desviam de países menos favorecidos para os mais favorecidos. Às vezes, são justificados pelos Estados Unidos como sendo precursores de acordos multilaterais mais amplos, mas, na verdade, esses arranjos preferenciais tornam mais difícil alcançar acordos mais amplos, uma vez que tais acordos eliminarão inevitavelmente os privilégios, e privilegiados resistirão.

Numa negociação bilateral, o desequilíbrio de poder entre os Estados Unidos e os países em desenvolvimento é ainda maior e os acordos assinados até agora refletem essa realidade. Os Estados Unidos conseguiram incluir em acordos bilaterais algumas cláusulas que ficaram fora da Rodada Doha das conversações, tais como o fortalecimento dos direitos de propriedade intelectual e a liberalização dos mercados de capitais. Às vezes, os países em desenvolvimento assinam esses acordos com a ilusão de que eles atrairão os investidores para seus territórios. Com o selo de aprovação de Washington e acesso livre de taxas aos Estados Unidos, haverá um boom. Às vezes, porém, os países em desenvolvimento assinam esses acordos levados em larga medida pelo medo: medo, por exemplo, de que se não o fizerem, perderão as preferências que têm há muito tempo, e que sem as preferências não conseguirão competir com a inundação de importações de países como a China.[60] Embora vários acordos tenham sido assinados, envolvem países pequenos, como o Chile (população de 16 milhões), Cingapura (4,3 milhões de habitantes), Marrocos (30,8 milhões), Omã (2,5 milhões) e Barein (750 mil habitantes), e envolvem apenas uma fração minúscula do comércio global. Sendo assim, a estratégia bilateral tem sido até agora, em ampla medida, um fracasso. Enquanto isso, os países em desenvolvimento estão reagindo na mesma moeda, com acordos já assinados ou em andamento no interior da América Latina e da Ásia. O sistema multilateral está em processo de desgaste.

Os acordos bilaterais de comércio deveriam ser fortemente desestimulados; no mínimo, um painel internacional independente deveria julgar se um acordo desse tipo leva a mais desvio do que criação de comércio. Se esse for o caso, o acordo não deveria ser permitido.

REFORMAS INSTITUCIONAIS

A governança — problemas no modo como as decisões são tomadas na arena internacional — está no âmago dos fracassos da globalização. Como as decisões são tomadas, o que é incluído na pauta, como os desacordos são resolvidos e como as regras são aplicadas são aspectos, no longo prazo, tão importantes quanto as próprias regras na determinação do resultado do regime de comércio internacional — e se ele é justo para o mundo em desenvolvimento. Isso vale tanto no campo do comércio como nos outros.

Os problemas de iniqüidade começam no princípio: no estabelecimento da pauta. Vimos como o foco do passado na manufatura voltou-se para os serviços de alta qualificação, fluxos de capital e direitos de propriedade intelectual. Uma pauta dedicada ao desenvolvimento seria muito diferente. Em primeiro lugar, permaneceria centrada naquelas áreas em que é necessário um acordo global para fazer o sistema de comércio internacional funcionar. Os países em desenvolvimento simplesmente não têm os recursos para negociar efetivamente sobre uma ampla gama de tópicos. E, em segundo lugar, enfocaria áreas de benefícios para os países em desenvolvimento: serviços intensivos em mão-de-obra não especializada e migração. Há alguns temas novos que deveriam ser incluídos: controle do suborno, vendas de armas, sigilo bancário e guerra fiscal para atrair negócios: práticas que prejudicam os países em desenvolvimento e que só podem ser controladas com a cooperação internacional.[61]

Os problemas de governança ganham destaque pela maneira como as negociações ocorrem. Há muito tempo que a questão da abertura nas discussões internacionais é fonte de preocupação. O presidente Woodrow Wilson colocou "pactos abertos [...] a que se *chega abertamente*" (grifo meu) no alto de sua pauta para reformar a arquitetura política internacional depois da Primeira Guerra Mundial, defendendo a seguir que "a diplomacia deve proceder sempre de modo franco e *à vista do público*" (grifo meu).[62] Mas isso nunca aconteceu — nem mesmo como objetivo declarado — nas negociações comerciais. Numa atitude típica, os Estados Unidos e a União Européia selecionavam juntos alguns países em desenvolvimento para negociar com eles — muitas vezes exercendo uma enorme pressão para que se afastassem dos outros países em desenvolvimento — no Salão Verde da sede da OMC (hoje, mesmo quando as negociações ocorrem em Cancún, Seattle ou Hong Kong, a sala em que os representantes se amontoam ainda é chamada de Salão Verde, com todas as suas conotações negativas). Fechar os ministros do comércio numa sala, separados dos especialistas de quem eles dependem, e negociar a noite inteira pode ser um bom teste de resistência, mas não uma maneira de criar um regime melhor de comércio global.

Pior ainda, é muito mais provável que os interesses especiais influenciem as negociações internacionais quando são realizadas sob o manto do sigilo.

A justificativa para essas negociações sigilosas e de alta pressão é a impossibilidade de se negociar com dezenas de países ao mesmo tempo. Isso certamente é verdade, mas há modos de tornar o processo de negociação mais justo e fazer com que as vozes dos países em desenvolvimento sejam ouvidas mais claramente.[63]

Junto com os problemas da iniqüidade da pauta e das negociações não-transparentes vem o da execução injusta. Como observamos, o mecanismo de execução é assimétrico. Antígua ganhou um caso importante contra os Estados Unidos relacionado com o jogo online, mas não tinha como impor efetivamente a decisão. Cobrar tarifas das importações americanas simplesmente aumentaria os preços para o povo de Antígua, piorando sua situação. Mas há uma solução simples, que iria na direção da criação de um mecanismo mais eficaz e justo de execução, permitindo que os países em desenvolvimento pudessem, pelo menos, vender seus direitos de execução.[64] A Europa, por exemplo, poderia ter alguma queixa contra os Estados Unidos em um caso pendente: em vez de esperar pelo resultado desse caso, poderia usar a ameaça da ação de execução no caso já decidido para induzir uma solução mais rápida.

Apresentei um ambicioso conjunto de reformas do regime de comércio internacional que poderia fazer uma enorme diferença para os países em desenvolvimento. Na Cúpula do Milênio realizada em Nova York, em setembro de 2000, a comunidade internacional comprometeu-se a reduzir a pobreza; em Monterrey, México, em março de 2002, os países industriais avançados se comprometeram a oferecer 0,7% de seu PIB para atingir essa meta. Se o mundo está genuinamente interessado em fazer alguma coisa a respeito da pobreza global e disposto a dar tanto dinheiro para ajudar os pobres, deveria também estar disposto a melhorar as oportunidades, em especial as de comércio. O mundo precisa de uma verdadeira rodada do desenvolvimento, não da repetição de velhas promessas que o Ocidente tentou vender como pauta do desenvolvimento e depois nem cumpriu o prometido.

Qualquer acordo de comércio envolve custos e benefícios. Os países impõem restrições a eles mesmos na crença de que restrições recíprocas aceitas pelos outros abrirão novas oportunidades, cujos benefícios superarão os custos. Infelizmente, para a maioria dos países em desenvolvimento, não tem sido esse o caso. A não ser que haja uma enorme mudança na direção em que as negociações marcharam nos últimos anos, mais e mais países em desenvolvimento decidirão provavelmente que nenhum acordo é melhor do que um acordo ruim.

Mas quais são as perspectivas de um regime de comércio mais justo? A liberalização não cumpriu suas promessas. Mas a lógica básica do comércio — seu potencial para melhorar a vida da maioria, senão de todos — ainda permanece. O comércio não é um jogo de soma zero em que aqueles que vencem o fazem à custa dos outros; ele é, ou pelo menos pode ser, um jogo de soma positiva, em que todos podem ser vencedores. Se quisermos que esse potencial se realize, devemos primeiro rejeitar duas das velhas premissas da liberalização do comércio: que a liberalização leva automaticamente a mais comércio e crescimento, e que o crescimento irá automaticamente "gotejar" em benefício de todos. Nenhuma das duas premissas é consistente com a teoria econômica e com a experiência histórica.

Para haver apoio à globalização do comércio no mundo desenvolvido, devemos garantir que os benefícios e custos sejam compartilhados de maneira mais eqüitativa, o que envolve uma tributação mais progressiva da renda. Temos de dar particular atenção àqueles cuja sobrevivência está ameaçada e isso exigirá uma melhor assistência ao ajuste, redes de segurança mais fortes e melhor gestão macroeconômica, de tal modo que quando perderem seus empregos, os indivíduos possam encontrar colocações melhores. Temos de implementar políticas que levem ao aumento dos salários, especialmente os mais baixos, que nos Estados Unidos estão estagnados há anos. A globalização não será aceita pelos trabalhadores dizendo-se a eles que poderão ter um emprego, desde que aceitem salários mais baixos. Os salários podem aumentar somente se a produtividade crescer, e isso exige mais investimentos em tecnologia e educação. Infelizmente, em alguns dos países industriais avançados — de forma mais notável nos Estados Unidos —, isso é o oposto que vem acontecendo: os impostos se tornaram mais regressivos, as redes de segurança se enfraqueceram e os investimentos em ciência e tecnologia (fora das forças armadas) declinaram como porcentagem do PIB, assim como o número de formados em ciência e tecnologia. Essas políticas significam que até os Estados Unidos e os outros países industriais avançados que seguem seu exemplo — os grandes vencedores em potencial da globalização — ganharão menos do que poderiam de outra forma; e essas políticas significam que mais habitantes desses países perderão com a globalização.

Com essas reformas, melhorarão as perspectivas de uma globalização que beneficie a maioria e, com isso, aumentará também o apoio a uma globalização mais justa. Com a globalização, aprendemos que não podemos nos isolar completamente do que acontece no resto do mundo. Os países industriais avançados se beneficiam há muito tempo das matérias-primas que obtêm do mundo em desenvolvimento. Mais recentemente, seus consumidores se beneficiaram imensamente de bens manufaturados baratos de qualidade cada vez melhor. Mas também foram afetados pela imigração ilegal, pelo terrorismo e até por doenças que atravessam facilmente as fronteiras. Para muitos, ajudar os habitantes do mundo em desenvolvimento, aqueles que são mais pobres, é uma questão moral. Mas, cada vez mais, os habitantes dos países industriais avançados reconhecem que essa ajuda é também uma questão de seu próprio interesse. Com a estagnação, as ameaças de desordem dos desiludidos diante do desespero aumentarão; sem crescimento, a inundação de imigrantes será difícil de conter; com prosperidade, os países em desenvolvimento oferecerão um mercado robusto para os bens e serviços dos países industriais avançados.

Mantenho a esperança de que o mundo, mais cedo ou mais tarde — esperemos que mais cedo —, se voltará para a tarefa de criar um regime de comércio mundial mais justo e a favor do desenvolvimento. As demandas nesse sentido vindas do mundo em desenvolvimento só crescerão com o tempo. A consciência e o interesse próprio do mundo desenvolvido acabarão por reagir. Quando esse tempo chegar, o programa proposto neste capítulo oferecerá uma pauta rica para o que deverá ser feito.

4. Patentes, lucros e gente

No final de janeiro de 2004, em Rabat, capital do Marrocos, e em Paris, manifestantes organizados pelo grupo ativista da aids ACT UP foram às ruas para protestar contra a proposta de um novo acordo de comércio entre os Estados Unidos e Marrocos que eles temiam que proibiria empresas marroquinas de fabricar medicamentos contra a aids. Manifestações de rua ainda são um evento incomum na jovem democracia do Marrocos, e o simples fato de que havia manifestantes diz muito sobre os sentimentos fortes dos marroquinos em relação à questão. Poucas semanas depois, quando cheguei a Rabat, as pessoas ainda falavam sobre as prisões resultantes da manifestação. Alguns meses depois, em julho, irromperam novos protestos, dessa vez na 15ª Conferência Internacional sobre Aids, na Tailândia. Os militantes invadiram um centro de exposições, forçando as maiores indústrias farmacêuticas — Bristol-Myers Squibb, Pfizer, Abbott Laboratories e o Grupo Roche — a fechar seus estandes.

Do ponto de vista econômico, o Marrocos não era o candidato mais óbvio a um acordo de livre-comércio com os Estados

Unidos. Seu principal produto de exportação, fosfato (ingrediente fundamental nos fertilizantes), que responde por quase um quinto de suas exportações, nem está sujeito a tarifas. Mas o Marrocos esperava que o acordo impulsionasse suas exportações de sapatos para os Estados Unidos, que, por sua vez, esperavam que laços econômicos mais estreitos fomentassem a amizade.[1] Robert Zoellick, principal negociador americano, alardeou orgulhosamente a respeito desse acordo: "Esse acordo de livre-comércio [...] assinala nosso compromisso com o aprofundamento da relação dos Estados Unidos com o Oriente Médio e o norte da África".[2] Isso era especialmente importante no Oriente Médio, onde, em outros aspectos, a política externa americana era controvertida, para dizer o mínimo. Ao cooperar com governos árabes moderados, o país esperava promover a boa vontade na região.

Porém, logo ficou claro que fazer o Escritório de Representação Comercial dos EUA forjar uma amizade internacional tinha seus problemas, refletidos nos protestos que se seguiram. Os marroquinos envolvidos nas negociações me contaram que não se discutiu muito. Os negociadores americanos estavam interessados principalmente em impor seus desígnios — e queriam que o novo acordo protegesse suas indústrias farmacêuticas. Chegou ao ponto de uma questão de vida versus lucros. O governo dos Estados Unidos, refletindo o interesse de seus laboratórios, insistiu que o acordo incluísse cláusulas que protelariam a introdução de medicamentos genéricos, e obteve o que queria.

No Marrocos, tal como nos Estados Unidos e no resto do mundo, os genéricos custam uma fração do que custam os medicamentos de marca. Os laboratórios americanos sabem que, assim que os genéricos entrarem no mercado, seus lucros despencarão. Então conceberam várias estratégias espertas para protelar essa entrada, entre elas restringir o uso de dados que provam a segurança e a eficácia do remédio e evitar que os fabricantes de genéricos nem sequer comecem a produzir os medicamentos, até que as patentes expirem.[3] Os manifestantes temiam, em especial, os atrasos na introdução de medicamentos genéricos para a aids, que impossibilitariam a maioria dos pacientes de comprar remédios que poderiam salvar suas vidas. Algumas ONGS argumentavam que as restrições aos genéricos no acordo poderiam aumentar a duração efetiva da proteção das patentes dos atuais vinte anos para quase trinta anos e tornariam esses medicamentos ainda menos acessíveis no Marrocos do que os são nos Estados Unidos.[4] Não está claro se isso vai acontecer, ou exatamente quantas pessoas poderiam morrer em conseqüência disso.[5] Mas, tendo em vista a pressão do governo americano, podemos acreditar que essas medidas estenderão a vida das patentes de forma significativa, aumentando os lucros e diminuindo o acesso a remédios que salvam vidas.

Não se tratava do primeiro acordo de comércio controvertido a ser firmado no Marrocos. Foi em Marrakesh que os acordos da Rodada Uruguai foram finalmente assinados pelos ministros de comércio, em 15 de abril de 1994. Entre eles, estava um acordo sobre Direitos de Propriedade Intelectual Relacionados ao Comércio (TRIPS) buscado havia muito tempo pelos Estados Unidos e outros países industriais avançados, a fim de forçar os outros países a reconhecer suas patentes e direitos autorais.[6] As patentes dão aos inventores direitos de monopólio sobre suas inovações. Os preços mais altos supostamente estimulam a inovação — se realmente fazem isso é uma questão de que trataremos mais adiante neste capítulo. Mas o TRIPS foi *projetado* para assegurar o preço mais alto dos medicamentos. Infelizmente, esses preços tornaram os remédios inacessíveis para todos, exceto os indivíduos mais ricos. Ao firmarem o TRIPS, os ministros de comércio estavam tão contentes por terem finalmente alcançado um acordo que não notaram que estavam assinando uma sentença de morte para milhares de pessoas dos países mais pobres do mundo.

Para os críticos da globalização, a luta pela propriedade intelectual é uma batalha em torno de valores. O TRIPS reflete o triunfo dos interesses de grandes empresas nos Estados Unidos e na Europa sobre os interesses mais amplos de bilhões de pessoas do mundo em desenvolvimento. É outro exemplo em que se deu mais peso aos lucros do que a outros valores básicos como o meio ambiente ou a própria vida. Ele tornou-se também um símbolo da duplicidade de padrões, da diferença de atitudes em relação a esses valores internamente e no exterior. Dentro de seu país, os cidadãos exigem com freqüência que seus representantes eleitos olhem para além dos lucros e vejam os efeitos sobre outros aspectos da sociedade e sobre o meio ambiente. Até mesmo o governo Clinton, que se engajou numa grande batalha para aumentar o acesso dos americanos aos serviços de saúde, ao apoiar o TRIPS estava reduzindo o acesso a medicamentos das pessoas pobres do resto do mundo.

Creio que os críticos do TRIPS estão com a razão.[7] Mas a crítica do regime de propriedade intelectual precisa ir mais adiante: ele talvez não seja do interesse nem dos países industriais avançados. No primeiro capítulo, mostrei que uma das objeções à globalização, *tal como estava sendo administrada*, era que ela impingia ao mundo, inclusive aos países em desenvolvimento, uma versão particular da economia de mercado, versão essa que talvez não fosse a mais adequada às suas necessidades, valores e circunstâncias. O TRIPS representa um exemplo por excelência: baseia-se na concepção de que direitos de propriedade intelectual mais fortes levam a um melhor desempenho econômico. Interesses empresariais particulares americanos e europeus, valendo-se disso como argumento, tentaram usar os acordos de comércio para forçar os países em desenvolvimento a adotar leis de propriedade intelectual que são do gosto dessas grandes empresas.

A inovação é importante: ela transformou a vida de todos. E as leis de propriedade intelectual podem e devem desempenhar um papel no estímulo à inovação. Porém, em geral não é correta a alegação de que direitos de propriedade intelectual mais fortes sempre impulsionam o desempenho econômico. Trata-se de mais um exemplo de como os interesses especiais — daqueles que se beneficiam com isso — utilizam uma ideologia simplista para defender suas causas. Este capítulo explica como regimes de propriedade intelectual mal projetados não somente reduzem o acesso a medicamentos como também levam a uma economia menos eficiente e podem até diminuir o ritmo da inovação. Os efeitos debilitadores são particularmente agudos nos países em desenvolvimento.

Sempre haverá a necessidade de contrabalançar o desejo dos inventores de proteger suas descobertas — e os incentivos que essa proteção proporciona — e as necessidades do público que se beneficia do acesso mais amplo ao conhecimento, com uma resultante aceleração do ritmo de descoberta e os preços mais baixos que vêm da competição. Neste capítulo, explico como poderia funcionar um regime equilibrado de propriedade intelectual que não atentasse apenas aos interesses empresariais, mas também aos cientistas acadêmicos e aos consumidores. Os laboratórios afirmam que sem uma forte proteção da propriedade intelectual não teriam incentivos para a pesquisa. E, sem pesquisa, os medicamentos que os laboratórios do mundo em desenvolvimento gostariam de copiar não existiriam. Mas os grandes laboratórios, ao argumentar dessa forma, estão erguendo um espantalho. De um modo geral, os críticos do regime de propriedade intelectual não sugerem a abolição da propriedade intelectual, mas dizem simplesmente que é preciso um regime de proteção mais equilibrado.

É importante estimular a inovação, que inclui medicamentos que salvam vidas criados para combater as doenças que afligem os países em desenvolvimento. Descreverei alternativas que fariam isso de modo mais eficaz do que o sistema atual, e a um custo menor. Acredito que as reformas que sugiro farão a globalização funcionar melhor, não somente para os países em desenvolvimento, mas também para o mundo desenvolvido.

PROPRIEDADE INTELECTUAL: SEUS PONTOS FORTES E SEUS LIMITES

Os direitos de propriedade intelectual dão ao dono dessa propriedade o direito exclusivo de usá-la. Eles criam um monopólio. O dono da propriedade pode evidentemente permitir que outros a utilizem, em geral com o pagamento de uma remuneração. A proteção da propriedade intelectual garante que inventores, escritores e outros indivíduos que investem seu dinheiro e tempo em atividades criativas recebam um retorno por seu investimento. Os detalhes das leis que cobrem diversos tipos de propriedade intelectual são diferentes. As patentes, por exemplo, dão ao inventor o direito exclusivo de comercializar sua invenção por um período de tempo limitado, atualmente de vinte anos. Ninguém mais pode vender o produto sem permissão do detentor da patente, mesmo que uma segunda pessoa faça a mesma descoberta sozinha. Para obter uma patente, o requerente deve oferecer ampla exposição dos detalhes de sua invenção. Os direitos autorais dão ao autor de um livro ou compositor de uma canção o direito exclusivo de vender o livro ou a canção por um período muito mais longo — nos Estados Unidos, a duração da vida do autor e mais setenta anos.

Mas os direitos de propriedade intelectual são fundamentalmente diferentes de outros tipos de direitos de propriedade.

Quem é dono de um terreno pode fazer dele o que quiser, desde que permaneça dentro da lei: obedecer a leis de zoneamento, não abrir um bordel, ou — o que é mais importante para nosso propósito — não conspirar com outros que possuem propriedades semelhantes para criar um monopólio que, se deixado sem controle, pode diminuir a eficiência econômica e ameaçar o bem-estar público. Os direitos de propriedade oferecem incentivos para que o dono cuide da propriedade e faça o melhor dela, mas os direitos não são absolutos: usos que impedem a eficiência econômica (como a monopolização) ou prejudicam o bem-estar de outras pessoas (como usar a propriedade para um depósito de lixo tóxico no meio de uma cidade) são restringidos.[8]

Ao contrário, os direitos de propriedade intelectual criam, na verdade, um monopólio.[9] O poder monopolista gera rendas monopolistas (lucros em excesso) e são esses lucros que supostamente oferecem o incentivo para se empenhar em pesquisa. As ineficiências associadas ao poder monopolista no uso do conhecimento são particularmente sérias, porque o conhecimento é o que os economistas chamam de "bem público": todos podem potencialmente se beneficiar dele, não há custo de utilização.[10] Thomas Jefferson, o terceiro presidente dos Estados Unidos, disse isso de forma muito mais poética quando descreveu o conhecimento como uma vela — ao acender outra vela, a luz da vela original não diminui. Eficiência econômica significa que o conhecimento deveria ser posto à disposição livremente, mas o regime de propriedade intelectual *destina-se* a restringir a utilização. A esperança é que as ineficiências do poder monopolista sejam contrabalançadas pelo aumento da inovação, de tal modo que a economia cresça com mais rapidez.

Há outra diferença entre a propriedade intelectual e a propriedade usual. No caso desta última, digamos, um terreno, em geral não há dificuldade para definir o que o indivíduo possui.

Uma escritura especifica isso com precisão. Ela também pode especificar certas cláusulas (restrições de uso) ou servidões de passagem, detalhando os direitos de outros usarem a terra. Definir as fronteiras da propriedade intelectual é muito mais difícil. Com efeito, até mesmo determinar o que pode ser patenteado é difícil. Um critério é a novidade: a invenção tem de ser "nova". Não se pode patentear uma idéia que todo mundo conhece, mas ninguém se preocupou em patentear. Isso pode proporcionar recompensas para advogados de patentes, mas não estimula a inovação.[11] O que é original? Quase todas as idéias se baseiam em idéias anteriores. Uma pequena variação numa idéia bem conhecida merece uma patente, ou mesmo uma variação grande, se essa variação era óbvia? Na virada do século anterior, George Baldwin Selden pediu — e ganhou — uma patente de um veículo automotor de quatro rodas.[12] Era, talvez, uma idéia óbvia — com certeza, se olharmos para o resto do mundo, muitos indivíduos parecem ter tido a mesma idéia ao mesmo tempo. Na Alemanha, atribui-se a Gottlieb Daimler o mérito da invenção. Selden deveria ganhar a patente? E se ganhasse, ela deveria abarcar *qualquer* veículo automotor, ou apenas seu projeto em particular?

Não há uma resposta óbvia a essas questões, mas qualquer país precisa, em suas leis de propriedade intelectual, oferecer respostas, e elas têm conseqüências imensas. Quanto maior o alcance da propriedade intelectual (quanto maior o número de coisas que podem ser patenteadas e quanto mais amplas as patentes), maiores os ganhos daqueles que obtêm as patentes — e maior o espaço para o monopólio, com todos os seus custos decorrentes. Se as patentes são as mais amplas possíveis — justamente o que os requerentes querem —, há um risco real de privatizar o que se encontra dentro do domínio público, uma vez que uma parte (possivelmente grande) do conhecimento coberto pela patente não é, de fato, "nova". Pelo menos parte do que está sendo patenteado e, portanto, privatizado, é conhecimento que existia previamente — parte de um conhecimento comum ou, pelo menos, o conhecimento comum dos especialistas da área. Contudo, uma vez concedida a patente, o dono pode cobrar dos outros pelo uso desse conhecimento.[13]

Alguns críticos compararam o recente fortalecimento dos direitos de propriedade intelectual ao movimento de *enclosure* (cercamento) do final da Idade Média na Inglaterra e na Escócia, quando terras comuns (públicas) foram privatizadas e apropriadas pelos senhores locais. Há uma diferença importante disso para o que está acontecendo hoje: embora as pessoas expulsas das terras tenham sofrido muito, houve uma melhoria na eficiência, pois a nobreza usava a terra com mais cuidado e não pastoreava em excesso, como os camponeses. Os economistas descreveriam esse episódio como um *trade-off* clássico entre eqüidade e eficiência. Mas, com o cercamento da propriedade comum intelectual, há uma perda de eficiência.[14]

Com efeito, a monopolização pode ter como resultado não apenas uma ineficiência estática, mas também uma redução da inovação. Uma patente que cobrisse todos os veículos automotores de quatro rodas — o que daria a Selden o monopólio do automóvel — teria deixado pouco espaço para a inovação de Henry Ford de um carro mais acessível. Os monopólios isolados da competição não estão sujeitos às pressões intensas que impulsionam as inovações. Pior ainda, eles podem usar seu poder para esmagar os rivais, reduzindo os incentivos dos outros para pesquisar. A gigante americana do software Microsoft usou o poder monopolista que sua propriedade intelectual criou para atropelar empresas inovadoras como a Netscape e a RealNetworks.[15] Alguns inovadores são suficientemente corajosos, ou insensatos, para pensar que, se tiverem a felicidade de descobrir uma grande inovação, poderão desafiar a Microsoft, outros se satisfazem simplesmente com a perspectiva de serem comprados, mas muitos outros, vendo os perigos óbvios, sentem-se desestimulados a buscar inovações suficientemente valiosas para atrair a atenção da Microsoft. Mesmo quando os tribunais condenam as práticas anticompetitivas, é difícil recriar um mercado competitivo, em especial quando se mantêm patentes poderosas. Nesses casos, a propriedade intelectual resulta em uma situação em que todos perdem: a economia perde no curto prazo, na medida em que os altos preços do monopólio diminuem o bem-estar, e no longo prazo, na medida em que a inovação também diminui.

Os estudiosos dos direitos de propriedade intelectual entendem os riscos e custos da monopolização porque estão familiarizados com o que aconteceu na história. Por exemplo, observei antes que no começo do século passado, George Baldwin Selden obteve uma patente sobre todos os veículos automotores de quatro rodas e, em 1903, um grupo de fabricantes de automóveis formou um cartel em torno dessa patente, se autodenominando Associação dos Fabricantes Licenciados de Automóveis (ALAM). Como dona da patente, a ALAM podia controlar as licenças para produzir carros e somente aqueles que estavam dispostos a participar do conluio para manter os preços altos obtinham permissão para fazê-lo. Não fosse por Henry Ford, eles provavelmente teriam conseguido controlar a produção automotiva e o desenvolvimento da moderna indústria automobilística teria sido bem diferente. A concepção de Ford de um "carro do povo" — um veículo acessível às massas, vendido por um preço muito menor do que os então praticados — ia no sentido oposto à intenção da ALAM de usar o cartel para manter os preços altos. Felizmente, Ford tinha meios econômicos para desafiar com sucesso a patente de Selden.[16]

De um modo mais geral, uma vez que impedem a disseminação e o uso do conhecimento, as patentes retardam o ritmo da continuação das pesquisas, das inovações baseadas em outras inovações. E, já que todas as inovações se baseiam em inovações anteriores, o progresso tecnológico como um todo também é retardado.

Quando há múltiplas patentes cobrindo várias idéias que entram numa inovação, o sistema de patentes pode se tornar um impedimento ainda maior à inovação. Isso é chamado às vezes de "matagal das patentes". Nos primeiros anos do século XX, o progresso no desenvolvimento do avião foi impedido pelas dificuldades de separar as patentes dos irmãos Wright das de Glenn H. Curtiss. Sem a concordância de ambos, qualquer desenvolvimento se arriscava a alguma violação de patente. Com o início da Primeira Guerra Mundial, o custo da protelação tornou-se intolerável: os aeroplanos teriam uma influência decisiva no resultado da guerra. O governo forçou uma solução, formando um "pool de patentes". Quem usasse as idéias pagaria ao pool e os administradores do pool dividiriam as receitas entre os detentores das patentes relevantes, de acordo com seu julgamento da importância relativa das diversas idéias no produto final.[17]

Por fim, o sistema de patentes pode reduzir a inovação produtiva desviando grande parte dos gastos da uma empresa para aumentar o poder monopolista ou driblar as patentes dos outros. A Microsoft oferece incentivos para desenvolver maneiras de reduzir a interconectividade — a capacidade dos outros de usar seu sistema operacional para criar aplicativos que possam competir com, por exemplo, seu Office, seu navegador ou seu Media Player. Os laboratórios gastam enormes quantias para lançar no mercado medicamentos que são similares aos existentes mas não estão cobertos por patentes; ainda que esses medicamentos não sejam melhores do que os já existentes, os lucros podem ser enormes.[18] Isso talvez explique a aparente ineficiência dos grandes laboratórios que, apesar dos imensos gastos totais, criaram relativamente poucos medicamentos que signifiquem mais do que uma melhoria mínima em relação aos remédios anteriores.[19]

Enquanto argumentamos que direitos de propriedade intelectual excessivos podem diminuir o ritmo das inovações, seus defensores sugerem, ao contrário, que eles promovem a pesquisa. Quando reconhecem os perigos de menos pesquisa (como no caso da Microsoft), respondem concedendo que, nos casos de abuso, esses direitos deveriam ser restringidos, como o governo americano fez com a AT&T, o outrora monopólio telefônico dos Estados Unidos, quando a forçou a licenciar todas as suas patentes. Mas, com freqüência, eles vão além, argumentando que sem proteção da propriedade intelectual não haveria nenhuma pesquisa. Nessa alegação, eles estão claramente errados: países sem direitos de propriedade intelectual — a Suíça não teve nenhum até 1907, a Holanda até 1912 — foram altamente inovadores.[20] A propriedade intelectual é uma parte — apenas uma — do "sistema de inovação" de um país.

Hoje, o mundo da inovação é muito diferente do que era há um século. Acabaram-se os dias do inventor solitário trabalhando por conta própria, embora ainda existam histórias apócrifas como a de Hewlett e Packard trabalhando em sua garagem. Para simplificar, podemos dizer que é nos centros de pesquisa das universidades e em laboratórios de pesquisa financiados pelo governo que surgem idéias básicas, tanto grandes avanços, como a compreensão da estrutura genética da vida ou o raio laser, como progressos menores, como os feitos em matemática, na física da superfície ou na química básica. Às vezes, eles se traduzem em produtos e inovações específicas de pesquisadores universitários; porém, é mais comum que as empresas façam esse trabalho. Tradicionalmente, a propriedade intelectual desempenhou um papel pequeno na promoção da ciência básica. A universidade acredita na "arquitetura aberta", ou seja, que o conhecimento que a pesquisa produz deve ser público para estimular a inovação. Os grandes cientistas são impulsionados por uma busca interior de compreender a natureza do universo; a recompensa extrínseca mais importante para eles é o reconhecimento de seus pares.

Um dos motivos de a pesquisa básica ter mais avanços por *não* recorrer à propriedade intelectual é que, embora tal recurso pudesse apresentar benefícios questionáveis, os custos são claros.[21] As universidades prosperam com o livre fluxo das informações, cada pesquisador aproveita rapidamente o trabalho dos outros, antes mesmo de ser publicado. Se o pesquisador corresse ao escritório de registro de patentes cada vez que tivesse uma idéia, ele gastaria mais tempo lá — ou com seus advogados — do que em seu laboratório. É interessante observar que mesmo na área de software, esse sistema de colaboração aberta funcionou. Hoje, temos o sistema operacional Linux, que também se baseia no princípio da arquitetura aberta. Todos que participam devem aceitar que se trata de uma fonte aberta, um programa dinâmico constantemente aperfeiçoado por milhares de usuários. Como alternativa gratuita e viável ao sistema operacional da Microsoft, ele está se expandindo rapidamente, em especial nos países em desenvolvimento. Um desdobramento do Linux, o navegador Mozilla Firefox, vem crescendo com maior rapidez ainda. Ele não somente é livre como parece estar menos sujeito aos problemas de segurança que infestam o navegador da Microsoft.[22] A preocupação é que o Linux venha a violar um dos milhares de patentes que foram concedidas e o detentor dela tente cobrar uma indenização pelo uso do sistema todo. Mesmo que a patente acabe por ser considerada inválida, os custos econômicos podem ser enormes, como a Research In Motion (empresa que faz o BlackBerry) descobriu quando foi forçada a pagar mais de 600 milhões de dólares, não ao inventor, mas a uma companhia que havia obtido a patente sobre o dispositivo — uma patente que já havia sido desqualificada na Alemanha e no Reino Unido.

Para criar um regime de propriedade intelectual equilibrado

Projetar um regime de propriedade intelectual envolve responder a questões difíceis sobre o que pode ser patenteado, quanto tempo a patente deve durar e quão ampla ela deve ser.[23] As respostas afetam tanto o grau de competição na economia como o nível de inovação. A vida mais longa dos direitos autorais faz sentido por duas razões. O monopólio é somente sobre um determinado romance, por exemplo, e os leitores podem escolher entre uma grande quantidade de romances. O direito autoral cobre apenas a forma particular de expressão: outro autor pode exprimir a mesma idéia de uma maneira levemente diferente sem infringir as leis concernentes. O sumário de um livro não está protegido pelo direito autoral, mesmo que a organização dos assuntos em um livro didático possa representar sua contribuição intelectual mais importante. Normalmente, os direitos autorais — que se aplicam a livros, obras de arte, músicas e filmes — não dão origem a um poder monopolista significativo. Portanto, os direitos de propriedade intelectual fortes nessa esfera são apropriados: eles propiciam incentivos sem custos adversos de monopolização significativos.

Observamos que muitas das idéias mais importantes da ciência básica e da matemática — teoremas matemáticos, por exemplo — não podem ser patenteadas, e creio que com razão: o custo em termos de desestímulo às inovações decorrentes seria enorme e o benefício, pequeno.

Em anos recentes, houve tentativas de expandir o alcance da propriedade intelectual, permitindo que mais coisas sejam patenteadas e que as patentes sejam mais amplas. É nesse ponto que as controvérsias campeiam. Na Índia, há muita irritação com o recente patenteamento de algumas posições da ioga. Seria o uso da tecla Q para denotar sair de um programa uma inovação intelectual suficiente para justificar um copyright ou uma patente? A Amazon.com poderia patentear a idéia de que você pode fazer uma encomenda com um único clique? A meu ver, não estamos diante de inovações intelectuais importantes que mereçam uma patente e elas acarretam um custo alto: inibir o desenvolvimento de padrões que aumentam a eficiência e a competição.

Em outro exemplo, consideremos a controvérsia sobre o patenteamento de um gene: as instruções dentro de cada ser vivo que lhe dizem quais proteínas deve produzir, as quais, por exemplo, determinam o crescimento e afetam a suscetibilidade às doenças. O conhecimento do código genético pode ajudar muito na descoberta de curas e vacinas. Foi essa uma das razões da importância atribuída à decodificação de toda a estrutura genética, completada em 2003 pelo Projeto Genoma Humano, um projeto internacional com financiamento público. Enquanto a decodificação sistemática estava em andamento, houve uma corrida de várias empresas privadas do setor, entre elas a Human Genome Sciences (HGS) e a Celera Genomics (dirigida por Craig Venter, que havia trabalhado anteriormente no projeto nos Institutos Nacionais de Saúde). Na corrida em busca de patentes, foram protocoladas reivindicações sobre cerca de 127 mil genes humanos ou seqüências parciais de genes, fazendo com que os escritórios de patentes do mundo se vissem diante de uma tarefa impossível e enormes pilhas de trabalho atrasado. A HGS entrou com cerca de 7500 pedidos, a Celera, com 6500, e uma única firma francesa, a Genset, com 36 mil.[24] O Escritório de Patentes e Marcas dos Estados Unidos acabou decidindo que concederia patentes para genes, mas apenas para seqüências inteiras e somente se a utilidade do gene fosse demonstrada.

Muita gente acha repugnante a idéia de patentear genes. Afinal, os pesquisadores não inventaram o gene, apenas identificaram o que já estava lá. Além disso, uma vez que o publicamente financiado Projeto Genoma conseguiu decodificar todo o genoma humano, havia realmente pouco valor agregado por uma corrida para decodificar uma parte ou mesmo todo o genoma um pouco mais rápido. A obstrução ao conhecimento resultante da concessão de uma patente poderia impedir a continuação das pesquisas, ou mesmo suas aplicações. Parece que alguns desses temores se tornaram realidade: por exemplo, a Myriad Genetics, que patenteou duas mutações de genes humanos que influenciam na suscetibilidade ao câncer de mama, exigiu que até mesmo laboratórios sem fins lucrativos que rastreiam as mutações pagassem pelo uso da patente, o que desestimulou o rastreamento.[25] A patente da Myriad Genetics e sua disposição de fazer valer sua reivindicação de patente podem ter desestimulado a busca por melhores tecnologias de rastreamento, uma vez que qualquer pesquisador que descobrisse um método novo não saberia quanto a Myriad exigiria em pagamento.[26]

As respostas às questões do que deveria ser patenteado e da amplitude e duração da patente não são óbvias e não há motivo para que as respostas que são corretas para um país, para um setor ou para um período o sejam para outro. Mais recentemente, a indústria de software começou a repensar sua defesa anterior da propriedade intelectual. Ela viu como os desenvolvimentos de uma parte correm o risco de infringir a patente de outra parte. O criador de qualquer programa pode inadvertidamente invadir as idéias de outra pessoa — não porque seja um ladrão de idéias, mas porque as redescobriu. Com mais de 120 mil pedidos de patentes a cada ano, é praticamente impossível para qualquer pesquisador conhecer todas as idéias que foram patenteadas ou das quais há uma patente pendente.[27] As ambigüidades inerentes —

por exemplo, na amplitude da patente (ou seja, para usar nosso primeiro exemplo, se a patente de Selden incluía todos os carros) — tornam uma tarefa difícil impossível. Por isso, até Tim Berners-Lee, a pessoa normalmente mais creditada pelo invento da World Wide Web, concluiu que, pelo menos em seu campo, as patentes refreiam a inovação. Elas representam, segundo ele,

> uma grande pedra no caminho do desenvolvimento da Web. Os criadores de programas estão desistindo de seus esforços numa determinada direção quando ouvem rumores de que alguma companhia pode ter uma patente que possa envolver aquela tecnologia.[28]

Nos últimos cem anos, as leis mudaram muito e diferem entre países. As mudanças e diferenças refletem mudanças e diferenças na economia, inclusive mudanças e diferenças nos *trade-offs* entre monopolização e inovação. Um regime de propriedade intelectual bem projetado contrabalança os custos do monopólio e os benefícios da inovação, por exemplo, limitando o período de vigência da patente, exigindo a revelação de detalhes de tal forma que outros possam se basear neles e limitando a capacidade de usar patentes para um poder monopolista "abusivo".[29] Já vimos o que o governo americano fez no caso da AT&T. Assim como o modo como esses *trade-offs* são equilibrados se altera ao longo do tempo, eles diferem entre países em desenvolvimento e desenvolvidos. Quando os sistemas de patentes respondem de forma errada às questões do que pode ser patenteado e quão amplas as patentes podem ser, reduz-se a competição e inibe-se a inovação. Se a patente é demasiadamente ampla, haverá menos incentivos para pesquisas com base nas inovações existentes.

As alterações dos regimes de propriedade intelectual em anos recentes refletem não somente as mudanças na economia, mas também na influência política dos interesses empresariais. As grandes corporações gostam de monopólio — é muito mais fácil sustentar os lucros tendo um monopólio poderoso do que aumentando continuamente a eficiência; assim, para elas, a monopolização é benefício puro, não um custo social. Embora se pudesse esperar que as legislaturas e os tribunais fossem ponderar com cuidado os custos e benefícios de cada cláusula, na prática as leis da propriedade intelectual evoluíram de uma forma muito mais aleatória. Mas há uma tendência importante: os interesses empresariais que cuidam intensamente da propriedade intelectual são cada vez mais vitoriosos em suas demandas. Muita gente dentro dos Estados Unidos — inclusive eu — acredita que isso foi longe demais.[30]

TRIPS

Um bom exemplo disso é a influência desses interesses empresariais na adoção do acordo TRIPS no interior da OMC. Quando esse acordo estava sendo negociado em Genebra, em 1993, o Conselho de Assessores Econômicos e o Escritório de Política Científica e Tecnológica da Casa Branca tentaram fazer os negociadores americanos entender nossas profundas reservas. Pensávamos que aquilo que os Estados Unidos estavam pedindo não ia ao encontro de seus interesses, nem dos interesses do progresso da ciência, e certamente não era do interesse dos países em desenvolvimento. Mas os negociadores americanos e europeus adotaram as posições dos laboratórios farmacêuticos e da indústria do entretenimento, além de outras que simplesmente queriam direitos de propriedade intelectual mais fortes. (Um estudo do Centro para a Integridade Pública, um grupo de fiscalização do governo, mostrou que a indústria farmacêutica exercia a influência mais importante no Escritório de Representação Comercial dos Estados Unidos.)[31] Eles insistiram, por exemplo, em patentes de maior duração, sem medir os custos e os benefícios de um período mais longo de monopolização.[32]

Não surpreende que, tendo em vista o poder de barganha respectivo dos que estavam à mesa, o acordo que foi acertado estivesse perto do exigido pelos interesses especiais das empresas americanas. Tempo foi a única coisa que os países em desenvolvimento ganharam — alguns anos para que as cláusulas sobre propriedade intelectual entrassem em vigência — e, aparentemente, alguma *flexibilidade*, por exemplo, no licenciamento compulsório de medicamentos no caso de um crise de saúde como a da aids (com uma licença compulsória, o fabricante de genéricos tem permissão para fabricar o remédio necessário sem o consentimento do detentor da patente, embora exista uma taxa de royalties padrão. Isso obviamente desgasta o poder de monopólio, motivo pelo qual o detentor da patente se recusa a conceder a licença voluntariamente).

A propriedade intelectual não cabe realmente em acordos de comércio, cuja finalidade é liberar os movimentos de bens e serviços através das fronteiras. O TRIPS estava preocupado com uma questão totalmente diversa; em certo sentido, estava preocupado em *restringir* o movimento do conhecimento através das fronteiras. Assim, para enfiá-lo no acordo de comércio, os negociadores acrescentaram três palavras, "relacionada ao comércio". A sigla TRIPS pode significar Propriedade Intelectual Relacionada ao Comércio, mas o nome é enganador: não há essencialmente nenhum aspecto de propriedade intelectual que, na visão deles, não esteja relacionado ao comércio.

Na verdade, já existia uma organização internacional para tratar da propriedade intelectual: a Organização Mundial de Propriedade Intelectual (OMPI), uma das agências especializadas das Nações Unidas. Foi criada em sua forma atual em 1970, embora, de fato, a cooperação internacional nessa área date de 1893.[33] Mas a OMPI tem uma limitação séria: não conta com um mecanismo de aplicação. Havia pouco que os Estados Unidos ou a União Européia pudessem fazer se um país não respeitasse os direitos de propriedade intelectual. Com o TRIPS, os países industriais avançados poderiam finalmente usar sanções comerciais para impor legalmente os direitos de propriedade intelectual, e as indústrias de medicamentos e de comunicação ficaram entusiasmadas.

Evidentemente, há outras organizações internacionais que conseguiram acordos internacionais que são difíceis de aplicar sem sanções comerciais. A Organização Internacional do Trabalho, por exemplo, forjou um acordo mundial sobre padrões de trabalho, proibindo, por exemplo, o trabalho infantil ou o trabalho forçado nas prisões. O fato de um país obedecer a esses padrões pode naturalmente afetar o comércio. Por exemplo, poderíamos ter certamente um acordo de padrões de trabalho relacionado ao comércio. Mas os interesses econômicos das principais multinacionais dos países desenvolvidos não dependiam tanto de questões trabalhistas quanto da propriedade intelectual. Muito pelo contrário: era do interesse econômico das multinacionais americanas que um acordo internacional de comércio não regulamentasse essas outras áreas.[34]

O TRIPS impôs ao mundo todo o regime de propriedade intelectual dominante nos Estados Unidos e na Europa, tal como é hoje. Creio que o modo como o regime de propriedade intelectual evoluiu não é bom para os Estados Unidos e para a União Européia, mas, muito além disso, acredito que não é do interesse dos países em desenvolvimento.

Promover a inovação e a justiça social

A propriedade intelectual não é um fim em si mesmo, mas um meio para alcançar um fim: ela deve supostamente aumentar o bem-estar da sociedade promovendo a inovação. Mas podemos ter mais inovação com mais justiça social? Podemos tê-la a custo mais baixo para os países em desenvolvimento? Acredito que sim. Porém, em primeiro lugar, temos de ver com mais clareza o que queremos alcançar. Em Gênova, em outubro de 2004, a Assembléia Geral da OMPI adotou uma resolução apresentada pela Argentina e pelo Brasil para um regime de propriedade intelectual orientado para o desenvolvimento — tal com a comunidade internacional havia, três anos antes, adotado o princípio de um regime de comércio orientado para o desenvolvimento.[35] Embora concordassem que oferecer incentivos à inovação é fundamental, eles também tinham outras preocupações.

Uma das questões mais importantes que o mundo encara atualmente é a da pobreza no Terceiro Mundo. Os países em desenvolvimento precisam de mais recursos — isto é, mais ajuda — e mais oportunidades (o foco do capítulo anterior, criar um regime de comércio mais justo). Mas, como observei no capítulo 2, o que separa os países em desenvolvimento dos desenvolvidos não é apenas uma distância em recursos, mas em conhecimento, e o regime de propriedade intelectual pode tornar a diminuição dessa distância mais fácil ou mais difícil. O que o mundo em desenvolvimento pede é um regime de propriedade intelectual que lhe proporcione mais acesso ao conhecimento. Além disso, com seus orçamentos limitados para a saúde — um dólar gasto em medicamentos é um dólar não gasto em educação ou desenvolvimento —, o custo dos remédios tem uma importância imensa, motivo pelo qual o acesso a medicamentos que salvam vidas a preços acessíveis é tão essencial.

Naturalmente, as vacinas e os medicamentos novos fazem uma grande diferença para o bem-estar dos habitantes dos países em desenvolvimento. Mas o sistema atual não tem funcionado — não há investimento em pesquisas para produzir remédios contra as doenças predominantes nos países em desenvolvimento e, não é surpresa, poucos medicamentos têm sido produzidos. Precisamos reformar o sistema de inovação global para estimular o desenvolvimento de medicamentos que tratem e previnam tais doenças.

Por fim, o TRIPS não proporciona proteção adequada ao conhecimento tradicional.

O programa que segue detalha como essas preocupações dos países em desenvolvimento podem ser resolvidas.

ADEQUAR A PROPRIEDADE INTELECTUAL ÀS NECESSIDADES DOS PAÍSES EM DESENVOLVIMENTO

O mundo aprendeu finalmente que estratégias de desenvolvimento de tamanho único não funcionam. O mesmo vale para os regimes de propriedade intelectual. A padronização tem benefícios e custos. Nos Estados Unidos, muitas áreas do direito são deixadas a critério dos estados; acredita-se que os benefícios de se contar com um código criminal nacional são menores do que os custos. O TRIPS tenta impor um único padrão de direito de propriedade intelectual ao mundo. Creio que os custos dessa padronização superam em muito os benefícios. As leis de propriedade intelectual refletem sempre o equilíbrio entre os benefícios da inovação e os custos da monopolização; uma vez que as circunstâncias dos países em desenvolvimento e dos desenvolvidos diferem, o modo de equilibrar os *trade-offs* também são diferentes. Por exemplo: como os perigos da monopolização em países em desenvolvimento pequenos são maiores do que nos países desenvolvidos maiores — porque os mercados são menores e dominados com mais freqüência por um número limitado de empresas —, os custos de um regime de propriedade intelectual são maiores e seus benefícios, menores. Devemos defender regimes de propriedade intelectual distintos para os países menos desenvolvidos, para os de renda média e para os países industriais avançados. Assim como defendi no capítulo anterior que os países em desenvolvimento deveriam ter mais amplitude na decisão de que tipo de política industrial lhes é mais apropriado — dando-lhes mais oportunidades para ajudar a criar novas indústrias —, da mesma forma, esses poderes deveriam ser concedidos na esfera da propriedade intelectual.

Um dos custos da padronização é o risco da escolha de um padrão errado; quando cada um escolhe o seu, cada jurisdição pode ser vista como um laboratório que testa diferentes idéias: aquelas que funcionarem melhor serão imitadas. Ainda assim, se for preciso ter um padrão único — ou pelo menos um padrão mínimo — imposto ao mundo inteiro, ele deve ser ajustado para refletir mais os interesses e as preocupações dos países em desenvolvimento. Esses países vêm pedindo uma revisão do TRIPS, um acordo "TRIPS menos", e eles têm razão.[36]

ACESSO A MEDICAMENTOS QUE SALVAM VIDAS

Poucas pessoas do mundo em desenvolvimento podem comprar remédios aos preços monopolistas que os laboratórios ocidentais cobram — preços que são freqüentemente muitíssimo mais altos do que os custos de produção. Para um economista, essa disparidade entre preço e custo de produção é simplesmente uma ineficiência econômica; para um indivíduo com aids ou outra doença mortal, é uma questão de vida ou morte. Três reformas aumentariam substancialmente o acesso aos medicamentos que salvam vidas. Uma delas, discutida em detalhes abaixo, faria com que os países industriais avançados simplesmente oferecessem os medicamentos, ou pelo menos os subsidiassem — com efeito, pagando o "imposto", a diferença entre preço e custo marginal.

Remédios a preço de custo para os países em desenvolvimento

Uma das maneiras mais simples de os países desenvolvidos ajudarem os em desenvolvimento é "renunciar" ao imposto, permitindo que eles usem a propriedade intelectual para seus cidadãos, de tal modo que possam obter o medicamento a preço de custo. Os críticos talvez digam: mas assim os países em desenvolvimento estariam se aproveitando dos países industriais avançados. Ao que respondo: sim, e devem fazer isso. Não há custo adicional imputado aos países desenvolvidos.[37] E os benefícios para os países em desenvolvimento seriam enormes: um aumento na saúde não é somente um valor em si mesmo, mas contribuiria para um aumento da produtividade.

Um passo nessa direção já foi dado. Os estudantes de algumas universidades com grande destaque em pesquisa estão propondo que suas instituições, nos acordos de licença com os laboratórios, devam exigir o fornecimento de medicamentos com grandes descontos aos países em desenvolvimento.

Licenças compulsórias

Em situações especiais, os governos podem emitir licenças compulsórias quando decidem que há uma necessidade urgente de ampliar o acesso a tecnologias ou medicamentos. Esse direito é reconhecido por quase todos os governos do mundo. Durante a crise do pavor ao antraz de 2001, o governo ameaçou forçar a Bayer a permitir que outros laboratórios produzissem Cipro, o antibiótico mais eficaz contra o antraz naquele momento.[38] Uma vez obtida a licença compulsória, as empresas podem produzir um medicamento e vendê-lo competitivamente a um preço pouco acima do custo. Tendo em vista que muitos fabricantes de medicamentos genéricos do mundo em desenvolvimento são altamente eficientes, o licenciamento torna os remédios disponíveis muitas vezes a um preço que é uma fração do normalmente cobrado pelos produtos de marca. O laboratório estatal brasileiro Farmanguinhos estima que pode produzir Kaletra, um medicamento contra a aids, por uma fração do que a Abbott cobra nos Estados Unidos. Com mais de 600 mil pacientes HIV positivos no país em determinado momento, calculou-se que um Kaletra genérico economizaria ao Brasil cerca de 55 milhões de dólares, mesmo com os grandes descontos com que a Abbott estava vendendo então seu produto no país.

A esperança dos grandes laboratórios era que o TRIPS dificultasse a produção de versões genéricas de seus remédios.[39] No final da década de 1990, quando o Brasil e a África do Sul puseram em circulação a idéia de emitir licenças compulsórias para os medicamentos contra a aids, os laboratórios americanos ficaram furiosos, alegando que o TRIPS não permitia isso nem para tal tipo de remédio, e apresentaram uma queixa junto à OMC.[40] Quando o clamor público os forçou a um acordo, eles ofereceram os remédios com um desconto que ainda estava muito acima do preço pelo qual os genéricos podem ser produzidos, como o exemplo do Kaletra ilustra. Mas, enquanto o Brasil foi capaz de negociar um acordo melhor para si mesmo, ameaçando emitir uma licença compulsória, outros países em desenvolvimento, menos astutos na negociação e sem capacidade de produzir eles mesmos os genéricos continuam pagando preços altos.

Os grandes laboratórios argumentaram também que o TRIPS não permitia o comércio de medicamentos genéricos produzidos com licenças compulsórias. Isso tornava a cláusula de licenciamento inútil para países em desenvolvimento — como Botsuana, uma nação pequena com mais de um terço de sua população afetada pelo HIV/aids —, que têm pouca ou nenhuma capacidade de produzi-los por conta própria. Botsuana queria poder comprar os remédios genéricos contra a aids da vizinha África do Sul. De novo, houve manifestações públicas de apoio a esses países, em particular aqueles da África que enfrentam uma pandemia de aids.[41] Contudo, mesmo depois que o resto do mundo se deu conta de que essas políticas eram inescrupulosas, o governo Bush continuou a defender os interesses dos grandes laboratórios, e só cedeu pouco antes da reunião de Cancún, em agosto de 2003. Mesmo então, os Estados Unidos insistiram no que os críticos consideraram um processo administrativo pesado e complicado.

Na verdade, os Estados Unidos queriam mais: restringir as licenças compulsórias apenas a casos de epidemia ou catástrofes semelhantes. Evidentemente, o indivíduo que está prestes a morrer devido à falta de acesso a remédios que poderiam estar a disposição por um preço acessível não quer saber se ele é um dos 10 mil ou dos 600 mil que estão na mesma situação. A única coisa que sabe é que sua morte é desnecessária. A distinção fundamental a ser estabelecida deveria ser entre remédios que salvam vidas e medicamentos cosméticos e da moda, para os quais não há razão convincente para emitir licenças compulsórias. Mas, para a indústria farmacêutica americana, o foco estava nos lucros, o que significava fazer de tudo para manter fora do mercado o maior número de genéricos pelo tempo mais longo possível.[42]

Os laboratórios justificam sua postura dizendo que qualquer tentativa de permitir o comércio de medicamentos genéricos — por exemplo, deixar que a África do Sul exporte para Botsuana — significará que os remédios acabarão por entrar nos Estados Unidos e prejudicarão seu mercado. Mas já existem enormes disparidades de preços (por exemplo, entre os preços na Europa e nos Estados Unidos) e o problema, embora presente, é limitado. A indústria farmacêutica é uma das mais regulamentadas do mundo e a maior parte do custo dos medicamentos é paga por companhias de seguros e governos; assim, os incentivos para comprar medicamentos a preços europeus são fracos e não é fácil fazê-lo. É ainda menos provável que os americanos (ou europeus) venham a comprar remédios da África do Sul ou de Botsuana.[43]

Se os países desenvolvidos não venderem medicamentos que salvam vidas aos países em desenvolvimento ao preço de custo da sua produção, então estes devem dar luz verde ao uso de licenças compulsórias, produzindo e comerciando tais remédios.

Pesquisa

Os preços mais altos supostamente estimulam a pesquisa dos medicamentos que salvam vidas. Mas, apesar da retórica sobre a propriedade intelectual proporcionar os incentivos, estes não têm sido traduzidos em ação. O argumento de que o monopólio no estabelecimento dos preços dos remédios leva a mais inovação é prejudicado pelo fato de que a maioria dos laboratórios gasta muito mais em propaganda do que em pesquisa, mais em pesquisa de medicamentos "cosméticos" (por exemplo, para o crescimento de cabelo ou impotência masculina) do que remédios relacionados com doenças, e quase nada em pesquisa sobre as moléstias predominantes nos países mais pobres, como malária e esquistossomose.[44]

O sistema atual de financiamento da pesquisa é iníquo e ineficiente: a pesquisa básica é financiada pelo governo e o setor privado leva os medicamentos ao mercado. Uma vez no mercado, os laboratórios auferem um lucro imenso. A diferença entre o preço cobrado e o custo (marginal) de produção pode ser vista como um tributo a ser pago pelos seus clientes. Mas é um imposto muito regressivo. Em geral, os governos aplicam tributos proporcionais à capacidade de pagar, mas, no caso dos medicamentos, o mesmo tributo é cobrado dos habitantes mais pobres dos países em desenvolvimento e dos mais ricos do mundo desenvolvido. Observamos antes que o conhecimento é um bem público e que restringi-lo leva à ineficácia — um ritmo mais lento da inovação. Aqui, o custo é mais sério: a própria vida. Com um custo tão alto e tão pouco benefício do atual arranjo, temos de perguntar: podemos reformar o modo como produzimos e financiamos a pesquisa de medicamentos que salvam vidas?

As indústrias farmacêuticas chegam ao ponto de alegar que oferecer aos países em desenvolvimento um acesso mais barato a esses medicamentos irá prejudicá-los no longo prazo. Argumentam que, se não obtiverem um retorno pelos investimentos, farão menos pesquisa, o que acabará por prejudicar todo mundo. Mas esse acesso a remédios que salvam vidas terá, no máximo, um efeito insignificante sobre os investimentos dos laboratórios em doenças que afetam os países pobres. De qualquer modo, as indústrias farmacêuticas obtêm pouca receita das regiões em desenvolvimento — as vendas na África representam menos de 2% do total — porque seus habitantes são pobres demais para comprar remédios; e, como vimos, os laboratórios gastam pouco na pesquisa das doenças que mais afligem os países em desenvolvimento.

É evidente que deveria haver mais pesquisa sobre essas doenças, mas o modo melhor e mais eficaz em termos de custos de promovê-la não é com a implementação de direitos de propriedade intelectual mais rígidos. Está claro que os incentivos do mercado não vêm funcionando nesse sentido e, por si mesmos, não é provável que o façam. A maior parte do dinheiro para o financiamento da pesquisa terá de vir dos governos e das fundações dos países desenvolvidos, em particular do hemisfério norte. A questão é saber qual o melhor modo de oferecer o dinheiro e organizar a pesquisa. Há pelo menos duas maneiras de dar apoio.[45]

Um incentivo baseado no mercado: um fundo de garantia

Uma proposta é que os governos do mundo desenvolvido ofereçam uma garantia de compra. Se for inventada uma vacina contra a aids, por exemplo, os governos e fundações que oferecem a garantia poderiam se comprometer a gastar pelos menos 2 bilhões de dólares na compra da vacina. Ou se for descoberto um medicamento mais eficaz contra malária do que os existentes atualmente, eles poderiam se comprometer a gastar pelo menos 3 bilhões.

O maior problema dessa idéia é que ela não mexeria com o problema do monopólio: os laboratórios ainda teriam um incentivo para aumentar os preços e diminuir a produção a fim de maximizar seus lucros, em vez de maximizar os benefícios sociais. Além disso, uma vez que ninguém quer um remédio que é um pouco menos eficaz, ainda que seja mais barato, teríamos então um sistema em que o vencedor leva tudo: um laboratório que fizesse um produto levemente melhor ficaria com todas as vendas e recompensas.

Um fundo para a inovação

Mais eficaz seria um fundo que estimulasse diretamente as

inovações que beneficiassem os países em desenvolvimento. Um sistema de prêmios em que os pesquisadores fossem recompensados pelo valor de suas inovações levaria os incentivos para a direção correta. Aqueles que fizessem as descobertas realmente importantes — por exemplo, do tratamento de doenças sem cura conhecida — ganhariam grandes recompensas, que também seriam destinadas para aqueles que pesquisassem doenças disseminadas e de alto custo social, como tuberculose e malária, enquanto ganhariam pouco os laboratórios que fazem medicamentos "eu também", que apenas melhoram levemente um remédio já existente.[46] Por esse sistema, os medicamentos poderiam ser distribuídos (por meio de produtores de genéricos) *pelo custo* aos que sofrem da doença. Os países em desenvolvimento não seriam os únicos beneficiários, mas também os desenvolvidos, pois seus cidadãos se valeriam do avanço do conhecimento.[47] Além disso, os governos dos países desenvolvidos poderiam ajudar o mundo em desenvolvimento sem temer que o dinheiro não seria bem gasto.[48]

ACABAR COM A BIOPIRATARIA E PROTEGER O CONHECIMENTO TRADICIONAL

A injustiça de todo o regime de propriedade intelectual contra os países em desenvolvimento aparece de forma mais gritante no tratamento dos remédios e drogas tradicionais derivados de plantas. Fiquei sabendo pela primeira vez do problema da biopirataria nos altos Andes equatorianos, onde o chefe de uma aldeia remota descreveu como o TRIPS estava afetando suas vidas. Para americanos e europeus, o acordo pode ser um tema misterioso, de relevância principalmente para advogados empresariais e especialistas em comércio internacional, mas, nos países em desenvolvimento, é algo muito mais real. Para esses países, os laboratórios estrangeiros estão levando seu conhecimento tradicional e suas plantas nativas sem nenhuma compensação, numa forma de pirataria — daí o termo "biopirataria". Enquanto os Estados Unidos se queixam de que a China está violando o TRIPS por não honrar as cláusulas de propriedade intelectual, o mundo em desenvolvimento diz que o acordo não fez nada para proteger sua propriedade intelectual. Ao contrário, deu aos interesses corporativos americanos e europeus uma licença para roubá-la — e depois cobrar por isso.

Os remédios tradicionais são usados há muito tempo em todo o mundo para tratar uma ampla variedade de doenças. De início, a ciência moderna olhou de esguelha para os remédios populares, mas mais recentemente tornou-se claro que muitos deles continuavam sendo usados porque funcionavam realmente, ainda que seus usuários, ou os curandeiros que os administram, não saibam porquê. Uma linha da pesquisa médica moderna voltou-se para isolar e depois comercializar os ingredientes ativos desses remédios, reconhecendo que há um grande potencial de cura na flora mundial, em particular nos países tropicais. As indústrias farmacêuticas, vendo o potencial de lucro, foram atrás, "redescobrindo" o que havia sido descoberto havia muito tempo pelas culturas tradicionais — em alguns casos, não fazendo mais do que dar um nome novo. Os países em desenvolvimento, vendo que os laboratórios lucram com sua rica biodiversidade, acham que devem ser compensados — pela manutenção das florestas, por exemplo. Mas os laboratórios, ao mesmo tempo em que enfatizam a importância dos incentivos para eles mesmos, desconsideram a necessidade de incentivos para os outros. No acordo internacional sobre biodiversidade assinado em junho de 1992, na Conferência da ONU sobre Meio Ambiente e Desenvolvimento realizada no Rio de Janeiro, o direito à compensação foi reconhecido, mas em parte por influência da indústria farmacêutica os Estados Unidos não o ratificaram.[49] Nenhuma surpresa: quase a metade das 4 mil patentes de plantas concedidas em anos recentes pelos Estados Unidos diz respeito a conhecimento tradicional obtido dos países em desenvolvimento.[50]

Um dos casos mais notórios de biopirataria foi a tentativa de patentear a cúrcuma para propósitos medicinais. Trata-se de uma especiaria usada no sul da Ásia e suas propriedades medicinais são conhecidas há muito tempo na região. Não obstante, os Estados Unidos emitiram uma patente para o uso medicinal da cúrcuma em dezembro de 1993.[51] A patente acabou sendo revogada, mas não sem um litígio dispendioso.

Não são apenas os remédios que são afetados. O arroz basmati é consumido na Índia há centenas, talvez milhares de anos. No entanto, em 1997, a empresa americana Rice Tec, Inc. ganhou patentes sobre esse tipo de arroz. Evidentemente, a Índia ficou chocada, mas teve recursos para brigar — e vencer.[52] Porém, países menores e mais pobres não possuem esses recursos e não têm condições de lutar.

Aqueles que defendem a concessão dessas patentes dizem que o problema é que os países em desenvolvimento jamais publicam suas descobertas; se o fizessem, os tribunais acatariam esse conhecimento anterior. Contudo, o padrão para novidade que algumas vezes foi usado para conceder patentes não é o de se as propriedades medicinais de uma determinada planta eram conhecidas, por exemplo, por povos indígenas dos Andes, mas se eram amplamente conhecidas nos Estados Unidos. Assim, ainda que o povo indígena tivesse publicado algo a respeito em sua língua (supondo-se que alguém se preocuparia em publicar o que já é bem conhecido), as patentes poderiam ser concedidas. De qualquer modo, por que o mundo em desenvolvimento deveria ser forçado a se amoldar às práticas dos países industriais avançados? Os Estados Unidos têm assumido uma posição mais extremada do que a União Européia nessas questões. Consideremos, por exemplo, as patentes sobre o óleo da árvore nim da Índia, que é conhecida há muito tempo por suas propriedades cosméticas, medicinais e pesticidas. Contudo, na década de 1990, foram concedidas patentes para o óleo de nim tanto na Europa como nos Estados Unidos. Em 2000, cerca de noventa patentes já haviam sido concedidas só na Europa. Por fim, em maio de 2000, algumas das patentes européias foram revogadas, não porque as propriedades do óleo de nim tenham sido reconhecidas como parte do conhecimento tradicional, mas porque um empresário indiano conseguiu mostrar que produzia um extrato de óleo de nim para controle de pragas havia um quarto de século. Mesmo assim, em 2003 cerca de vinte patentes continuavam vigentes. E, embora a Europa tivesse revogado algumas delas, os Estados Unidos se recusavam a tomar a mesma medida, sob o pretexto de que as idéias jamais haviam sido patenteadas ou publicadas anteriormente.[53]

Precisamos fazer mais para proteger a "vantagem comparativa" dos países em desenvolvimento nessa área. Eles possuem um reservatório de conhecimento que pode ser aproveitado, tal como o uso medicinal de plantas. Suas florestas tropicais propiciam uma riqueza de flora de onde a indústria farmacêutica ocidental vem extraindo remédios vitais. Mas o TRIPS ofereceu poucos incentivos aos países em desenvolvimento para preservar suas florestas tropicais.

Duas reformas fariam muito no sentido de atender às preocupações dos países em desenvolvimento:

- Deveria haver um acordo internacional reconhecendo o conhecimento tradicional e proibindo a biopirataria.
- Todos os países do mundo — inclusive os Estados Unidos — de-

vem assinar a convenção sobre biodiversidade. Na ausência disso, as garantias concernentes aos direitos de propriedade da biodiversidade que constam da convenção deveriam ser incorporadas aos acordos internacionais concernentes aos direitos de propriedade intelectual, especialmente ao TRIPS.

Felizmente, há laboratórios que têm agido de modo mais responsável — mais respeitoso em relação aos direitos dos países em desenvolvimento. Um dos medicamentos recentes mais eficazes contra a malária, por exemplo, é derivado da árvore chinesa qinghao, que é usada para tratar essa doença há mais de 2 mil anos. A qinghao tornou-se especialmente importante na medida em que se desenvolveram variedades da malária resistentes aos tratamentos usuais. Nesse caso, o Novartis, um laboratório suíço socialmente responsável, não somente procurou inspiração no conhecimento tradicional como, reconhecendo a importância do acesso ao medicamento, ofereceu-o gratuitamente ou a preço de custo aos países em desenvolvimento.[54]

GOVERNANÇA

Ao longo deste livro, enfatizo que o modo como as decisões são tomadas — a governança — na esfera internacional sofre de dois defeitos: as vozes dos países em desenvolvimento são pouco ouvidas e as vozes dos interesses especiais são muito ouvidas.

Assim como o comércio é importante demais para ficar nas mãos dos ministros de comércio, o mesmo acontece com a propriedade intelectual. A esta altura, deveria estar claro: o TRIPS foi um erro. Uma reforma essencial é mudar onde e como as decisões referentes à propriedade intelectual são tomadas. As discussões sobre padrões globais de propriedade intelectual deveriam ser retiradas da OMC e levadas de volta para uma OMPI reformulada, uma organização mundial em que as vozes da universidade, assim como as das empresas, dos consumidores, assim como as dos produtores, dos países em desenvolvimento, assim como as dos desenvolvidos, sejam todas ouvidas. Mas essa não é a única reforma institucional necessária. Entre os valores sustentados fortemente pelos povos de todo o mundo estão aqueles relacionados com o império da lei e a eqüidade. O sistema legal define as regras do jogo e os advogados estão aí para garantir que o jogo seja jogado com honestidade. Temos de ser sensíveis à posição desvantajosa dos países em desenvolvimento na hora de fazer valer seus direitos num tribunal. As democracias ocidentais oferecem financiamento público para a assistência jurídica dos pobres. Se uma pessoa pobre não pode arcar com as despesas de um advogado, há uma alta probabilidade de que seja tratada de forma injusta, a não ser que tenha um defensor público. Isso vale ainda mais na arena internacional.[55]

Queiramos ou não, é provável que a propriedade intelectual continue fazendo parte do regime de comércio global. Os países pobres estão em clara desvantagem quando lutam por seus direitos. A maioria dos países em desenvolvimento simplesmente não pode competir com as grandes equipes de advogados experientes e caros empregadas pelas empresas e pelos governos americano e europeus. Para haver eqüidade é preciso que os países industriais avançados financiem uma forte assistência jurídica para os países em desenvolvimento a fim de ajudá-los a lutar contra alegações como aquelas relacionadas com a biopiratatia, e para assegurar que possam obter licenças compulsórias para medicamentos que salvam vidas quando as circunstâncias as justificam.[56]

COMÉRCIOS E VALORES

As leis sobre propriedade intelectual oferecem a ilustração

mais dramática do conflito entre acordos de comércio internacional e valores básicos. Mas há muitos outros casos, alguns dos quais citamos no capítulo anterior quando discutimos barreiras não-tarifárias. Por exemplo, os europeus têm sentimentos muito fortes contra os alimentos geneticamente modificados: se há algum risco para a saúde causado por esses alimentos, por mínimo que seja, eles não querem que sejam comercializados em seus países. Porém, pelas regras da OMC, pode não ser possível barrá-los. Os alimentos só podem ser excluídos com base na ciência, e a ciência "diz" que não há risco significativo. Conseqüentemente, os Estados Unidos alegam que excluir tais alimentos é protecionismo injustificado. Os europeus perguntam com razão: por que devem ser forçados por um acordo de comércio internacional a aceitar esse risco, se a maioria acredita que se trata de um risco que não vale a pena correr?

Se os alimentos geneticamente modificados não podem ser excluídos da Europa, então aqueles que fazem objeções a eles querem plena divulgação do conteúdo geneticamente modificado desses alimentos no rótulo das embalagens, de tal forma que os consumidores possam escolher o que comprar. Mas os Estados Unidos — normalmente defensores do livre-comércio e da escolha do consumidor — assumiram nesse caso a posição de que a divulgação plena seria uma barreira comercial. Uma grande proporção das exportações agrícolas americanas contém um ingrediente geneticamente modificado; com razão, os Estados Unidos temem que, dado o nível de preocupação sobre alimentos geneticamente modificados, os consumidores europeus deixariam de comprar muitos produtos americanos. Os Estados Unidos põem seu direito de exportar acima do direito dos consumidores europeus de saber o que estão comendo.

Com muita freqüência, os interesses econômicos também assumem precedência sobre a identidade cultural. A maioria das pessoas atribui um valor enorme a sua herança, sua língua e a seu sentimento de identidade cultural. Para muita gente, o cinema tem importância tanto ao contribuir na formação dessa identidade como para sua transmissão. Mas há grandes "retornos de escala" na reprodução de filmes; o custo de uma cópia extra é insignificante em relação ao custo de fazer o filme em primeiro lugar. Isso dá uma enorme vantagem aos filmes americanos e indianos, países com uma grande indústria cinematográfica. No resto do mundo, muitos governos julgam necessário e valioso subsidiar empreendimentos artísticos como ópera e teatro, e alguns, como França e Marrocos, também oferecem subsídios à produção cinematográfica. Mas a indústria americana do entretenimento considera esses subsídios competição injusta e tentou (sem sucesso) forçar a sua eliminação na Rodada Uruguai.[57] Para mim, trata-se de um exemplo claro de pôr a economia acima dos outros valores. Os filmes de Hollywood carregados de sexo e violência podem ter um certo atrativo universal, mas parece razoável que os governos queiram promover suas tradições artísticas próprias, e apoiar o cinema é uma maneira defensável de fazer isso. O que acho tão notável nesse exemplo é a análise de custo-benefício social. Há poucas chances de que filmes falados em francês, subsidiados ou não, abocanhem uma parte importante dos lucros de Hollywood. Se subsidiá-los ou não é uma boa maneira de o governo francês gastar seu dinheiro deveria ser uma questão a ser decidida pelo povo francês. Se for bem gasto, os espectadores de todo o mundo, e não apenas os franceses, serão beneficiados pelo subsídio.

E há a questão do meio ambiente, que menciono aqui porque se relaciona à questão dos valores. No capítulo 2, enfatizei a importância de uma concepção de desenvolvimento que vá além do PIB. Para alguns, tratar o meio ambiente com respeito é uma questão de valores básicos. Para outros, é uma questão de justiça para com as gerações futuras: se espoliarmos o meio ambiente e desperdiçarmos nossos recursos naturais, pomos em risco o futuro. Políticas ambientais saudáveis são essenciais para que o desenvolvimento seja sustentável. Para outros ainda, é uma questão do aqui e agora: os padrões de vida atuais estão comprometidos se a água que bebemos e o ar que respiramos estão poluídos. Mas, qualquer que seja o ponto de vista, há um temor bem fundado de que acordos de comércio internacional mal planejados possam comprometer a capacidade dos países de proteger o meio ambiente. Por exemplo: quando uma aldeia do estado mexicano de San Luis Potosí tentou forçar a Metaclad, uma empresa americana de remoção de dejetos, a fechar um lixão tóxico que estava contaminando o suprimento local de água, o governo mexicano foi forçado a pagar 16,7 milhões de dólares de indenização, de acordo com o capítulo 11 do NAFTA. Os antiambientalistas conseguiram enfiar nesse capítulo uma cláusula destinada a deter a regulamentação tornando-a cara demais, forçando uma indenização por perda de valor de mercado como resultado das regulamentações, inclusive as que protegem o ambiente e a saúde pública. A ironia é que o governo Clinton dedicou um esforço enorme para impedir a entrada em vigor de uma lei do Congresso que teria o mesmo efeito — e conseguiu; Clinton e o Representante de Comércio americano Mickey Kantor talvez soubessem que essa cláusula fazia parte da letra miúda do NAFTA que estavam ao mesmo tempo defendendo, mas, se isso é verdade, nenhum dos dois falou sobre esse assunto em público nem o discutiu reservadamente nas reuniões da Casa Branca sobre o acordo com o México.[58]

Interesses corporativos

Este capítulo mostrou como os interesses das empresas tentaram moldar a globalização de uma maneira que compromete os valores mais básicos. O fato de que uma área — a propriedade intelectual — tenha sido ligada ao comércio, mas não outras, como padrões trabalhistas, diz muito sobre a globalização tal como é gerida hoje. A função dos negociadores comerciais ocidentais é obter um acordo melhor para as indústrias de seus países — por exemplo, ganhar mais acesso aos mercados e garantir direitos de propriedade intelectual mais fortes —, sem desistir dos subsídios agrícolas ou das barreiras não-tarifárias. A eqüidade não faz parte do vocabulário desses negociadores. Eles não pensam nos contribuintes americanos ou europeus, que se beneficiariam enormemente com a eliminação desses subsídios. Eles não pensam nos consumidores americanos ou europeus, que se beneficiariam com preços mais baixos. Não pensam no meio ambiente global, que se beneficiaria imensamente com a redução da emissão dos gases de efeito estufa. Não pensam em como ajudar os pobres a ter acesso a medicamentos que salvam vidas.

Ao contrário, tentam ajudar os produtores, e sua função é obter o máximo que puderem, ao mesmo tempo em que concedem o mínimo possível. Os negociadores comerciais têm poucos incentivos para refletir sobre questões de meio ambiente, saúde ou mesmo do progresso geral da ciência. A questão ambiental é problema do ministro do meio ambiente, o acesso a remédios é problema do ministro da saúde e o ritmo geral da inovação é um problema dos ministros de educação, pesquisa e tecnologia. Desse modo, enquanto os acordos de comércio afetam todas essas áreas, aqueles que se preocupam com elas não estão à mesa de negociações.

Os ministros de comércio tendem a negociar em segredo. Os acordos de comércio são longos e complexos e os lobistas dão duro para enfiar neles cláusulas em defesa de seus interesses que esperam que passem despercebidas. Mas as questões básicas que discuti aqui — tais como o *trade-off* entre lucros da indústria farmacêutica e o direito à vida — são aquelas fáceis de entender. Se a questão do acesso aos medicamentos contra aids fosse submetida ao voto, tanto nos países em desenvolvimento como nos desenvolvidos, a imensa maioria jamais apoiaria a posição da indústria farmacêutica ou do governo Bush.

Os conflitos sobre valores fundamentais estão no centro do debate democrático. Os críticos da globalização acusam-na de ser administrada de modo a tirar algumas das questões mais importantes do espaço do discurso público dos países e levá-las para fóruns internacionais fechados que estão longe de ser democráticos, no sentido usual da palavra. Com as vozes dos interesses corporativos ouvidas tão clara e fortemente e sem os contrapesos dos processos democráticos, não surpreende que os resultados pareçam tão discutíveis, tão distantes do que seriam se houvesse um processo mais democrático. O maior desafio da reforma da globalização é torná-la mais democrática; seu sucesso será testado pela medida em que conseguir garantir que esses valores mais amplos triunfem mais vezes sobre os meros interesses empresariais.

5. Para acabar com a maldição dos recursos naturais

No início do século XX, o Azerbaijão, sob o domínio da Rússia czarista, era o maior exportador de petróleo do mundo e sua maior cidade, Baku, às margens do mar Cáspio, parecia o Oeste selvagem americano. Vinha gente de todas as partes da Rússia decidida a ganhar dinheiro com a corrida do petróleo. Judeus, turcomenos, cazaques e uma variedade de europeus entraram na briga. Os preços das terras e dos imóveis explodiram enquanto os recém-chegados disputavam espaço. Torres de perfuração e refinarias pontilhavam a cidade. Alfred Nobel trabalhou ali durante um tempo e o parque que construiu ainda existe. No decorrer do século, o petróleo do Azerbaijão enriqueceu muita gente, mas boa parte do país continuou muito pobre. Hoje, Baku está cheia de velhas fábricas e equipamentos enferrujados na que era conhecida como a "cidade negra", a área industrial enfarruscada nos arredores da "cidade branca", onde os milionários do petróleo construíram outrora mansões e um passeio de tábuas às margens do Cáspio.[1]

Depois de várias décadas de domínio soviético e de um declínio da produção de petróleo, na década de 1990 descobriram-se novas fontes de petróleo e gás sob as águas do Cáspio. Agora, com a construção dos novos oleodutos que começou na virada do século XXI, o Azerbaijão passa por outro boom do petróleo e espera-se que bilhões de dólares ingressem no país. O desafio é se o Azerbaijão pode aproveitar ao máximo esse período de sorte antes que o petróleo acabe, o que é esperado para acontecer em 2030. Se esse dinheiro for bem empregado, a renda per capita (cerca de 940 dólares em 2004) dobrará a cada dez anos. Isso poria o país, dentro de um quarto de século, no nível dos países mais ricos da Europa Oriental que acabaram de entrar para a União Européia. Porém, o perigo é que o Azerbaijão sucumba ao assim chamado paradoxo da abundância, entrando para o grupo dos países muito bem dotados de recursos naturais que têm taxas de crescimento mais baixas e de pobreza mais altas do que outros países não tão bem dotados.[2]

Pensemos na Nigéria. Essa nação da África ocidental, que foi dirigida por um governo militar durante boa parte de seu boom do petróleo, faturou quase um quarto de trilhão de dólares em receitas petrolíferas nas últimas três décadas. Ao mesmo tempo, sua economia decaiu e Lagos, sua principal cidade comercial, tornou-se um lugar sujo e perigoso. O trânsito engarrafa as ruas, o desemprego é alto e as pessoas ficam em casa à noite porque a taxa de criminalidade é alta. Apesar de todo o petróleo, a renda per capita caiu em mais de 15% de 1975 para 2000, enquanto o número de pessoas que vivem com menos de um dólar por dia quadruplicou, de 19 milhões para 84 milhões.[3] A Arábia Saudita e a Venezuela são outros exemplos de países em que a riqueza do petróleo não é amplamente compartilhada. A Venezuela é mais rica em petróleo do que qualquer outro país da América Latina, mas dois terços de sua população vivem na pobreza.[4] Não surpreende que o carismático Hugo Chávez tenha ganhado facilmente a eleição de 1998 ao concorrer com uma plataforma de erradicação da pobreza.

Compreender por que os países em desenvolvimento ricos em recursos naturais têm um desempenho tão ruim — o que é chamado, às vezes, de "maldição dos recursos naturais" — é de imensa importância.[5] Em primeiro lugar, porque há muitos países em desenvolvimento que dependem economicamente de recursos naturais: mais de um terço da receita das exportações africanas deriva de recursos naturais; boa parte do Oriente Médio e partes da Rússia, do Cazaquistão e Turcomenistão, da Indonésia e da América Latina, como Venezuela, México, Bolívia, Peru e Equador, dependem muito de seus recursos naturais; Papua-Nova Guiné depende de suas ricas minas de ouro e de suas imensas florestas de madeira nobre. Em segundo lugar, porque as nações ricas em recursos naturais tendem a ser países ricos com população pobre, e esse paradoxo propicia *insights* sobre os fracassos mais amplos da globalização e seus possíveis remédios. O importante é que as reformas em países ricos em recursos — e do modo como eles são tratados pelos países industriais avançados — talvez possam reduzir a pobreza com mais rapidez e facilidade do que mudanças em outros setores do sistema econômico mundial. O que esses países precisam não é mais auxílio de fora, mas ajuda para obter o valor pleno por seus recursos e para garantir que gastem bem o dinheiro ganho.

O problema é simples: quando há uma pilha de diamantes no meio da sala, todos tentarão agarrá-los. Os maiores e mais fortes têm mais probabilidade de sucesso e relutarão em compartilhá-los, a não ser que sejam obrigados a isso — como quando outra pessoa, ainda maior e mais forte, tenta arrancá-los de suas mãos e eles precisam gastar dinheiro para comprar apoio político ou armas a fim de manter seu poder. Os recursos naturais são ao mesmo tempo o objeto do conflito e a fonte dos meios financeiros que possibilitam a continuação do conflito. Na batalha para obter a maior fatia possível da pilha, o tamanho desta encolhe à medida que a riqueza é destruída pela luta. Em nenhum lugar isso é mais evidente do que em certas partes da África, exemplificado pela luta hedionda por diamantes entre governo e rebeldes em Serra Leoa durante a década de 1990, que matou 75 mil pessoas e deixou 20 mil amputados, 2 milhões deslocados e um grande número de crianças psicologicamente prejudicadas por terem sido forçadas ao combate, ou pior do que isso.

Uma vez iniciada a violência, é difícil contê-la. Os países caem numa espiral para baixo, como Congo e Angola ilustram. Desde a sua independência, o Congo esteve quase sempre envolvido em conflitos. Como costuma acontecer, ambos os lados alegam representar a vontade e os interesses do povo. O conflito em Serra Leoa foi uma exceção: não havia nenhum fingimento de motivos elevados, apenas cobiça.

Assim como há freqüentemente conflitos entre os que têm e os que não têm, pode haver conflito entre regiões com e sem recursos. Isso vale especialmente para os países em desenvolvimento cujas fronteiras foram traçadas pelas antigas potências coloniais e cuja identidade nacional é fraca. Regiões ricas em recursos naturais — como os centros petrolíferos de Ogoniland, na Nigéria, o sul xiita e o norte curdo do Iraque — têm incentivos óbvios para se separar. Por que, se perguntam, deveriam compartilhar sua riqueza? O resto do país estará igualmente determinado a segurá-los. A província congolesa de Katanga, que é rica em cobalto, cobre, estanho, rádio, urânio e diamantes, separou-se em junho de 1960 e foi recuperada pelo Congo em janeiro de 1963, depois de luta encarniçada. Biafra, rica em petróleo, separou-se da Nigéria em 30 de maio de 1967 e foi reincorporada em 15 de janeiro de 1970. Bougainville, uma pequena ilha ao largo da costa de Papua-Nova Guiné que possui depósitos de ouro, prata e cobre, vem lutando por sua independência desde 1989. Naturalmente, os movimentos de independência se revestem de causas mais nobres e, embora o dinheiro dos recursos naturais alimente o conflito, nem sempre está claro em que medida a briga é *apenas* pelos recursos.

A violência que aflige esses países ricos em recursos naturais representa o extremo da maldição. Com mais freqüência, encontramos apenas instabilidade política, corrupção e ditadores implacáveis que roubam a riqueza da nação. Os países ricos em recursos não têm o monopólio dos ditadores cruéis, mas contribuíram com mais do que sua cota, de Mobutu Sese Seko, do Congo, e Idriss Déby, do Chade, a Saddam Hussein, do Iraque. E, mesmo quando não têm ditadores cruéis, esses países apresentam uma aversão nítida ao compartilhamento do poder: nenhum dos países ricos em petróleo do Oriente Médio tem qualquer coisa parecida com democracia.

Não é por acaso que tantos países ricos em recursos naturais estão longe de ser democráticos. As riquezas engendram má governança. Os governos que chegam ao poder se apossando de recursos e usando a força apresentam um senso de responsabilidade para com seus cidadãos e os recursos de seu país marcadamente distintos dos governos que emergem pela vontade popular. Nas democracias, um líder permanece no poder por melhorar o bem-estar da população; as democracias são responsáveis perante seus cidadãos. Em países ricos em recursos e não-democráticos, os ditadores utilizam a força e as armas para permanecer no poder. A compra de armas é financiada pelo controle da receita do petróleo e de outras commodities. Há um círculo vicioso: com a falta de democracia em tantos países ricos em recursos naturais — e, portanto, com uma falta de *accountability* —, os cidadãos não possuem um controle efetivo sobre o roubo dos fundos públicos e o abuso da confiança pública. Em geral, nem mesmo sabem quanto o governo recebe ou deveria estar recebendo em troca de seus recursos naturais. Talvez nem considerem que se trata do dinheiro deles, como o fariam se estivessem sustentando o governo com impostos sobre suas rendas ganhas com dificuldade.

A dinâmica política dos países ricos em recursos conduz muitas vezes a altos graus de desigualdade: tanto nos países em desenvolvimento como nos desenvolvidos, aqueles que controlam a riqueza do recurso natural usam-na para manter seu poder econômico e político, o que inclui se apropriar de uma grande fração da dotação de recursos naturais do país. A partir da década de 1970, as elites do Oriente Médio marcaram presença em Londres e outros lugares; elas compraram apartamentos caros, hospedaram-se em hotéis luxuosos e fizeram excursões de compras. Na década de 1990, foi a vez dos russos ricos. Hoje, eles abocanham propriedades e bens de luxo em todo o mundo.

Isso constitui um resultado muitíssimo diferente daquele que a teoria econômica comum poderia indicar. Um dos principais argumentos contra a criação de uma sociedade mais igualitária é que a tributação progressiva enfraquece os incentivos. Se tributarmos mais os ricos, as pessoas podem perder a motivação para trabalhar mais ou poupar tanto. Mas, se as riquezas de um país não vêm do trabalho duro ou da poupança, mas somente da boa sorte de possuir petróleo ou outros depósitos minerais, o país pode ter uma igualdade muito maior; o governo pode distribuir a riqueza sem temer que isso vá desestimular as pessoas de trabalhar mais e poupar o que ganham. Tais países podem ter ao mesmo tempo igualdade maior e eficiência econômica.

Embora os países ricos em recursos naturais possam (e digo que devem) ter mais igualdade do que outros aparentemente menos afortunados, não é isso o que acontece. A distribuição da riqueza não é determinada por um cuidadoso equilíbrio de *tra-*

de-offs eficientes em eqüidade, nem pela referência aos princípios da justiça social; em vez disso, é o resultado do poder puro. A riqueza gera poder, o poder que possibilita que a classe dominante mantenha essa riqueza.

E há uma enorme diferença entre riquezas que derivam do trabalho duro e da criatividade e aquelas que vêm da apropriação, de uma forma ou outra, dos recursos naturais de uma nação. Essa última é particularmente debilitante para a coesão nacional. Ela solapa também a fé na economia de mercado, em especial quando se suspeita que a riqueza foi adquirida "ilegitimamente", por meio de acordos por baixo do pano com governos atuais ou anteriores. Não surpreende que o descontentamento fervilhe sob a superfície desses países.

A APROPRIAÇÃO DA RIQUEZA PÚBLICA

O primeiro desafio enfrentado por qualquer país rico em recursos naturais é assegurar que o povo fique com o máximo possível do valor dos recursos que jazem sob seu território. Isso é muito mais difícil do que parece. Mesmo em países com democracias estáveis e maduras, há uma luta em andamento entre empresas de petróleo, gás e mineração para abocanhar o máximo da riqueza possível. Nesses países, porém, a briga acontece sob o império da lei, freqüentemente por meio de contribuições de campanha; os candidatos agradecidos, uma vez no poder, sancionam regulamentações que permitem que seus doadores de campanha adquiram recursos naturais pelo menor preço possível, mantenham uma proporção maior da receita que colhem mediante benefícios tributários especiais e suportem a menor parte possível do custo dos danos ambientais que provocam.

Nos Estados Unidos, os recursos minerais são essencialmente cedidos às companhias mineradoras; quando o presidente Clinton tentou fazer um leilão dos recursos e vendê-los a quem desse o maior lance, foi derrotado pelos lobistas das mineradoras. Mesmo diante do tratamento tributário preferencial já existente para as empresas de petróleo, gás e mineração, e mesmo depois que os altos preços do petróleo as encheram de dinheiro, o presidente Bush apresentou uma lei da energia tão carregada de subsídios para essas companhias que o senador John McCain, membro do próprio partido do presidente, referiu-se à lei como algo que "não deixaria nenhum lobista para trás". Por qualquer cômputo que se faça, o setor de energia e recursos naturais, que contribuiu com quase 5 milhões de dólares para a campanha de 2004 de Bush e quase 3 milhões para sua campanha de 2000, obteve um enorme retorno por seu investimento.

Quando essas corporações vão para os países em desenvolvimento, o suborno sem rodeios entra em jogo. No mundo extremamente competitivo do petróleo internacional, é mais fácil para uma companhia petrolífera obter altos lucros subornando funcionários do governo para baixar os preços que têm de pagar do que ser mais eficiente do que os outros pagando o preço de mercado. Um suborno de pequeno monta para uma empresa petrolífera é imensamente tentador para as autoridades envolvidas, que são muitas vezes funcionários públicos com salários de poucos milhares de dólares anuais. Os subornos prejudicam o processo democrático, bem como o mercado. Contudo, o verdadeiro problema não está no suborno, por mais repugnante que possa ser, mas no seu resultado: quando as companhias petrolíferas ganham, o país perde.

A Lei sobre Práticas Corruptas no Exterior, de 1977, tornou ilegal para os americanos subornar governos estrangeiros. Embora algumas empresas ainda tentem driblá-la, muitas procuraram obedecer-lhe — ainda que, segundo se queixam, isso as ponham em desvantagem competitiva em relação a empresas originárias de outros lugares do mundo. As queixas estimularam o governo americano a tentar persuadir outros países a impor estatutos semelhantes. Na reunião ministerial da Organização para a Cooperação e o Desenvolvimento Econômico (OCDE) realizada em Paris em 1996 (na qual eu era o representante dos EUA), fizemos grandes avanços para conseguir um acordo, depois de enfrentar uma enorme resistência de vários países nos quais o suborno era aceito como forma de fazer negócios. Na época, o suborno não era apenas legal, mas dedutível dos impostos em muitos países (França, Suíça, Luxemburgo, Áustria, Bélgica, Japão e Holanda); com efeito, o governo pagava uma parte substancial do suborno. Fiquei chocado ao ver governos se erguerem para defender (com grandes circunlóquios) o sistema existente de suborno. Há agora uma convenção da OCDE sobre suborno, mas a aplicação é difícil e incompleta. Até dezembro de 2005, ainda não havia ocorrido nenhum processo fora dos Estados Unidos de acordo com a legislação nacional promulgada para implementar a convenção.[6]

É claro que as empresas não costumam oferecer diretamente o suborno. Elas contratam um "facilitador" que recebe dinheiro suficiente para "facilitar" o negócio e não sabem nem querem saber o que ele faz, como facilita. Presumivelmente têm ciência de que ao pagar milhões de dólares ao facilitador, não estão comprando apenas tempo de consultoria. É óbvio que estão, na verdade, comprando a capacidade de negar, de tal modo que possam alegar que não sabiam que o dinheiro iria para suborno. Um dos casos recentes mais famosos é o de James Giffen, que, quando trabalhava no Cazaquistão para a Mobil na década de 1990, consta ter intermediado 78 milhões de dólares para o governo, obtendo para a empresa americana uma participação de 25% no campo petrolífero de Tengiz.[7]

Enquanto isso, as multinacionais com base fora da OCDE operam sem as restrições da organização. As companhias petrolíferas malaias, russas, indianas e chinesas, entre outras, tornaram-se players mundiais. Elas não precisam seguir os acordos da OCDE que proíbem subornos e enquanto houver empresas que os paguem, as outras terão de encontrar maneiras de competir. O mercado inteiro está contaminado.

Qualquer que seja o contrato assinado, as empresas são tentadas a trapacear — pagar menos do que deveriam — porque a quantidade de dinheiro que se pode ganhar trapaceando é enorme. Na década de 1980, trabalhei num caso que envolvia fraude das maiores companhias petrolíferas no Alasca. Esse estado rico em petróleo tinha contratos de arrendamento que lhe garantiam pelo menos 12,5% das receitas brutas, menos o custo do transporte do petróleo do sítio distante de Prudhoe Bay, no Círculo Ártico. Ao superestimar seus custos por uns poucos centavos por galão — e multiplicar esses centavos por centenas de milhões de galões — as companhias petrolíferas podiam aumentar seus lucros imensamente. Elas não conseguiram resistir à tentação.[8]

Com freqüência, a exploração dos países em desenvolvimento pelas empresas mineradoras e petrolíferas é perfeitamente legal. A maioria desses países está mal preparada para participar das negociações complexas que são a especialidade das multinacionais. Eles podem não entender todas as implicações de cada cláusula do contrato. Ouvirão que certa cláusula é padrão, e pode bem ser: as companhias petrolíferas podem se unir na exigência de contratos que as beneficiem à custa dos países dos quais extraem o petróleo. Por exemplo, há governos que reformularam o modo como vendem, digamos, o espectro de freqüências (para telefones celulares, televisão e rádio) por meio de leilões para aumentar muitíssimo suas receitas; mas, na área dos recursos naturais, a indústria impediu reformas semelhantes, em especial nos países em desenvolvimento. O procurador Jenik Radon, professor adjunto da Universidade Columbia, lembra que quando representou a Geórgia em suas negociações com um consórcio de companhias petrolíferas, liderado pela BP, ficou horrorizado com as exigências que elas impunham. Entre outras coisas, queriam que a ex-república soviética fosse responsabilizada em bilhões de dólares se houvesse qualquer atraso regulatório. Ao mesmo tempo, queriam que todos os riscos de dano ambiental fossem assumidos pelo país, dos quais se eximiam totalmente. Em muitos casos que envolvem gás natural, elas chegam a exigir contratos do tipo *take-or-pay*, projetados para repassar o risco comercial normal — o tamanho da demanda por gás — das empresas para os governos. O governo do país em desenvolvimento é obrigado a pagar por uma quantidade fixa de gás, haja ou não clientes para ele.

Subornos, trapaças e negociações desequilibradas diminuem a receita que deveria ir por direito para o país em desenvolvimento. Os países ganham menos do que deveriam, as companhias obtêm mais. Um mercado competitivo deveria significar que as companhias petrolíferas e de mineração ganhariam simplesmente um retorno normal sobre seu capital; os retornos excedentes deveriam pertencer ao país que possui os recursos. Os economistas se referem ao valor do recurso que excede o custo da extração como "rendas" do recurso natural. Em um mercado competitivo, as companhias petrolíferas deveriam ser pagas por seus serviços de extração e comercialização e nada mais; todas as rendas do recurso natural pertencem ao país. Isso é especialmente importante quando o preço do petróleo triplica ou quadruplica, como aconteceu nos anos 70 e de novo, em 2004 e 2005. Depois que os preços do petróleo explodiram na década de 1970, os Estados Unidos impuseram um imposto sobre os lucros inesperados das companhias petrolíferas. O fato de que o contrato típico permita que as empresas fiquem com os lucros inesperados sugere que alguma coisa está errada na redação desses contratos.[9]

A estratégia das companhias de petróleo, gás e mineração é

fazer com que os governos ganhem o menos possível, ao mesmo tempo em que ajudam o governo a encontrar argumentos para dizer por que é bom ou até necessário que ele receba tão pouco. Elas podem dizer que o desenvolvimento da região trará grandes benefícios sociais e por isso deve ser estimulado. Entregar os recursos naturais, alegam elas, tem esse efeito. Na verdade, entregar os recursos significa simplesmente que o governo terá menos dinheiro para pagar por infra-estrutura, escolas e outros serviços que são absolutamente necessários para que a região se desenvolva. Pode ser dispendioso explorar uma mina, mas isso significa apenas que, num leilão competitivo, o governo obterá menos dinheiro do que se a mina fosse menos custosa. Com demasiada freqüência, o único benefício de uma mina para o país são os poucos empregos que gera, mas seu dano ambiental pode, ao mesmo tempo, destruir empregos em outros lugares (por exemplo, na pesca, que diminui em águas poluídas) e, em algum momento do futuro, impor enormes custos orçamentários quando o governo tiver de arcar com o saneamento.

A briga para obter para o país o valor pleno de seus recursos naturais é particularmente pronunciada na venda de recursos naturais de propriedade pública para o setor privado. Sempre que o governo ganha menos do que o valor total do ativo, o país está sendo enganado; ocorre uma transferência simples de riqueza dos cidadãos como um todo para quem obtém o recurso com "desconto".[10] Às vezes, a riqueza do Estado não vai para uma empresa multinacional, mas para indivíduos do próprio país; ainda assim, perde-se algo que deveria pertencer à nação como um todo.

Antes da privatização, quando o campo petrolífero (ou outro recurso) ainda está nas mãos do governo, a quantia que as autoridades públicas podem roubar está limitada pela venda corrente de petróleo. Mas, com a privatização, o valor futuro do recurso entra em jogo e as apostas aumentam enormemente. Ao vender uma empresa inteira por um valor abaixo do mercado e obter uma retribuição pelo presente que deram ao comprador, as autoridades governamentais podem obter uma fatia de todas as vendas futuras, em vez de deixá-las para serem roubadas por seus sucessores. Com efeito, em algumas partes do mundo, a privatização foi rotulada de "subornização". Os governos se tornaram especialistas em manter a fachada de uma privatização honesta, realizando a venda por meio de leilão. Eles podem, porém, pré-qualificar os concorrentes — e quem apresente alguma probabilidade de perturbar a venda planejada a um preço com desconto é desqualificado. Eles podem dizer que o lance indesejado foi feito tarde demais, que o concorrente não apresentou garantias adequadas de recursos financeiros, e assim por diante.

Mesmo sem corrupção direta, a pressão do FMI para privatizar depressa levou a receitas substancialmente menores para os governos (os países em desenvolvimento estão desesperados para agradar ao FMI, não apenas porque essa instituição pode suspender seu empréstimo se for contrariada, mas porque outras instituições, na seqüência, podem suspendê-lo também). Na medida em que acreditam que o leilão será menos intenso, os licitantes fazem lances menos agressivos e o governo acaba aceitando um lance que é lamentavelmente inadequado. Os problemas são ainda piores naquelas situações — não infreqüentes — em que o número de licitantes é muito limitado (um, dois ou três), quando pode surgir um conluio tácito ou explícito.[11]

O argumento a favor da privatização reza que o setor privado é mais eficiente do que o público. Essa opinião é movida tanto por ideologia quanto por análises sólidas: há muitos exemplos de empresas estatais de petróleo e mineração muito eficientes (e exemplos de companhias privadas ineficientes). A ineficiência de algumas empresas estatais deve-se à falta de investimento causada pela insistência do FMI em tratar a dívida dessas empresas como qualquer outra forma de dívida pública; uma companhia privada costuma tomar empréstimos para financiar seus investimentos, mas as empresas estatais dos países em desenvolvimento estão efetivamente proibidas disso.[12]

Eficiência, porém, não é tudo. Mesmo que o setor privado fosse mais eficiente, igualmente importante é quanto o povo em geral recebe por seus recursos naturais. Quando acontece uma privatização, os países costumam receber uma entrada e depois royalties à medida que o recurso é extraído e vendido. Nas privatizações malfeitas, os governos acabam recebendo muito pouco no início e muito pouco no decorrer do processo. A empresa petrolífera estatal da Malásia, Petronas, tornou-se um player global e o ex-primeiro-ministro malaio Mahathir bin Mohamad diz que o país recebe uma fração maior do valor de seus recursos do que outros países que privatizaram, e uma fração maior do que se tivesse privatizado a empresa.[13] O Chile privatizou cerca de metade de suas minas de cobre e, contudo, as minas estatais são igualmente eficientes — e, devido ao fato de que os lucros das minas privadas são mandados para o exterior, as minas estatais propiciam mais receita para o povo.[14]

A Rússia oferece um exemplo dramático de privatização destrambelhada. Com o fim do comunismo e a decadência de um Estado efetivo, a outrora segunda potência do mundo tornou-se cada vez mais dependente de seus recursos naturais — segundo algumas estimativas, em anos recentes, cerca de 70% de seu PIB esteve relacionado com esses recursos. Boris Yeltsin precisava de ajuda para se reeleger em 1996 e um pequeno grupo de oligarcas tinha a capacidade organizacional (e financeira) para tanto — em troca do controle dos vastos recursos naturais da nação. Os eventos críticos aconteceram em 1995-96, em uma venda que a editora do *Financial Times* Chrystia Freeland chamou de "a venda do século".[15] Houve leilões, mas foram manipulados. Em conseqüência, os oligarcas obtiveram legalmente os recursos naturais do país por uma ninharia. Algumas autoridades do governo acreditam que a quantia "roubada" supera 1 trilhão de dólares.

Mais tarde, quando Vladimir Putin sucedeu a Yeltsin, ele compreendeu que uma tal concentração de renda era uma ameaça tanto para si próprio como para a democracia russa. Como poucos desses oligarcas haviam pago os impostos devidos nos primeiros anos da transição, não foi difícil para o novo presidente descobrir como usar o poder do Estado — dentro das regras do jogo — para recuperar uma quantidade significativa dos recursos. Ele teve sucesso no caso da Yukos, a maior companhia petrolífera russa, ainda que Mikhail Khodorkovski, que havia obtido o controle da empresa, tenha usado sua imensa riqueza para gerar uma campanha mundial de relações públicas (da qual participaram muitos governos ocidentais, inclusive o de Bush) contra sua acusação seletiva. Embora seja difícil determinar que papel a posição política de oposição de Khodorkovski desempenhou no seu processo, seus aliados pareciam dizer que era permissível usar a lei para roubar recursos do povo, mas não para aplicar a lei a fim de reaver o que era legalmente possuído.

As privatizações russas puseram em destaque um problema que é endêmico em todo o mundo. No caso da Rússia, eram russos roubando dinheiro de seu próprio país; na maioria dos outros casos, os que extraem os recursos são estrangeiros, o que só aumenta a tensão. Governos foram derrubados por causa desse problema, como aconteceu na Bolívia, e o sentimento de ultraje granjeou apoio àqueles que, como Chávez na Venezuela, prometem um negócio melhor. Os cidadãos comuns vêem os venezuelanos ricos e as empresas estrangeiras se beneficiando com sua riqueza, mas nenhuma parte dela parece gotejar para eles. A capacidade de Chávez de renegociar velhos contratos a fim de obter melhores termos para seu país reforça a crença de que, no passado, os venezuelanos foram enganados. Botsuana oferece outro exemplo esclarecedor. O país conseguiu renegociar o contrato com o cartel dos diamantes De Beers para garantir que obteria pleno valor por seus recursos, ou, pelo menos, mais valor, e aumentou sua participação no negócio de 15% para 50%. Sem essa renegociação, é provável que Botsuana não fosse capaz de gozar do notável sucesso econômico que tem tido desde a independência.

No fim das contas, com demasiada freqüência o país perde duas vezes: primeiro, com o contrato injusto ou a privatização, depois com o tumulto político e atenção adversa da comunidade internacional de investimentos, quando é feita uma tentativa de endireitar as coisas.

USAR BEM O DINHEIRO

Obter uma fatia justa do valor de seus recursos naturais é a primeira tarefa que se ergue diante dos países em desenvolvimento. O desafio seguinte é usar bem o dinheiro. Os sauditas que na década de 1970, em Londres, compravam grandes propriedades e faziam grandes excursões de compras oferecem um dos exemplos mais ostentosos do que não fazer com a riqueza de um país. O povo da Arábia Saudita estaria certamente em situação melhor se o dinheiro do petróleo tivesse sido gasto em seu desenvolvimento e não em propriedades londrinas e armas — desde 1988, os gastos militares sauditas estiveram abaixo de 10% do PIB apenas três vezes (os Estados Unidos, cujas despesas em defesa equivalem às do resto do mundo somadas, gastam somente 3% a 4% de seu PIB). Quando os países ricos em petróleo investem, com freqüência o fazem mal. Os retornos são muitas vezes ínfimos. A

Venezuela e a Arábia Saudita teriam retornos melhores se tivessem investido seu dinheiro nas bolsas de Nova York ou Londres.

Os governos ricos em recursos naturais têm uma tendência a ser pródigos. O dinheiro fácil leva à gastança. Naturalmente, todos os governos têm problemas para garantir que o dinheiro seja bem gasto. Os gastos do tipo *pork barrel** — dinheiro despendido em projetos que têm pouco valor além de agradar aos eleitores — são uma característica de muitas, se não da maioria, das democracias. As forças políticas estão tão presentes nos países em desenvolvimento quanto nos desenvolvidos, mas os primeiros simplesmente não podem arcar com o desperdício de dinheiro.

Acrescenta-se ao problema de gastar bem o dinheiro a imprevisibilidade das receitas. Os preços dos recursos naturais são muito voláteis. Os do petróleo, por exemplo, subiram de 18 dólares o barril, no final de 2001, para mais de 70 dólares em 2006. De 2003 a 2005, os preços do cobre aumentaram 98% e os do estanho, 55%. Isso cria um padrão de expansão e contração (*boom-and-bust*) na economia: quando os preços estão altos, o país gasta com liberalidade, deixando de antecipar a queda dos preços mais adiante. Quando os preços finalmente caem — como aconteceu várias vezes —, ocorrem falências e uma depressão econômica. A expansão costuma ser acompanhada de um boom imobiliário, com os bancos emprestando facilmente, confiantes no alto valor da garantia imobiliária que exigem. Quando o colapso dos preços dos recursos naturais é acompanhado pela queda dos preços imobiliários, o sistema bancário se enfraquece e os bancos

* A política de *pork barrel* é a apropriação de recursos federais para projetos ineficientes que beneficiam as áreas específicas dos congressistas, mas que pouco favorecem a nação como um todo, como é o caso das emendas dos deputados ao orçamento no Brasil. (N. T.)

são forçados a cortar os empréstimos, afundando ainda mais a economia na recessão. Até mesmo os países desenvolvidos normais encontram dificuldades para gerir uma economia de mercado de forma estável: recessões e depressões periódicas marcam o capitalismo desde seu início. Gerir economias ricas em recursos naturais é difícil devido a enorme variabilidade da renda das exportações. Mas administrar as frágeis economias ricas em recursos dos países em desenvolvimento é uma tarefa realmente assustadora.

Os países em desenvolvimento não têm a capacidade de suportar as variações na receita das exportações tão bem quanto os países desenvolvidos. Eles não possuem os estabilizadores incorporados — sistemas progressivos de tributação de renda, seguro-desemprego e programas sociais que injetam mais dinheiro na economia quando ela está fraca. As pessoas não contam com poupanças para se manter. Com freqüência, os bancos não estão bem capitalizados ou regulamentados, então ficam mais propensos ao colapso.

Para piorar as coisas, os banqueiros internacionais estão sempre dispostos a emprestar aos países ricos em recursos naturais quando o preço desses recursos está alto, e a elite dominante tem dificuldades para recusar as ofertas. Isso explica o fenômeno curioso de vários países altamente endividados que estão com dificuldades para cumprir suas obrigações da dívida, embora sejam ricos em petróleo, como a Indonésia e a Nigéria. Mesmo que os projetos que os bancos financiam não sejam bons, um boom da construção faz os cidadãos — e, em especial, os empreiteiros do setor — se sentirem melhor; o problema do pagamento é deixado para depois.[16] Quando o preço do recurso natural cai, os banqueiros, é claro, querem seu dinheiro de volta — justamente quando o país mais precisa dele. A expansão e contração dos empréstimos exacerba a volatilidade econômica provocada pela expansão e contração dos preços.

Em vários casos, quando os países compreendem o que precisa ser feito para estabilizar a economia — e até dispõem dos recursos para tanto —, o FMI os pressiona para adotar políticas que, na realidade, pioram as quedas econômicas. Vi isso acontecer no Equador e na Bolívia, nas recessões e depressões que marcaram o final da década de 1990. Durante 75 anos, a receita-padrão para uma economia enfrentar uma recessão foi uma política fiscal expansionista — gastar dinheiro em educação e, em especial, na infra-estrutura extremamente necessária para o crescimento. Via de regra, os países em desenvolvimento sentem dificuldades para financiar o estímulo exigido, mas Equador e Bolívia tinham sorte: possuíam reservas enormes de gás e petróleo que logo estariam disponíveis e que poderiam usar como garantia para empréstimos. Bolivianos e equatorianos argumentavam — com razão, em minha opinião — que o retorno sobre os investimentos na recessão era muito maior do que seria quando as condições mundiais voltassem aos níveis normais e as economias deles estivessem próximas do pleno emprego. Além do retorno direto, haveria um efeito multiplicador, na medida em que os gastos estimulariam toda a economia, marcada por uma grande subutilização da capacidade de produção, e a ajudariam a avançar no sentido do pleno emprego. Gastar dinheiro, tendo recursos naturais para sustentar os empréstimos, fazia sentido econômico. Mas o FMI sempre preocupado com o excesso de gastos dos governos pressionou os dois países a seguir um rumo bem distinto. Não só não queria que estimulassem suas economias por meio do aumento dos gastos, mas exigiu cortes nos gastos a fim de compensar o declínio da receita tributária causado pela recessão. Os países andinos sentiram que não tinham escolha: cederam à pressão do FMI e as políticas implementadas pioraram a situação econômica.

O FMI chegou a colocar problemas para uma das economias

mais bem geridas do mundo, a do Chile, quando o país entrou em recessão, como o resto da América Latina, no final dos anos 90. O governo havia levado a sério o princípio de administrar bem seus recursos e criara um fundo de estabilização em 1985. Quando o período era bom e o preço do cobre alto, punha dinheiro no fundo, para ser sacado em tempos de necessidade. Mas, quando quis gastar esse dinheiro, o FMI disse que não deveria.[17] O Chile queria apenas gastar dinheiro que economizara para dias difíceis. Agora que esses dias haviam chegado, o FMI disse que trataria os gastos do fundo de estabilização como qualquer outra forma de gasto deficitário. Com razão, o Chile levantou a questão: para que ter um fundo de estabilização se não se pode gastar o dinheiro quando é preciso estabilizar a economia? A pergunta caiu no vazio. Mas o Chile tinha medo de ignorar o FMI, pois embora não tivesse empréstimos junto a essa instituição, o país temia que os mercados financeiros reagissem às críticas elevando suas taxas de juros. E assim, ao seguir uma política menos expansionista do que teria seguido caso o FMI aprovasse o uso do fundo de estabilização — gasto com que tinha condições de arcar —, o Chile cresceu menos do que poderia.

A doença holandesa

Gastar bem o dinheiro e gastá-lo no momento certo são dois dos maiores desafios enfrentados pelos países ricos em recursos naturais. Há um terceiro problema, identificado pela primeira vez na década de 1970 e no começo da de 1980, na esteira da descoberta de petróleo no mar do Norte: enquanto desfrutavam essa óbvia abundância, os holandeses começaram a notar que o resto de sua economia havia desacelerado. Ali estava uma economia desenvolvida e funcionando bem que subitamente enfrentava um enorme problema de emprego porque suas empresas não eram competitivas. O motivo era que o influxo de dólares pelo pagamento do petróleo e do gás do mar do Norte havia levado a uma taxa cambial alta; com o câmbio alto, os exportadores holandeses não conseguiam vender seus produtos e as empresas nacionais encontravam dificuldades para competir com as importações.

O problema, conhecido como "doença holandesa", em homenagem ao país em que foi diagnosticada pela primeira vez, tem infestado os países ricos em recursos naturais de todo o mundo quando vendem seus recursos e convertem os dólares que ganham em moeda local. Com a apreciação de sua moeda, encontram dificuldades para exportar outros produtos. O ritmo do crescimento nos outros setores diminui e o desemprego aumenta, uma vez que o setor de recursos naturais costuma empregar pouca gente. Antes do boom do petróleo há três ou quatro décadas, a Nigéria era uma exportadora importante de produtos agrícolas. Hoje, é uma grande importadora. Antes de se tornar uma das maiores exportadoras de petróleo, a Venezuela era uma grande exportadora de chocolate de alta qualidade (ainda produz alguma coisa). Em ambos os casos, como aconteceu na Holanda, os recursos naturais tiveram o efeito perverso de prejudicar o resto da economia.

Pode não ser possível evitar completamente a doença holandesa, mas sua magnitude pode ser reduzida. O problema, como observamos, vem da conversão de moeda estrangeira em moeda corrente, cujo valor se eleva. Reduzir a conversão reduz também o grau de apreciação da taxa cambial; isso significa que o país precisa gastar uma parte do dinheiro dos recursos naturais em importações e manter uma parte do resto no exterior.

A doença holandesa nos propicia assim outro argumento a favor dos fundos de estabilização, nos quais um país pode poupar dinheiro quando os preços estão altos e a economia passa por uma expansão, dinheiro que pode então gastar quando a economia se tornar recessiva. O Azerbaijão criou um tal fundo em

2001; no final de 2003, mais de 800 milhões de dólares de suas receitas do petróleo já haviam sido investidos.[18] Os investimentos no exterior trazem um duplo retorno para a economia: há um retorno direto, e, ao reduzir o grau de apreciação da moeda, ajuda a criar empregos e a crescer.

Embora possam ser boas, essas políticas econômicas são difíceis de implementar em países de democracia deficiente. As pessoas pobres de um país em desenvolvimento não entendem por que seu governo decide investir seus escassos recursos no exterior quando há tanta necessidade de dinheiro dentro do país. Elas não conseguem entender que, embora o dinheiro do petróleo possa, por exemplo, ser usado para construir uma escola que criaria empregos, ainda mais empregos seriam perdidos em outros lugares em conseqüência da apreciação da moeda — a doença holandesa. Há uma lição simples: os países precisam financiar seus gastos locais — digamos, para professores ou operários empregados na construção de estradas — com receitas levantadas dentro do país, por exemplo, por meio de impostos, economizando os dólares ganhos com a venda de recursos naturais para comprar os bens importados necessários, ou para algum momento no futuro. É óbvio que isso requer que os governos aumentem impostos para financiar o lado doméstico de seus gastos. O problema é que nenhum governo gosta de elevar impostos, e em países com alta taxa de desemprego há uma enorme pressão política para gastar o dinheiro do petróleo dentro do país, e sem demora.

PARA FAZER A GLOBALIZAÇÃO FUNCIONAR: A MALDIÇÃO DOS RECURSOS NATURAIS NÃO É INEVITÁVEL

A maldição dos recursos naturais não é destino, é escolha. Hoje, a exploração desses recursos é uma parte importante da globalização e, sob certos aspectos, os fracassos dos países em desenvolvimento ricos em reservas naturais são emblemáticos dos fracassos da globalização. O Ocidente depende substancialmente dos recursos que recebe dos países em desenvolvimento, e seus incentivos egoístas e de curto prazo — e de modo especial os interesses das indústrias extrativas — nem sempre coincidem com o bem-estar dos países em desenvolvimento. Mas, para que a globalização funcione no longo prazo, esses países — e seus cidadãos — devem receber um tratamento melhor. Felizmente, existem também sucessos que justificam o otimismo em relação a fazer a globalização funcionar.

Entre os países desenvolvidos, a Noruega se destaca como um modelo de boas práticas. O petróleo gera quase 20% do seu PIB e 45% das exportações. A companhia petrolífera estatal (há pouco tempo parcialmente privatizada) é eficiente, mas, o que é mais importante, o país reconheceu a quantidade limitada de seus recursos naturais — suas reservas de petróleo e gás deverão se esgotar em setenta anos — e colocou boa parte da receita em um fundo de estabilização de 150 bilhões de dólares, o que equivale hoje a cerca de 50% de seu PIB.[19]

Botsuana, embora recentemente devastada pela aids, destaca-se como um dos poucos casos de êxito no mundo em desenvolvimento, em especial no que tange ao tratamento de sua riqueza em diamantes. A economia do país cresceu uma média de 9% anuais nos últimos trinta anos, rivalizando com o crescimento dos Tigres Asiáticos. Esse resultado foi alcançado com um governo democrático comprometido em criar um consenso entre a população sobre as políticas exigidas para o crescimento bem-sucedido, que incluía o uso de um fundo de estabilização para enfrentar as conseqüências da volatilidade do preço dos diamantes. A Malásia é outro país rico em reservas naturais que usou essa riqueza como base para entrar para o clube dos países recentemente industrializados.

A maior responsabilidade por obter o maior valor possível por seus recursos naturais e usá-lo bem reside nos próprios países. Sua prioridade máxima deveria ser criar instituições que reduzam o alcance da corrupção e assegurem que o dinheiro derivado do petróleo e de outros recursos naturais seja investido, e bem. Talvez seja desejável ter algumas regras firmes e seguras para esse investimento: uma certa fração destinada aos gastos com saúde, uma certa fração para a educação, outra para a infra-estrutura. É preciso estabelecer procedimentos para a avaliação independentemente dos retornos sobre os investimentos. Os fundos de estabilização são essenciais, mas os governos devem ter permissão para usá-los em circunstâncias apropriadas e, em especial, para ajudar a estabilizar a economia. Sobretudo, é importante que os países em desenvolvimento vejam seus recursos naturais como um dote, do qual o governo e a geração atuais são curadores para as próximas gerações.

Porém, creio que a comunidade internacional pode fazer mais do que apenas oferecer palestras conscienciosas sobre o que os países em desenvolvimento podem e devem fazer para obter mais de seus recursos naturais e para usá-los melhor. Mais eficaz seria os governos dos países desenvolvidos propiciar modelos a serem seguidos, dar conselhos e oferecer assistência de modo a mudar os incentivos e as oportunidades, e fazer o que estivesse a seu alcance para circunscrever as enormes forças a favor da corrupção que vêm do mundo desenvolvido.

Corrupção e conflito

As forças políticas dos países em desenvolvimento que levam à corrupção persistente e a elites que usam a riqueza dos recursos naturais para aumentar sua própria fortuna não sairão de cena simplesmente porque alguém lhes aponta as conseqüências de suas ações ou sua falta de moralidade. Elas escutam as preleções do Ocidente, mas vêem as companhias petrolíferas ocidentais enviando cheques mensais para sustentar regimes repressivos — como no Chade e no Sudão — e governos ocidentais fornecendo as armas que mantêm a repressão. Naturalmente, isso põe em questão as prioridades do Ocidente: o dinheiro é visto como o senhor supremo. A aparente falta de compromisso com a democracia é obviamente reforçada por eventos como a violação dos direitos humanos básicos na baía de Guantánamo e na prisão de Abu Ghraib. Quando perguntaram a um primeiro-ministro pouco democrático de um país em desenvolvimento quais eram as lições do 11 de setembro, sua resposta imediata foi a importância do direito de deter pessoas sem julgamento.

Não é apenas nesses escândalos amplamente divulgados que os governos ocidentais dão um mau exemplo. A política de recursos naturais dos Estados Unidos — que cede os direitos sobre minerais e é controlada por interesses especiais — é um modelo de como as coisas não devem ser feitas. O sigilo com que o governo Bush formulou sua política energética, recusando-se inclusive a revelar os nomes dos representantes das indústrias envolvidas, também serve como um péssimo modelo. Os argumentos de Bush a favor dos privilégios do executivo são adorados por aqueles que tentam manter suas ações em segredo — seja para benefício próprio, de seus asseclas ou de um círculo mais amplo de amigos que os ajudaram a se manter no poder.

A transparência é reconhecida há muito tempo como um dos antídotos mais poderosos contra a corrupção; como diz a expressão, "o melhor anti-séptico é a luz do sol". Para que possam impedir a corrupção, os cidadãos precisam saber o que está acontecendo. As leis que garantem o direito à informação dos cidadãos (tais como as leis de liberdade de informação americana e a britânica) são necessárias para promover tanto a democracia significativa como a *accountability*. A Iniciativa para o Diálogo sobre Políticas que fundei na Universidade Columbia para aumentar a compreensão das políticas que afetam o desenvolvimento tem como um de seus principais objetivos a aprovação de leis desse tipo nos países em desenvolvimento. Esse projeto tem tido um sucesso considerável, que culminou numa conferência mundial co-patrocinada pelo governo do México, que recentemente aprovou legislação a respeito, acompanhada por leis correspondentes na maioria dos estados mexicanos. A Tailândia incluiu em sua Constituição o direito à informação dos cidadãos. Em todos os países, a partir da plena revelação de quanto o país está vendendo e quanto está recebendo por seus recursos naturais, seus cidadãos podem melhor avaliar se o valor justo está sendo obtido ou se há algum tipo de deslisura em andamento.

Às vezes, os governos alegam que não podem revelar informações porque isso viola a confidencialidade dos negócios. Via de regra, essas alegações não passam de uma desculpa, um véu atrás do qual as autoridades do governo e a empresa podem dar continuidade a suas práticas corruptas. O governo *pode* estabelecer as regras, e existe um número suficiente de companhias honestas dispostas a jogar dentro das regras da transparência. O direito dos cidadãos à informação deveria estar acima de qualquer reivindicação de confidencialidade dos negócios.

Os países industriais avançados, ao mesmo tempo em que passam sermão nos países em desenvolvimento sobre seus níveis de corrupção, não entendem o papel que seus conselhos — e até as políticas que lhes impingem — às vezes desempenham, de forma não intencional, no debilitamento das forças a favor do Estado de direito. As políticas econômicas podem moldar, ou pelo menos afetar, os processos políticos. Por exemplo, a probabilidade de que um país adote o império da lei depende, em parte, da demanda por isso — do apoio político, especialmente da elite rica. Mas, na Rússia, aqueles que obtiveram sua riqueza através das privatizações ilegítimas tinham pouco interesse em estabelecer um Estado de direito conducente a investimentos (em oposição a um conducente à espoliação dos recursos).[20]

Aqueles que aconselharam a Rússia a privatizar rapidamente, concentrando-se na rapidez acima do resto, contribuíram assim para seus problemas atuais. Outras políticas econômicas também prejudicaram a demanda por um império da lei. Como observamos antes, com a liberalização dos mercados de capitais, os oligarcas puderam tirar seu dinheiro do país com facilidade; puderam gozar dos benefícios do império da lei no exterior ao mesmo tempo em que roubavam e espoliavam os recursos nacionais. Do mesmo modo, quando o FMI sugeria, ou mesmo exigia que a Rússia tivesse altas taxas de juros como condição para receber ajuda, isso também pode ter levado a conseqüências políticas: com taxas de juros altas, os investimentos novos não eram lucrativos; e aqueles que haviam obtido o controle da riqueza russa eram mais incentivados a espoliar os recursos. Politicamente, os interesses dos oligarcas estavam dentro de um marco legal que os validava, em vez de possibilitar a criação de riqueza para todos os russos, e a combinação tóxica minou o apoio ao império da lei no país como um todo.

O que o FMI fazia tinha mais importância do que aquilo que dizia: ele enfraquecera a política da reforma ignorando os efeitos que suas recomendações causavam no comportamento econômico e político.

Embora, às vezes, os conselhos do Ocidente tenham se mostrado contraproducentes, há algumas áreas em que podem ser úteis para se alcançar uma transparência maior (como discutimos antes) e para ajudar os países em desenvolvimento a pensar com muito cuidado sobre como gerir melhor seus recursos naturais, tanto para a estabilidade de curto prazo como para o crescimento de longo prazo. Por exemplo, as estruturas contábeis comumente usadas precisam ser reformuladas, retirando o falso sentimento de crescimento da parte dos países que vivem da herança de recursos. Como enfatizei no capítulo 2, as medidas de produção deveriam enfocar a sustentabilidade.

Pensemos no petróleo como um ativo: os recursos naturais de um país são seu dote, localizado no subsolo: como qualquer outro ativo, precisam ser administrados. Quando são extraídos, o ativo vai embora. Se os rendimentos não forem investidos, o país fica mais pobre. Assim como os livros de uma empresa mostram a depreciação de seus ativos, do mesmo modo a contabilidade de uma nação deveria refletir o esgotamento de seus escassos recursos naturais. Mas a medida mais usada de produção, o produto interno bruto, não faz isso. Ele mostra apenas que quanto mais petróleo se extrai, maior a renda, independente de como ela é gasta, independente do fato de que esse gasto *sem investimento* é insustentável. Em conseqüência, um país com um PIB alto pode, na realidade, estar ficando cada vez mais pobre: sua aparente prosperidade não é sustentável. As coisas podem ser ainda piores: a extração de alguns recursos naturais leva à degradação ambiental, um passivo. Consertar o dano pode custar bilhões de dólares, como Papua-Nova Guiné descobriu quando fechou a mina de ouro de Ok Tedi.

O produto nacional líquido verde (PNL Verde) é uma medida que subtrai não apenas a depreciação do capital, mas também o esgotamento dos recursos naturais e a degradação do meio ambiente. Ele está voltado para a renda daqueles que vivem no país, excluindo os lucros de uma mina que vão para seus donos no exterior. Em casos extremos, os custos do saneamento ambiental podem ser iguais ou superiores aos retornos sobre os recursos extraídos; o PIB pode estar aumentando, mas o PNL Verde pode estar diminuindo.

A contabilidade é importante porque influi nas decisões. O foco no PNL Verde induziria os países a gastar mais em conservação. Ele faria com que os contratos sobre recursos naturais fossem bons para os cidadãos do país; por mais que o PIB crescesse, qualquer contrato que diminuísse o PNL Verde deveria ser rejeitado. Quando presidi o Conselho de Assessores Econômicos, defendi a criação desse tipo de contabilidade para os Estados Unidos, como complemento às contas habituais de PIB, mas a indústria do carvão, percebendo como o modo de pensar — e o de agir — poderia ser influenciado, promoveu leis que cortavam o financiamento para o desenvolvimento desse tipo de contabilidade.

Também são necessárias mudanças na contabilização dos déficits. Todos os países se preocupam com déficits. Mas as estruturas contábeis que olham apenas para os déficits, para os passivos, sem olhar para ao outro lado do balanço, são particularmente perigosas. Os países precisam criar contas de capital que olhem tanto para passivos como para ativos, e notar especialmente as situações em que as vendas de ativos (inclusive a venda de recursos naturais e as privatizações) estão sendo usadas de forma enganadora para fazer os déficits parecerem menores do que realmente são. Os países podem reduzir seus déficits derrubando florestas, vendendo ativos nacionais, desfazendo-se de seus recursos naturais por uma fração de seu valor total. E o país ganha então uma boa nota na contabilidade do FMI; e tal contabilidade é importante não somente porque suas notas ruins significam que essa e outras instituições podem cortar a ajuda financeira, mas também porque os mercados de capitais podem se recusar a ampliar o crédito. Mas a realidade é que, em conseqüência das vendas, o país não está mais rico, está mais pobre. Do mesmo modo, os investimentos que poderiam permitir que mais recursos naturais fossem extraídos de forma mais eficaz — digamos, de um campo de petróleo — são efetivamente desestimulados, porque se o país precisa tomar emprestado para financiar o investimento, mesmo se o retorno for alto, ele será censurado pelo aumento do gasto deficitário. Para contornar os grilhões dessa contabilidade, muitos países privatizam em termos desvantajosos, empobrecendo-se e pondo desnecessariamente em perigo seu futuro.

Essas reformas contábeis também ajudariam de uma outra maneira. Os países deveriam ser estimulados a criar fundos de estabilização — reservas às quais poderiam recorrer em tempos difíceis; que ajudam a proteger os países dependentes de recursos naturais da volatilidade de seus preços. Mas como observamos antes no caso do Chile, a contabilidade do FMI, que trata o gasto dos fundos de estabilização como qualquer outra forma de gasto deficitário, desencoraja os países a criá-los. Os fundos, entretanto, são uma ferramenta importante para ajudar os países em desenvolvimento a alcançar a estabilidade macroeconômica. Sem isso, o tumulto econômico tão predominante nos países ricos em recursos naturais persistirá e a economia de mercado não terá uma chance justa de produzir suas maravilhas.

UMA PAUTA DE AÇÃO PARA A COMUNIDADE INTERNACIONAL

Além de dar conselhos melhores e servir de modelos melhores, os países desenvolvidos podem tomar medidas concretas para ajudar os países ricos em recursos naturais. Três dessas medidas são discutidas em outros lugares deste livro: os capítulos 2 e 7 mostram como pôr em prática leis contra o suborno e diminuir o sigilo bancário são ações no sentido de reduzir as oportunidades de corrupção; o capítulo 6 explica como os países em desenvolvimento fornecem uma quantidade extraordinária de serviços ambientais — as florestas tropicais ajudam a preservar a biodiversidade e reduzir as concentrações dos gases de efeito estufa — que beneficiam o mundo inteiro, mas pelos quais não são compensados; o capítulo 7 detalha um conjunto de reformas legais que impediria que as empresas multinacionais espoliassem o meio ambiente dos países em desenvolvimento quando extraem seus recursos — ou, se o fizessem, que pagassem pelas conseqüências. Aqui descrevo sete outras medidas.

1. A Iniciativa de Transparência das Indústrias Extrativistas[21]

Descrevi antes como uma transparência maior desestimularia a corrupção, tornando mais provável que os países em desenvolvimento viessem a receber o valor pleno por seus recursos naturais. Os países industriais avançados podem ajudar a garantir a transparência dizendo simplesmente: ninguém obtém uma dedução de impostos pelo dinheiro gasto em royalties ou outros pagamentos a governos estrangeiros, exceto se revelar totalmente o que foi pago e quanto do recurso em questão foi extraído. Sem um amplo acordo desse tipo, continuará a existir uma corrida ao fundo do poço e as empresas e países mais dispostos a se envolver em práticas corruptas e menos dispostas a ser transparentes terão vantagem sobre os outros.

2. Reduzir as vendas de armas

Ainda pior do que a corrupção é o conflito armado que os recursos minerais e petrolíferos financiam. Mais uma vez, a comunidade internacional poderia se empenhar mais para tornar mais difícil e mais caro comprar armas. Temos a responsabilidade de cortar o fornecimento na fonte — os fabricantes de armas que lucram com este negócio obsceno — ou, ao menos, impor uma tributação pesada sobre a venda de armas e checar a fonte do dinheiro que paga por elas.[22]

3. Certificação

Em 5 de julho de 2000, o Conselho de Segurança da ONU impôs uma proibição de importação (direta ou indireta) de diamantes brutos de Serra Leoa que não tivessem um certificado de origem do governo daquele país. Os diamantes não certificados são conhecidos agora como "diamantes do conflito"; esse reconhecimento público do papel dos recursos naturais no financiamento de um conflito e da necessidade de sua redução é um passo na direção certa. A Anistia Internacional, a parceria África-Canadá e a Global Witness, junto com outras ONGs, estão liderando o esforço para fazer valer a proibição.[23]

Um sistema de certificação similar deveria ser criado para as madeiras nobres tropicais. Aqui, o problema não é tanto o financiamento de conflitos (embora, às vezes, as madeireiras ilegais também ajam desse modo), mas que a atividade madeireira ilegal leva ao desmatamento rápido, com poucos benefícios para o país.[24] O que Papua-Nova Guiné recebe pela madeira é menos de 5% de seu valor depois que chega ao mundo desenvolvido. A madeira certificada seria cortada de uma forma ambientalmente sustentável, de tal modo que não apenas a geração atual mas também as futuras pudessem se beneficiar das florestas — e o mundo como um todo poderia ser salvo do desmatamento rápido. Com um sistema de certificação em funcionamento, a madeira que é cortada num conluio entre, digamos, um chefe tribal de Papua-Nova Guiné e um magnata malaio da madeira não encontraria mercado com facilidade. Os preços mais altos recebidos pela madeira certificada — e os mais baixos pela madeira não-certificada, quando os escoadouros são cortados — propiciariam um incentivo natural para que os países aderissem a programas de madeira certificada. Com efeito, inícios de programas semelhantes já existem na Indonésia e no Brasil; sua acolhida calorosa pelos consumidores e por alguns varejistas sugere que haveria uma reação positiva nos países desenvolvidos, em especial de firmas socialmente responsáveis, como a Home Depot.

4. Direcionamento da ajuda financeira

Os governos dos países desenvolvidos podem oferecer outros incentivos ao limitar a ajuda, tanto através do Banco Mundial como de seus próprios programas de assistência, aos países que não obtêm valor pleno por seus recursos naturais. Embora exista um debate considerável sobre a eficácia da condicionalidade (impor condições como pré-requisito para receber ajuda), no caso dos países ricos em recursos, há uma questão fundamental: por que os contribuintes do mundo desenvolvido deveriam subsidiar um governo que, na realidade, está quase doando seus recursos? O debate foi particularmente intenso nos primeiros dias da transição da Rússia para uma economia de mercado. Havia quem defendesse que o Ocidente deveria oferecer ao país mais dinheiro.[25] Mas, ao mesmo tempo, havia um fluxo enorme de dinheiro saindo do país. Se o governo tivesse estancado a sangria — facilitada por sua privatização corrupta —, haveria pouca necessidade de dinheiro de fora. E, se o governo era tão corrupto e incompetente que não conseguia obter dinheiro suficiente da venda de seus recursos naturais para gerir sua transição para a economia de mercado, por que deveríamos pensar que alguns bilhões de dólares a mais do Ocidente seriam bem gastos, ou mesmo fazer muita diferença?[26] Embora não se possa comprar políticas boas (a ajuda dada sob a condição de que os países cumpram uma longa lista de condições não alcança seus objetivos), a seletividade — ou ajudar países que demonstraram sua capacidade de seguir políticas apropriadas — oferece incentivos, e há pelo menos uma esperança de que isso contribua para que os países andem na direção certa.

5. Estabelecer normas

Um dos problemas fundamentais que identificamos é que os países em desenvolvimento não chegam nem perto de receber o valor pleno por seus recursos naturais. Algum organismo internacional — talvez o Banco Mundial — poderia ajudar a garantir que esses países sejam bem tratados pelas companhias petrolíferas e pelas indústrias extrativistas; desenvolver procedimentos de leilão que tornem mais provável que venham a receber uma fração maior do valor de seus recursos; redigir modelos de contratos que assegurem um tratamento justo a esses países (por exemplo, compartilhar mais dos benefícios quando os preços do petróleo aumentam consideravelmente); e avaliar qual fração do valor do recurso está sendo recebida pelos países em desenvolvimento. Ele poderia tentar criar uma corrida pelo topo, comparando a fração do valor líquido que vai de fato para cada país em desenvolvimento.[27]

6. Limitar o dano ambiental

As multinacionais precisam de incentivos melhores para não espoliar o meio ambiente. E a não ser que sejam forçadas a pagar pelo dano ambiental que resulta de suas ações, seus incentivos serão na direção oposta. Hoje, os acordos de investimento internacional são unilaterais: são projetados para garantir que os países em desenvolvimento não expropriem os ativos dos investidores, mas dão pouca atenção para o problema inverso que tem infestado tantos países em desenvolvimento, empresas que espoliam o meio ambiente e depois vão embora. É necessária uma agência internacional para monitorar o dano ambiental. Assim como os países em desenvolvimento garantem que não vão expropriar os investimentos, os países desenvolvidos onde as companhias petrolíferas são registradas garantiriam que qualquer dano ambiental seria saneado totalmente a partir de padrões claros e exigentes para tais ações reparadoras.

7. Imposição

Descrevemos uma variedade de boas práticas, maneiras pelas quais os países desenvolvidos podem ajudar o mundo em desenvolvimento a assegurar para seus cidadãos a colheita dos benefícios dos recursos que possuem — aumentando a transparência, desestimulando o suborno e a corrupção e protegendo o meio ambiente. Mas essas medidas não podem e não devem ser deixadas ao sabor da boa vontade. As quantias de dinheiro em jogo são grandes demais, os incentivos para uma corrida ao fundo do poço são grandes. Deve haver uma imposição eficaz dessas medidas. Os acordos de comércio podem ser usados para forçar o "bom comportamento". As sanções comerciais podem ser usadas contra empresas e países que se entregam a práticas comerciais injustas — e não aderir à iniciativa de transparência das indústrias extrativas e outras medidas contra o suborno deveria ser tratado como uma prática comercial injusta.

Podemos fazer a globalização funcionar, ou pelo menos funcionar melhor, para os que vivem em países ricos em recursos naturais. Se ela não funcionar para eles, que esperança podemos ter de que funcionará para os que vivem nos países muito mais pobres do mundo em desenvolvimento? A comunidade internacional deve trabalhar não apenas para que os países ricos em recursos naturais obtenham o valor pleno por suas riquezas, mas devem ajudá-los a gerir suas economias de uma forma que garanta a estabilidade e o crescimento — e assegurar que os frutos desse crescimento sejam compartilhados amplamente.

Podemos acabar com a maldição dos recursos naturais e transformar sua abundância no que ela deveria ser — uma bênção.

Há um problema primordial: o bem-estar dos países em desenvolvimento ricos em recursos naturais depende de quanto eles obtêm por esses recursos; o bem-estar das empresas ricas dos países industriais avançados depende do quão pouco elas pagam por eles. Esse é o conflito natural e inevitável que identificamos no centro do paradoxo da abundância. Que posição tomarão as pessoas e os governos dos países desenvolvidos? Apoiarão aqueles poucos indivíduos em seus países que são donos e dirigem as grandes empresas ricas, ou apoiarão os bilhões de pessoas dos países em desenvolvimento cujos bem-estar e, em alguns casos, a própria sobrevivência está em jogo?

6. Para salvar o planeta

O mundo está atualmente empenhado em um grande experimento, estudando o que acontece quando se liberam dióxido de carbono e certos outros gases na atmosfera em quantidades cada vez maiores. A comunidade científica está bastante segura do resultado, e não é bonito. Os gases atuam como uma estufa, captando energia solar na atmosfera — e por isso são chamados de gases de efeito estufa —, e aos poucos a Terra esquenta. As geleiras e as calotas polares derretem, as correntes oceânicas mudam e o nível dos oceanos sobe. Ainda não está claro quanto tempo isso levará para acontecer, mas parece que a calota do pólo Norte desaparecerá dentro de setenta anos e que aquele famoso Parque Nacional das Geleiras, no estado de Montana, ficará sem geleiras muito antes disso.

Se tivéssemos acesso a mil planetas, poderia fazer sentido usar um deles para realizar tal experiência, e, se as coisas dessem errado — como creio que vai dar —, bastaria mudar-se para outro. Mas não temos essa escolha, não há outro planeta para onde possamos nos transferir. Estamos presos à Terra.

Diferentemente dos outros problemas da globalização, os problemas ambientais mundiais afetam do mesmo modo países em desenvolvimento e desenvolvidos. A globalização, como foi até agora gerida, não tem tratado — com poucas exceções — adequadamente desse problema. Neste capítulo, explico por que isso tem sido difícil e o que pode ser feito: como podemos usar as forças econômicas da globalização, que até agora foram tão danosas para o meio ambiente, para preservá-lo.

O PROBLEMA SUBJACENTE: A TRAGÉDIA DOS BENS COMUNS

No capítulo 4, falamos do fechamento dos campos comuns e o que acontece quando algo que deveria ser propriedade de todos em comum se torna propriedade privada. Mas há outro aspecto da propriedade comum que é chamado, às vezes, de "tragedy of the commons" [tragédia dos bens comuns].[1] Quando há um recurso comum que pode ser usado livremente por todos, nenhum dos usuários pensa em como suas ações podem prejudicar os outros, e perde de vista o bem comum.

A expressão foi utilizada pela primeira vez numa descrição dos campos comuns nos quais os camponeses da Inglaterra e da Escócia pastoreavam suas ovelhas no final da Idade Média. À medida que cada criador punha mais ovelhas nas terras comuns, a quantidade de capim disponível diminuía. Mas eles olhavam apenas para o benefício próprio, não para os custos que infligiam aos outros, e assim o problema aumentava.

Hoje, o problema aparece com mais clareza na indústria pesqueira mundial. Cada país tem um incentivo para despachar uma frota pesqueira maior em busca de mais peixes — que, afinal, estão livremente à disposição de quem pescá-los. Mas à medida que mais e mais barcos estão em atividade, o estoque de peixes se reduz e os custos da pesca aumentam para todos. Com efeito, há provas de que, graças à pesca industrial moderna, os barcos pescam com mais rapidez do que os peixes conseguem se reproduzir.

Os princípios econômicos subjacentes são simples e claros. Quando um indivíduo ou um país faz alguma coisa que prejudica outrem, e por cujo dano ele não paga, há uma externalidade negativa.[2] Em geral, os mercados produzem um excesso de coisas que geram externalidades negativas. Os mercados, por si mesmos, levam ao excesso de poluição da atmosfera e da água; sem a intervenção governamental, haverá sempre excesso de ovelhas nos campos comuns.

O problema dos recursos comuns é fácil de entender e o mesmo se pode dizer, em certo sentido, da solução: de uma forma ou outra, deve-se restringir seu uso pelos indivíduos. Há duas maneiras. A primeira, que foi usada na Escócia nos séculos XVI e XVII, foi a privatização dos campos comuns: os lordes escoceses simplesmente se apropriaram deles. Como donos, cada um deles dispunha de um incentivo para evitar que as terras fossem usadas em excesso. Obviamente, a privatização causou impactos enormes na distribuição da renda. Pode ter havido alguns ganhos em eficiência, mas os camponeses que foram expulsos dos campos comuns ficaram em situação muito pior, enquanto os lordes escoceses colhiam para si todos os ganhos em eficiência — e mais.

O método da privatização não pode, no entanto, ser aplicado de forma realista aos problemas da pesca mundial ou do aquecimento global. Foi relativamente fácil impor a privatização das pastagens por meio de cercas; mas, mesmo que os pesqueiros pudessem ser de algum modo privatizados, ainda que as enormes questões de distribuição que a privatização coloca pudessem ser resolvidas, seria quase impossível para qualquer proprietário particular impor seus direitos de propriedade. Quando surgem problemas de imposição, o Estado se envolve inevitavelmente na gestão dos recursos; a questão então é apenas da forma de envolvimento.

A segunda maneira — e a única praticável para os recursos naturais globais — implica o governo administrar ele mesmo o recurso comum, restringindo a quantidade de pastagem ou pesca. Ao longo da história, essa é a forma como os recursos comuns foram muitas vezes geridos. As comunidades impõem controles sociais e legais que impedem os tipos de externalidades negativas representados pelo excesso de pesca ou pastagem.

Em princípio, ambas as abordagens — privatização ou controle social — podem levar a um resultado eficiente e eqüitativo. A comunidade poderia ter calculado o número "eficiente" de ovelhas que poderiam pastar sem causar danos à terra comum, assim como um dono particular poderia fazer isso. Como alternativa, os campos comuns poderiam ter sido privatizados pela venda para quem fizesse a melhor oferta, e o dinheiro da venda seria dividido igualmente entre todos. Mas, na prática, as privatizações sempre foram marcadas por graves desigualdades. No movimento de enclosure [cercamento], isso fazia parte do raciocínio, pois os ricos e poderosos viam uma oportunidade de redistribuir a riqueza a seu favor.

A privatização nem sempre resultou em eficiência. Com freqüência, a propriedade privada está associada a externalidades ambientais, como quando o uso excessivo de fertilizantes polui as vertentes de água. Quando as privatizações não têm plena legitimidade política, os proprietários têm um incentivo a mais para praticar uma utilização excessiva, uma vez que podem não ficar com a propriedade por muito tempo. Como vimos, foi este o caso na maioria das privatizações russas. No Brasil, as privatizações da floresta levaram à aceleração do desmatamento, pois os proprietários se dão conta, talvez com razão, de que o governo pode vir a reconhecer a importância das florestas como tesouro nacional e imponha no futuro restrições à derrubada de árvores. Com a gestão pública, por outro lado, os funcionários podem permitir que seus parentes e amigos pastoreiem mais ovelhas do que os outros, ao mesmo tempo em que os políticos podem permitir o excesso de pastoreio para aumentar seu número de eleitores, calculando que as conseqüências não aparecerão por muitos anos. Esse é o dilema fundamental da administração dos recursos comuns: no passado, nenhuma das duas soluções, a privada e a pública, promoveu consistentemente ao mesmo tempo a eficiência e a eqüidade.

A maioria dos recursos ambientais não é global por natureza. A qualidade do lençol freático, dos lagos ou do ar afeta, em geral, apenas os que estão por perto. Se há excesso de poluição do ar em Los Angeles ou na Cidade do México, são seus moradores que sofrem. Às vezes, é claro, os efeitos vão de uma área para a seguinte: meu vizinho é atingido pela fumaça quando queimo folhas; o Canadá é atingido pela chuva ácida provocada pelas usinas elétricas do meio-oeste americano. Embora existam alguns acordos bilaterais e regionais que tentam lidar com essas externalidades ambientais que transcendem fronteiras (como o Acordo sobre Qualidade do Ar entre Estados Unidos e Canadá, de 1991), eles não podem controlar os verdadeiros problemas ambientais globais.

Por mais imperfeita que seja nossa capacidade de gerir recursos naturais escassos e de reduzir as externalidades negativas dentro de um país, nossa capacidade de gerir os recursos naturais globais e de reduzir as externalidades negativas globais é ainda mais restrita. As ferramentas mais importantes que são usadas na esfera nacional não estão disponíveis. No âmbito de um país, se uma pessoa prejudica a outra, a parte prejudicada pode abrir um processo. Forçar os indivíduos a pagar pelas conseqüências de suas ações é necessário para a eficiência econômica. Na esfera internacional, não existe esse recurso. Mesmo quando as ações de um país prejudicam o bem-estar de outro, há pouco que o país atingido possa fazer. A poluição da China afeta o Japão. As ilhas Maldivas e Bangladesh serão, quase com certeza, seriamente prejudicados pela elevação do nível do mar causada pelo aquecimento global, para o qual a poluição dos Estados Unidos está contribuindo significativamente. O Japão não pode processar a China, e as Maldivas e Bangladesh não podem processar os Estados Unidos e outros países cujas emissões de gases de efeito estufa estão causando a elevação do nível dos oceanos.

Dentro de um país, os problemas dos bens comuns podem, às vezes, ser resolvidos, ainda que de modo imperfeito, pela privatização. Mas, para remediar o problema dos recursos comuns globais, ninguém está propondo seriamente a opção da privatização. A única solução sensata e viável é alguma forma de gestão pública mundial dos recursos naturais globais, um conjunto de regulamentos sobre o uso e sobre as ações que dão margem às externalidades globais. Evidentemente, essa é a maneira como lidamos internamente com muitos problemas de externalidades negativas — quando os atos de uma pessoa ferem outra. Não se podem queimar folhas nos subúrbios americanos porque as casas a favor do vento sofrerão com a fumaça. Não se pode jogar lixo no próprio terreno, porque o mau cheiro invade a casa dos vizinhos. Há regulamentações fortes que restringem a poluição do ar e da água e os resíduos tóxicos.

Os processos políticos democráticos reconheceram a necessidade da ação coletiva. Há vencedores e perdedores — os poluidores vêem seus lucros caírem, enquanto aqueles que, por exemplo, poderiam ser vítimas de câncer resultante da poluição ficam em situação melhor. Apesar da oposição daqueles cujos lucros diminuem, a maioria das democracias conseguiu aprovar algum tipo de regulamentação para limitar a poluição, reconhecendo que os benefícios sociais superam em muito os custos.

Aqueles que poluem mais tendem sempre a minimizar o problema. Não surpreende que os Estados Unidos, o pior poluidor do mundo, que acrescentam quase 6 bilhões de toneladas de dióxido de carbono por ano à atmosfera, finjam que não acreditam nas provas de que é preciso diminuir sua emissão de gases de efeito estufa. Se esses gases ficassem apenas sobre os Estados Unidos, o país poderia levar adiante seu próprio experimento; infelizmente, as moléculas de dióxido de carbono não respeitam fronteiras.[3] E, embora as emissões americanas afetem a atmosfera global, os Estados Unidos (ou a China, ou qualquer outro país) não têm de pagar pelos efeitos fora de suas fronteiras. Em conseqüência, têm incentivos insuficientes para reduzir suas emissões — diminuir, por exemplo, seu uso de petróleo — e não surpreende que não as tenham reduzido.

Embora as medidas que outros países industriais avançados tomaram para reduzir a poluição sejam louváveis e notáveis, é difícil fazer qualquer coisa realmente significativa sem a participação de todos os países maiores, inclusive Estados Unidos e China. A questão central, para a qual nos voltamos na seção seguinte, é: como podemos mobilizar a cooperação de todos para resolver nosso problema global mais urgente? Mostrarei como podemos usar as forças econômicas da globalização para termos um meio ambiente global melhor.

O AQUECIMENTO GLOBAL

Nenhuma questão é mais global do que o aquecimento global: todos os habitantes do planeta compartilham da mesma atmosfera. Há sete fatos incontestáveis no que diz respeito ao aquecimento global: (1) o mundo está se aquecendo — em cerca de 0,6 grau Celsius no último século; (2) até mesmo pequenas mudanças na temperatura podem causar grandes efeitos; (3) essa taxa de aquecimento não tem precedentes, mesmo em milhões de anos; (4) o nível dos oceanos está subindo — em cerca de dez a vinte centímetros no último século; (5) até mesmo pequenas mudanças no nível dos oceanos podem causar grandes efeitos — por exemplo, a elevação de um metro inundaria as áreas baixas do mundo, da Flórida a Bangladesh; (6) houve enormes aumentos da quantidade de gases de efeito estufa em nossa atmosfera, num nível estimado como sendo o mais alto nos últimos 20 milhões de anos pelo menos, e que vem crescendo ao ritmo mais rápido dos últimos 20 mil anos pelo menos; e (7) é possível que o ritmo de mudança da temperatura possa se acelerar, pois pequenos aumentos da concentração de gases de efeito estufa podem levar a mudanças climáticas ainda maiores do que as do passado recente.[4]

Praticamente todos os cientistas concordam que os gases de efeito estufa contribuíram para o aquecimento global e a elevação do nível dos oceanos e acreditam que a maior parte disso é resultado de atividade humana (80% da queima de combustíveis fósseis, 20% do desmatamento). A maioria concorda também que haverá um aquecimento significativamente maior — entre 1,4 e 5,8 graus Celsius — até o final do século XXI, e uma elevação de oitenta centímetros a um metro no nível dos oceanos. Os especialistas dizem que podemos esperar mais secas e enchentes, ciclones e furacões, e que o clima básico da Europa pode mudar drasticamente, na medida em que a corrente do Golfo — a corrente ao largo da costa da América do Norte que agora a aquece — mudar de curso.

No capítulo 2, descrevi o grande sucesso de Bangladesh em alguns de seus programas de desenvolvimento. Mas boa parte desse país se encontra num delta baixo que é ótimo para plantar arroz, mas vulnerável a pequenas alterações do nível do mar, e é fustigado com freqüência por tempestades destrutivas e mortais. Se, em conseqüência do aquecimento global, essas tempestades se tornarem mais intensas, o número de mortes aumentará imensamente. A elevação do nível do oceano deixará um terço do país — e metade dos arrozais — submerso, e seus 145 milhões de habitantes terão de se apinhar ainda mais do que já estão. Sua renda, que já está pouco acima da subsistência, cairá mais.

Mas Bangladesh não será o país mais afetado pelo aquecimento global. As Maldivas, uma pequena nação composta por 1200 ilhas no oceano Índico, com uma população de 330 mil habitantes — um paraíso tropical —, estarão submersas em não mais que cinqüenta anos, de acordo com previsões confiáveis. Assim como muitas outras ilhotas e nações do Pacífico e de outros oceanos, elas estarão simplesmente perdidas, como Atlântidas do século XXI.

Bangladesh e Maldivas têm à frente um destino muito pior do que o causado pela pior das guerras. Forças que estão fora de seu controle, postas em movimento pelas ações poluidoras dos outros — ações que não pretendiam ser danosas, mas cujos efeitos são globais e destrutivos —, ameaçam esses países com a aniquilação.

Embora exista um amplo consenso científico sobre o aquecimento global, há ainda alguma incerteza. É verdade que as coisas podem não ser tão ruins como os apocalípticos de hoje sustentam; por outro lado, elas podem se revelar muito piores. Isso não é diferente do resto da vida: temos sempre de tomar decisões baseados em informações imperfeitas. Se daqui a cinqüenta ou sessenta anos a calota polar derreter e partes de Nova York e Londres ficarem embaixo d'água, junto com algumas nações insulares inteiras, será tarde demais para reverter o curso. Mesmo que diminuamos rapidamente as emissões, a concentração atmosférica dos gases de efeito estufa se reduzirá vagarosamente. É por isso que precisamos começar a planejar e agir agora: é muito melhor se preparar para o pior cenário do que esperar e descobrir que não fizemos o suficiente.

Ao pensarmos sobre se o mundo pode reunir a força e os recursos para enfrentar a ameaça representada pelo aquecimento global, devemos observar que esse tipo de mobilização já foi feito antes. Em 1946, em resposta aos temores de extinção das baleias, foi assinada a Convenção Internacional para a Regulamentação da Caça à Baleia. O acordo vingou, apesar dos protestos, e as populações de baleias se recuperaram em larga medida. Outro acordo foi feito em relação aos clorofluorcarbonetos (CFCs), os gases comumente usados como fluidos de refrigeração em refrigeradores e aparelhos de ar-condicionado; descobriu-se que estavam destruindo a camada de ozônio, permitindo assim a entrada na atmosfera de radiação ultravioleta causadora de câncer. A reação da comunidade internacional foi rápida. Não demorou mais de uma década entre a descoberta do problema e a assinatura, em 1987, do Protocolo de Montreal. A convenção teve sucesso e o fim do uso dos CFCs ocorreu mais depressa do que o previsto.

Esses exemplos mostram que a comunidade internacional foi capaz, no passado, de reagir ao desafio apresentado por uma ameaça ao ambiente global. Poderá reagir ao enorme desafio do aquecimento global?

A CÚPULA DA TERRA NO RIO DE JANEIRO

Há cerca de vinte anos, quando os cientistas se deram conta pela primeira vez das mudanças que estavam ocorrendo no clima global, o mundo reconheceu que havia um problema potencial e decidiu estudá-lo. Em 1988, a ONU criou o Painel Intergovernamental sobre Mudança Climática (IPCC), pedindo que os maiores especialistas do mundo avaliassem a escala da mudança climática e seu provável impacto.[5] O IPCC publicou três grandes estudos entre 1990 e 2001, concluindo em cada um deles que há, de fato, provas acumuladas dos perigos do aquecimento global. Os indícios foram examinados também em inúmeros estudos de academias de ciências em vários países, inclusive uma nos Estados Unidos, depois que o presidente George W. Bush aparentemente duvidou da seriedade do aquecimento global. A discussão deste capítulo reflete o amplo consenso sobre as descobertas básicas.

À medida que mais provas científicas chegavam, crescia a pressão sobre os políticos. Em 1992, mais de cem chefes de Estado se reuniram no Rio de Janeiro e resolveram fazer alguma coisa a respeito do problema. Com a Convenção Quadro das Nações Unidas sobre Mudança do Clima, eles estabeleceram um procedimento para desenvolver um tratado que restringiria as emissões. Não entraram em acordo sobre uma meta específica, mas se comprometeram com a "estabilização das concentrações de gases de efeito estufa na atmosfera num nível que impeça uma interferência antrópica perigosa no sistema climático [...] dentro de um prazo suficiente para permitir que os ecossistemas se adaptem naturalmente". Os Estados Unidos e 152 outros países assinaram o acordo, que se tornou a pedra angular da tentativa da comunidade internacional de enfrentar uma das ameaças mais graves ao nosso planeta. Seguiu-se uma série de reuniões técnicas que culminaram na próxima conferência mundial sobre aquecimento global, realizada em Kyoto.

O PROTOCOLO DE KYOTO

Em 1997, mais de 1500 delegados, lobistas e chefes de Estado de mais de 150 países se reuniram na histórica cidade japonesa de Kyoto com o objetivo de produzir um tratado para diminuir as emissões dos gases de efeito estufa em todo o mundo. A missão era apresentar uma maneira de cortar as emissões que fosse justa e eficiente, que minimizasse os custos econômicos de reduzir as emissões e compartilhasse a carga eqüitativamente entre os países do mundo. O Protocolo de Kyoto resultante da conferência não fazia exigências imediatas aos países em desenvolvimento, mas conclamava os países desenvolvidos a reduzir suas emissões em quantidades específicas em relação aos níveis de 1990: até 2012, a Europa deveria cortar 8%, os Estados Unidos 7%, o Japão 6%.[6]

Os países que se reuniram em Kyoto reconheceram que o acordo constituía apenas uma justiça grosseira, mas que isso era melhor do que o mundo inteiro não fazer nada. Embora houvesse alguma sensibilidade para as diferenças de circunstâncias — a Noruega, por exemplo, que produz a maior parte de sua eletricidade em hidroelétricas, tem pouca margem para reduzir a poluição e, na verdade, teve permissão para aumentar suas emissões em 1% —, outros países que já haviam feito esforços para trocar os combustíveis fósseis poluentes pela energia nuclear, como a França, foram solicitados a reduzir suas emissões da mesma forma que países que não haviam tomado nenhuma medida nesse sentido.

Os países em desenvolvimento, inclusive Índia, China e Brasil, assumiram a posição de que os altos níveis de acumulação dos gases de efeito estufa na atmosfera são, em larga medida, conseqüência dos pecados do passado dos países desenvolvidos, cujas fábricas, usinas de eletricidade e veículos automotores queimam combustíveis fósseis há décadas; o consumo pródigo dos países industriais avançados é responsável, em grande medida, pelo aumento de um terço dos gases de efeito estufa na atmosfera nos últimos 250 anos. Não somente seria injusto fazer os países em desenvolvimento pagarem pelos pecados passados do mundo desenvolvido, argumentavam eles, como, tendo em vista sua luta para crescer e tirar seus cidadãos da pobreza, eles não deveriam ser forçados a arcar com o ônus econômico da redução da poluição.

Para aumentar a eficiência de todo o sistema de redução das emissões, criou-se um mecanismo de troca, que já havia sido aplicado com sucesso nos Estados Unidos para reduzir as emissões de dióxido sulfúrico. Se fosse mais caro para um país reduzir sua poluição do que para outro, aquele de custo mais alto poderia comprar créditos de redução da poluição do de custo mais baixo; por meio desse "comércio do carbono", a redução em excesso de um país compensaria o déficit do outro. Embora alguns ambientalistas não gostassem da noção de que a poluição poderia ser vendida e comprada como qualquer outra mercadoria, os economistas argumentaram que isso era necessário se quiséssemos que a poluição fosse reduzida com eficácia, e sua posição acabou prevalecendo. O potencial de economia de custos em conseqüência do comércio do carbono é enorme; para os Estados Unidos, por exemplo, o custo do cumprimento de suas metas poderia ser reduzido em 60%.[7] Hoje, esse sistema de comércio de carbono está em funcionamento.

Os Estados Unidos e Kyoto

Uma vez que os Estados Unidos possuem a maior economia do mundo, não surpreende que sejam o maior poluidor mundial. Quando produzem mais, as economias poluem mais. Mas algumas economias poluem mais por dólar do PIB, isto é, seu modo de produção é pior para o meio ambiente do que o modo dos outros. Os países em desenvolvimento poluem freqüentemente muito por dólar do PIB porque têm máquinas e carros velhos e ineficientes. Entre os países desenvolvidos, os Estados Unidos são um dos piores. Em 2003, eram tão eficientes em energia quanto o Uruguai e Madagascar. Grã-Bretanha, Irlanda, Dinamarca e Suíça usam dois terços da energia por dólar do PIB dos Estados Unidos; o Japão usa a metade.[8] Tendo em vista o alto nível relativo de utilização de energia por dólar do PIB dos Estados Unidos e seu alto grau de capacidade tecnológica, deveria ser relativamente fácil para esse país cumprir suas metas do compromisso de Kyoto. Bastava igualar-se à eficiência energética do Japão para que reduzisse por mais da metade suas emissões.[9]

Em vez disso, os Estados Unidos recusaram-se a participar. Antes mesmo que assinassem o protocolo em Kyoto, o Senado aprovou (sem dissensões) a Resolução Byrd-Hagel que declarava que o país não deveria assinar nenhum protocolo que não incluísse metas e cronogramas obrigatórios tanto para as nações industrializadas quanto para as em desenvolvimento, ou que "resultassem em sério dano para a economia dos Estados Unidos". Tendo em vista a forte oposição do Senado, o governo Clinton não submeteu o Protocolo de Kyoto para ratificação e, em 13 de março de 2001 — apenas dois meses depois de assumir o governo —, o presidente Bush divulgou uma carta enviada a quatro senadores republicanos assegurando-lhes de sua oposição ao Protocolo e renegando uma promessa de campanha de que regularia as emissões de dióxido de carbono. Não obstante, o resto do mundo foi em frente e, com a ratificação da Rússia em 22 de outubro de 2004, o tratado ganhou força. Até 16 de fevereiro de 2005, data em que entrou em vigor, 141 países, que respondem por 55% das emissões dos gases de efeito estufa, haviam ratificado o protocolo.

Porém, com os Estados Unidos de fora, o progresso na redução desses gases será severamente limitado. O país emite perto de 25% de todos os gases de efeito estufa. Wyoming, o estado menos populoso, com apenas 495 700 habitantes, emite mais dióxido de carbono do que 74 países em desenvolvimento com uma população combinada de 396 milhões. As emissões de dióxido de carbono do Texas, com uma população de 22 milhões, superam as emissões combinadas de 120 países em desenvolvimento com uma população agregada de mais de 1,1 bilhão de pessoas.[10] Parte das razões para a recusa americana está clara: fazer qualquer coisa em relação ao aquecimento global impõe custos a algumas indústrias influentes: automóveis, petróleo e carvão. Os Estados Unidos também sofrem menos com o aquecimento global: alguns economistas e executivos observaram que partes do país podem até ficar em situação melhor, na medida em que a duração das estações de plantio dos estados setentrionais aumente. Na reunião anual de Davos de 2006, representantes da indústria petroleira falaram sobre as novas oportunidades que o aquecimento global está propiciando: o degelo da calota polar tornará o petróleo do fundo do oceano Ártico mais acessível. Embora o nível das águas na costa leste americana possa subir e submergir algumas terras, não há comparação com os efeitos devastadores do aquecimento global que estão acontecendo em países como Bangladesh e as Maldivas. No entanto, o furacão Katrina revelou uma grande falha nesse cálculo egoísta: devido à vasta riqueza dos Estados Unidos, o valor do dano potencial, mesmo que menos extenso, será enorme.

O governo Bush argumentou que o custo de restringir as emissões é alto demais em relação aos benefícios. Para o resto do mundo, esse argumento é escandaloso: eis o país mais rico do mundo se queixando de não poder arcar com a implementação de políticas ambientais mais saudáveis, ao mesmo tempo em que outros países desenvolvidos estão conseguindo reduzir seus níveis de poluição a uma fração da americana, mesmo com cálculos baseados no PIB. Japão, Alemanha, França e Suécia emitem a metade dos gases de efeito estufa lançados na atmosfera pelos

Estados Unidos e, contudo, seus cidadãos levam vida confortável e satisfatória — segundo certos critérios, seu padrão de vida é mais alto do que o dos americanos.[11]

É compreensível que as empresas não queiram gastar dinheiro para reduzir as emissões, mas é inaceitável deixá-las sabotar os esforços mundiais para frear o aquecimento global.[12] Em vez disso, as empresas americanas fariam melhor se aprendessem com seus competidores japoneses. Durante o choque do petróleo da década de 1970, quando seu preço mais do que quadruplicou, os americanos começaram a comprar carros japoneses porque eram mais eficientes em termos de combustível; Detroit, que continuou a produzir beberrões de gasolina, não podia competir. Mas, em vez de pedir a seus engenheiros que produzissem carros mais econômicos, a indústria automobilística americana pediu a seus advogados e lobistas que impedissem o governo de forçá-la a tomar tais medidas. Com a elevação dos preços do petróleo provocada pela guerra do Iraque (um aumento de 114% entre 2002 e 2006), parece agora que Detroit apostou tudo e perdeu; suas perdas foram tão grandes que as ações daqueles grandes bastioes do capitalismo americano, Ford e GM, foram rebaixadas à condição de títulos de alto risco. A estratégia delas — ignorar o aquecimento global a fim de aumentar os lucros vendendo mais carros beberrões de gasolina — foi imoral; ironicamente, revelou-se também não lucrativa.

Evidentemente, mesmo que haja custos significativos para reduzir as emissões, os Estados Unidos, como o país mais rico do mundo, estão na melhor posição para suportá-los. Mas, em vez disso (ao contrário da Europa e do Japão), usaram a isenção dos países em desenvolvimento das constrições de Kyoto como mais uma desculpa para não fazer nada. Os países em desenvolvimento mostram que os Estados Unidos emitiram, ao longo do século XX, 50% a mais de gases de efeito estufa do que todos eles somados.[13] O argumento não é que os países em desenvolvimento não deveriam trabalhar para reduzir suas emissões. É do interesse econômico deles: muitos são pródigos em uso de energia e tanto sua economia como o meio ambiente se beneficiariam se fossem mais eficientes energeticamente. Muitos, como a China, têm altos subsídios à energia, o que não faz sentido no mundo de hoje: há maneiras melhores de estimular a industrialização.[14] Embora eu acredite que é do interesse deles tomar essas medidas — e penso que há uma obrigação moral da parte de todos de proteger nossa preciosa e insubstituível atmosfera —, não creio que é injusto pôr o peso maior do custo do ajuste nas costas do país mais rico do mundo e seu maior poluidor.

Enquanto os Estados Unidos se recusam a assumir sua responsabilidade moral perante o mundo, há muita gente, inclusive no governo Bush, que acha — ou talvez simplesmente espera — que, de alguma forma, a tecnologia virá em socorro. De algum modo, a inovação vai aumentar tanto a eficiência que as emissões diminuirão por si mesmas; ou, melhor ainda, alguém descobrirá uma alternativa energética mais adequada do que carvão, petróleo ou gás. Isso pode acontecer, mas simplesmente não podemos deixar a sobrevivência do mundo depender de nossa boa sorte. Além disso, a probabilidade do desenvolvimento de tecnologias melhores depende, em parte, de incentivos. Kyoto, com seus limites rígidos de emissões, proporciona os incentivos apropriados.

Vimos no capítulo 4 como o governo Bush, ao defender direitos de propriedade mais fortes, enfatiza a importância dos incentivos. No contexto do aquecimento global, parece ignorá-los e pediu reduções voluntárias no uso de energia: as pessoas deveriam apenas se comportar melhor. Normalmente, não confiamos no voluntarismo como base para o bom uso dos recursos. Quando a oferta de laranjas diminui por causa da geada, não dizemos: "por favor, reduzam voluntariamente seu consumo de laranjas". Confiamos no sistema de preços. As pessoas economizam no consumo de recursos porque têm um incentivo para fazê-lo, porque têm de pagar pelo seu uso. Uma atmosfera limpa é um recurso como qualquer outro: há um custo social da poluição e as pessoas deveriam pagar por esse custo.

Por fim, em 2006, o governo Bush parecia reconhecer que a produção de conhecimento é um bem público, justificando o apoio governamental. Ele forneceu algum dinheiro para a pesquisa de alternativas aos combustíveis fósseis. No entanto, seu apoio foi muito limitado e é preciso que a pesquisa pública seja complementada pela privada e, por isso, "acertar os preços" — isto é, fazer as famílias e as empresas pagarem pelos custos sociais das emissões — é tão importante.

PARA FAZER A GLOBALIZAÇÃO FUNCIONAR: ENFRENTANDO O AQUECIMENTO GLOBAL

O aquecimento global é um problema mundial, mas ninguém quer pagar para consertá-lo. Todos querem carona nos esforços dos outros. Mas é do interesse de todos que o mundo aja coletivamente para fazer alguma coisa.

Se ficarmos dentro do quadro de Kyoto e se quisermos que ele funcione, é preciso resolver três problemas. Primeiro, se os Estados Unidos têm de participar, está claro que os países em desenvolvimento também devem ser incluídos, mas precisamos encontrar um sistema justo de metas para eles. Segundo, se há um conjunto de metas com que todos concordam, deve haver alguma maneira de impor sua consecução; senão, enquanto houver um custo para reduzir as emissões, haverá incentivos para não cumprir as obrigações. Terceiro, a obediência será muito mais fácil se o custo de reduzir as emissões baixar; assim, precisamos encontrar um modo de fazer isso.

Embora, de acordo com o Protocolo de Kyoto, os países em desenvolvimento não tenham obrigações, está claro que se o mundo quiser fazer alguma ação significativa em relação ao aquecimento global, eles também terão de reduzir suas emissões. O enfoque do tipo "tudo continuará normalmente" não vai mais funcionar: um mundo em que todos poluem no grau atual dos Estados Unidos — sem falar do grau de poluição que esse país irá causar dentro de vinte anos caso algo não seja feito — é um mundo que está escrevendo o roteiro de sua destruição. Em 2005, já se espera que os países em desenvolvimento sejam responsáveis por quase 40% das emissões dos gases de efeito estufa, e, por volta de 2025, segundo projeções atuais, eles estarão emitindo mais desses gases do que o mundo desenvolvido.[15] Embora suas emissões per capita sejam muito menores, suas rendas e suas populações estão crescendo, aumentando conseqüentemente também suas emissões agregadas.[16]

Pelo Protocolo de Kyoto, cada país desenvolvido é obrigado a reduzir uma certa quantidade das emissões e, portanto, é preciso haver um acordo sobre as metas individuais. O sistema atual estabelece a redução das emissões tomando por base o ano de 1990: quanto mais um país poluía naquele ano, mais teria direito a poluir no futuro. Os Estados Unidos poluíam mais, logo, segundo esse sistema, deveriam ter o direito de continuar a poluir mais.

O princípio básico do Protocolo de Kyoto — metas baseadas em reduções dos níveis de 1990 — não faz sentido para os países em desenvolvimento. Por essa lógica, os países pobres, que poluíam menos em 1990, têm menos direito a poluir no futuro. Eles naturalmente perguntam: "Com que direito os países desenvolvidos estão autorizados a poluir mais do que nós, simplesmente porque poluíram mais no passado?". Seu argumento vai na direção contrária: já que os Estados Unidos poluíram mais no passado, deveriam poluir menos no futuro. No mínimo, argumentam, eles deveriam ter o direito de emitir a mesma quantidade per capita de gases que os Estados Unidos. Mas, com as emissões per capita americanas atuais sendo sete vezes maiores do que as da China — doze vezes maiores do que as do mundo em desenvolvimento como um todo —, um acordo nesses moldes significaria que passariam décadas até que as restrições aos países em desenvolvimento se tornassem obrigatórias.[17] Mesmo que os Estados Unidos mantivessem a quantidade de emissões per capita no nível de 1990 (o que até agora não fizeram), a China, com sua atual taxa de crescimento, levaria mais de duzentos anos para que suas emissões per capita atingissem o mesmo nível.[18]

Os Estados Unidos não apresentaram nenhuma defesa coerente do motivo pelo qual deveriam ter direito a poluir mais do que os outros; na verdade, ninguém apresentou uma defesa razoável da premissa do Protocolo. Os americanos poderiam assumir a posição de que o nível de poluição permitido deveria estar relacionado com a produção e, uma vez que os Estados Unidos produzem mais, deveriam poder poluir mais. Para que o enfoque de Kyoto funcione, será preciso chegar a um acordo entre metas baseadas em emissões por dólar de PIB e metas baseadas em emissões per capita. Se o padrão for baseado, mesmo em parte, nas emissões per capita, os Estados Unidos terão de aumentar sua eficácia energética num ritmo muito mais rápido do que fizeram até agora. Neste momento, parece haver pouca perspectiva de que farão isso voluntariamente e, assim, creio que o enfoque das metas está destinado a chegar logo a um impasse. Os Estados Unidos continuam intransigentes e os países em desenvolvimento não vêem nenhum motivo para sacrificar suas rendas e seu crescimento para ajudar os americanos. Estamos num beco sem saída — e, enquanto isso, o mundo fica rapidamente mais poluído.

PRÊMIOS E CASTIGOS: PARA MELHORAR A OBEDIÊNCIA

Quaisquer que sejam as metas estabelecidas, será preciso haver incentivos — prêmios e castigos — para que os países adiram ao Protocolo e depois o cumpram. A rejeição do Protocolo de Kyoto pelos Estados Unidos mostra que precisamos de um jeito de pressionar os países a participar. Se a persuasão moral não funciona (o que é um fato), e não podemos encontrar prêmios suficientes, há alguns castigos eficazes — e a própria existência deles significa que talvez nem precisem ser usados. Já há uma base para tanto: as sanções comerciais internacionais. O Protocolo de Montreal sobre gases destruidores da camada de ozônio utilizou a ameaça das sanções comerciais — embora jamais tenha sido necessário implementá-las. Infelizmente, o Protocolo de Kyoto não contempla esse tipo de sanção.

Ainda assim, no interior da Organização Mundial do Comércio, temos os precedentes de que precisamos. Quando os Estados Unidos tentaram forçar a Tailândia a usar redes de pesca de camarão que não prejudicassem espécies de tartarugas ameaçadas de extinção, ameaçando impedir que o camarão pescado à maneira antiga entrasse no país, a OMC apoiou a posição americana. Ela estabeleceu o princípio de que manter o meio ambiente global é tão importante que o acesso normal aos mercados, que a OMC garante para seus membros, pode ser suspenso quando as indústrias de exportação de um país o colocam em risco. Quando os americanos levaram sua queixa ao organismo internacional do comércio, aparentemente não consideraram as implicações de longo prazo envolvidas, mas alguns dos membros do órgão de apelação da OMC perceberam o longo alcance das conseqüências de sua decisão. O precedente estabelecido por esse caso deveria ser aplicado às empresas americanas que poluem com altas emissões de gases de efeito estufa durante o processo de manufatura; a Europa, o Japão e outros países que aderiram ao Protocolo de Kyoto deveriam restringir ou taxar as importações de mercadorias americanas que são produzidas de um modo que polui desnecessariamente a atmosfera. Preservar tartarugas ameaçadas de extinção tem seu valor, mas preservar a atmosfera de nosso planeta é infinitamente mais importante. Se, como argumentam os Estados Unidos, os processos comerciais se justificam no primeiro caso, com muito mais razão se justificam no segundo.

Podemos olhar para a prodigalidade de energia dos Estados Unidos de outro modo: ao não pagar pelo dano que causam ao meio ambiente, as empresas americanas estão, na verdade, ganhando um subsídio. Um dos principais objetivos da OMC é criar um campo de jogo nivelado; os subsídios distorcem esse campo e é por isso que os países podem utilizar taxas para compensar os subsídios. Se assim é para os subsídios abertos, deveria ser também o caso para subsídios ocultos, como não forçar as empresas a pagar pelo dano ambiental que causam.

Há várias maneiras de fazer isso. De acordo com o regime atual da OMC, os países da Europa e de outras regiões poderiam impor taxas compensatórias aos produtores americanos que usam tecnologias intensivas em energia e recebem implicitamente subsídios quando degradam o meio ambiente global sem uma contrapartida financeira. Suponhamos, por exemplo, que o aço americano seja vendido a 500 dólares por tonelada e que no processo de produção dessa tonelada de aço sejam emitidas duas toneladas de carbono. O preço da tonelada de carvão é de, digamos, 30 dólares (seu preço no mercado europeu de troca de carbono no começo de 2006). Uma vez que os Estados Unidos não aderiram ao Protocolo de Kyoto e suas empresas não têm obrigação de reduzir as emissões de carbono, elas estão, na realidade, sendo subsidiadas em 60 dólares por tonelada de aço. Portanto, os outros países poderiam impor uma taxa de 60 dólares por tonelada de aço americano importado (pouco acima de 10%). Produtos intensivos em energia como o alumínio teriam de pagar taxas mais altas. Isso propiciaria fortes incentivos para que os Estados Unidos assinassem o Protocolo de Kyoto e reduzissem as emissões. Até mesmo uma discussão geral sobre a possibilidade de impor essas tarifas poderia induzir os Estados Unidos a agir.[19]

Discuti essa idéia com autoridades de muitos países industriais avançados que estão decididas a fazer alguma coisa a respeito do aquecimento global. E, embora quase todas concordem com a análise, quase todas também mostram uma certa timidez: a proposta é vista por alguns como equivalente, em termos comerciais, a uma declaração de guerra nuclear. Não é. Evidentemente que causaria grande impacto nos Estados Unidos, mas o aquecimento global provocará efeitos ainda maiores em todo o globo terrestre. Ela apenas pede que cada país pague por todos os custos sociais de suas atividades de produção. De acordo com a prática-padrão, a pressão das sanções comerciais poderia ser aumentada gradualmente e, quase com certeza, à medida que os Estados Unidos reconhecessem as conseqüências, suas políticas seriam alteradas — como o foram em outras ocasiões, quando a OMC declarou que o país estava violando suas regras.

Há muita coisa em jogo. Os Estados Unidos e os outros países ocidentais demonstraram que estão dispostos a arriscar muito para evitar a proliferação nuclear — no caso da Coréia do Norte, encararam inclusive a possibilidade de uma guerra. Com certeza, o perigo que o aquecimento global representa para o mundo justifica correr o risco de desagradar a uma nação pária que parece estar disposta a pôr em perigo o bem-estar de todo o planeta apenas para manter seu estilo de vida esbanjador de energia.

A INICIATIVA DA FLORESTA ÚMIDA: PARA AUMENTAR A EFICIÊNCIA

A eficácia exige que a concentração de gases de efeito estufa na atmosfera seja reduzida do modo mais eficiente do ponto de vista do custo. Tem-se dado muita atenção à redução das emissões, mas há outro caminho: remover o dióxido de carbono da atmosfera e armazená-lo. É isso que as árvores fazem. Na fotossíntese, as plantas retiram o dióxido de carbono do ar, emitem oxigênio e absorvem o carbono. Portanto, plantar árvores reduz a concentração dos gases de efeito estufa, ao passo que o desmatamento piora a situação. O desmatamento é ruim para a atmosfera por duas razões: primeira, há menos árvores convertendo dióxido de carbono em oxigênio; segunda, o carbono armazenado na floresta é liberado na atmosfera quando a madeira é queimada. Em anos recentes, cerca de 20% do aumento das concentrações atmosféricas de gases de efeito estufa veio do desmatamento. Em outras palavras, o dano provocado por essa atividade é comparável ao causado pelo maior poluidor mundial, os Estados Unidos.

Mas os 2,7 bilhões de habitantes dos mais de sessenta países em desenvolvimento que abrigam essas florestas tropicais não estão sendo compensados por seus valiosos serviços ambientais. As florestas úmidas tropicais não só reduzem o nível de carbono na atmosfera como ajudam a preservar a biodiversidade. Como observamos no capítulo 4, muitos medicamentos derivam desse recurso natural precioso. As compensações não seriam apenas justas e auxiliariam as economias dos países tropicais: elas propiciariam incentivos para que eles mantivessem suas florestas, que beneficiariam imensamente o mundo inteiro.

Podemos fazer cálculos aproximados dos benefícios em termos de carbono com a redução da taxa anual de desmatamento em cerca de, digamos, modestos 20%. Ao preço de 30 dólares por tonelada de carbono, o valor anual do desmatamento evitado — o valor do aumento no carbono atmosférico que ocorreria como resultado direto do corte das árvores — fica entre 30 bilhões e 40 bilhões de dólares por ano (em comparação, toda a ajuda externa aos países em desenvolvimento está em torno de 60 bilhões). Além disso, como observamos, as florestas "limpam" o dióxido de carbono da atmosfera. As "emissões negativas" anuais dos países com florestas tropicais são estimadas (usando o valor de 30 dólares por tonelada) em cerca de 100 bilhões de dólares por ano.[20]

Embora tenha reconhecido o papel que a formação de florestas poderia desempenhar — os países ganham "créditos" por plantá-las —, Kyoto não fez nada a respeito do desmatamento. Foi um grande erro, pois isso beneficia em dobro países como Papua-Nova Guiné, que derruba suas antigas madeiras nobres e replanta árvores: eles ganham dinheiro tanto com as árvores derrubadas como com as replantadas. Mas isso não faz sentido: os países deveriam receber incentivos para manter suas florestas.[21]

Em princípio, trata-se de uma medida que seria relativamente simples de tomar dentro do sistema de comercialização do carbono. As companhias energéticas da Europa têm permissão para comprar "créditos de carbono" (que lhes permitem emitir mais carbono do que se não os comprassem) pagando pelo plantio de uma floresta ("seqüestro de carbono") em algum país em desenvolvimento. Liderado por Papua-Nova Guiné e Costa Rica, um grupo de países em desenvolvimento autodenominado Coalizão da Floresta Úmida apresentou uma proposta inovadora em janeiro de 2005, pela qual ofereciam o compromisso de limitar as emissões de gases de efeito estufa, mas pediam em troca que pudessem vender créditos de carbono não apenas por novas florestas, mas também pelo desmatamento evitado.[22] De acordo com essa proposta, os países seriam pagos para não derrubar suas florestas, e sua adoção asseguraria o uso mais eficiente desses recursos naturais de uma perspectiva global, que é mantê-las como florestas, em vez de cortá-las para obter madeira.

Sem alguma forma de compensação pela manutenção de suas florestas, os países em desenvolvimento não têm, infelizmente, nem os meios nem os incentivos para continuar a manter a conservação. A derrubada dessas florestas nobres, mesmo quando recebem somente uma fração do preço final que a madeira alcança em, digamos, Nova York, é a única maneira dessas populações pobres ganharem algum dinheiro. Na verdade, boa parte da indústria madeireira da Indonésia, de Papua-Nova Guiné e de outros países tropicais é ilegal ou resultado de contratos corruptos. Esses países não têm atualmente recursos para impedir essa atividade ilegal; o pagamento de créditos de carbono proporcionaria os recursos e o incentivo para deter o desmatamento, e os países da Coalizão da Floresta Úmida assumiram o compromisso de fazê-lo.

Houve quem sugerisse esperar até 2012 para tratar da questão, quando um protocolo revisado deve supostamente entrar em vigor. Mas será que podemos esperar? No ritmo atual de desmatamento, a contribuição à concentração de gases do efeito estufa do desmatamento apenas no Brasil e na Indonésia anulará cerca de 80% das reduções de emissões obtidas mediante o Protocolo de Kyoto (além disso, uma parte do dano causado pela perda de antigas florestas de madeiras nobres e da biodiversidade pode ser irreversível se não agirmos logo). É urgente resolvermos o problema agora e não ceder aos impulsos de protelar.

O que impressiona na iniciativa da floresta úmida é que ela vem dos próprios países em desenvolvimento, demonstrando sua criatividade e seu compromisso social. Pela primeira vez, eles parecem dispostos a assumir o tipo de compromisso que a Europa, o Japão e outros países industriais avançados — com exceção dos Estados Unidos — estão adotando para evitar um desastre global.

UM ENFOQUE ALTERNATIVO

Kyoto adotou a abordagem natural ao aquecimento global. O problema: excesso de emissões. A solução: reduzir as emissões. Mas a vida nunca é tão simples ou tão fácil. A principal dificuldade em relação ao Protocolo de Kyoto, como observamos, é chegar a um acordo sobre quanto cada país deveria reduzir suas emissões. Subjacentes a Kyoto, estavam dois princípios: todos os países desenvolvidos deveriam fazer aproximadamente as mesmas reduções; e os países em desenvolvimento seriam tratados de forma diferente, embora a discussão sobre qual o significado exato disso tenha sido adiada para o futuro.

O fato de o resto do mundo ter deixado de lado suas objeções e alcançado um acordo foi um sucesso; os Estados Unidos terem se eximido dele, um fracasso. O ímpeto por trás do Protocolo de Kyoto nos dá bons motivos para permanecer dentro desse sistema, mas duvido que encontremos um acordo aceitável ao mesmo tempo para Estados Unidos e para países em desenvolvimento de acordo com a abordagem de Kyoto. Não há um conjunto de princípios geralmente aceitos para alocar os direitos de uso. Aqueles que poluíram mais no passado deveriam ter direito a poluir mais no futuro? Ou deveriam encarar reduções maiores de sua licença para emitir gases, a fim de compensar o mundo pelos danos passados? As permissões deveriam ser estabelecidas numa base per capita ou por dólar de PIB? Esse problema da distribuição está no cerne do fracasso da comunidade internacional ao lidar com o aquecimento global.

Há um enfoque alternativo para abordar a redução das emissões que utiliza o mecanismo de mercado de forma mais direta e que, por isso, talvez tenha uma perspectiva melhor de atrair os Estados Unidos. Há um custo social associado às atividades emitentes de gases de efeito estufa que não é pago por aqueles envolvidos nessas atividades. É por isso, obviamente, que suas emissões são tão volumosas. A solução é simples: fazer essas pessoas pagarem pelos custos que geram; ou seja, fazê-las pagar pela poluição que provocam.

Para tanto, todos os países do mundo deveriam determinar um imposto comum sobre as emissões de carbono (isto é, tributar a externalidade das emissões) ou, de modo equivalente, um imposto sobre petróleo, carvão e gás cujo valor reflita as emissões que geram quando queimados. As empresas e as famílias reagiriam a esse imposto reduzindo o próprio consumo e, conseqüentemente, as emissões. O imposto seria suficientemente alto para obter uma redução global das emissões equivalente àquela prevista nas metas comuns de Kyoto. Mas o nível das emissões poderia diferir de país para país, dependendo das circunstâncias. Um país muito quente poderia, por exemplo, usar mais energia em ar-condicionado do que um país de temperatura mais moderada.

Qual é, então, a vantagem? Esse esquema evita o estabelecimento de níveis de metas nacionais, algo difícil de ser implantado porque as circunstâncias de cada país são diferentes. Os Estados Unidos poderiam alegar que deveriam ter permissão para poluir mais porque as distâncias dentro do país são maiores e seu PIB é mais elevado. A França poderia alegar que sua taxa de poluição per capita já é um terço da dos americanos e, portanto, é irracional exigir que corte ainda mais suas emissões. Os países em desenvolvimento alegam que lhes é difícil reduzir as emissões porque são pobres e precisam correr para alcançar o padrão de vida do mundo desenvolvido.

O estabelecimento de níveis de metas é tão controvertido porque permitir que um país tenha níveis altos de emissão equivale a dar-lhe dinheiro, fato que se tornou mais óbvio com o advento da comercialização do carbono. Como observei, os países que superam suas metas de redução podem vender esse excesso (a quantidade de poluição que têm permissão para gerar, mas não o fazem) aos países que não conseguiram atingir sua meta. Uma meta de emissão mais alta (isto é, uma meta que implica uma redução menor) significa que o país tem mais direitos de emissão para vender ou tem de pagar menos a outros países para compensar o não-cumprimento da meta.

Na proposta de um imposto comum, todas essas questões são evitadas. Cada país ficaria com a receita do imposto, em vez de ter de repassá-la a outro país. Em conseqüência, os custos da redução da poluição são relativamente pequenos. Na realidade, o país como um todo pode ficar em situação melhor: pode usar a receita do imposto do carbono para reduzir outros tributos, como aqueles sobre poupança, investimento ou trabalho. Esses impostos menores estimulariam a economia, com benefícios muito maiores do que o custo do imposto sobre carbono. Isso está de acordo com um princípio econômico geral: é melhor tributar coisas ruins (como a poluição) do que coisas boas (como poupança ou trabalho).[23]

Evidentemente, as indústrias de energia de quase todos os países não gostarão disso. Todas as empresas preferem ganhar um subsídio, que é o que significa conceder o direito de poluir. Não quero sugerir que será fácil superar o peso do lobby dos produtores e dos consumidores de energia. Isso talvez só seja possível sob a ameaça das sanções comerciais descritas anteriormente.

Do ponto de vista econômico, tanto o método do imposto como o das metas pode conseguir as reduções necessárias de emissões, e ambos podem fazê-lo de forma eficiente, desde que haja comercialização de carbono. Como o mundo investiu muito no desenvolvimento do enfoque das metas, é compreensível que haja relutância em abandoná-lo. Contudo, não há no momento a menor idéia de como se possam estabelecer metas que sejam aceitáveis tanto pelos Estados Unidos como pelos países em desenvolvimento. O aquecimento global é uma ameaça grande demais ao bem-estar de nosso planeta para que simplesmente ignoremos essa crise e rezemos para que acabe surgindo uma solução.

Há uma terceira alternativa que sintetiza as vantagens distributivas do imposto comum com o vigor das metas. A grande vantagem do imposto comum é que ele evita a questão mais difícil de descobrir quanto cada país deveria reduzir suas emissões: cada país concorda em oferecer incentivos fiscais apropriados para não emitir, mas fica com a receita dos impostos. Podemos calcular facilmente as reduções resultantes das emissões de carbono para cada país e usar essas estimativas como base para determinar as metas apropriadas para cada um deles. O país poderia, se preferisse, usar os impostos para atingir essas metas. Mas poderia usar medidas alternativas, como controles diretos sobre a tecnologia, tais como exigir normas mais rígidas de economia de combustível para os carros.

Qualquer sistema, seja de metas, seja de impostos, ou uma combinação dos dois, exigirá uma revisão periódica. A tecnologia talvez possa um dia permitir que reduzamos as emissões mais rapidamente, a um custo menor, do que é possível prever hoje; nesse caso, deveríamos apertar as metas. Um imposto comum sobre as emissões pode provocar mais ou menos reduções do que o previsto; nesse caso, talvez queiramos diminuir ou aumentar o valor do imposto.[24] Embora seja provável que o peso do ajuste seja limitado na maioria dos países — afora aquele que atingirá os produtores de petróleo e gás —, alguns países podem ser afetados mais seriamente do que outros; uma revisão periódica poderia identificar as circunstâncias em que alguns países ganhariam mais tempo para se ajustar (do mesmo modo como, tal como argumentei no capítulo 3, alguns países em desenvolvimento precisam de mais tempo para se ajustar à abertura do comércio).

E qualquer sistema, seja de metas, seja de impostos, exigirá imposição — inclusive processos contra os países que se recusarem a cooperar. O aquecimento global é importante demais para depender da boa vontade de qualquer país. Se continuarem a se recusar a reduzir as emissões, os Estados Unidos devem ser punidos com sanções. Se isso acontecer, confio que o país responderá aos incentivos econômicos oferecidos (espero que isso não seja apenas meu viés de economista).

Fazer a globalização econômica funcionar terá pouca utilidade se não resolvermos nossos problemas ambientais globais. Nossa atmosfera e nossos oceanos são recursos globais; a globalização e o assim chamado progresso econômico aumentaram nossa capacidade de explorar esses recursos de um modo mais impiedoso e num ritmo mais rápido do que o crescimento de nossa capacidade de geri-los.

Jared Diamond, em seu best-seller *Colapso*, diz isso de forma bem clara. Depois de descrever como numerosas civilizações desapareceram porque ignoraram o meio ambiente, ele afirma que:

> Nossa sociedade mundial está atualmente num trajeto não sustentável. [...] Porque estamos avançando rapidamente nesse caminho não sustentável, os problemas ambientais do mundo *serão* resolvidos, de uma maneira ou de outra, durante a vida das crianças e dos jovens adultos de hoje. A única questão é se eles serão resolvidos de uma forma agradável de nossa escolha, ou de uma forma desagradável que não é de nossa escolha, como guerra, genocídio, inanição, epidemias e colapso das sociedades. Embora todos esses fenômenos sombrios tenham sido endêmicos ao longo da história da humanidade, sua freqüência aumenta com a degradação ambiental, a pressão populacional e a pobreza e a instabilidade política resultantes.[25]

Neste capítulo, lancei três apelos. Para os países em desenvolvimento, fazer alguma coisa em relação ao aquecimento global é do seu próprio interesse: com efeito, entre eles, há países que serão mais atingidos por esse fenômeno. Reduzir seu uso de energia pode ser bom tanto para o meio ambiente como para a economia.

Para os Estados Unidos, há um imperativo moral para que se unam ao resto do mundo no enfrentamento do problema dos gases de efeito estufa. A devastação que esse país arrisca causar em outros países é tão ruim quanto qualquer guerra que possa travar contra eles. Os americanos podem não ter a intenção de causar danos — tal como não pretende prejudicá-los com seus subsídios ao algodão —, mas há custos embutidos em suas ações e eles devem se responsabilizar por esses custos. Na posição de líder mundial, se fugirem de sua responsabilidade, não poderão esperar que os outros ajam diferente; e, se todos nós fracassarmos, todos sofreremos, inclusive os Estados Unidos. Alguns interesses americanos serão atingidos se os Estados Unidos enfrentarem vigorosamente o aquecimento global, mas creio que o país como um todo ficará numa situação melhor. Mesmo que tenham algum custo, os Estados Unidos podem arcar com ele. É muito melhor fazer pequenos gastos agora para reduzir os riscos de gastos muito maiores no futuro.

Por fim, ainda que eu elogie a Europa e o Japão por assumirem compromissos, por conta própria, de reduzir suas emissões e trabalhar duro para cumpri-los (embora tenham de trabalhar mais duro ainda), sustento que, em larga medida, esses compromissos sozinhos serão apenas gestos, a não ser que o resto do mundo os acompanhe. Isso pode implicar uma ajuda importante aos países em desenvolvimento; significa também endurecer com os Estados Unidos.[26] Afirmei que, simplesmente por uma questão de justiça no comércio, é intolerável que um país proporcione, na realidade, subsídios de emissão a suas empresas. A globalização significou o aumento da interdependência dos países de todo o mundo. Negar os benefícios da globalização por meio de sanções comerciais pode ser um instrumento eficaz para fazer aqueles que espoliam o meio ambiente global assumirem sua responsabilidade. Criamos um direito comercial internacional com o objetivo de garantir a eqüidade do comércio mundial; embora alguns críticos achassem que a OMC colocaria os interesses comerciais acima do meio ambiente, ela mostrou, na realidade, que pode ser usada para impor um comportamento ambiental melhor. Mas a OMC não age sozinha. A Europa precisa usar os fundamentos do direito comercial internacional que criamos para forçar qualquer país recalcitrante — inclusive os Estados Unidos — a se comportar com responsabilidade. A Europa precisa se dispor a usar o enorme poder da globalização econômica para enfrentar os problemas ambientais mais importantes do mundo.

Após o tsunami do Natal de 2004, muito se discutiu sobre a

importância da implantação de um sistema de alarme prévio, de tal modo que as pessoas pudessem tomar medidas para evitar o próximo desastre. Estamos recebendo alarmes prévios, bem altos e claros, sobre o aquecimento global. Mas ainda não reagimos.

7. A empresa multinacional

A esquerda (e a nem tão esquerda assim) costuma falar mal das grandes empresas, retratando-as em documentários como *A corporação* e *Wal-Mart: the high cost of low prices* [Wal-Mart: o alto custo dos preços baixos] como entidades gananciosas e impiedosas que colocam o lucro acima de tudo. Muitos exemplos de mau procedimento das grandes empresas se tornaram, com razão, famosos e lendários: a campanha da Nestlé para persuadir as mães do Terceiro Mundo a usar seus produtos em vez de amamentar os filhos; a tentativa da Bechtel de privatizar a água da Bolívia (documentada no filme *Thirst* [Sede]); a conspiração de meio século das companhias americanas de cigarros para persuadir as pessoas de que não havia provas científicas de que fumar faz mal para a saúde, ainda que suas próprias pesquisas confirmassem isso (maravilhosamente dramatizada no filme *O informante*); o desenvolvimento pela Monsanto de sementes que produziam plantas que, por sua vez, produziam sementes que não podiam ser replantadas, forçando assim os agricultores a comprar novas sementes todos os anos; o enorme vazamento de óleo do superpetroleiro *Valdez*, a serviço da Exxon, e as tentativas subseqüentes da empresa de evitar o pagamento de indenização.

Para muita gente, as grandes empresas multinacionais passaram a simbolizar o que há de errado na globalização; muitos diriam que elas são a principal causa de seus problemas. Essas companhias são mais ricas do que a maioria dos países em desenvolvimento. Em 2004, as receitas da General Motors foram de 191,4 bilhões de dólares, quantia maior do que o PIB de quase 150 países. No ano fiscal de 2005, o Wal-Mart faturou 285,2 bilhões de dólares, mais do que o PIB total da África subsaariana. Essas empresas não são apenas ricas, mas também politicamente poderosas. Se um governo decide tributá-las ou regulamentá-las de uma maneira que não lhes agrada, elas ameaçam mudar-se para outro lugar. Há sempre um outro país disposto a receber suas receitas tributárias, seus empregos e seus investimentos.

As empresas buscam o lucro e isso significa que ganhar dinheiro é a prioridade máxima delas. As companhias sobrevivem diminuindo, dentro da legalidade, seus custos ao máximo. Elas evitam pagar impostos sempre que possível; algumas economizam no seguro-saúde de seus empregados; muitas tentam limitar os gastos com o saneamento da poluição que provocam. Com freqüência, a conta é assumida pelos governos dos países em que atuam.

No entanto, as grandes empresas têm levado os benefícios da globalização aos países em desenvolvimento, ajudando-os a elevar o padrão de vida em grande parte do mundo. Elas possibilitaram que os produtos desses países chegassem aos mercados dos países industriais avançados; a capacidades das empresas modernas de fazer com que os produtores saibam quase instantaneamente o que os consumidores internacionais querem tem sido muito benéfica para ambos. Elas têm sido os agentes da transferência de tecnologia dos países industriais avançados para os países em desenvolvimento, ajudando a diminuir a diferença de conhecimento entre os dois grupos. Os quase 200 bilhões de dólares que elas investem anualmente nos países em desenvolvimento diminuíram a diferença de recursos.[1] As grandes empresas levaram empregos e crescimento econômico às nações em desenvolvimento e mercadorias baratas de qualidade cada vez melhor para as desenvolvidas, baixando o custo de vida e contribuindo assim para uma era de inflação pequena e taxas de juros baixas.

Com as grandes empresas no centro da globalização, elas podem ser acusadas de muitos de seus males, bem como receber crédito por muitos de seus sucessos. Assim como a questão não é se a globalização em si mesma é boa ou ruim, mas como podemos reformá-la para que funcione melhor, a questão em relação às empresas deveria ser: o que pode ser feito para minimizar seus danos e maximizar sua contribuição para a sociedade?

Antes de responder a essa pergunta, quero desfazer uma acusação que é, em larga medida, mas não totalmente, injusta. As empresas são freqüentemente acusadas pelo materialismo que é endêmico nas sociedades desenvolvidas. Na maior parte do tempo, elas simplesmente respondem às demandas das pessoas — por exemplo, a necessidade de ir de um lugar para o outro, que os carros e as motos tornam mais fácil; se automóveis e motocicletas são maiores ou mais extravagantes do que precisavam ser é principalmente porque os consumidores gostam de veículos desse tipo e os compram. Ainda assim, é preciso admitir que as empresas se empenham algumas vezes em moldar esses desejos de maneira a aumentar seus lucros, e pelo menos alguns excessos materialistas podem ser atribuídos a esses esforços. Se a propaganda não estimulasse o desejo, elas não gastariam bilhões de dólares por ano em publicidade.[2] As empresas do setor alimentício ensinam as crianças a querer cereais açucarados que fazem mal para seus dentes; as indústrias automobilísticas fazem campanhas contra o transporte público — e, em alguns casos, conseguiram eliminá-lo —, independentemente do efeito sobre o meio ambiente. Los Angeles teve outrora o maior sistema de trens urbanos do mundo (1770 quilômetros de trilhos), até ser comprado por um grupo liderado pela General Motors que o desmantelou e substituiu por ônibus da GM.[3]

Pode-se fazer vista grossa para um ou dois exemplos de mau comportamento empresarial, mas os problemas são claramente sistêmicos, e, sempre que há problemas desse tipo, os economistas procuram causas sistêmicas. A principal é óbvia: o negócio das empresas é ganhar dinheiro, não fazer caridade. Nisso residem tanto sua força como sua fraqueza. O dinheiro é um incentivo poderoso e o desejo de ganhá-lo pode trazer enormes benefícios para todos. Quando as coisas vão bem, as empresas multinacionais podem dispor de enormes recursos, disseminar a tecnologia mais avançada e aumentar os mercados disponíveis de forma exponencial. Mas, com demasiada freqüência, elas são estimuladas a fazer a coisa errada. Os incentivos empresariais podem ser reformulados. Se quisermos que a globalização funcione, será preciso reformulá-los.

Nessa questão, o eminente economista do século XVIII Adam Smith tem sido mais uma vez mal compreendido. Ele afirmou que os indivíduos, ao perseguir seus interesses pessoais, promoveriam os interesses mais amplos da sociedade. Os incentivos para superar os rivais levariam a custos mais baixos e à produção de bens desejados pelos consumidores, e que os consumidores e a sociedade em geral se beneficiariam com ambos. Na economia de Smith, a moralidade não desempenhava nenhum papel (embora ele pessoalmente se preocupasse muito com questões morais, como mostra sua *Teoria dos sentimentos morais*, obra que precedeu *A riqueza das nações*). Os indivíduos não tinham de pensar no que era certo ou errado, apenas no que era de seu interesse pessoal; o milagre da economia de mercado era que, dessa maneira, eles promoviam o bem-estar geral. Baseados nessa lógica, muitos economistas acreditam que a primeira — alguns chegam a dizer única — responsabilidade das empresas é para com seus acionistas. Elas deveriam fazer o possível para maximizar o valor das ações ou os lucros. Nessa extensão da economia de Smith, se a moralidade entra no quadro, é apenas para impor às firmas que pensem sobretudo nos interesses dos acionistas — na verdade, que pensem apenas nos acionistas.

Às vezes, os mercados funcionam da maneira como Smith argumentou: as grandes elevações nos padrões de vida dos últimos dois séculos são, em parte, um testemunho de que ele tinha razão. Porém, até Adam Smith percebeu que numa economia de mercado sem freios os incentivos privados muitas vezes não se harmonizam com os custos e benefícios sociais — e, quando isso acontece, a busca do interesse pessoal não resultará no bem-estar da sociedade. Os economistas modernos chamam essas desarmonias de "falhas de mercado". Elas surgem sempre que há externalidades, conseqüências das ações de um indivíduo ou de uma empresa cujos custos não são pagos e os benefícios não são usufruídos. Os mercados, por si sós, induzem algumas coisas demasiado pouco, como pesquisa, e um excesso de outras, como poluição.[4]

Grande parte da política pública e da teoria econômica dos últimos cem anos dirigiu-se para a identificação de grandes falhas do mercado e para a análise das maneiras mais eficazes e menos custosas de corrigi-las, por exemplo, mediante regulamentações, impostos e gastos públicos. A economia moderna mostrou, do mesmo modo, que o bem-estar social não é maximizado se as empresas simplesmente maximizam os lucros. Para que a economia seja eficiente, as empresas devem levar em conta o impacto de suas ações sobre os empregados, o meio ambiente e as comunidades em que atuam.

O meio ambiente proporciona um exemplo óbvio em que os custos privados e sociais podem diferir, com enormes conseqüências. É mais caro refinar petróleo ou gerar eletricidade de uma forma que não polua o ar. Custa mais dinheiro livrar-se do lixo ou minerar de um modo que não polua o fornecimento de água. Esses são custos ambientais reais para a sociedade, mas — pelo menos antes que o governo criasse regulamentações fortes — não os eram para as empresas envolvidas. Sem a regulamentação governamental e a pressão da sociedade civil, as empresas não têm incentivos para proteger o meio ambiente de modo suficiente; na verdade, elas têm um incentivo para destruí-lo, se isso lhes economizar dinheiro.

Suborno e corrupção representam outra área em que os interesses sociais e privados entram em choque. As companhias de mineração e de petróleo podem freqüentemente reduzir o custo de adquirir recursos naturais subornando funcionários do governo para obter concessões. É muito mais barato pagar uma grande quantia a um funcionário do que pagar o preço de mercado pelo petróleo ou por outro recurso natural. Na prática, as empresas de muitos setores industriais pagam subornos para obter todos os tipos de favores, tais como proteção da competição externa, permitindo-lhes elevar os preços, ou vista grossa para violações dos regulamentos ambientais ou de segurança. Na visão amoral da corporação moderna, se as empresas conseguem escapar impunes do suborno — se o retorno esperado supera os riscos e os custos de serem flagradas —, então, se não fosse ilegal, elas teriam praticamente a obrigação de subornar, pois isso aumentaria seus lucros e o retorno dos acionistas.

Em economias complexas como a dos Estados Unidos, o suborno puro e simples foi substituído, em larga medida, pelas contribuições para as campanhas políticas, e o retorno pode não ser simplesmente um contrato para a construção de uma estrada a preços acima do mercado, mas uma mudança de política cujas ramificações custam à sociedade muitíssimo mais.[5] Entre 1991 e 2001, 41 empresas (entre elas, General Electric, Microsoft e Disney) que investiram — "contribuíram" — 150 milhões de dólares em partidos políticos e campanhas de candidatos federais desfrutaram 55 bilhões de dólares em benefícios tributários em apenas três anos fiscais.[6] As companhias farmacêuticas gastaram 759 milhões de dólares para influenciar 1400 leis do Congresso entre 1998 e 2004; a indústria farmacêutica é a que mais gasta dinheiro em lobby e tem o maior número de lobistas contratados (3 mil). Seu sucesso reflete o investimento: como vimos no capítulo 4, o governo americano colocou os interesses delas em primeiro plano nas negociações comerciais internacionais, e, pelo novo subsídio aos medicamentos do Medicare, o governo está proibido de barganhar preços — uma cláusula que sozinha já vale bilhões de dólares.[7] As cinco maiores empresas americanas de contabilidade contribuíram com 29 milhões de dólares para candidatos e partidos nas eleições federais entre 1989 e 2001 a fim de se blindar contra a ameaça de regulamentações. Funcionou — pelo menos até o escândalo Arthur Anderson-Enron deixar claro por que essas regulamentações são tão necessárias.

Como último exemplo do impacto social das empresas globais sobre os países em desenvolvimento, consideremos a influência sobre as comunidades locais. Empresas gigantescas com o Wal-Mart não pretendem enfraquecer as comunidades onde abrem suas lojas. Pretendem apenas levar mercadorias a preços mais baixos — e são justamente seus preços mais baixos que lhes valeram tanto sucesso. Mas, ao acabar com os pequenos negócios, elas podem, ao mesmo tempo, esvaziar a cidade. Os pequenos comerciantes são muitas vezes a espinha dorsal de uma comunidade, e o Wal-Mart quebra essa sustentação quando esmaga seus competidores. Algumas doações a entidades de caridade locais fazem pouco para compensar o dano. O capítulo 2 enfatizou a importância do papel desempenhado pelas comunidades no desenvolvimento bem-sucedido; ao enfraquecê-las, as grandes empresas podem, no longo prazo, debilitar até mesmo o desenvolvimento.[8]

Uma parte do sucesso do Wal-Mart deve-se à maior eficiência (melhor gestão dos estoques e logística), mas muito dele se baseia simplesmente em seu poder de mercado, sua capacidade de pressionar fornecedores e funcionários. Sua política rígida contra a sindicalização significa que seus funcionários costumam ser mal pagos e os baixos salários forçam para baixo os salários da concorrência, de tal modo que não apenas os empregados do Wal-Mart são prejudicados. Somente a metade de seu 1,4 milhão de funcionários tem plano de saúde. O programa público de assistência às crianças do estado americano da Geórgia descobriu que mais de 10 mil das 166 mil crianças atendidas tinham pais que trabalhavam no Wal-Mart — mais do que qualquer outro empregador. O plano de saúde da empresa não cobre cuidados preventivos como vacinação de crianças, vacina contra gripe ou exames oftalmológicos. Em conseqüência, os contribuintes em geral pagam os custos que em outros lugares são assumidos pelos patrões.[9]

O problema das empresas que não assumem os custos que suas políticas impõem à sociedade surge em todos os tipos de negócios, multinacionais ou nacionais, grandes ou pequenos. Mas há várias razões para que as grandes empresas multinacionais representem problemas maiores — problemas que Adam Smith, escrevendo há mais de duzentos anos, não poderia ter previsto. Na sua época, os negócios eram relativamente pequenos e, em geral, dirigidos por indivíduos que podiam ser responsabilizados por qualquer dano que causassem. As corporações de hoje são companhias enormes, algumas com dezenas de milhares de empregados; embora sejam indivíduos da empresa que tomem as decisões que determinam sua ação, não é fácil responsabilizá-los pelas conseqüências dessas decisões. É fato que eles raramente colhem o valor total do aumento dos lucros causado por suas boas decisões, mas com menor freqüência ainda pagam pelos custos sociais totais de suas más decisões.[10]

É fácil demais para os executivos se esconderem atrás do véu da empresa. Mesmo depois de admitir que havia bebido antes de embarcar, Joseph Hazelwood, o capitão do petroleiro responsável pelo vazamento de óleo do *Exxon Valdez* em 1989 — um vazamento que causou danos ambientais avaliados em bilhões de dólares —, ganhou apenas um puxão de orelhas, com uma multa de 51 mil dólares e mil horas de recolhimento de lixo ao longo das estradas da região de Anchorage. O governo indiano tentou processar os executivos da Union Carbide pelos milhares de mortes causadas em 1984 pelo vazamento de gases de uma fábrica de pesticidas em Bhopal, mas a empresa era americana e o governo dos Estados Unidos se recusou a cooperar. As acusações contra os executivos, entre eles o CEO Warren Anderson, foram levadas a um tribunal indiano em 1991; quando eles não apareceram para ouvir as acusações, a Índia fez pressão para extraditá-los. Por fim, em setembro de 2004, o Departamento de Estado recusou o pedido de extradição sem nenhuma explicação.

Há exceções, mas são raras. O ex-CEO da WorldCom Bernard Ebbers foi condenado pela fraude de 11 bilhões de dólares que provocou a maior falência da história americana, porque um número excessivo de americanos perdeu dinheiro demais para deixá-lo em liberdade. Ele foi condenado a 25 anos de prisão, a maior sentença por crime empresarial já promulgada contra um

CEO que dirigia uma das quinhentas maiores empresas da revista *Fortune*.

Para piorar as coisas, temos a responsabilidade limitada, que define essencialmente as corporações. A responsabilidade limitada é uma inovação legal importante e sem ela o capitalismo moderno quase certamente não poderia ter se desenvolvido. Os investidores nas empresas com responsabilidade limitada correm risco somente pela quantia que investiram na companhia, e nada mais. Isso é bem diferente das sociedades em que todos os sócios de uma empresa são conjuntamente responsáveis pelas ações dos outros. Se uma sociedade comete um grande erro — digamos, no caso de uma firma de contabilidade, certificar os livros de uma empresa quando não deveria fazê-lo (como a Arthur Anderson no caso da Enron) —, então, em princípio, todos os sócios podem ser processados e perder não somente o que investiram na sociedade, mas também suas casas, seus carros e suas poupanças, forçando-os possivelmente a se refugiarem na falência pessoal. A vantagem teórica de uma sociedade de responsabilidade ilimitada é que cada sócio tem um incentivo para fiscalizar os outros e que os clientes, sabedores disso, confiarão mais nela. Mas, quando centenas de sócios estão envolvidos, a capacidade de fiscalização mútua desaparece e as vantagens da sociedade são superadas pelas desvantagens. Na verdade, muitas firmas de contabilidade, que eram tradicionalmente organizadas como sociedades, se reestruturaram como "sociedades de responsabilidade limitada", combinando as vantagens tributárias da sociedade com a proteção da responsabilidade limitada.

A responsabilidade limitada apresenta uma grande vantagem: permite o levantamento de enormes quantidades de capital, uma vez que cada investidor sabe que o máximo que pode perder é o dinheiro investido. Mas ela pode representar grandes custos para a sociedade. Uma mineradora pode explorar ouro, obtendo grandes lucros para os acionistas, mas deixa para trás resíduos venenosos cheios de arsênico. Tanto do ponto de vista social como financeiro, o custo de limpar a sujeira pode superar o valor do que é extraído da mina. Mas quando o problema é descoberto e o governo exige uma limpeza, a companhia mineradora declara falência e o povo paga o pato. Assim, as pessoas sofrem duplamente — com a degradação ambiental e com o custo do saneamento.

A lista de empresas que causaram danos severos — em especial nos países em desenvolvimento — pelos quais não pagaram, ou pagaram uma fração do que deveriam, é longa. O vazamento da fábrica da Union Carbide em Bhopal é provavelmente o exemplo mais dramático: mais de 20 mil pessoas foram mortas e outras 100 mil ficaram com a saúde comprometida pelo resto da vida, com doenças respiratórias e oftalmológicas, danos neurológicos e neuromusculares, e deficiências no sistema imunológico.[11] O número total de pessoas afetadas foi ainda maior e aquelas que possam vir a receber indenizações, inclusive seus dependentes, chegam perto de 600 mil. A disparidade entre o terrível dano e o que a empresa foi forçada a pagar — quinhentos dólares estimados por pessoa — é também enorme, por qualquer cálculo. Desde então a Dow Chemical comprou a fábrica de Bhopal, assumindo todos os ativos da Union Carbide, mas nenhum de seus passivos.

Em Papua-Nova Guiné, a Ok Tedi, uma grande mina de ouro e cobre, jogou diariamente 80 mil toneladas de material contaminado nos rios Ok Tedi e Fly durante mais ou menos dez anos, enquanto extraía cerca de 6 bilhões de dólares em minério. Quando a mina se exauriu, os proprietários majoritários australianos, depois de admitir que haviam subestimado o impacto ambiental, simplesmente entregaram suas ações e foram embora, deixando para um governo já sem fundos as despesas com o saneamento. Seu custo ainda é difícil de avaliar, mas está claro que será imensamente caro e quem vai pagar é o povo de Papua-Nova Guiné.

Os incentivos estão desajustados quando uma empresa não arca com esses custos: é o resultado da responsabilidade limitada. Quando acrescentamos o tamanho das empresas multinacionais em relação aos países em desenvolvimento, vemos um conjunto de oportunidades em que esse desajuste pode levar — e já levou — a uma variedade de problemas graves. Os países em desenvolvimento precisam dos empregos que as multinacionais trazem, mesmo que o meio ambiente ou a saúde dos trabalhadores sejam prejudicados. As companhias mineradoras e petrolíferas exploram esse desequilíbrio de poder.

Na Tailândia e no Peru, as empresas ameaçaram ir embora se fossem impostas regulamentações ambientais. No Peru, uma mineradora chegou ao ponto de pressionar o governo a não examinar as crianças que viviam perto de suas minas para ver se haviam sido expostas a riscos de saúde. A certa altura, Papua-Nova Guiné aprovou uma lei que tornava ilegal processar companhias mineradoras internacionais fora do país, mesmo para fazer valer direitos legais, ambientais ou de saúde, temendo que esses processos desestimulassem os investimentos no país. Em um mercado perfeitamente competitivo, ameaçar ir embora não seria um problema: se uma mineradora deixasse o país, outras entrariam. Mas há grandes barreiras para a entrada — o desenvolvimento de uma mina pode custar mais de 1 bilhão de dólares e traz consigo grandes riscos. Se uma companhia vai embora, outra pode não preencher o vazio — ou, se o fizer, pode exigir condições ainda mais desfavoráveis.

A globalização aumentou os problemas resultantes do desajuste dos incentivos nas corporações modernas. A competição entre os países em desenvolvimento para atrair investimentos pode resultar numa corrida ao fundo do poço, na medida em que as companhias buscam um lar com as leis trabalhistas e ambientais mais fracas.

Como o caso de Bhopal ilustra, a capacidade de se esconder atrás de fronteiras torna ainda mais difícil responsabilizar as empresas e seus diretores. Ademais, a velocidade com que os ativos podem ser removidos de um país para outro significa que, mesmo que haja uma sanção monetária contra uma empresa em um país, pode ser impossível cobrá-la.

Em seus lugares de origem, onde as empresas fazem parte do tecido da comunidade, os indivíduos assumem freqüentemente um pouco da responsabilidade moral por suas ações; eles fazem a coisa certa ainda que não sejam obrigados a isso por leis, regulamentações ou ameaças de processo, e mesmo que possa haver alguma perda de lucro no curto prazo. Mas, quando as multinacionais atuam no exterior, a responsabilidade moral se enfraquece. Muitos executivos nem pensariam em tratar seus empregados ou o meio ambiente em seu país da maneira como o fazem rotineiramente no exterior. Eles podem argumentar que as regulamentações no exterior são frouxas, que os trabalhadores têm sorte por ter trabalho, ou que, no conjunto, o país se beneficia com seu investimento. Destruir o meio ambiente ou ignorar as condições básicas de trabalho é mais fácil a milhares de quilômetros da matriz, e, uma vez que a população local é pobre, é fácil considerar que suas vidas e suas terras valem menos do que as vidas e as terras de seu país de origem. Os executivos da Dow Chemical e da Union Carbide podem realmente achar que quinhentos dólares é uma grande indenização por uma morte ou uma vida incapacitada em Bhopal. Afinal, com tanta pobreza e morte nos países em desenvolvimento, a vida pode parecer barata para os forasteiros; e os contadores podem observar que a expectativa de vida na Índia é menor do que nos Estados Unidos, e a renda, apenas uma fração.

As empresas alegam que não é responsabilidade delas, mas dos governos, harmonizar os interesses privados e públicos, impondo regulamentos, por exemplo, que restrinjam a poluição. Mas isso as livra de uma situação incômoda, ao ignorar o fato de que elas costumam usar seu dinheiro para aprovar leis e regulamentações que as liberam para poluir à vontade — fazendo, desse modo, que os interesses sociais e privados não se harmonizem.[12] A política faz parte da estratégia dos negócios: as empresas fazem um forte lobby contra os padrões ambientais que lhes diminuem os lucros, e a recompensa desses investimentos políticos costuma ser maior do que qualquer outro investimento.

O dinheiro fala alto em todos os países, mas fala especialmente mais alto nos países em desenvolvimento. Como muitas multinacionais têm mais recursos à sua disposição do que os governos desses países, não surpreende que seus esforços para obter regulamentações ambientais favoráveis sejam com freqüência bem-sucedidos. Infelizmente, é fácil demais para os países pobres e desesperados — em especial aqueles onde os governos não são democráticos — sucumbir aos engodos das empresas.

Pior ainda, as multinacionais aprenderam que podem exercer uma influência maior na redação de acordos internacionais do que no planejamento de políticas nacionais. Nas democracias ocidentais, houve uma tentativa de amenizar os piores abusos da economia de mercado e as empresas ficaram cada vez mais sujeitas a regulamentações ambientais. Mas o sigilo que cerca as negociações de comércio internacional oferece um terreno fértil para as multinacionais que desejam driblar o processo democrático para chegar a regras e regulamentos ao seu gosto. Por exemplo, escondida no capítulo 11 do Acordo de Livre Comércio da América do Norte — um capítulo destinado a proteger os investidores americanos da expropriação de seus investimentos — há uma cláusula que estipula que os investidores americanos no

México podem ser compensados por qualquer perda de valor de seus ativos em conseqüência de regulamentações; eles ganham até o direito de abrir processos em tribunais especiais, com pagamentos por danos vindos diretamente do Tesouro mexicano, mesmo quando as perdas são resultado de regulamentações locais legítimas. Até agora, já foram apresentados processos com reivindicações acima de 13 bilhões de dólares. A cláusula aplica-se também aos investidores estrangeiros nos Estados Unidos — dando-lhes uma proteção que os tribunais e o Congresso americano têm repetida e explicitamente recusado aos investidores americanos.[13] Desse modo, por meio de acordos de comércio, os incentivos sociais e privados ficaram ainda mais desafinados.

PARA FAZER A GLOBALIZAÇÃO FUNCIONAR

É fácil compreender por que as empresas multinacionais desempenharam um papel tão fundamental na globalização: são necessárias organizações de enorme alcance para abarcar o mundo, para reunir mercados, tecnologias e capitais dos países desenvolvidos com as capacidades de produção dos países em desenvolvimento. A questão é como assegurar que estes últimos obtenham mais benefícios e arquem com menos custos. Nas páginas seguintes, apresento uma pauta de cinco pontos que, embora não vá eliminar todos os casos de abuso das empresas, pode diminuir sua incidência. Há um objetivo simples subjacente a todas essas reformas: harmonizar os incentivos privados com os custos e benefícios sociais.

Responsabilidade social empresarial

Embora boa parte das empresas, especialmente americanas,

continue a alegar que sua única responsabilidade é para com seus acionistas, muitas reconhecem que sua responsabilidade vai além disso. Há um elemento de interesse próprio aqui: fazer o bem pode ser bom para os negócios e fazer o mal pode sujeitar as companhias a processos custosos. O mau comportamento também pode prejudicar a imagem de uma empresa: a publicidade negativa em torno da Nike americana depois que seus fornecedores no Vietnã maltrataram os trabalhadores locais e o furor depois que Ken Saro-Wiwa foi morto na Nigéria em meio a acusações de que a Shell anglo-holandesa apoiava a junta militar que o assassinou serviram como despertadores. Os executivos perceberam que podiam ser acusados por problemas que aconteciam a milhares de quilômetros de distância de suas matrizes. Eventos como esses levaram a várias iniciativas empresariais voluntárias para melhorar a situação de seus trabalhadores e das comunidades onde atuam.

Ao mesmo tempo em que mais empresas vêem a responsabilidade social empresarial (RSE) como uma questão de bom negócio (e alguns estudos sugerem que as firmas socialmente responsáveis tiveram um desempenho melhor no mercado de ações do que outras), para muitas empresas, seus executivos e seus funcionários, a responsabilidade social é uma questão tão moral quanto econômica. Podemos pensar as companhias como sendo comunidades, pessoas trabalhando juntas com um objetivo comum — digamos, produzir um produto ou fornecer um serviço. E, na medida em que trabalham juntas, preocupam-se umas com as outras, com as comunidades em que trabalham e com a comunidade mais ampla, o mundo, no qual todos vivemos. Isso significa que uma empresa pode não despedir um funcionário no momento em que não precisa mais dele, ou pode gastar mais dinheiro para reduzir a poluição do que é absolutamente exigido por lei. Essas empresas podem ganhar, evidentemente, não apenas evitando a publicidade negativa descrita antes; elas podem se beneficiar com a mão-de-obra de melhor qualidade que atraem e com o moral mais elevado: seus funcionários sentem-se melhor trabalhando para uma companhia que é socialmente responsável.[14]

O movimento de RSE ajudou a provocar uma mudança na mentalidade de muitas empresas e dos indivíduos que trabalham nelas. Também se esforçou para criar ferramentas que coloquem as empresas à altura de seus ideais: estão sendo desenvolvidas estruturas de contabilidade que levam em conta as contribuições para a comunidade e o impacto ambiental, e isso está ajudando as firmas a pensar mais sobre todas as conseqüências de suas ações.

Infelizmente, em um mundo de competição implacável, os incentivos trabalham com freqüência contra aqueles que têm as melhores intenções. Uma companhia mineradora disposta a economizar em segurança e salvaguardas ambientais será capaz de vencer outra de eficiência comparável e que segue políticas ambientais corretas. A companhia petrolífera disposta a usar o suborno para obter petróleo a preço baixo mostrará lucros maiores do que uma empresa semelhante que não age assim. O banco disposto a ajudar seus clientes a sonegar ou evitar pagar impostos pode se dar melhor — pelo menos, enquanto não for flagrado — do que outro que desestimula essas práticas.

Há um outro problema. Hoje, todas as empresas, até mesmo as piores poluidoras e aquelas com os piores históricos de relações trabalhistas, contratam firmas de relações públicas para elogiar seu senso de responsabilidade empresarial e sua preocupação com o meio ambiente e os direitos dos trabalhadores. Elas estão se tornando adeptas da manipulação de imagem e aprenderam a falar em favor da responsabilidade social, mesmo quando continuam a não praticá-la.

Em conseqüência, embora seja muito importante, o movimento de RSE não é suficiente. Ele deve ser complementado por regulamentações rígidas. As empresas que são realmente a favor de padrões mais elevados deveriam saudar as regulamentações que apóiam os códigos de conduta que elas endossam publicamente, pois as protegeriam da competição injusta daquelas que não aderem aos mesmos padrões. As regulamentações ajudarão a evitar uma corrida ao fundo do poço.

Limitar o poder das empresas

As empresas lutam por lucros e uma das maneiras mais seguras de obtê-los de forma sustentável é restringir a competição — absorver concorrentes, esmagá-los e tirá-los do negócio, ou juntar-se em conluio com eles para elevar os preços. O problema do comportamento anticompetitivo é evidente desde o nascimento da economia; como disse Adam Smith: "As pessoas do mesmo ramo de negócios raramente se reúnem, mesmo para se alegrar e divertir, mas a conversa acaba em conspiração contra o povo, ou em alguma maquinação para aumentar os preços".[15] Quando há falta de competição, cresce muito o potencial para abusos das multinacionais.

Há mais de um século, os países industriais avançados já reconheceram os perigos do monopólio e do comportamento anticompetitivo, e promulgaram leis para romper o primeiro e punir o segundo. Colaborar com supostos concorrentes para fixar preços é um ato criminoso na maioria desses países, com penalidades rígidas tanto em processos criminais como em processos cíveis. Nos Estados Unidos, aqueles que são condenados em um processo criminal podem ir para a prisão, e quem pode provar que pagou preços mais altos em conseqüência da monopolização recebe uma indenização no triplo do valor do preço cobrado pelos monopolistas.

Com o advento da globalização e das mercadorias comercializadas no mundo inteiro, os monopólios e cartéis — e os problemas que criam — assumiram um alcance também global.[16] A globalização desencadeou um novo potencial para o comportamento anticompetitivo que pode ser mais difícil de detectar e reprimir.

A natureza dos monopólios mundiais foi revelada por uma série de casos de manipulação de preços descobertos no começo da década de 1990, entre eles dois que envolviam a Archer Daniels Midland (ADM), gigantesca companhia americana de produtos agrícolas. Um dos casos se referia a vitaminas; outro, à lisina, um aminoácido essencial ministrado aos porcos; um terceiro, à frutose do milho. No caso da lisina, o cartel fixou os preços, alocou participação de mercado e fixou cotas, conseguindo aumentar os preços em 70% num período de três meses. A ADM foi multada em 100 milhões de dólares; Michael Andreas, filho do CEO, e um outro executivo foram mandados para a cadeia. No caso da frutose de milho, a ADM enfrentou pedidos de indenização de até 2 bilhões e concordou em pagar 400 milhões de dólares. No caso da vitamina, as penalidades criminais impostas pelos Estados Unidos e pela União Européia aos conspiradores chegaram a mais de 1,7 bilhão; embora os processos cíveis ainda não tenham sido todos julgados, até agora já foram pagos quase 600 milhões de dólares e ainda estão pendentes reclamações de mais de 1 bilhão de dólares. Mas aqueles que vivem fora dos Estados Unidos e da União Européia têm pouca perspectiva de receber alguma indenização significativa.

Isso reflete um problema geral: enquanto os benefícios para os monopolistas são globais, a aplicação das leis continua fragmentada e cada jurisdição cuida de seus cidadãos; na prática, isso significa que ninguém cuida dos consumidores em países pequenos e em desenvolvimento. Pior ainda: os países de origem dos monopólios globais freqüentemente lutam a favor deles. Isso é natural: o dano causado aos consumidores e firmas no exterior não é seu problema. Quando, em julho de 2001, a UE descobriu que uma fusão proposta entre as gigantes americanas General Electric e Honeywell reduziria significativamente a competição, o governo dos Estados Unidos queixou-se em altos brados. Mas a UE tinha razão e seu comissário para a competição Mario Monti precisou de coragem para enfrentar os Estados Unidos, cumprindo sua obrigação de aplicar as leis sobre concorrência da UE. Sua decisão bloqueou efetivamente a fusão.

O que talvez seja pior são os casos em que os governos ajudam a criar cartéis globais para defender os interesses de suas empresas nacionais. Isso aconteceu quando eu estava trabalhando na Casa Branca. Diante do enfraquecimento dos preços do alumínio, Paul O'Neill, que depois foi secretário do Tesouro do presidente George W. Bush, mas que na época dirigia a Alcoa, a maior produtora mundial de alumínio, defendeu a criação de um cartel mundial do alumínio para estabilizar o mercado e proteger os Estados Unidos contra a competição "destrutiva" da Rússia, que fazia então sua transição para a economia de mercado. Numa reunião dramática em que tanto o Conselho de Assessores Econômicos como o Departamento de Justiça se opunham à proposta, o governo Clinton decidiu tomar a iniciativa de criar um cartel mundial, numa violação tão flagrante dos princípios do mercado competitivo que a secretária-assistente de Justiça Anne Bingaman anunciou ao final da reunião que talvez tivesse de intimar os presentes por violação das leis antitruste. Como O'Neill esperava, o cartel resultou em preços mais altos e mais lucros para a Alcoa, mas também em preços mais altos para os consumidores.[17] Com efeito, o cartel funcionou tão bem do ponto de vista de O'Neill que, quando assumiu a Secretaria do Tesouro, ele propôs a criação de outro, para o aço, a fim de elevar os preços e recuperar os lucros da indústria siderúrgica americana. Mas, com muito mais países e firmas envolvidos na produção de aço do que na de alumínio, a complexidade de se criar e manter um cartel mundial do aço era muito maior e a tentativa fracassou.

O monopólio mundial mais bem-sucedido talvez seja a Microsoft, que conseguiu ganhar poder global não somente em sistemas operacionais de microcomputadores, mas também em aplicativos essenciais como navegadores. Diz-se que uma empresa monopoliza um mercado quando tem uma participação avassaladora: em agosto de 2005, os sistemas operacionais da Microsoft respondiam por 87% do total do mercado de microcomputadores e 89,6% do mercado de PCs com microprocessadores Intel. O computador pessoal, a Internet, o processador de texto e as planilhas eletrônicas quase definem a economia moderna — e uma única empresa mantém a predominância nessas áreas essenciais. Quando a Microsoft embute um programa como o Media Player em seu sistema operacional, ela está efetivamente vendendo o programa por um preço zero. Nenhuma companhia pode competir com isso. Os tribunais americanos e europeus julgaram não somente que a Microsoft tem poder monopolista, como abusou desse poder. A única controvérsia versava sobre o remédio apropriado. A empresa teve de pagar bilhões para resolver processos antitruste; em conseqüência de uma decisão de 2004, teve de oferecer na Europa uma versão de seu sistema operacional sem o Media Player incluído. Ainda assim, com o monopólio da Microsoft tão enraizado, é improvável que, sem ações muito mais fortes, venha a ser restaurado um mercado competitivo.

O poder monopolista da Microsoft leva não apenas a preços mais altos, mas a menos inovações. Os inovadores viram o que aconteceu com a Netscape, o primeiro navegador importante da internet, que foi esmagada pela Microsoft — uma clara advertência a quem descobrisse uma grande inovação que pudesse competir com ou ser integrada ao seu sistema operacional. Uma possível solução seria talvez limitar a proteção de propriedade intelectual do sistema operacional da Microsoft em, digamos, três anos. Isso propiciaria fortes incentivos para que ela oferecesse inovações do tipo que os usuários valorizam e pelas quais estariam dispostos a pagar. Se a empresa não inovasse, outros poderiam fazê-lo a partir de seu sistema operacional antigo, que se tornaria uma plataforma livre, a partir da qual as inovações em aplicativos poderiam ser construídas.

O fracasso em desenvolver uma abordagem global dos cartéis e monopólios mundiais é outro exemplo de como a globalização econômica é mais rápida do que a globalização política. O atual enfoque compartimentado, em que cada país cuida de seus cidadãos, é caro, ineficiente e especialmente ineficaz para proteger quem vive nos países em desenvolvimento, cujos recursos, como já observamos, não são páreo para os das grandes multinacionais. Mesmo que um país ousasse enfrentar a Microsoft, há um desequilíbrio de recursos legais e, no final, a empresa poderia ameaçar abandoná-lo (como fez na Coréia do Sul) — e, sem o sistema operacional da Microsoft, esse país perderia a interconectividade com o resto do mundo.

A globalização dos monopólios requer uma lei da concorrência global e uma autoridade global para impô-la, abrindo espaço para processo criminal e cível em qualquer situação em que o comportamento anticompetitivo afete mais de uma jurisdição. Isso não requer o desmantelamento das autoridades nacionais sobre competição. Os riscos e custos da monopolização são suficientemente grandes, assim como os perigos de grandes firmas usarem sua influência política sempre que possível para impedir os processos; por isso, é preciso que haja uma fiscalização múltipla. Tanto os Estados Unidos como a União Européia mantêm essa fiscalização — nos Estados Unidos, feita pelo governo federal e os estaduais, na UE, pela própria União e pelos governos nacionais.

Melhorar a governança empresarial

Um terceiro grupo de reformas trata das leis que governam as próprias empresas. Como faremos para que elas e seus dirigentes se comportem de uma maneira que seja coerente com o interesse público mais amplo? Que reformas do sistema legal podem ajudar a harmonizar os incentivos privados com os custos e benefícios sociais?

Um passo na direção certa seria fazer as empresas levarem em conta todas as partes interessadas, como seus funcionários e as comunidades onde atuam, e não apenas os seus acionistas. Um exemplo: não deveria ser uma violação de sua responsabilidade fiduciária para com os acionistas perseguir boas políticas ambientais, mesmo que isso diminuísse os lucros.[18]

A intenção da lei de responsabilidade limitada era limitar a responsabilidade dos investidores, não absolver empregados, por mais graduados que fossem, das suas responsabilidades. Mas, como vimos, às vezes o resultado é esse. Os executivos devem ser responsabilizados pessoalmente por mais ações suas, de modo que fique mais difícil para eles esconder-se atrás do véu de suas empresas. Recentemente, surgiram algumas medidas nessa direção, entre elas o fato de o conselho de direção da WorldCom concordar em oferecer alguma indenização aos investidores que tiveram perdas em conseqüência de suas falsas declarações. Em empresas públicas, as penalidades financeiras têm pouco impacto sobre a remuneração dos administradores. Até mesmo um grande pagamento de indenização por danos terá pouco efeito direto sobre eles, e como os administradores e conselhos de diretores estão protegidos por seguro, o custo é arcado por outros mesmo quando são multados diretamente.

Assim como a aplicação eficaz da política de concorrência requer sanções criminais — prisão —, o mesmo ocorre em outros campos. Em 2002, após os escândalos contábeis em grandes empresas, o Congresso americano aprovou a Lei Sarbanes-Oxley, que torna o CEO responsável pelas contas da empresa. A lei foi criticada por ser excessivamente severa e de cumprimento caro; há muitas vezes o perigo da reação exagerada e, com a experiência, a legislação pode ser aperfeiçoada. Mas os custos dos abusos — a alocação errada de recursos, a perda de confiança na economia de mercado — também foram grandes, quase certamente de uma ordem de magnitude maior do que os custos da regulamentação. Além disso, muitos dos custos são iniciais; depois que as empresas se ajustarem ao novo sistema, os custos anuais serão menores.

Se há motivos para tornar os dirigentes empresariais individualmente responsáveis na esfera contábil perante os acionistas e outros interessados, então há motivos mais fortes ainda em outras áreas. Não é um crime menor arruinar o meio ambiente (roubando a herança de toda a comunidade) do que enganar os investidores manipulando os livros contábeis. O dano ambiental causado pelas corporações é mais duradouro, e os atingidos são espectadores inocentes que não fizeram parte de nenhum acordo nem teriam ganhos de investimentos. Quando uma empresa viola flagrantemente as leis ambientais de um país, o CEO e outros que tomaram as decisões e realizaram as ações deveriam ser responsabilizados criminalmente.

Outro passo importante para alcançar a congruência entre os interesses sociais e privados é tornar mais fácil obter indenização por dano. Fazer as empresas pagarem pelos danos que infligem — aos trabalhadores ou ao meio ambiente — daria a elas incentivos maiores para agir com mais responsabilidade e fazer com que seus empregados sigam na mesma direção. Evidentemente, os sistemas legais são imperfeitos. As grandes empresas podem contratar os melhores advogados, que não são páreo para os advogados que as partes prejudicadas (quase sempre pobres) podem pagar. Complexas táticas legais fazem com que, muitas vezes, empresas americanas claramente culpadas não sejam punidas; até recentemente, poucos fabricantes de cigarros, responsáveis por milhões de mortes, haviam sido obrigados a pagar indenizações. Mas, como já vimos, os problemas de fazer uma companhia americana pagar pelas conseqüências de suas ações em um país em desenvolvimento são ainda maiores. Mesmo quando a empresa é julgada culpada, pode ser difícil fazer cumprir a decisão judicial. A empresa pode ter-se protegido limitando seus ativos dentro do país, e embargar ativos fora do país pode ser quase impossível.

Várias mudanças fariam muito no sentido de consertar o sistema. A primeira é permitir que uma empresa possa ser processada em seu país de origem por demandantes de outros países. Os Estados Unidos permitem isso desde 1789, pela Lei de Reclamações por Agravos Estrangeiros, que possibilita aos ofendidos no exterior processar nos Estados Unidos por qualquer dano "cometido em violação da lei das nações ou de um tratado dos Estados Unidos". Em anos recentes, houve tentativas de promover ações nos tribunais americanos contra empresas multinacionais, com algum sucesso. É claro que as empresas gostariam de restringir tais ações, mas, se quisermos que a globalização funcione, é preciso criar tais provisões legais em todo o mundo. É a única maneira de haver uma aplicação efetiva, em especial quando a empresa infratora tem poucos ativos no país onde o dano ocorreu. Outra vantagem desses processos é que uma empresa americana ou européia não poderia mais se queixar que perdeu porque o querelante teve alguma vantagem no tribunal local.

Uma reforma complementar seria permitir que os julgamentos fossem feitos em tribunais estrangeiros e aplicados por tribunais dos países industriais avançados. Digamos que um tribunal brasileiro decida que uma companhia mineradora americana causou danos de 1 bilhão de dólares, mas não tem ativos nesse valor no país; o Brasil poderia usar os tribunais americanos para ajudar a cobrar a indenização. Isso é o que acontece hoje na maioria das arbitragens comerciais internacionais — mas estas estão direcionadas para proteger os investidores. Uma vez mais, há uma assimetria: há menos preocupação com a proteção dos países contra os danos causados por firmas internacionais irresponsáveis que limitam seus ativos dentro de um país como modo de controlar sua exposição às responsabilidades.

Algumas firmas temem se sujeitar a tribunais estrangeiros, alegando serem vítimas de preconceitos. Esse é simplesmente um dos preços que se tem e se deve pagar quando se quer fazer negócios no exterior — em particular, extrair os recursos naturais de um país. Como alternativa, qualquer empresa que alegasse, em defesa contra a aplicação de uma sentença adversa, que os procedimentos judiciais no exterior foram injustos, poderia ser submetida automaticamente a processo nos tribunais de seu próprio país, para ser julgada conforme os mais altos padrões regulatórios ambientais e outros dos dois países. Não se trata de duplo julgamento no sentido usual: a firma poderia ter aceito o primeiro julgamento; ela se submete a um segundo tribunal apenas porque se recusa a aceitar as conclusões do primeiro. A estipulação de que a companhia deveria ser julgada pelos padrões ambientais do país onde é sediada reflete uma presunção cada vez mais reconhecida pelo movimento a favor da responsabilidade social das empresas: não deve existir um duplo padrão com, digamos, padrões ambientais mais baixos nos países em desenvolvimento do que nos Estados Unidos e na União Européia.

Na tradição do oeste americano, os bandidos cruzavam as fronteiras estaduais em busca de refúgio seguro. Para os bandidos ambientais internacionais, não deveria haver refúgio seguro. Qualquer país em que a multinacional (ou os donos substanciais da empresa) possui ativos deveria propiciar um foro em que se pudessem abrir ações judiciais ou tomar medidas para garantir a cobrança de indenizações. A corporação pode atuar onde quiser, mas isso não deve torná-la menos responsável por suas ações em outras jurisdições.

Para tornar isso efetivo, pode ser necessário perfurar o véu empresarial. As companhias mineradoras, por exemplo, muitas vezes incorporam subsidiárias para explorar uma determinada mina, de tal forma que, quando a mina se exaure — e tudo o que sobra são os custos do saneamento —, a subsidiária vai à falência, deixando a matriz incólume. Uma regra simples seria que, em certos tipos de responsabilidade, como aquelas associadas aos abusos ambientais, qualquer entidade possuidora de mais do que, digamos, 20% das ações de uma companhia deveria ser responsabilizada, mesmo que a própria empresa tenha ido à falência. A responsabilidade limitada não deveria ser sacrossanta. Tal como os direitos de propriedade, inclusive intelectual, ela é uma criação do homem, com o objetivo de oferecer incentivos apropriados; quando esse artifício deixa de cumprir sua função social, precisa ser modificado.

Leis globais para uma economia global

Por fim, deveríamos criar estruturas legais e tribunais internacionais, tão necessários para o funcionamento fluente da economia global quanto as cortes federais e as leis nacionais o são para as economias nacionais.

Quando os consumidores americanos e de alguns outros países são prejudicados pela manipulação de preços, eles podem se unir, entrar com o que é chamado de "ação civil pública" e, se vencerem, recebem uma quantia que é o triplo do valor dos danos sofridos. Isso proporciona um forte incentivo para que as empresas não pratiquem a manipulação de preços. Como essa prática se tornou global, o dano também é mundial e os consumidores de todo o mundo precisam se unir e talvez entrar com ações, por exemplo, nos tribunais americanos. Porém, uma decisão recente da Suprema Corte dá aos perpetradores do dano uma saída fácil. Depois que pagarem as indenizações aos americanos prejudicados, o que pode ser apenas uma fração da indenização global, os demandantes precisam encontrar outro foro.[19] Da mesma forma, um único indivíduo prejudicado — digamos, em Bhopal — não tem como arcar com uma ação; o máximo que ele poderia juntar seria pouco para pagar o pior dos advogados. Mas, ao agir coletivamente, os prejudicados têm alguma esperança de reparação. Aqueles que foram atingidos em Bhopal podem ter recebido pouco demais, mas o que conseguiram foi graças a uma ação civil pública.

Não surpreende que os advogados de defesa tentem deter as ações civis públicas dizendo que as partes prejudicadas são muito diferentes e que seus casos não podem ser consolidados. Insistir num grande número de casos separados contra a mesma empresa pelo mesmo dano impõe obviamente um ônus enorme e, em muitos casos, impossível ao sistema legal.

Quando um grande número de indivíduos foi prejudicado de maneira similar, eles deveriam poder se unir para entrar com uma única ação. Precisamos tornar mais fácil entrar com ações civis públicas globais, seja em tribunais globais novo, seja em tribunais nacionais. Faz-se muito mais justiça quando se reconhece o elemento comum para estabelecer a culpabilidade e um nível básico de indenização, que pode ser suplementado, se necessário, por julgamentos separados voltados para ajustes de situações incomuns. Por exemplo, a manipulação de preços eleva os custos para todos aqueles que compram o produto. Uma ação civil pública estabeleceria que houve essa manipulação e calcularia quanto eles foram elevados artificialmente. É claro que a magnitude do dano sofrido por um grande produtor de um país desenvolvido e de um pequeno consumidor de um país em desenvolvimento seria muito diferente. Porém, tendo determinado a responsabilidade do cartel pela manipulação do preço e averiguado a magnitude do aumento do preço, seria relativamente fácil determinar quanto cada um deveria receber (o que talvez tenha de ser feito numa série de minijulgamentos).[20]

E, assim, como reconhecemos que o acesso dos pobres à justiça requer que o governo financie a ajuda jurídica, o mesmo deveria acontecer internacionalmente: os países industriais avançados deveriam proporcionar assistência jurídica aos países em desenvolvimento.

Reduzir as oportunidades de corrupção

Há várias outras medidas que os países industriais avançados podem tomar para dificultar que as empresas escapem impunes dos piores tipos de malfeitorias. Como observamos antes, existe agora um reconhecimento amplo dos efeitos corrosivos da corrupção e da necessidade de atacá-la tanto do lado da demanda como da oferta. A aprovação pelos Estados Unidos, em 1997, da Lei das Práticas Corruptas no Exterior foi um passo importante na direção certa. Todos os governos precisam adotar uma lei desse tipo e os governos que não promulgam ou aplicam tais leis deveriam ser penalizados. Esse é o tipo de questão nova que deveria ser introduzida como parte da rodada de desenvolvimento das negociações de comércio (ver capítulo 3); ela não foi nem tocada. O suborno deveria ser considerado uma prática competitiva injusta e, tal como qualquer outra prática desse tipo, proibida pelas regras da OMC, estando sujeita a sanções.

O sigilo bancário agrava os problemas da corrupção, oferecendo um abrigo seguro para ganhos obtidos de forma ilícita. Na esteira da crise do Leste Asiático, ouviram-se apelos do FMI e do Tesouro americano por uma transparência maior nos mercados financeiros asiáticos. Quando os países em desenvolvimento disseram que um dos problemas para rastrear os fluxos de fundos era o sigilo bancário dos paraísos fiscais ocidentais, houve uma decidida mudança de tom. O dinheiro está nesses paraísos fiscais não porque o clima das ilhas Cayman, por exemplo, seja mais propício à atividade bancária: o dinheiro vai para lá graças exatamente às facilidades que oferece de evitar impostos, leis e regulamentações. A existência dessas facilidades não é uma lacuna jurídica acidental. O sigilo desses centros bancários existe porque é do interesse de certos grupos dos países industriais avançados.

Havia um acordo entre os países industriais avançados para fazer alguma coisa em relação ao sigilo bancário, mas, em agosto de 2001, o governo Bush o vetou. Depois, quando se descobriu que o sigilo bancário havia sido usado para financiar os terroristas implicados nos ataques de 11 de setembro, os Estados Unidos mudaram de opinião — mas somente onde envolvia a luta contra o terrorismo. Outras formas de sigilo bancário, por mais corrosivas que sejam para as sociedades do mundo inteiro, por piores que sejam para o desenvolvimento, ainda são evidentemente permissíveis; afinal, o sigilo bancário é outra maneira pela qual as empresas aumentam os lucros pós-tributos que seus donos recebem. A comunidade internacional deveria ampliar rapidamente as regras contra o sigilo bancário para áreas além do terrorismo. O G-8 poderia fazer isso simplesmente proibindo qualquer de seus bancos de manter negócios com os bancos de quaisquer jurisdições que não obedeçam a essas regras. Os Estados Unidos mostraram que a ação coletiva pode funcionar ao acabar com o uso de bancos para financiar o terrorismo. A mesma firmeza deveria ser usada contra a corrupção, a venda de armas, as drogas e a evasão fiscal.

Venho defendendo ao longo deste livro que política e economia estão complexamente entrelaçadas: as empresas usam sua força financeira para não assumir a responsabilidade por todas as conseqüências sociais de suas ações. Por que deveríamos esperar que elas reajam com mais entusiasmo a essas reformas do que a qualquer das tentativas mais modestas de moderar seus abusos?

Uma coisa que me dá esperança é o movimento de responsabilidade social empresarial. Há um número crescente de firmas que não querem ver uma corrida ao fundo do poço. São empresas como essas, nos Estados Unidos e em outros países, que apoiaram a Lei das Práticas Corruptas no Exterior. A sociedade civil também está desempenhando um papel mais ativo, ao monitorar as ações das grandes companhias mineradoras e das manufaturas que exploram seus trabalhadores. As novas tecnologias que ajudaram a produzir a globalização foram usadas para levar esses abusos à atenção do mundo, de tal modo que mesmo aqueles que têm pouca compunção moral foram forçados a responder por seus atos.

Essas são as realidades, e elas não serão mudadas com facilidade: não devemos pensar que as multinacionais são as vilãs que aparecem em tantos retratos, nem que são as benfeitoras generosas dos países em desenvolvimento. A responsabilidade limitada sustentou o crescimento do capitalismo moderno, mas, com a globalização, seus abusos assumiram uma escala global; sem as reformas sugeridas, eles podem se tornar muito piores. A lição aqui, tanto quanto no resto deste livro, é simples: os incentivos são importantes, e os governos e a comunidade internacional precisam trabalhar duro para assegurar que os incentivos dados às empresas sejam mais acertados para com aqueles que elas afetam, em especial os menos poderosos do mundo em desenvolvimento.

8. O ônus da dívida

Em agosto de 2002, visitei a Moldávia, um país pequeno, em grande parte agrícola e sem saída para o mar, com 4,5 milhões de habitantes, espremido entre a Romênia e a Ucrânia. A Moldávia havia sido uma das repúblicas mais ricas da União Soviética, mas, desde o início de sua transição do comunismo, em 1991, seu PIB despencou cerca de 70%. Embora a situação fosse grave desde o colapso da União Soviética, as coisas ficaram ainda piores quando o rublo se desvalorizou, em 1998,[1] para um quarto do que valia antes da crise. A moeda do país se desvalorizou também e o serviço da dívida externa explodiu, subindo para 75% do orçamento público. Isso deixou pouco dinheiro para os serviços sociais e para a infra-estrutura. Vi estradas em mau estado e aldeias arruinadas. Até mesmo na capital, Chisinau, as ruas estavam esburacadas e, sem dinheiro para pagar pela iluminação pública, a cidade ficava completamente às escuras à noite. Fiquei profundamente triste com o que vi, mas depois me horrorizei quando, durante a viagem, a filha de um colega foi hospitalizada. Ela morreu porque o hospital ficou sem oxigênio. Enquanto no

Ocidente o abastecimento de oxigênio é tido como certo, na Moldávia era um luxo inatingível.

Ao mesmo tempo, a Argentina enfrentava as conseqüências de sua inadimplência de janeiro de 2002, um dos maiores calotes da história, rivalizando com o russo de 1998.[2] Antes da moratória, a dívida externa (incluindo o devido para o FMI e para ao Banco Mundial) de quase 150 bilhões de dólares vinha esmagando a economia, com o serviço da dívida sobre empréstimos públicos e garantidos pelo governo chegando a 16 bilhões em 2001, ou 44% das exportações e 10% do PIB.

Em todo o mundo, da Argentina à Moldávia, da África à Indonésia, a dívida representa um problema opressivo para os países em desenvolvimento. Às vezes, as conseqüências da dívida são dramáticas, como nas crises, mas, mais comumente, o ônus da dívida mostra sua face quando os países lutam para evitar a moratória. Pagá-las exige muitas vezes que os países sacrifiquem programas de educação e saúde, o crescimento econômico e o bem-estar de seus cidadãos. O dinheiro devia fluir dos países ricos para os pobres, mas, em parte porque os pagamentos das dívidas se tornaram tão grandes em alguns anos, o fluxo de fundos tem sido na direção oposta. Obviamente, com dinheiro sangrando dos países em desenvolvimento, é ainda mais difícil para eles crescer e reduzir a pobreza.

O problema é fácil de definir: os países em desenvolvimento tomam emprestado demais — ou emprestam-lhes demais — e de uma forma que os força a assumir a maior parte ou todo o risco dos aumentos posteriores das taxas de juros, das flutuações das taxas de câmbio ou das diminuições de receita. Tendo em vista essa situação, não surpreende que, com freqüência, eles não possam pagar o que devem. Às vezes, até mesmo um país que tomou emprestado moderadamente e pôs em prática boas políticas econômicas se vê diante de dificuldades — um tsunami ou outro desastre natural, o colapso do mercado de suas exportações, uma súbita elevação das taxas de juros.

Muitas vezes, o país devedor é acusado de tomar emprestado demais quando, na verdade, os emprestadores compartilham a culpa: eles emprestam demais, sem examinar com cuidado se o país tomador tem condições de pagar. Os países em desenvolvimento são pobres e alvo fácil para quem quiser oferecer empréstimos. O desequilíbrio entre o prestamista sofisticado e o receptor menos esclarecido não podia ser mais completo. Uma vez que resultam freqüentemente numa batalha pelo pagamento, os empréstimos internacionais se tornaram o portal através do qual um país em desenvolvimento encontra o poder do FMI e de outras instituições globais. O país se vê muitas vezes diante de duas escolhas desagradáveis: o calote, que traz consigo o temor do colapso econômico, ou aceitar a ajuda, que traz consigo a perda da soberania econômica.

O viés contra os países em desenvolvimento reflete-se não somente no ônus que lhes costuma ser atribuído por "excesso de empréstimo" (em vez de culpar os países que emprestam demais), mas também na falta de um marco jurídico sólido que determine o que acontece quando os países não podem cumprir de forma razoável suas obrigações para com a dívida. Todos os países industriais avançados reconheceram a importância das leis de falência que ajudam pessoas e empresas a reestruturar dívidas em aberto, mas não temos um conjunto de leis que governem a reestruturação da dívida soberana, assegurando que isso seja feito de modo justo e expedito.

Este capítulo propõe um conjunto de reformas: um processo ágil de reestruturação para dívidas privadas — dinheiro devido por empresas privadas aos credores externos — e um enfoque novo e mais equilibrado para as dívidas públicas. A preocupação é com a possibilidade de que, mesmo que as dívidas sejam perdoadas, novas dívidas acontecerão: todos os problemas reaparecerão dentro de poucos anos. Então, devemos formular a questão mais básica: o que pode ser feito para garantir que o ônus da dívida não chegue novamente a níveis que estejam além da capacidade de pagar dos países pobres? Sustento que os países em desenvolvimento deveriam tomar menos emprestado — muito menos — do que o fizeram no passado, mas também que, quando fazem empréstimos, deveriam poder fazê-lo de um modo que o risco — inclusive o risco de flutuações das taxas de juros e cambiais — ficasse mais com os países desenvolvidos.

Estamos muito distantes do século XIX, quando os governos ocidentais tinham uma maneira fácil de lidar com os países que não cumpriam suas obrigações financeiras. Eles usavam a força bruta: invasão, ocupação e troca de regime.

Um pouco mais de cem anos atrás, Inglaterra, Alemanha e Itália mandaram uma expedição naval conjunta à costa venezuelana e bloquearam e minaram seus portos. Tinham o consentimento expresso dos Estados Unidos para forçar a Venezuela a pagar suas dívidas internacionais. O ministro do Exterior da Argentina, dr. Luis Maria Drago, foi em apoio de seu vizinho sul-americano, formulando o que ficou conhecido como Doutrina Drago, em resposta ao ataque. Nesse tipo de "situação financeira desafortunada", afirmou em carta a Martín García Merou, embaixador da Argentina nos Estados Unidos, "a dívida pública não pode provocar uma intervenção armada ou dar mérito à ocupação material do solo das nações americanas por uma potência européia". E acrescentou o que é tão verdade hoje quanto o era em 1902:

> Antes de mais nada, o credor sabe que contrata com uma entidade soberana, e é condição inerente de toda soberania que não se

> pode iniciar nem cumprir procedimentos executivos contra ela, já que esse modo de cobrança comprometeria sua existência mesma, fazendo desaparecer a independência e a ação do respectivo governo. [...] A cobrança compulsória e imediata, em um momento dado, por meio da força, não traria outra coisa senão a ruína das nações mais débeis e a absorção de seu Governo, com todas as faculdades que lhe são inerentes, pelos poderosos da terra.[3]

Não era a primeira vez, nem o primeiro lugar, que as nações fortes do mundo usavam meios militares para obrigar o pagamento de dívidas. A França invadiu o México em 1862 e instalou como imperador o arquiduque Maximiliano da Áustria, um parente de Napoleão III, usando como desculpa a dívida que o país havia acumulado desde sua independência, em 1821.[4] Em 1876, França e Inglaterra juntas tomaram conta das finanças do Egito; seis anos depois, a Inglaterra ocupou o país.[5] Os Estados Unidos usaram a falta de pagamento da dívida como parte da justificativa para suas intervenções no Caribe, por exemplo, em 1904, quando a República Dominicana não pagou e o presidente americano Theodore Roosevelt forçou o país a dar aos Estados Unidos a supervisão das receitas da alfândega, para que pudessem ser usadas no pagamento dos credores estrangeiros. Ainda em 1934, a Terra Nova, que então não fazia parte do Canadá, teve de desistir de seu Parlamento quando entrou em insolvência.[6] Durante os anos embriagadores da década de 1920, a Terra Nova havia feito muitos empréstimos e, com a Grande Depressão — quando um quarto da população entrou no auxílio à pobreza e a receita pública diminuiu em um terço —, não pôde mais pagar a dívida. A região só recuperou seu governo próprio quando se tornou parte do Canadá, em 31 de março de 1949.

As idéias sobre a inadimplência mudaram consideravelmente no decorrer de um século. No nível da dívida pessoal, fizemos progressos: as leis de falência substituíram a prisão dos devedores que Charles Dickens retratou de forma tão expressiva. Essas prisões davam aos devedores poucas chances de ganhar dinheiro para pagar o que deviam (embora suas condições desumanas fizessem muitas vezes com que membros da família pagassem as dívidas), mas essa desvantagem, pensava-se na época, era mais do que compensada pelo forte desincentivo ao calote. Do mesmo modo, mudaram as idéias sobre como reagir à incapacidade ou má vontade de um país quanto a pagar suas dívidas. A Doutrina Drago é agora universalmente aceita. Embora exista um consenso sobre o que não deve ser feito — cobrança forçada por meios militares —, há menos consenso sobre o que se deve fazer.

Quando os países não podem pagar o que devem, há três alternativas: perdão da dívida, reestruturação da dívida — em que ela não é reduzida, mas os pagamentos são adiados na esperança de que as coisas ficarão melhores em algum momento do futuro — e calote (o devedor simplesmente não paga). Este foi o caminho tomado pela Argentina: depois de anunciar que pagaria somente uma fração do que devia, o país negociou com os credores, numa tentativa de persuadi-los de que alguma coisa é melhor do que nada. No fim, a Argentina prevaleceu: em março de 2005, 76% de seus credores aceitaram um acordo em que receberiam aproximadamente 34 centavos por dólar devido. Alguns observadores concluíram que o caso da Argentina prova que o sistema atual funciona, mas eu diria o contrário. Passaram-se anos até que se chegasse a um acordo, e o adiamento pode ser caro, com os investidores relutantes em tomar decisões enquanto a economia está no limbo. A Argentina demonstrou uma imensa habilidade de negociação e uma enorme firmeza; a maioria dos países carece de ambas e, com maior probabilidade, sucumbem às pressões dos mercados financeiros mundiais e do FMI, concordando com uma redução inadequada da dívida que deixa o país ainda sobrecarregado. E o medo do calote leva os países a adiar a moratória, impondo enormes sacrifícios ao seu povo; a moratória só acontece quando é a última opção restante. Na minha opinião, o caso da Argentina simplesmente reforça a conclusão de que é necessária uma maneira ordenada de reestruturar e reduzir a dívida.

O CAMINHO PARA A CRISE

Há uma causa simples da crise da dívida argentina e de outros mercados emergentes: excesso de dívida. Mas por que mercados que funcionam bem parecem levar tão freqüentemente a uma tal situação?

EXCESSO DE TOMADA OU EXCESSO DE FORNECIMENTO DE EMPRÉSTIMOS?

Todo empréstimo tem um emprestador e um tomador: ambos se comprometem na transação.[7] Se o empréstimo acabar mal, há pelo menos um caso *prima facie* em que o emprestador é tão culpado quanto o tomador. Na verdade, uma vez que os emprestadores são supostamente sofisticados em análise de riscos e em fazer julgamentos sobre um ônus razoável da dívida, eles talvez devessem receber uma carga maior de culpa.

Faz diferença se dissermos que há um excesso de fornecimento de empréstimos, em vez de excesso de tomada de empréstimos? A diferença em onde vemos o problema influi em onde buscamos a solução. O problema está mais do lado dos emprestadores, que não estão exercendo a devida diligência ao julgar quem é merecedor de crédito? Ou do lado dos tomadores, que são perdulários e irresponsáveis? Se considerarmos que estes últimos são a causa do problema, então pensamos naturalmente em tornar mais difícil aos tomadores se eximirem das dívidas; ao contrário, se o problema está na oferta, tratamos de fortalecer os incentivos para que emprestadores exerçam a devida diligência.

A economia política do excesso de tomada de empréstimo é fácil de entender. O governo atual que toma emprestado se beneficia e os governos posteriores têm de se virar com as conseqüências. Mas, por que emprestadores sofisticados, preocupados em maximizar seus lucros, emprestam demais com tanta freqüência? Eles estimulam o endividamento porque é lucrativo.[8] Os governos dos países em desenvolvimento são, às vezes, até pressionados para tomar emprestado demais. Pode haver suborno nos empréstimos ou, ainda com mais freqüência, nos projetos que eles financiam. Mesmo sem corrupção, é fácil ser influenciado por homens de negócios e financistas ocidentais. Eles levam os responsáveis pela tomada de empréstimos a um bom restaurante para vender-lhes os pacotes de empréstimos e lhes dizer por que este é um bom momento para tomar emprestado, por que aquele pacote em particular é muito atraente, por que este é o momento certo para reestruturar a dívida.[9] Aos países que não têm certeza de que vale a pena o risco de tomar emprestado dizem como é importante estabelecer uma classificação de crédito: faça empréstimo, mesmo que não precise realmente do dinheiro. Vi pessoalmente isso acontecer no Vietnã, que havia feito grandes empréstimos junto ao Banco Mundial, ao Banco de Desenvolvimento Asiático e outras fontes oficiais, mas relutava em tomar emprestado de fontes privadas. Durante anos, os banqueiros estrangeiros disseram ao país para que emitisse um Eurobond como um ponto de referência, e durante anos os vietnamitas resistiram; por fim, cederam.[10]

O excesso de empréstimo aumenta as chances de crise, e os custos de uma crise são pagos não apenas por quem empresta, mas por toda a sociedade (uma externalidade negativa). Em anos recentes, os programas do FMI talvez tenham resultado num aumento significativo das distorções nos incentivos aos emprestadores. Quando ocorreram crises, o FMI emprestou dinheiro no que foi chamado de "operação de socorro" (*bail-out*), mas o dinheiro não era realmente um socorro para o país, mas sim para os bancos ocidentais. No Leste Asiático e na América Latina, as operações de socorro propiciaram fundos para pagar aos credores estrangeiros, absolvendo-os assim de ter de arcar com os custos de seus empréstimos malfeitos. Em alguns casos, os governos chegaram a assumir as dívidas privadas, socializando dessa forma o risco privado. Os credores se safaram, mas o dinheiro do FMI não era de presente: era apenas mais um empréstimo — e o país em desenvolvimento ficou com a conta para pagar. Com efeito, os contribuintes do país pobre pagaram pelos erros do empréstimo do país rico.

O socorro deu origem ao famoso problema do "risco moral". O risco moral surge quando uma parte não assume todos os riscos associados a sua ação e, em conseqüência, não faz tudo o que poderia para evitar o risco. A expressão tem origem na literatura sobre seguros: era considerado imoral para um indivíduo tomar menos cuidados na prevenção de incêndios apenas porque tinha seguro contra incêndio. Trata-se, obviamente, de uma simples questão de incentivos: aqueles que têm seguro podem não pôr fogo em suas casas deliberadamente, mas seu incentivo para evitar o incêndio fica enfraquecido. Com os empréstimos, o risco é a inadimplência, com todas as suas conseqüências; os emprestadores podem reduzir esse risco simplesmente emprestando menos. Se eles percebem uma grande probabilidade de uma operação de socorro, eles emprestam mais do que o fariam em outras circunstâncias.

Os mercados de empréstimos também se caracterizam por uma "exuberância irracional", para usar as famosas palavras do ex-presidente do banco central americano Alan Greenspan, bem como por um pessimismo irracional. Os emprestadores entram no mercado num clima de otimismo e saem quando o humor muda. Os mercados avançam conforme modismos e é difícil resistir à última moda, em especial quando as organizações financeiras internacionais e o Tesouro americano concedem seu imprimatur, como fizeram na Argentina. Se apenas uma empresa fosse afetada por um clima de otimismo irracional, ela teria de arcar com o custo de seu erro; mas, quando um grande número delas compartilha o mesmo humor, numa moda passageira, há conseqüências macroeconômicas que afetam potencialmente todos os habitantes de um país — como aconteceu durante a crise do Leste Asiático.

FALHAS NOS MERCADOS DE RISCO

O excesso na tomada ou na concessão de empréstimos (dependendo do ponto de vista que se assuma) tem algo a ver com muitas das crises que marcaram as últimas três décadas. Mas o problema é mais profundo. Os contratos de dívida que prevêem que o país tomador pague uma certa quantia em dólares ou euros e nos quais as taxas de juros se ajustam às circunstâncias do mercado (caso típico dos empréstimos de curto prazo) atribuem o peso do risco da volatilidade das taxas de juros e de câmbio diretamente aos países em desenvolvimento. Pior ainda, o FMI e o Banco Mundial estimulam muitos países a assinar contratos para a construção de usinas de energia que transferem todos os riscos da volatilidade da demanda a eles mesmos; nesses contratos do tipo "take-or-pay", o governo garante a compra de toda a eletricidade produzida, haja ou não demanda por ela.

Se um país deve, digamos, quase 2 bilhões denominados em dólares, e sua taxa cambial despenca, digamos, para a metade de seu valor, então o valor da dívida na própria moeda duplica. Uma proporção dívida para PIB de, digamos, 75% — alta, mas ainda administrável, por padrões internacionais — transforma-se subitamente em 150%, acima da capacidade de pagar do país. Como a Moldávia caiu na situação desesperadora descrita no início deste capítulo, quando poucos anos antes não tinha nenhuma dívida? Parte da responsabilidade por isso é dos emprestadores que forneceram empréstimos para facilitar a transição do país para a economia de mercado. Mas o ônus aumentou muitíssimo quando o valor da moeda da Moldávia, o leu, se depreciou enormemente após a desvalorização do rublo russo em 1998, mais do que duplicando a proporção da dívida para o PIB do país. A Moldávia foi, em parte, uma vítima inocente da crise russa, precipitada pela incapacidade da Rússia de cumprir suas obrigações da dívida.

Do mesmo modo, se as taxas de juros sobem de 7% para 14%, o serviço da dívida dobra. Antes do aumento, o país talvez estivesse pagando 25% da receita das exportações para pagar a dívida; depois do aumento, está pagando 50%, o que significa que terá quantias insuficientes para pagar por importações vitais. Foi isso que aconteceu na Argentina. Conseqüência, em larga medida, da elevação das taxas de juros para os mercados emergentes, o serviço da dívida argentina mais do que duplicou entre 1996 e 2000.

Nesses casos, o principal fator que contribuiu para atingir o nível de dívida impagável veio de fora das fronteiras do país. A conseqüência de os países em desenvolvimento terem de assumir tanto risco — e de os mercados mundiais serem tão voláteis — é, como vimos, que até mesmo níveis moderados de empréstimos podem — e isso acontece com freqüência — se transformar num ônus insuportável da dívida. Para tornar as coisas mais difíceis, como os empréstimos foram principalmente de curto prazo (às vezes, pagáveis simplesmente à vista), os bancos estrangeiros podem tirar — e tiram — dinheiro dos países em desenvolvimento diante de qualquer sinal de um decréscimo da atividade econômica. Ao contrário, um sistema financeiro global em bom funcionamento ofereceria dinheiro aos países em seus momentos de necessidade, contribuindo dessa forma para a estabilidade econômica mundial, em vez de pedir-lhes dinheiro nessas ocasiões.

Na realidade, os aspectos técnicos das regulamentações bancárias ocidentais estimulam os empréstimos de curto prazo. Os bancos os utilizam em parte porque tornam mais fácil para eles cumprir o que é chamado de "requisito de adequação de capital". Os reguladores, preocupados com a saúde dos bancos pelos quais são responsáveis, exigem que eles tenham uma certa quantidade de capital relativa aos seus empréstimos a receber, e exige-se menos capital para respaldar um empréstimo de curto prazo do que de um de longo prazo. A razão disso é que, ao emprestar por um prazo curto, o banco pode retirar rapidamente seu dinheiro se as circunstâncias mudarem. Mas, em larga medida, essa posição de grande segurança é uma miragem. O que pode ser verdade para um único banco não vale para o sistema bancário como um todo. Se todos os emprestadores emprestarem a curto prazo e depois decidirem tirar seu dinheiro simultaneamente, não vão conseguir. Na realidade, as regras estimulam o pânico: cada banco sabe que se conseguir vencer os outros talvez retire seu dinheiro antes que o problema se torne amplamente reconhecido e o dinheiro fique impedido de sair. Portanto, uma vez suspeitado o problema, há uma corrida para sair primeiro — uma corrida em que quase todos e, em especial, o país em desenvolvimento, acabam sendo grandes perdedores.

As agências de classificação de risco também entram em pânico; elas não querem ser apanhadas a descoberto quando um país dá um calote. No Leste Asiático, elas compartilhavam o otimismo do resto do mercado nos dias anteriores à crise da Tailândia de 2 de julho de 1997, mas, naquele momento, rebaixaram a dívida da região abaixo da classificação de investimento seguro. Uma vez que muitos fundos mútuos e de pensão não podem manter fundos abaixo da classificação de investimento seguro, eles correram para sair também, exacerbando a crise.

Em vez de trabalhar para reduzir esses problemas no funcionamento dos mercados — ou seja, ajudar os mercados a desenvolver contratos de dívidas em que os ricos assumam mais os riscos associados com as flutuações das taxas de juros e de câmbio —, ou para contra-arrestar as conseqüências, o FMI e os governos dos países credores fizeram o que podiam para que aqueles que entraram nesses contratos injustos os cumprissem, quaisquer que fossem os custos para suas populações. Entre as políticas que propuseram estavam taxas de juros altas destinadas a estabilizar as taxas cambiais. Pensavam que com taxas de câmbio mais altas os devedores poderiam pagar com mais facilidade as dívidas denominadas em moeda estrangeira. E, embora nem sempre ficasse claro se as altas taxas de juros estabilizavam o câmbio, era óbvio que empurravam os países para recessões e depressões.[11]

O CASO DA ARGENTINA

O capital está no cerne do capitalismo: se quisermos uma economia de mercado global, devemos ter mercados de capitais globais em bom funcionamento. Porém, está claro que um elemento essencial desses mercados de capitais — o mercado da dívida — não tem funcionado bem, pelo menos da perspectiva das economias de mercado emergentes.[12] Repetidamente, elas acabam com dívidas esmagadoras que levam a crises que resultam em recessões e depressões econômicas e aumento da pobreza. A crise da Argentina ilustra o custo da má gestão da dívida e a necessidade de uma reforma do sistema.

A Argentina sofreu sua crise da dívida um século depois que Luis Drago saiu em defesa da Venezuela. Não era sua primeira crise. Na década de 1970, tal como outros países latino-americanos, a Argentina foi persuadida a tomar emprestado enormes quantidades de dinheiro, numa época em que as taxas de juros reais eram baixas, ou até mesmo negativas (a taxa de juro real leva em conta a inflação: é a taxa de juro nominal menos a taxa de inflação). Quando, no final dos anos 70 e começo dos 80, os Estados Unidos aumentaram as taxas de juros para quase 20%, numa batalha para controlar sua persistente inflação, a Argentina viu-se incapacitada de cumprir seus compromissos com a dívida. Ela foi reestruturada, mas houve um perdão inadequado e, durante boa parte da década de 1980, o dinheiro escorreu da América Latina para os Estados Unidos e outros países industriais avançados. A América Latina estagnou. Somente no final da década houve um perdão sério da dívida — e só então o crescimento foi retomado.[13]

A Argentina teve um episódio de inflação muito alta no final da década de 1980, quando atingiu a taxa anual de 3080% em 1989; para debelar a hiperinflação, o país fixou sua taxa de câmbio em relação ao dólar. A estratégia funcionou e a inflação caiu. Mas foi uma estratégia arriscada: uma economia internacional volátil requer ajustes freqüentes das taxas cambiais, o que o novo regime econômico argentino não permitia. As conseqüências viriam na década seguinte.

Sem o peso da dívida, a Argentina teve um boom econômico por algum tempo, no começo dos anos 90. A nova confiança na economia fez com que bancos e outros emprestadores ficassem dispostos a emprestar e até mesmo a financiar o consumo.

A explosão do consumo também foi sustentada com a privatização de empresas estatais, vendidas a estrangeiros. Se alguém se desse ao trabalho de olhar o balanço do país, teria percebido que ele estava piorando, na medida em que vendia ativos e acumulava passivos, mas a atenção do FMI estava concentrada apenas no déficit e a instituição estava tão satisfeita com a adoção das políticas preconizadas pelo Consenso de Washington que ignorou os problemas. Estrangeiros foram estimulados a emprestar para a Argentina, enquanto o FMI insistia em elogiar o país por sua baixa inflação e outras políticas que estavam de acordo com seus conselhos, chegando ao ponto de exibir o presidente Carlos Menem — que pouco depois seria amplamente acusado de corrupção — como modelo de virtude econômica em sua reunião anual de 1999, em Washington.

Mas, de repente, a sorte da Argentina mudou. O evento precipitador foi a crise asiática de 1997, que em 1998 já se transformara numa crise financeira mundial. As taxas de juros globais para os mercados emergentes subiram às alturas. Como conseqüência em larga medida disso, o serviço da dívida argentina aumentou de 13 bilhões de dólares em 1996 para 27 bilhões em 2000. Esses problemas foram piorados pelo dólar forte: uma vez que o peso estava atrelado ao dólar, ele se sobrevalorizou cada vez mais. O desalinhamento de sua taxa cambial aumentou ainda mais quando o Brasil, seu maior parceiro comercial, desvalorizou sua moeda por causa de sua própria crise. A Argentina foi inundada por importações e, com a taxa cambial alta, encontrou dificuldades para vender suas mercadorias no exterior. Com poucas exportações e mais importações, sua balança de pagamentos se deteriorou e o país teve de tomar mais empréstimo no exterior.

Iniciou-se um círculo vicioso no qual o FMI desempenhou um papel fundamental. À medida que as taxas de juros globais se elevavam, aumentavam os pagamentos de empréstimos da Argentina e crescia seu déficit fiscal. O FMI, centrado no déficit, exigiu políticas fiscal e monetária mais apertadas: aumento de impostos, corte de gastos, aumento das taxas de juros internas. Tudo isso teve o resultado previsível de diminuir a produção do país — e sua receita tributária.

Houve outros motivos para que o FMI fosse responsável pela crise emergente. A instituição havia estimulado a Argentina a privatizar a previdência social, o que resultou numa redução das receitas públicas (impostos da previdência) mais rápida do que a redução dos gastos (com os aposentados); se o país não tivesse levasse a cabo essa privatização, mesmo num tempo de crise seu déficit teria ficado perto de zero.[14] O FMI não só exigiu a privatização de serviços públicos, como água e eletricidade, como insistiu que, quando fossem privatizados, os preços fossem vinculados aos dos Estados Unidos; isso significou que quando os preços aumentaram nos EUA, os argentinos tiveram de pagar mais e mais por serviços básicos, tornando o país cada vez menos competitivo e aumentando o grau de agitação social.

Aquilo que não é sustentável não será sustentado: a alta taxa de câmbio e a dívida crescente não eram sustentáveis. Por fim, no final de 2001 e começo de 2002, a crise econômica do país chegou ao auge: o país simplesmente parou de pagar a dívida e deixou sua taxa cambial flutuar. O valor do peso caiu rapidamente em um terço. No caos econômico que se seguiu, a taxa de desemprego oficial disparou para 20% e o PIB caiu 12%.

Àquela altura, a Argentina devia uma quantidade enorme de dinheiro ao FMI. Essa instituição deve supostamente ajudar os países em momentos de necessidade — e aquele era um verdadeiro momento de carência para a Argentina. Os credores privados costumam exigir o pagamento imediato dos empréstimos quando a economia entra em declínio — justamente quando o governo sente uma necessidade especial de fundos. O FMI foi criado, em parte, pelo reconhecimento dessa falha de mercado, mas, em vez de se oferecer para emprestar mais à Argentina, ele também exigiu que o país pagasse o que devia e, se quisesse que o FMI rolasse sua dívida (na verdade, adiasse as datas de pagamento), teria de aceitar suas condições — mais das mesmas cláusulas que haviam contribuído para aumentar a crise. Negociações acaloradas entre a Argentina e o FMI foram feitas a portas fechadas; os argentinos não cederam. O país foi duro na negociação, reconhecendo que outros empréstimos do FMI jamais chegariam a Buenos Aires: o dinheiro ficaria em Washington para pagar o que o país devia ao FMI (que em outra ocasião chegou mesmo a se jactar disso, no caso de um empréstimo à Rússia depois da inadimplência desse país). A Argentina também sabia que se cedesse às condições do FMI, sua queda econômica se aprofundaria. Por fim, os argentinos reconheceram também que o FMI e outros emprestadores internacionais tinham tanto a perder quanto eles se não rolassem seus empréstimos. Embora o país não tivesse pago seus empréstimos privados, o pagamento das dívidas para com o FMI e outros emprestadores oficiais dependia da rolagem ou não do empréstimo pelo FMI. Se a instituição não fizesse isso, teria de declarar a Argentina inadimplente, fazendo seus livros parecerem terríveis. A Argentina estava certa nesse ponto também: embora tenha pago apenas uma fração do que devia e se recusado a aceitar as condições do FMI, a instituição não declarou a inadimplência do país.

O FMI também negociou duramente. Um ex-funcionário da instituição explicou que ela simplesmente refletia os interesses coletivos dos credores, dos quais era um dos principais, que queriam instilar o medo da falência. Queriam que um país, ao pensar em dar o calote, meditasse longa e profundamente antes de fazê-lo. Sabiam que não havia tribunal que pudesse obrigar um país soberano a pagar o que devia; havia poucos ou nenhum ativo que pudesse ser confiscado (ao contrário das falências privadas, em que os credores podem tomar a empresa ou ativos oferecidos em garantia). Era somente o medo que impelia ao pagamento; sem medo, os empréstimos não seriam pagos e o mercado da dívida soberana simplesmente secaria. O FMI "recusava-se a aceitar um sim como resposta". Se a Argentina concordasse com uma determinada exigência, o FMI imporia outras, para prolongar a agonia do país e tornar o calote o mais custoso possível.

Sem aplicar nenhum programa do FMI, a Argentina fez então uma coisa que ninguém esperava: começou a crescer. Sem as políticas de contração ao estilo do FMI, sem o fluxo de dinheiro para fora do país para pagar os credores, e ajudada pela grande desvalorização de sua moeda, a Argentina acumulou três anos de crescimento de 8% ou mais. Com o crescimento restaurado, o país conseguiu até acabar com o déficit fiscal — algo que o programa do FMI jamais conseguira. Se a Argentina tivesse continuado a mandar dinheiro para Washington e a aceitar os ditames do FMI, é quase certo que sua situação estaria muito pior.

Enquanto a Argentina conseguia se recuperar, apesar de não ter — ou melhor dizendo, porque não tinha — um programa do FMI, o fato de não reestruturar sua dívida tornou a recuperação mais difícil do que o necessário. Os credores, entre eles muitos poupadores comuns da Itália que haviam sido induzidos a comprar papéis argentinos sem conhecer plenamente todos os riscos associados a eles, também sofreram com o longo adiamento. Muitos não puderam esperar e tiveram de aceitar grandes perdas, vendendo para especuladores que apostavam que, no fim, os argentinos melhorariam sua oferta de acordo.

A Argentina deixou claro desde o início que queria um novo programa do FMI, que não estava simplesmente fugindo de suas obrigações; mas também reconhecia suas obrigações para com seus cidadãos, e que era melhor não ter nenhum programa do FMI do que ter um que engessasse sua economia ou usasse seus escassos recursos para socorrer os bancos ocidentais.

A história da Argentina nos traz muitas lições sobre o que deve e o que não deve ser feito pelos países e pela comunidade internacional (especialmente o FMI). Ela mostra, mais uma vez, que até mesmo países que parecem se comportar bem e tomar emprestado de forma moderada podem acabar com dívidas esmagadoras em conseqüência de forças que estão fora de seu controle e fora de suas fronteiras; mostra como é fácil que uma crise da dívida seja seguida por outra; mostra que a ajuda externa pode custar muito caro, e que seguir o conselho do FMI e ser seu melhor aluno não protege o país das crises nem o imuniza contra críticas posteriores dessa instituição. E, o que é mais importante, o sucesso da recuperação argentina sem a ajuda do FMI levantou questões em outros lugares. Outros países deveriam seguir seu exemplo? O Brasil estaria em melhor situação se tivesse suspendido o pagamento da dívida, em vez de seguir as políticas de austeridade orçamentária que levaram a um crescimento tão pequeno durante o primeiro mandato do presidente Luiz Inácio Lula da Silva, apesar do enorme aumento das exportações?

A Argentina mostrou também que há vida depois do calote: o país pôde até crescer mais depressa. Mas poucos países têm a coragem da Argentina. É o medo das conseqüências do não pagamento que leva os países a pagar, impondo enormes sacrifícios aos seus cidadãos.

Compreendi a força desse medo durante minha visita à Moldávia. Embora o pagamento da dívida absorvesse três quartos de seu já magro orçamento, as autoridades do país continuavam dizendo que se não pagassem, não teriam acesso a dinheiro. Eu observei que eles não estavam recebendo nenhum dinheiro. O fluxo de fundos ia deles para a Europa e os Estados Unidos, e não o contrário. Além disso, na melhor das hipóteses, demoraria muitos e muitos anos até que obtivessem algum fundo do setor privado. Com todo o serviço da dívida, a Moldávia, tal como outros países altamente endividados, não podia fazer os investimentos necessários para crescer, e, sem crescimento, tinha poucas perspectivas de obter empréstimos. A moratória deteria pelo menos a hemorragia de dinheiro que saía do país.

A maioria dos países sobrecarregados pela dívida, enquanto suas economias continuarem estagnadas — o que certamente acontecerá, enquanto estiverem agrilhoadas pela dívida —, não conseguirá ter acesso aos mercados de capitais, não importa quão fiéis eles forem ao serviço da dívida. Mas, depois que começarem a crescer, obterão acesso aos mercados de capitais internacionais de novo, mesmo que tenham dado o calote. A Rússia recuperou o acesso dois anos depois da moratória. Os mercados de capitais olham para o futuro. Eles se perguntam sobre as perspectivas do país de pagar. Uma economia com pleno emprego e mais forte porque se livrou de uma enorme dívida pendente é uma aposta melhor.[15] Em outras palavras, o calote pode, num prazo relativamente curto, levar de fato a um aumento líquido de influxos de capital.

PARA FAZER A GLOBALIZAÇÃO FUNCIONAR: O QUE FAZER A RESPEITO DA DÍVIDA DOS PAÍSES EM DESENVOLVIMENTO

As discussões sobre alívio da dívida são confusas, em parte porque há quatro categorias distintas (mas não totalmente). Há os países muito pobres "normais", que tomaram emprestado principalmente de outros governos e instituições multilaterais como o FMI. Temos depois os países que sofreram com governos corruptos e opressores que, entre seus vários legados adversos, deixaram dívidas. Em terceiro lugar, há os mercados emergentes em que, em geral, agentes privados emprestaram para tomadores privados em tal quantidade que o problema tem conseqüências nacionais: Coréia do Sul, Tailândia e Indonésia, onde dívidas privadas precipitaram uma crise regional, oferecem a ilustração dramática disso. E, por fim, temos os países de renda média, como a Argentina, que receberam empréstimos demais (ou, dependendo do ponto de vista, tomaram emprestado demais), principalmente de agentes privados, mas também do FMI, do Banco Mundial e de bancos de desenvolvimento regionais, e não podem pagar o que devem sem ajustes dolorosos.

PERDÃO DA DÍVIDA PARA OS MAIS POBRES

Os países muito pobres são tão desesperadamente pobres que tomam dinheiro de qualquer forma que puderem. Tipicamente, os agentes privados não emprestam a eles; mas no passado, o Banco Mundial, o FMI e os países industriais avançados emprestaram-lhes muitas vezes a juros baixos. A esperança era que os empréstimos financiassem projetos e programas que levassem ao crescimento — crescimento suficiente para que o país tivesse facilidade em reembolsar os empréstimos. Mas com freqüência não foi isso que aconteceu. Mesmo quando houve crescimento, ele foi tão fraco que não contrabalançou o aumento da população: vinte anos depois do empréstimo, o país está ainda mais pobre, e sem condições de pagar a dívida.

Em 1996, a comunidade internacional reconheceu finalmente a necessidade de alívio da dívida para países pobres altamente endividados. Mas o programa (chamado por seu acrônimo em inglês HIPC — highly indebted poor countries) teve uma história complicada. Nos quatro anos seguintes, somente três países obtiveram o alívio. O FMI estava encarregado de estabelecer as condições para sua concessão e fez tantas exigências que poucos se qualificaram. Os países tinham de seguir estritamente o que o FMI recomendava e havia pouca margem de manobra. Os críticos afirmam que isso não era por acaso: a oferta de alívio da dívida era um instrumento poderoso para o FMI obrigar esses países a fazer quase tudo que lhes exigia, mas, depois que o alívio era concedido, diminuía muito a influência da instituição. Porém, o FMI não era a única fonte do problema: alguns empréstimos foram feitos bilateralmente e o alívio da dívida tinha de ter a concordância de todos os principais credores.

Em resposta, em 2000, um movimento chamado Jubileu 2000 (comemorando o Jubileu bíblico que concedia perdão das dívidas a cada cinqüenta anos) mobilizou a opinião pública em torno da questão do alívio da dívida e houve um acordo para expandir o programa de HIPC. Até julho de 2005, 28 países haviam sido contemplados com mais de 56 bilhões de dólares de alívio da dívida, reduzindo o débito externo desse pequeno conjunto de países em cerca de dois terços. Dos 28 países, dezenove receberam um alívio equivalente a 37 bilhões de dólares; para os outros, o perdão total requer que os países cumpram certas condições, menos onerosas do que as do passado e voltadas para a redução da pobreza. O ritmo é melhor do que antes, mas não é suficientemente rápido. Ainda há muitos países esperando pelo alívio da dívida; muitos, como a Indonésia, não fazem parte do programa HIPC porque, embora sejam muito pobres, são considerados ricos demais para o cancelamento da dívida. A Moldávia não está qualificada simplesmente porque o perdão da dívida não foi estendido aos países da antiga União Soviética. E, enquanto o alívio não vem, a magia dos juros compostos funciona e as dívidas continuam a crescer.[16]

Havia a necessidade de algo mais e, como observamos no

primeiro capítulo, havia uma resposta. Os líderes dos países industriais avançados, o G-8, em sua reunião de cúpula de junho de 2005 em Gleneagles, Escócia, concordaram em proporcionar até 100% de alívio da dívida para os dezoito países mais pobres do mundo, catorze dos quais na África.[17]

Como a situação da Moldávia demonstra, sem alívio da dívida os países altamente endividados não serão capazes de suprir as necessidades básicas de seus cidadãos, para não falar dos investimentos necessários se quiserem crescer e sair da pobreza. Para os países mais pobres do mundo, é preciso haver uma forma ágil de alívio da dívida, uma extensão e expansão do HIPC atual para mais países. E, como os países do G-8 reconheceram em Gleneagles, o alívio da dívida precisa ser profundo: qualquer dólar enviado para Washington, Londres ou Bonn é um dólar não disponível para combater a pobreza em casa. Um alívio raso simplesmente deixa o país no meio da luta, com outra crise da dívida esperando no futuro não muito distante.

O alívio da dívida precisa ser feito de uma forma que não diminua a disponibilidade de outras formas de assistência. A ajuda aos países muito pobres não deveria acontecer à custa dos pobres. O alívio já foi criticado por recompensar não apenas os infelizes, mas também os irresponsáveis. Os países que se esforçaram muito para manter suas dívidas sob controle não deveriam ser punidos com menos ajuda do que aqueles que foram perdulários. Hoje, os países em desenvolvimento que pagaram o que deviam, pelo menos ao ponto em que não mais se qualificam para o alívio da dívida, temem que esse alívio esteja se apropriando de dinheiro que poderia ser posto a disposição deles — em especial, no Banco Mundial, onde o reembolso dos empréstimos propicia uma fonte importante de fundos para emprestar. Somente o tempo dirá se os países industriais avançados compensarão o déficit, de tal modo que o Banco Mundial possa manter seus programas de empréstimos. Isso é particularmente importante porque, com freqüência, as coisas não são o que parecem: boa parte do alívio da dívida é apenas uma questão de contabilidade, um reconhecimento de que o país jamais será capaz de pagar o que deve.[18] Portanto, se o dinheiro que iria para outras formas de assistência é contabilizado como alívio da dívida, na prática a quantia total destinada à ajuda será reduzida.

Muitos temem que esses países em desenvolvimento pobres logo estarão altamente endividados de novo. Em certo sentido, o ônus deveria ficar com os emprestadores. A maioria desses países é tão desesperadamente pobre que não é razoável esperar que eles recusem empréstimos.[19] Os emprestadores deveriam limitar os empréstimos às quantias que os países podem reembolsar. Na prática, isso significa que deveria haver relativamente poucos empréstimos. A maioria desses países desesperadamente pobres continuará a sê-lo quando chegar o momento de pagar a dívida. Mesmo que o dinheiro emprestado tenha um alto retorno, será difícil para os governos reunir a receita necessária para financiar os reembolsos; e o dinheiro gasto no pagamento dos empréstimos virá inevitavelmente à custa da educação, da saúde e de outros gastos vitais para a sociedade e para o crescimento do país.

Combinar mais ajuda na forma de doações com mais diligência de parte dos emprestadores tornará o excesso de ônus da dívida para os países mais pobres do mundo menos provável no futuro.[20]

DÍVIDAS ODIOSAS

Em uma categoria de empréstimo, os argumentos morais a favor do perdão da dívida são especialmente convincentes. São as chamadas "dívidas odiosas": foram contraídas por um governo que não foi escolhido democraticamente e o dinheiro emprestado pode até ter ajudado um regime brutal a se manter no poder. Qualquer que seja a motivação de quem empresta — política (para comprar apoio na Guerra Fria) ou econômica (obter acesso a ricos recursos minerais) —, é imoral forçar o povo desses países devedores a pagar as dívidas.

A dívida do Iraque contraída por Saddam Hussein entra nessa categoria, assim como a da Etiópia, que até 2006 ainda estava reembolsando os empréstimos feitos pelo odiado regime de Mengistu e seu Terror Vermelho, que brutalizaram o país desde a queda de Hailé Selassié, em 1974, até sua derrubada, em 1991. Mengistu Hailé Mariam usou o dinheiro na compra de armas para reprimir os que se opunham à sua tirania. O atual governo está pagando, na verdade, pelas armas que foram usadas para matar seus companheiros de luta contra o velho regime.

Em 2005, a Nigéria tinha uma dívida em torno de 27 bilhões de dólares; boa parte do montante era composta por juros cumulativos sobre empréstimos feitos por ditadores militares corruptos durante os períodos de 1964-79 e 1983-99, época em que a riqueza do país foi pilhada, mesmo quando sua produção de petróleo equivalia a cerca de um quarto de trilhão de dólares. Durante a Guerra Fria, o Congo recebeu empréstimos das potências ocidentais e das instituições financeiras internacionais. O dinheiro foi enviado pelo ditador Mobutu Sese Seko a contas bancárias secretas na Suíça e em outros lugares; os emprestadores sabiam, ou deveriam saber, que o dinheiro não estava sendo gasto em desenvolvimento. Não era esse seu objetivo, mas sim comprar amizade na Guerra Fria, ou pelo menos impedir que o Congo vendesse sua amizade para a União Soviética, e assegurar o acesso das companhias ocidentais aos abundantes recursos naturais daquele país. Ao final de seu regime, o país acumulava 8 bilhões de dólares de dívida externa e Mobutu havia amealhado uma fortuna pessoal estimada entre 5 e 10 bilhões. E agora, se a dívida não for perdoada, não serão os cidadãos das potências ocidentais que pagarão pelo apoio dado a Mobutu, mas os cidadãos do Congo, que terão de pagar suas dívidas.

Atualmente, os chilenos estão pagando pelas dívidas contraídas durante o regime de Pinochet e os sul-africanos, pelas dívidas assumidas durante o regime de apartheid. Se a Argentina não tivesse suspendido o pagamento da dívida, os argentinos ainda estariam pagando os empréstimos que financiaram a "guerra suja" de 1976 a 1983, na qual se estima o desaparecimento de 10 mil a 30 mil argentinos.

Há uma solução simples para o problema da dívida odiosa: deveria haver uma presunção de que esses países não seriam obrigados a reembolsar os empréstimos. Essa solução simples não somente resolve o problema da dívida pendente corrente, mas também de sua recorrência: se os credores souberem que ao emprestar para tais regimes correm o risco de não serem reembolsados, então será improvável que emprestem. As "sanções de crédito" têm maior probabilidade de serem mais eficazes do que as sanções comerciais (pelas quais a comunidade internacional tenta fazer com que os países se comportem "bem", ameaçando cortar o comércio). Pois como o ministro do Exterior Drago mostrou há cem anos, não há tribunal de Justiça que possa forçar os países a pagar suas dívidas; e se há um amplo consenso na comunidade internacional de que uma determinada dívida é odiosa e que o país não tem obrigação de pagá-la, então é improvável que haja conseqüências adversas pelo não pagamento; e, sem conseqüências adversas, não haverá incentivo para pagar. De acordo com esse raciocínio, os emprestadores não vão querer emprestar; em contraste, as sanções comerciais são freqüentemente ineficazes, porque o comércio com os países punidos é lucrativo e as empresas sempre tentam driblar as sanções.[21]

Além disso, a ONU poderia manter uma lista de países para

os quais contratantes e credores saberiam que seus contratos e suas dívidas seriam reexaminados depois do fim do regime. Governos e bancos que emprestam dinheiro a regimes opressores saberiam que correriam o risco de não serem reembolsados. Poder-se-iam estabelecer diretrizes definindo contratos e dívidas aceitáveis: empréstimos para construir escolas seriam permitidos, para comprar armas, não. (Há quem sustente que, sendo os fundos fungíveis — o dinheiro emprestado para construir escolas libera dinheiro para o governo comprar armas —, qualquer empréstimo para regimes repressores deveria ser tratado como odioso, mas há indícios de que emprestar para, digamos, educação resulta de fato em mais gastos com educação do que se não houvesse o empréstimo.) Um Tribunal Internacional do Crédito poderia ser criado para fazer os julgamentos requeridos. Para os empréstimos existentes, ele perguntaria: quando o empréstimo estava sendo negociado, o emprestador deveria ter reconhecido que se tratava, na realidade, de uma dívida odiosa? Está claro que os muitos agentes privados que emprestaram ao regime de apartheid da África do Sul, especialmente depois das sanções impostas pela ONU, deveriam saber que essas dívidas eram odiosas, assim como hoje quem empresta ao regime do Sudão — que tanto os Estados Unidos como a ONU julgaram que está cometendo genocídio — deveria perceber que os empréstimos são odiosos.

Questões análogas são levantadas em relação aos contratos. Os governos deveriam ser forçados a compensar os empreiteiros privados por romper um contrato, quando tal contrato foi firmado com um regime corrupto e ditatorial? Esses contratos deveriam ser tratados como dívida odiosa — em especial quando podem ter ajudado a manter o regime no poder? E o fato de que freqüentemente existe corrupção no próprio processo de contratação faz diferença? No caso do Iraque, os Estados Unidos argumentaram que honrar os contratos com Saddam Hussein era premiar a corrupção. No caso da Indonésia, depois da derrubada de Suharto, o embaixador americano afirmou que os contratos eram invioláveis. (O embaixador foi devidamente recompensado, depois de sua aposentadoria do Departamento de Estado, com um cargo no conselho diretor de uma companhia mineradora americana ativa na Indonésia acusada de corrupção e de destruição do meio ambiente.)

Para muita gente, a questão não é apenas se as dívidas deveriam ser pagas ou os contratos honrados, mas se as instituições ocidentais deveriam ser responsabilizadas por alguns dos perigos que resultaram da continuação de regimes que elas ajudaram a perpetuar.

DÍVIDAS EXTERNAS PRIVADAS

Até a crise do Leste Asiático de 1997, muitos acreditavam que somente os empréstimos públicos podiam ser problemáticos. Afinal, dizia a razão que empresas privadas só tomariam emprestado se pudessem reembolsar o empréstimo, e os credores só emprestariam se confiassem que as empresas tomadoras poderiam pagar. Ademais, dizia-se que se houvesse um problema com o reembolso, apenas o emprestador arcaria com as conseqüências. A crise asiática mostrou que esse raciocínio estava errado. Subjacente à crise estava o endividamento excessivo de companhias privadas. Quando os credores se recusaram a rolar a dívida denominada em dólares, toda a região mergulhou na crise.

O que aconteceu então foi o mesmo que ocorreu em tantos outros lugares: os passivos privados foram nacionalizados. O FMI proporcionou aos governos os dólares para pagar aos credores ocidentais. Os credores foram protegidos, os tomadores se livraram do problema e os contribuintes dos países em desenvolvimento ficaram com o ônus de reembolsar o FMI.

Havia uma alternativa: os tomadores poderiam simplesmente não pagar os empréstimos e declarar falência. O problema era que poucos dos países envolvidos tinham bons marcos jurídicos para lidar com o que aconteceu. Havia uma concordância quase universal de que os países em desenvolvimento precisavam de leis de falência melhores, e o FMI tentou impingir um determinado conjunto de leis de falência — leis favoráveis aos credores — aos países que o procuraram em busca de dinheiro e assessoria. Não é de surpreender que os macroeconomistas da instituição não entendessem realmente a microeconomia da falência. Em particular, eles não reconheciam que não há um único enfoque "correto" da falência. Com efeito, as leis de falência têm sido um dos tópicos mais controvertidos da cena política americana. Pensar que se pode confiar em alguns tecnocratas internacionais para encontrar a solução do que é fundamentalmente uma questão política não é apenas um disparate, mas perigoso, pois esses burocratas podem refletir determinados grupos de interesse. Mas as leis de falência refletem mais do que o equilíbrio entre os interesses de credores e devedores: elas dizem algo a respeito da concepção de justiça social de uma sociedade.

Há muitas considerações a fazer num projeto de lei de falência. É preciso evidentemente obter o equilíbrio correto entre os interesses de credores e devedores. Uma lei excessivamente favorável aos devedores propiciará incentivos insuficientes para os tomadores pagarem suas dívidas; sem isso, os mercados de crédito não poderão funcionar. Mas uma inclinação para o lado oposto proporcionará incentivos insuficientes para os credores se comportarem com a devida diligência e deixarem de verificar com segurança se os tomadores podem pagar. Um banco americano anuncia seus cartões de crédito com o slogan "qualificado no nascimento", sugerindo uma certa falta de esforço para distinguir os bons dos maus tomadores de empréstimos.

Se os procedimentos de falência se prolongam, as companhias podem permanecer no limbo por um período excessivo durante o qual sua propriedade não está clara; será difícil tomar empréstimos e a direção pode ter um incentivo para vender rapidamente os ativos e pegar o dinheiro vivo. Mas leis de falência duras podem forçar a liquidação, destruindo empregos e capital organizacional. (O valor de uma empresa medido em termos de clientela ou reputação é freqüentemente maior do que o valor de seus bens materiais.) Todas essas preocupações desempenham um papel importante nas leis de falência modernas. Nos Estados Unidos, o capítulo 11 de seu código de falência proporciona medidas para uma rápida reorganização da empresa — uma quitação de dívidas, uma conversão de dívida em ações, com os donos de ações existentes sendo parcial ou totalmente afastados enquanto os credores se tornam os novos donos. As empresas continuam a funcionar durante o período de falência. Embora alguns o critiquem por se inclinar para o lado do devedor, o código de falência não impede que as empresas tenham acesso a crédito — mesmo quando, tal como várias companhias aéreas ainda em funcionamento (Continental e US Airways), elas faliram mais de uma vez.

Durante a crise do Leste Asiático, como economista-chefe do Banco Mundial, defendi a criação de um "supercapítulo 11", uma provisão especial de falência para países em que a falência é provocada por uma grande calamidade macroeconômica — o colapso da taxa de câmbio, uma grande recessão ou depressão, ou um pico imprevisto das taxas de juros no mercado emergente. Nessas circunstâncias, é ainda mais imperativo ter uma solução rápida. Além disso, a presunção de que o problema da companhia não é resultado de má administração, mas de forças fora de seu controle, seria maior do que numa falência pessoal ou empresarial normal. Portanto, o supercapítulo 11 seria mais favorável aos devedores e abriria espaço para uma reestruturação mais ágil do que o capítulo 11 comum.

Mas uma solução rápida do problema de companhias incapazes de pagar o que devem não substitui medidas prévias para evitar o problema. De novo, isso significa evitar fazer empréstimos — e reduzir a exposição ao risco e à volatilidade, de tal modo que uma dívida "razoável" não se transforme rapidamente numa dívida ingovernável. Com tomadores e emprestadores que ignoram as conseqüências macroeconômicas do excesso de endividamento, não surpreende que o endividamento no exterior seja freqüentemente alto demais, motivo pelo qual exige a intervenção do governo.[22] Uma vez que os empréstimos de curto prazo no exterior expõem os países ao risco de uma crise, os governos deveriam desestimulá-los com, por exemplo, impostos e restrições aos fluxos de capital de curto prazo.

FALÊNCIA SOBERANA

Os países muito pobres e aqueles que se recuperam de regimes corruptos não são os únicos que enfrentam problemas de dívida assoberbantes. México, Brasil, Argentina, Rússia e Turquia estão na longa lista de países que recentemente não tiveram apenas um problema, mas enfrentaram uma crise econômica devido a dificuldades para cumprir suas obrigações para com a dívida externa. Ninguém fala em perdoar as dívidas desses países, em parte porque, em um nível, eles têm capacidade para pagá-las: eles poderiam supostamente elevar os impostos e cortar gastos o suficiente para gerar a receita necessária. O valor de seus ativos supera por ampla margem o valor do que é devido. Mas o custo para o país pode ser imenso, além do que seus cidadãos estão dispostos a pagar. Mesmo que os credores não estejam dispostos a perdoar a dívida por iniciativa própria — o que não costuma acontecer —, há uma alternativa: calote e renegociação. Esse foi, como vimos, o caminho tomado pela Argentina. Mas, como também vimos, a reestruturação da dívida argentina foi desnecessariamente difícil.

São necessárias cinco reformas fundamentais.

Não causar dano

A primeira é para que os países desenvolvidos não causem dano. O alívio da dívida não deve ser uma ocasião para manter os países como reféns, ou para solapar suas instituições democráticas. O alívio da dívida deve proporcionar um novo começo. O Clube de Paris é um grupo informal de dezenove países credores que inclui Estados Unidos, Japão, Rússia e muitos países europeus; eles decidem coletivamente sobre quem recebe mais alívio da dívida e sob que condições. Quando o Clube de Paris insiste, como condição para o alívio da dívida, que o Iraque aceite a terapia de choque e adote as políticas econômicas do Consenso de Washington, ele está tirando a soberania econômica de Bagdá.[23] Em novembro de 2004, esses países credores concordaram em perdoar 30% da dívida de 40 bilhões de dólares do Iraque e outros 30% num período de três anos, caso o país obedecesse a um programa do FMI que preconizava a adoção do programa de privatização e liberalização no qual o governo Bush insistia desde o início. Na época, as perspectivas para que a terapia de choque funcionasse no Iraque pareciam ainda piores do que na Rússia, onde o FMI havia imposto a mesma receita e produzido um declínio de 40% no PIB. De modo similar, a economia iraquiana não prosperou, embora parte da culpa caiba à insurgência e parte à inadequação dos esforços americanos para reconstruir a infra-estrutura.

Do mesmo modo, durante as negociações para o alívio da

dívida, pediram à Nigéria que adotasse um programa do FMI como condição para o perdão. Os críticos perguntaram o porquê disso, quando o país já havia mostrado que podia cuidar sozinho de sua economia, tendo controlado a inflação, administrado seu orçamento e aumentado a transparência.

Quaisquer que sejam as condições impostas pelo FMI, elas sofrerão objeção simplesmente porque são impostas — vêm de fora do país. Mas as condições do FMI são especialmente objetáveis porque costumam ser mal adequadas ao país. O FMI tornou-se tão obcecado pela inflação que, com freqüência, parece esquecer do crescimento e da verdadeira estabilidade, dando pouca atenção à volatilidade em produção e emprego. Em conseqüência, em vez de remediar as deficiências nos mercados de capitais privados ou contrabalançar os efeitos dessas deficiências, ele muitas vezes as piora. Em vez de proporcionar fundos para financiar políticas anticíclicas, costuma exigir que os países que estão passando por uma crise econômica imponham políticas contracionistas. Um dos avanços mais importantes da economia no último século foi o insight de John Maynard Keynes de que o governo, ao gastar mais e baixar os impostos e as taxas de juros, podia ajudar os países a se recuperarem de uma recessão. O FMI rejeitou essa política keynesiana, adotando políticas anteriores a Keynes, centradas nos déficits públicos que envolvem elevação de impostos e cortes de gastos durante recessões, exatamente o oposto do que Keynes recomendava. Em praticamente todos os casos em que foram experimentadas, as políticas do FMI pioraram a situação econômica. No fim das contas, os economistas não precisam reescrever seus manuais, mas, o que foi uma boa notícia para os economistas acadêmicos, foi devastador para milhões de pessoas que vivem nesses países.

Especialmente problemáticas são as políticas de taxas de juros altas que o FMI preconizava para estabilizar as taxas de câmbio; ao mesmo tempo em que os juros altos não tiveram esse efeito, eles levaram rapidamente a uma explosão da dívida. Os governos tiveram de tomar emprestado mais e mais, apenas para pagar os juros da dívida.

As políticas que o FMI impõe como condição para conceder empréstimos prejudicam os países tomadores de outras maneiras. Tenho dito várias vezes que mesmo os países que fazem empréstimos moderados podem enfrentar um problema em conseqüência do alto grau de volatilidade econômica, inclusive a volatilidade das taxas de câmbio e de juros. A liberalização do mercado de capitais (que o FMI pede ou exige dos países em desenvolvimento) expôs os países a mais riscos e volatilidade e limitou sua capacidade de reagir. (Se eles baixassem as taxas de juros, por exemplo, numa economia em declínio, os capitais poderiam sair do país.)

Retorno aos empréstimos anticíclicos

O padrão de empréstimo privado procíclico — que exige que o dinheiro seja reembolsado justamente quando o país mais precisa de dinheiro — certamente vai continuar. O negócio dos bancos é ganhar dinheiro e o velho ditado de que os bancos só emprestam para quem não precisa baseia-se na experiência concreta. Mas foram falhas de mercado como essa que deram margem a um raciocínio fundamental para a criação do FMI e do Banco Mundial; como já observamos, eles foram criados, em parte, para evitar outro desastre mundial como a Grande Depressão. O empréstimo anticíclico (emprestar mais quando a economia está fraca) estava previsto em sua missão original. Ao contrabalançar o padrão procíclico dos empréstimos privados, esse tipo de empréstimo pode contribuir imensamente para a estabilidade. Ele pode ajudar os países em desenvolvimento a financiar os gastos durante recessões, oferecendo um necessário estímulo fiscal. O FMI, o Banco Mundial e os bancos de desenvolvimento regional da África, Ásia, América Latina, Europa Oriental e antiga União Soviética devem retornar aos empréstimos anticíclicos.

Redução de risco

Em terceiro lugar, o risco de tomar emprestado precisa ser reduzido. Enfatizei antes que muitos problemas de dívida são causados pelo fato de que os países em desenvolvimento são forçados a suportar o risco da volatilidade das taxas de câmbio e de juros. Wall Street orgulha-se de sua capacidade de analisar minuciosamente o risco, permitindo que ele passe daqueles menos capazes de suportá-lo para os mais capazes. Contudo, no caso da dívida dos países em desenvolvimento, essa análise fracassou amplamente.

Até que os mercados financeiros privados intervenham, mostrando que são capazes e estão dispostos a absorver uma parte maior dos riscos das taxas de câmbio e de juros que os países em desenvolvimento enfrentam, as instituições financeiras internacionais precisam assumir um papel mais ativo na absorção de riscos. Isso vale especialmente para seus próprios empréstimos; os contratos de dívida podem ser projetados para proteger os países em desenvolvimento dos estragos das flutuações das taxas de juros e de câmbio.[24] Elas também podem ajudar em empréstimos de outros. O Banco Mundial já oferece seguro contra o risco de nacionalização e poderia ampliar esse seguro para incluir os riscos das mudanças das taxas de juros e de câmbio e até do calote. O prêmio tornaria mais caro fazer empréstimos e, desse modo, talvez os desestimulassem (o que sugeri que pode ser bom em si mesmo), mas o custo do prêmio seria muito menor do que o da volatilidade que os tomadores de empréstimos encaram atualmente.

Os riscos dos empréstimos podem diminuir se os países tomarem emprestado em suas moedas, motivo pelo qual é importante desenvolver mercados de dívida na moeda local. O Banco Mundial e outros bancos de desenvolvimento multilaterais podem ajudar a fortalecer esses mercados tomando emprestado neles quando levantam fundos.[25] Vários países asiáticos, liderados pela Tailândia, estão tentando criar um mercado de títulos asiático, em que os empréstimos são feitos numa cesta de moedas locais. As políticas macroeconômicas saudáveis desses países, que se refletem numa inflação baixa e (com a exceção da crise de 1997) em taxas de câmbio relativamente estáveis, propiciam um ambiente conducente a tal mercado; e o fato de que há tanta poupança na Ásia também deveria ajudar na criação desse mercado.

Os países industriais avançados precisam ser sensíveis ao fato de que políticas projetadas para dar maior estabilidade às suas economias, tais como tratar empréstimos ao exterior de curto prazo como mais seguros do que os de longo prazo, podem exportar a instabilidade para o mundo em desenvolvimento. As regulamentações e os arranjos institucionais pelos quais elas são formuladas precisam ser mudados. Por exemplo: as regulamentações e os padrões bancários são estabelecidos pelo Banco de Compensações Internacionais (BIS), uma instituição que é ainda menos democrática e transparente do que o FMI; ao estabelecer esses padrões, pelo menos em parte, o BIS deu pouca atenção ao impacto sobre os países em desenvolvimento.

Uma política conservadora de empréstimos

A quarta reforma espelha o que deveria acontecer no caso

dos países pobres altamente endividados: eles deveriam tomar emprestado de forma muito conservadora e, ao pedir empréstimos, deveriam fazê-lo em suas próprias moedas. Se os mercados ou governos não puderem — ou não quiserem — agir de alguma maneira para mudar o ônus do risco, então os países em desenvolvimento deveriam ser especialmente conservadores na hora de tomar empréstimos.

Os empréstimos trazem mais problemas do que vale a pena enfrentar. Se olharmos para a história, fica claro que, para muitos países em desenvolvimento, os custos da dívida superaram os benefícios. A América Latina cresceu rapidamente no começo da década de 1990 sustentada pela dívida, mas o que o continente perdeu no final da década quase com certeza superou os benefícios do crescimento anterior; boa parte da dívida foi para financiar uma farra consumista; boa parte do benefício foi para aqueles que já estavam muito bem de vida; e grande parte do custo da crise seguinte foi paga pelos trabalhadores e pequenos empresários. Os custos e benefícios da dívida são distribuídos desigualmente. A dívida e suas conseqüências contribuem para a pobreza e a desigualdade.

A lição mais dura dos últimos cinqüenta anos é que, mesmo quando há grandes retornos sociais dos investimentos — digamos, em educação, saúde e estradas —, é difícil para um governo levantar dinheiro para pagar os empréstimos. Isso significa evidentemente que os países precisarão depender mais de suas próprias poupanças para financiar sua acumulação de capital, enfatizando novamente a importância das altas taxas de poupança nacional. O Leste Asiático fez muitas coisas certas: uma delas foi poupar muito e tomar pouco emprestado. Foi somente quando começaram a tomar emprestado no exterior, no final dos anos 80 e começo dos 90, que a Coréia do Sul e a Tailândia tiveram problemas. Para esses países, o problema da dívida era realmente desnecessário, tendo em vista suas altas taxas de poupança interna. Qualquer cálculo razoável mostraria que os custos eram muito maiores do que os benefícios.

Leis de falência internacionais

Por mais responsável que seja o tomador de empréstimo, coisas ruins acontecem — o preço das exportações pode despencar, a safra de um produto pode quebrar durante vários anos seguidos, as taxas de juros internacionais podem explodir, pode haver uma recessão mundial que cause o desaparecimento dos mercados para exportação. Em qualquer dessas contingências, um país pode não ser capaz de honrar suas dívidas, ou somente com grande sacrifício de seus cidadãos. Nessas circunstâncias, é preciso haver uma maneira sistemática de reestruturar — e perdoar — as dívidas, uma forma de falência internacional. Essa é a grande reforma final.

Hoje, temos um sistema informal no qual os países negociam e imploram pelo perdão da dívida. O sucesso baseia-se na habilidade de negociação e nas injunções políticas. Os Estados Unidos argumentaram duro em favor do Iraque (embora somente uma pequena quantia, em torno de 4,5 bilhões de dólares, fosse devida aos EUA). Com o patrocínio americano, o Iraque acabou ganhando alívio da dívida. Havia muitos outros países, tão ou mais merecedores de alívio e que não o obtiveram. Do mesmo modo, a Argentina soube como barganhar e tinha uma liderança política e econômica confiante e bem informada; em conseqüência, conseguiu um acordo muito melhor com seus credores.

A idéia de que empresas e indivíduos que enfrentam uma dívida assoberbante precisam de um novo começo é agora universalmente aceita. Mas é ainda mais importante que os países com dívidas assoberbantes tenham uma nova chance. Keynes reconheceu isso em sua obra *As conseqüências econômicas da paz*, escrita logo depois que o Tratado de Versalhes impôs reparações enormes — de fato, um fardo da dívida — à Alemanha no final da Primeira Guerra Mundial; ele previu corretamente que isso levaria à recessão e depressão na Alemanha, e à agitação social e política.[26] Quando uma única firma ou um indivíduo tem um problema, as conseqüências sociais e políticas são limitadas; quando um país encara um ônus da dívida insuportável, todos os membros da sociedade são atingidos. O calote da Argentina em 2002 e o longo e demorado processo de negociação que se seguiu demonstraram a necessidade de um mecanismo melhor para lidar com as inadimplências soberanas.

Infelizmente, os Estados Unidos não participam do consenso sobre a necessidade de um mecanismo melhor e têm bloqueado, até agora com êxito, qualquer ação nesse sentido, argumentando que um procedimento internacional de falência é desnecessário: tudo o que é preciso é uma leve modificação nos contratos de dívida.[27] Isso inclui uma cláusula de ação coletiva, que significa que, por exemplo, se 80% dos credores de um país concordam com uma proposta de reestruturação da dívida, ela pode ser adotada. (Segundo a prática predominante, todos os credores têm de concordar; o problema é que os resistentes podem vetar uma reestruturação se não receberem seu dinheiro na íntegra.) O fato de que todos os países industriais avançados julgarem necessário ter uma lei da falência reforça as conclusões da teoria econômica de que cláusulas de ação coletiva não serão suficientes; é preciso algum tipo de processo judicial.

Uma maneira sistemática de requerer perdão ou reestruturação da dívida asseguraria uma reestruturação mais justa e mais rápida, orientada por vários princípios: Primeiro, a dívida perdoada deveria ser suficiente para que o país não enfrentasse uma alta probabilidade de voltar à inadimplência em, digamos, cinco anos. No passado, o FMI usou cenários róseos de crescimento a fim de minimizar o alcance do perdão da dívida, e os países que seguiram suas diretrizes na reestruturação da dívida viram-se muitas vezes às voltas com problemas depois de poucos anos. Reestruturar sem uma redução adequada da dívida significa que a dívida continua a lançar sua sombra sobre o crescimento.

Há obviamente uma incerteza considerável sobre o crescimento futuro e nesse ponto a Argentina apresentou uma solução engenhosa: um título atrelado ao PIB, que paga mais se o crescimento for maior. Isso tem a vantagem adicional de harmonizar os interesses dos credores e devedores; os credores têm agora um incentivo para ajudar a economia a crescer mais rápido.

Em segundo lugar, qualquer solução deve reconhecer que os credores estrangeiros não são os únicos demandantes. Há muitos demandantes públicos, além dos credores formais, como, por exemplo, os que recebem aposentadoria dos governos, bem como serviços de saúde e educação. Essa é uma diferença importante entre reestruturação da dívida soberana e a falência privada: nesta, faz-se uma lista de credores e de ativos e a lei de falência e os contratos de dívida determinam quem tem direito primeiro; na falência soberana, não há conjunto bem definido de credores, nem de ativos. É preciso fazer uma determinação prévia: a primazia das obrigações de um governo para com seus cidadãos é inviolável.[28]

Em terceiro lugar, a reestruturação precisa ser rápida e favorável aos devedores. A demora custa muito caro: no começo da década de 1980, o atraso em propiciar um perdão da dívida adequado à América Latina levou a uma década de estagnação. Explicamos anteriormente como o capítulo 11 do regime de falência americano proporciona uma reestruturação rápida nos termos propostos pelo devedor; hoje, muitos países estão pensando em seguir o exemplo do capítulo 11 dos Estados Unidos. Um sistema internacional de reestruturação da dívida deve incorporar também alguns procedimentos ágeis.

Em quarto lugar, qualquer que seja o processo de determinação da extensão da reestruturação e/ou perdão da dívida, ele não deve ficar nas mãos dos credores, inclusive do FMI. Eles simplesmente não podem agir como juízes imparciais.

Creio que uma organização para tratar das falências internacionais terá de ser criada em algum momento, assim como todos os países industriais avançados criaram leis de falência e alguns, tribunais especiais para tratar das falências. Mas, no curto prazo, pode ser útil criar um serviço de mediação internacional para estabelecer normas. Afinal, desde o abandono da intervenção militar, a persuasão moral desempenha um papel importante na indução ao pagamento e na determinação do que seria um reembolso justo. A criação de um conjunto de normas e expectativas poderia avançar muito no sentido de facilitar o processo de reestruturação.

Além da capacidade de reembolso, dois fatores deveriam ser levados em conta. Algum peso deve ser atribuído ao grau de conhecimento do emprestador em relação ao alto risco de não receber seu dinheiro de volta. Quando, como no caso da Rússia, os emprestadores estão ganhando 150% de juros, isso significa que há uma forte probabilidade de calote. Com esses juros, se emprestam dinheiro em janeiro, em outubro já terão recuperado totalmente o que foi emprestado. Tudo o que vier depois é lucro puro. Se o empréstimo for de cinco anos, o credor obviamente gostaria que a reestruturação continuasse a lhe pagar os prometidos 150% de juros, mas para a maioria das pessoas isso não seria razoável. Os emprestadores podem se queixar que estão sendo enganados com apenas 7% de retorno — que o valor do título foi depreciado enormemente. Mas a taxa de juro alta significava que eles sabiam que estavam assumindo o risco de receber de volta substancialmente menos do que o valor nominal do título.

Um segundo fator é quanto os emprestadores são culpados dos problemas que o país enfrenta. Já discuti o caso das dívidas odiosas e sugeri que deveria haver uma presunção de redução completa da dívida. A discussão sobre a Argentina mostrou o grau em que o FMI era responsável pelos problemas do país, inclusive de sua incapacidade de pagar a dívida. É por isso que muitos argentinos achavam que a dívida para com o FMI deveria ser reduzida na mesma proporção que para com os credores privados (66%); eles ficaram amargamente desapontados quando o governo reembolsou tudo o que devia ao FMI, no começo de 2006. Mas o governo adotou um enfoque pragmático: ele apenas queria tirar o FMI de suas costas. Pagar-lhe tudo o que devia foi um preço pequeno para recuperar sua soberania econômica.

Há muitas situações em que a culpa deve ser compartilhada. Nesses casos, faz sentido ajustar a quantidade do reembolso ao grau de culpabilidade. Os economistas enfatizam a importância dos incentivos: fazer com que os emprestadores (inclusive o FMI) arquem com as conseqüências de suas ações (inclusive seus conselhos) propiciaria incentivos para melhorar a qualidade dos conselhos e ter mais cuidados ao emprestar.

Consideremos, por exemplo, o empréstimo do FMI à Rússia em julho de 1998. Destinava-se a sustentar o rublo. Porém, naquele momento, a taxa de câmbio do rublo estava sobrevalorizada, tornando difícil para o país exportar qualquer coisa além de petróleo e outros recursos naturais. Meus colegas e eu do Banco Mundial acreditávamos que o empréstimo não seguraria a taxa de câmbio por muito tempo e que, quase com certeza, não faria mais do que deixar a Rússia mais afundada em dívidas. Além disso, havia uma forte probabilidade de corrupção, de que o dinheiro sairia rapidamente do país, provavelmente para os bolsos dos oligarcas. O empréstimo teve, em larga medida, uma motivação política, pois, na época, os Estados Unidos estavam ansiosos para manter o presidente Yeltsin no poder; nem queriam encarar o fato de que as políticas que haviam impingido junto com o FMI haviam causado até 1998 uma queda de 40% do PIB — e aumentado dez vezes a pobreza — em relação ao começo da transição do comunismo para a economia de mercado. (Por ironia, no momento mesmo em que os Estados Unidos passavam um sermão na Rússia sobre os perigos da corrupção, acontecia um grande escândalo de corrupção envolvendo a Universidade de Harvard, que havia ganho o contrato para administrar a ajuda americana para a privatização.)[29] Mesmo que o empréstimo fracassasse, era um preço pequeno a pagar — de qualquer modo, um preço a ser pago pelo povo russo — para adiar a discussão sobre "quem perdeu a Rússia".[30]

O empréstimo, de fato, fracassou. O dinheiro saiu do país para contas bancárias na Suíça e em Chipre com mais rapidez do que os críticos achavam possível. Esse caso é mais complicado do que as dívidas odiosas do Congo e de outros países discutidas antes, porque o governo russo havia sido eleito democraticamente. Ainda assim, a questão ética é: quem deveria arcar com as conseqüências — o povo russo, que não teve participação no empréstimo, ou o emprestador, o FMI, que o inventou?

Anteriormente, argumentei que, na Argentina, o FMI era particularmente culpado porque o país se considerava dependente dos seus empréstimos, que só seriam disponibilizados se seguisse as recomendações da instituição, e que essas recomendações exacerbaram os problemas econômicos do país. O mesmo vale para a Rússia. O FMI aconselhou o país, antes de sua moratória, a converter grande parte de sua dívida em rublos para empréstimos denominados em dólar. O FMI sabia — ou deveria saber — que isso exporia o país a riscos enormes. Com uma taxa de câmbio sobrevalorizada, havia a perspectiva de uma desvalorização. Com a dívida denominada em dólares, os benefícios que a Rússia obtinha com o aumento da receita das exportações e a redução dos custos de importação seriam contrabalançados pelas perdas no balanço geral. O que o país devia aumentaria (em termos de rublos) muitíssimo. O FMI viu taxas de juros menores nos empréstimos em dólar, mas deveria saber que isso simplesmente refletia a expectativa dos mercados de uma desvalorização do rublo.

A Indonésia oferece outro exemplo revelador onde o FMI, junto com outras instituições como o Banco Mundial e o Banco de Desenvolvimento Asiático, forneceu cerca de 22 bilhões de dólares em empréstimos durante a crise do Leste Asiático. O dinheiro foi caracterizado como um socorro para a Indonésia, mas um exame mais minucioso mostra que, como é típico, os socorridos eram os bancos ocidentais. O grau em que os credores ocidentais, e não a Indonésia, tinham sido os verdadeiros beneficiários ficou claro quando o FMI insistiu que os subsídios de alimentação e de combustível para os pobres fossem cortados, argumentando que, embora houvesse bilhões de dólares disponíveis para reembolsar os bancos ocidentais, não havia dinheiro suficiente para ajudar os indonésios pobres (ainda que os custos fossem uma mera fração do dinheiro fornecido ao país). Isso aconteceu depois que o desemprego havia decuplicado e os salários reais despencaram — em parte devido às políticas que o FMI havia recomendado. Na Indonésia há um sentimento disseminado de que, uma vez que o FMI tem tanta culpa pelos problemas econômicos do país, deveria haver um perdão substancial da dívida. Mas, até o tsunami de 26 de dezembro de 2004, esses apelos caíam no vazio. O tsunami deu ao perdão da dívida uma razão humanitária e os pagamentos de cerca de 3 bilhões de dólares da dívida que venciam em 2005 foram adiados por um ano.

Em outros casos, pode-se afirmar que há um grau ainda maior de culpabilidade da parte do emprestador; por exemplo, quando um projeto do Banco Mundial fracassa devido à atenção insuficiente ao impacto ambiental ou porque houve uma análise econômica inadequada. Supõe-se que o Banco Mundial possui os especialistas e, em particular no passado, os países em desenvolvimento confiaram em sua expertise. Mas quando os projetos fracassam ou seu desempenho não preenche as expectativas, não é o Banco Mundial que arca com as conseqüências, mas o país em desenvolvimento, que ainda é responsável por reembolsar o empréstimo.

Diretrizes mais claras sobre as circunstâncias em que uma dívida seria perdoada teriam dois efeitos. O processo de reestruturação da dívida seria mais fácil e menos custoso, reduzindo as chances de uma crise cara como a que afligiu a Argentina, e com os custos contidos os países estariam mais dispostos a ir aos tribunais para ter suas dívidas reestruturadas. Os longos períodos em que dívidas pendentes diminuem o crescimento e impedem o desenvolvimento poderiam ser encurtados. Ao mesmo tempo, os incentivos para os emprestadores seriam fortalecidos: eles estariam advertidos para emprestar com mais cuidado. Uma cautela maior nos empréstimos poderia levar a um crescimento menor no curto prazo, mas os benefícios a longo prazo seriam enormes. As crises que assolaram os países em desenvolvimento não seriam eliminadas, mas sua freqüência e magnitude seriam reduzidas. Em conseqüência, o crescimento de longo prazo aumentaria de fato.

A resistência a essas idéias será grande. Como vimos, os Estados Unidos se opuseram ao estabelecimento de um processo disciplinado de reestruturação da dívida. Alguns participantes dos mercados financeiros não querem um processo disciplinado; eles querem que os custos de um calote sejam altos, para que poucos se arrisquem a aplicá-lo. Argumentam que o alívio da dívida levará a mais inadimplências, taxas de juros mais altas e, portanto, menos empréstimos. Tendo em vista que um dos problemas é o excesso de empréstimos, sua redução seria, na verdade, desejável.[31] E até mesmo muitos mercados emergentes se oporão a essas reformas, especialmente aqueles que são vistos nos mercados financeiros como suspeitos de calote. Eles estão montando um show esplêndido para os credores, mostrando — por meio de sua disposição de sofrer uma dor enorme caso não saldem suas dívidas — que o calote não passa pela cabeça deles. (Se são realmente contra essas reformas, isso é outra questão.)

Muitos dos problemas para saldar os pagamentos da dívida não advêm de erros da parte dos países em desenvolvimento, mas das instabilidades do sistema econômico e financeiro mundial. A necessidade de mecanismos melhores para compartilhar riscos e para resolver os problemas da dívida continuará a ser grande enquanto os mercados financeiros internacionais continuarem a se caracterizar por essa instabilidade. Para fazer a globalização funcionar será preciso tomar alguma providência a respeito dessa instabilidade. É o tema do próximo capítulo.

9. A reforma do sistema global de reservas

O sistema financeiro mundial não está funcionando bem, especialmente para os países em desenvolvimento. O dinheiro escorre na direção errada, indo dos pobres para os ricos. O país mais rico do mundo, os Estados Unidos, não consegue viver com seus próprios meios e toma emprestado 2 bilhões de dólares por dia de países mais pobres.

Alguns desses dólares que vão do mundo em desenvolvimento para o desenvolvido servem para pagar suas enormes dívidas — tema do capítulo anterior. Outros vão para comprar títulos dos Estados Unidos e de outros países de moeda "forte"; esses títulos serão acrescentados às reservas do país em desenvolvimento. Eles têm uma grande vantagem: sua alta liquidez, de tal modo que podem ser vendidos rapidamente sempre que o país precisa de dinheiro vivo; mas têm um custo enorme: rendem juros muito baixos. A maioria desses títulos é de letras de curto prazo do Tesouro americano (chamadas de "*T-bills*"), que em anos recentes renderam só 1% de juros. Há algo de peculiar no fato de países pobres, desesperadamente carentes de capital, emprestarem centenas de bilhões de dólares ao país mais rico do mundo. Em 2004, só o fluxo de China, Malásia, Filipinas e Tailândia, principalmente para acumular reservas, atingiu a quantia gritante de 318 bilhões de dólares.[1]

Vimos no capítulo anterior o dano que o endividamento excessivo causa aos países em desenvolvimento. Vimos também que a enorme volatilidade na economia mundial — incluindo taxas de juros e de câmbio — pode converter rapidamente uma dívida moderada num fardo insuportável. Embora o dinheiro devesse fluir dos ricos para os pobres e o risco, dos pobres para os ricos, o sistema financeiro mundial não faz nenhuma das duas coisas.

Os países pobres têm de suportar o impacto do risco e as crises se tornaram um modo de vida, com mais de cem crises nas últimas três décadas.[2] São as falhas do sistema global de reservas que estão por trás de muitas das falhas do sistema financeiro mundial, e uma reforma simples desse sistema levaria a uma economia global mais forte e estável. A reforma também resolveria um dos maiores problemas do mundo: a falta de fundos para promover o desenvolvimento, combater a pobreza e propiciar educação e saúde melhores para todos.

Todos os países do mundo acumulam reservas. Elas servem para uma multiplicidade de propósitos. Historicamente, as reservas eram usadas para sustentar a moeda de um país. Aqueles que viviam com rands sul-africanos ou pesos argentinos poderiam se sentir mais confiantes em sua moeda sabendo que por trás dela o país guardava dólares ou ouro — que por sua vez poderiam ser usados para comprar bens e serviços. No passado, o ouro era usado como "dinheiro" — o meio de troca com que as pessoas comerciavam. As pessoas compravam e vendiam comida ou roupas em troca de peças de ouro. Depois, descobriu-se que o papel-moeda — pedaços de papel que poderiam ser convertidos em ouro — era muito mais conveniente e os governos e bancos centrais emitiam esse dinheiro. De início, achava-se que era preciso haver lastro total — para cada dólar de papel-moeda emitido, o governo ou o banco central tinha de ter um dólar em ouro. Depois, descobriu-se que isso não era necessário: bastava haver confiança na moeda. Confiança significava que outros indivíduos estariam dispostos a aceitar o dinheiro em pagamento e era possível garanti-la apenas com um lastro parcial. De início, achava-se que só se teria confiança usando ouro como lastro; depois percebeu-se que a moeda (ou a dívida) de economias fortes — inicialmente a libra esterlina inglesa e, durante grande parte do período posterior à Segunda Guerra Mundial, o dólar americano — poderia ser usada.

As reservas também ajudam os países a administrar os riscos que enfrentam e isso sustenta a confiança no país e em sua moeda. Elas podem ser usadas em momentos de necessidade. As reservas formam um amortecedor contra mudanças inesperadas no custo da dívida causadas por um aumento das taxas de juros. Pode haver uma súbita dificuldade, como a quebra de uma safra, e o país pode usar as reservas para importar alimentos. A quantidade de reservas que um país precisa varia, mas, como regra geral, os países deveriam ter reservas suficientes para cobrir pelo menos alguns meses de importações. No passado, os países em desenvolvimento costumavam ter reservas equivalentes a três ou quatro meses de importações; mais recentemente, chegam a guardar o equivalente a oito meses de importações.

No capítulo anterior, discuti outro risco: muitos países fizeram empréstimos de curto prazo em dólar no exterior. Os emprestadores de curto prazo costumam ser volúveis: se um súbito temor de que o país não possa cumprir suas obrigações varre o mercado, eles exigem seu dinheiro de volta simultaneamente e, desse modo, seus temores se concretizam, pois, em geral, os países não conseguem pagar todas as suas dívidas em prazo tão curto. Se um país tem grandes reservas, é menos provável que os investidores entrem em pânico; e, se isso acontecer, é mais provável que o país seja capaz de cumprir suas obrigações para com a dívida. Hoje, a prudência manda que os países mantenham reservas pelo menos iguais às suas dívidas em dólar de curto prazo ou dívidas denominadas em outras moedas fortes, como o iene e o euro.[3]

As reservas também podem ser utilizadas para administrar a taxa cambial; sem reservas, essa taxa pode cair, muitas vezes de forma muito dramática, quando investidores volúveis, especuladores em busca de lucros ou manipuladores de moeda vendem a moeda de um país. A instabilidade da taxa de câmbio pode levar a uma enorme instabilidade econômica. Ao contrabalançar esses movimentos — comprando a moeda do país quando outros a estão vendendo, ou vendendo-a quando outros a estão comprando —, os governos podem estabilizar a taxa de câmbio e, desse modo, estabilizar a economia. Mas só podem vender dólares para comprar a moeda local se os tiverem em reserva.[4]

Os países sempre tiveram reservas, mas a quantidade que acumulam vem subindo muito. Somente nos quatro anos decorridos entre 2001 e 2005, oito países asiáticos (Japão, China, Coréia do Sul, Cingapura, Malásia, Tailândia, Indonésia e Filipinas) mais do que dobraram suas reservas totais (de cerca de 1 trilhão para 2,3 trilhões de dólares). Mas a verdadeira estrela foi a China, que em meados de 2006 já havia cumulado reservas de aproximadamente 900 bilhões de dólares — o equivalente a bem mais do que setecentos dólares em reservas por habitante do país. Isso é ainda mais espantoso se pensarmos que a renda per capita chinesa naquele momento era menos de 1500 dólares por ano.

Para os países em desenvolvimento como um todo, as reservas subiram de 6%-8% do PIB durante as décadas de 1970 e 1980 para quase 30% do PIB em 2004.[5] Ao final de 2006, as reservas dos países em desenvolvimento foram estimadas em 3,35 trilhões de dólares.

Embora não exista concordância na explicação para esse enorme aumento, dois fatores são obviamente importantes: o alto grau de instabilidade financeira e econômica mundial e a maneira como o FMI lidou com a crise do Leste Asiático de 1997. Os países sentiram uma perda de soberania econômica; pior do que isso, as políticas que o FMI impôs tornaram a crise da economia muito pior do que poderia ter sido. Os países do Leste Asiático que constituem a turma de 97 — aqueles que aprenderam as lições da instabilidade da forma mais dura nas crises que começaram naquele ano — aumentaram suas reservas, em parte porque querem se assegurar de que não precisarão tomar emprestado do FMI de novo. Outros, que viram seus vizinhos sofrerem, chegaram à mesma conclusão: é imperativo ter reservas suficientes para suportar as piores vicissitudes da economia mundial. A gestão da taxa cambial também desempenha um papel no aumento das reservas: uma taxa de câmbio baixa promove as exportações e um país pode mantê-la baixa vendendo a moeda local e comprando dólares.

O ALTO CUSTO DAS RESERVAS NOS PAÍSES EM DESENVOLVIMENTO

Como observei, no passado, as reservas eram mantidas em forma de ouro, e alguns países ainda fazem isso. Hoje, porém, quase todas as reservas são em ativos denominados em dólar, às vezes em dólares mesmos, mas, como dissemos, com maior probabilidade em letras do Tesouro americano, que podem ser convertidas facilmente em dólares. A popularidade do dólar nas reservas internacionais deriva principalmente do domínio dos Estados Unidos na economia mundial e da história bastante estável dessa moeda. Se o dólar pode e deve continuar a ser a base para o sistema internacional de reservas é uma das questões que abordarei. Porém, precisamos enfrentar primeiro o custo assombroso das reservas para os países em desenvolvimento.

Apesar de todas as vantagens de manter tais reservas, os países pagam pelo seguro que elas proporcionam. Hoje, os países em desenvolvimento ganham, em média, um rendimento real de 1-2% ou menos sobre os 3 trilhões ou mais de reservas.[6] A maioria dos países em desenvolvimento tem fome de fundos. Eles têm uma miríade de projetos de alto retorno. Se o dinheiro não fosse para as reservas, se não fosse emprestado aos Estados Unidos a um rendimento tão baixo, poderia ser investido nos outros projetos, rendendo de 10-15%.[7] A diferença entre as taxas de juros pode ser vista como o custo das reservas. Os economistas chamam esses custos — a diferença entre o que poderia ser ganho e o que é realmente ganho — de "custos de oportunidade".

Utilizando uma estimativa conservadora de 10% como a diferença média em porcentagem entre os dois, o custo real para os países em desenvolvimento de manter as reservas fica acima de 300 bilhões de dólares por ano. É uma quantia gigantesca.[8] Em perspectiva, ela representa quatro vezes o nível de ajuda externa de todo o mundo; representa mais de 2% do PIB combinado de todos os países em desenvolvimento; corresponde, grosso modo, ao que se estima que os países em desenvolvimento precisam para alcançar as Metas de Desenvolvimento do Milênio, inclusive reduzir a pobreza pela metade.[9] É muito maior do que os ganhos dos países em desenvolvimento com um acordo de comércio *bem-sucedido* da rodada Doha (como observamos no capítulo 3, o que provavelmente surgirá dessa rodada, na melhor das hipóteses, será de valor limitado para os países em desenvolvimento).

Os custos do sistema global de reservas para esses países podem ser vistos de outro ângulo. Suponhamos que uma empresa de um país pobre toma emprestado 100 milhões de dólares a curto prazo de um banco americano, pagando, digamos, 20% de juros. Seguindo a diretriz de prudência segundo a qual os países devem manter reservas equivalentes à dívida de curto prazo denominada em dólar, o governo precisa então — se não quiser encarar a ameaça de uma crise iminente — acrescentar 100 milhões de dólares a suas reservas, comprando essa quantia em letras do Tesouro americano, que pagam 5% de juros. Não há, na realidade, um fluxo líquido de fundos dos Estados Unidos para o país em desenvolvimento em conseqüência do empréstimo; trata-se simplesmente de uma transação sem ganhos. Mas o banco americano cobra muito mais pelos 100 milhões que envia do que o governo americano dá pelos 100 milhões que recebe. Há uma transferência líquida de 15 milhões para os Estados Unidos. Trata-se de um grande negócio para o banco americano e para os Estados Unidos em geral, mas um mau negócio para o país em desenvolvimento. É difícil ver como a transferência líquida de 15 milhões de dólares para os Estados Unidos pelo país em desenvolvimento poderá melhorar seu crescimento e sua estabilidade.

Além disso, há, na verdade, uma transferência do setor público do país em desenvolvimento para o privado, que está em situação melhor (senão não teria tomado emprestado, mesmo que a taxa seja alta), mas o governo teve de gastar no aumento das reservas o dinheiro que poderia ter usado para construir escolas, hospitais ou estradas.

Apesar desses altos custos, os países em desenvolvimento se beneficiam com as reservas — se funcionarem como devem, a economia fica menos volátil (o fato de eles estarem dispostos a pagar um preço tão alto mostra os custos imensos da instabilidade para os países em desenvolvimento). Mas os verdadeiros beneficiários do sistema global de reservas são aqueles em cuja moeda as reservas são mantidas. Esses países obtêm empréstimos de baixo custo; não fosse pela demanda por reservas, seus custos de tomar emprestado seriam provavelmente muito maiores. Com quase dois terços das reservas em dólares, os Estados Unidos são, nesse sentido, o maior recipiente desses benefícios.[10] Se a taxa de juros que esse país tem de pagar é apenas um ponto percentual mais baixo do que seria sobre esses 3 trilhões de empréstimos dos países pobres, o que ele recebe dos países em desenvolvimento via sistema global de reservas é mais do que dá aos países em desenvolvimento em ajuda.

UMA ECONOMIA MUNDIAL MAIS FRACA

O custo do presente sistema global de reservas para os países em desenvolvimento é o mais evidente, mas não é, de fato, o mais importante para a economia mundial. Esse sistema deprime a economia global e a torna mais instável. Ele torna difícil manter o pleno emprego no mundo. O dinheiro colocado nas reservas poderia estar contribuindo para a demanda agregada mundial; poderia ser usado para estimular a economia global. Em vez de gastá-lo no consumo ou investi-lo, os governos simplesmente trancam o dinheiro no cofre.

Para perceber a magnitude do problema, observemos que as economias mundiais guardam mais de 4,5 trilhões de dólares de reservas, que aumentam a uma taxa de cerca de 17% ao ano. Em outras palavras, a cada ano, em torno de 750 bilhões de dólares de poder de compra são removidos da economia mundial, um dinheiro que é efetivamente enterrado.[11] Uma economia global forte requer que haja uma demanda forte por bens e serviços —

forte o suficiente para que possa atender à capacidade mundial de produzir. A demanda total por bens e serviços (a soma da demanda das famílias por consumo, das empresas por investimentos e dos governos) em todo o mundo é chamada de demanda agregada global. Se o mundo não quiser encarar uma insuficiência da demanda agregada — levando a uma economia mundial fraca —, isso precisa ser compensado de alguma forma. Antigamente, muitos países em desenvolvimento enfrentavam o problema por meio de uma política fiscal e monetária frouxa, o que provocava gastos acima dos recursos do país. Embora esses gastos "contribuíssem" para a demanda agregada global, as políticas fiscais frouxas davam margem ao crescimento das dívidas públicas, que freqüentemente precipitavam crises custosas, como vimos no capítulo anterior. Com mais de cem crises nas últimas três décadas, a maioria dos países em desenvolvimento aprendeu a lição.

Há um país que pode compensar a inadequação da demanda agregada que decorre de guardar o poder de compra embaixo do colchão: os Estados Unidos se tornaram o consumidor de última instância. O país é capaz de acumular déficits imensos e está disposto a tal, especialmente desde 2000. Há aparentemente um apetite insaciável por seus títulos e é fácil demais para os governos de países de moeda de reserva incorrer em mais e mais dívidas para alimentar esse apetite. O fato de que outros estejam dispostos a emprestar a juros baixos cria uma situação a que os políticos dificilmente resistem. É fácil acumular déficits fiscais, gastar mais do que se tem. Desde que o dólar se tornou a principal moeda de reserva, os Estados Unidos financiaram duas vezes — em 1981 e 2001 — enormes cortes de impostos por meio de déficits. Isso ajuda a explicar nossa observação peculiar anterior — que os Estados Unidos são o país mais rico do mundo, mas, mesmo assim, vivem acima de seus recursos. Nesse aspecto, estão prestando um serviço ao mundo. Sem a prodigalidade americana, os temores de uma economia global débil, possivelmente tão fraca que os preços poderiam começar a cair — os temores de deflação que emergiram nos primeiros anos deste século e que atormentaram o Japão durante uma década —, poderiam se tornar realidade.[12] A questão é: por quanto tempo os Estados Unidos podem continuar a prestar esse serviço? Ou seja, o país pode continuar sua farra de gastos? E há alternativas, modos eqüitativos de evitar o viés global para baixo?

A insuficiência de demanda agregada no país da moeda de reserva

Vimos como o sistema mundial de reservas conduz a um problema de inadequação da demanda agregada global. Ele apresenta também um problema especial de demanda agregada inadequada no país da moeda de reserva.

Um país cuja moeda é usada como reserva — se quiser que ela continue a ser usada para tanto — precisa "vendê-la" ou, mais precisamente, seus títulos ou letras do Tesouro para outros países que se apóiam neles.[13] Quando um país vende uma letra do Tesouro a outro país, ele está simplesmente tomando emprestado daquele país. Um governo toma emprestado quando gasta mais do que recebe; e faz empréstimos no exterior quando seus cidadãos não estao poupando o suficiente, pelo menos em relação ao que estão investindo. Nesse caso, uma vez que não há fundos suficientes no país para financiar os gastos públicos, ele precisa pedir aos estrangeiros que financiem seu déficit fiscal.

Dito de outra forma: um país, como um todo, toma emprestado no exterior quando esse país, como um todo, está gastando mais do que sua receita. Por sua vez, isso significa que o país está importando mais do que exportando e está tomando emprestado para financiar a diferença.

Os déficits comerciais e os empréstimos no exterior são duas faces da mesma moeda. Se os empréstimos externos aumentam, o mesmo acontece com o déficit comercial. Isso significa que, se os empréstimos do governo aumentam, a não ser que a poupança privada aumente proporcionalmente (ou os investimentos privados diminuam na mesma medida), o país terá de tomar mais emprestado no exterior e o déficit comercial crescerá. É por isso que os economistas falam com freqüência do duplo problema do déficit: quando os empréstimos públicos aumentam — ou seja, quando o déficit fiscal aumenta —, é provável que o déficit comercial também aumente.[14]

Pode-se pensar que o país da moeda reserva exporta letras do Tesouro; mas essa exportação é diferente da de automóveis, computadores ou quase todo o resto: ela não gera empregos. É por isso que os países cuja moeda está sendo usada como reserva e que estão exportando *T-bills* em vez de bens enfrentam freqüentemente um problema de insuficiência de demanda agregada. Ou, em outras palavras, vimos que a contraparte do empréstimo no exterior (emitir letras do Tesouro) é um déficit comercial, em que as importações superam as exportações. E, assim como as exportações criam empregos, as importações os eliminam, e quando as importações superam as exportações, há um risco real de insuficiência da demanda agregada.[15] A demanda agregada que se traduziria em empregos dentro do país se traduz em demanda por bens produzidos no exterior.

A maioria dos governos democráticos não pode ficar assistindo de mãos cruzadas enquanto o desemprego aumenta. Eles intervêm, geralmente diminuindo as taxas de juros ou aumentando os gastos do governo. Infelizmente, como a diminuição do ritmo americano de 2001-03 mostrou, até taxas de juros perto de zero podem não ser suficientes para restaurar um crescimento robusto e o pleno emprego. Talvez sejam necessários grandes gastos deficitários.[16] Desse ponto de vista, é o déficit comercial que leva ao déficit fiscal, não o oposto. Se examinarmos o padrão de déficits comerciais e fiscais no último quarto de século, encontraremos argumentos favoráveis para enxergar os déficits mundiais através dessa lente. O que chama a atenção nos Estados Unidos é que o país teve déficits comerciais em qualquer situação: quando o governo apresentou e quando não apresentou um déficit fiscal. Pode-se pensar na década de 1990 como um período excepcional: um boom de investimentos significou que a economia pôde permanecer com pleno emprego mesmo sem um déficit fiscal, mas a distância entre investimentos e poupança continuou — a eliminação do déficit fiscal pode ter aumentado a poupança nacional, mas o investimento nacional aumentou quase no mesmo ritmo. Assim, mesmo quando o déficit fiscal desapareceu, o déficit comercial continuou forte na medida em que os Estados Unidos continuaram a suprir o mundo com as *T-bills* que os outros países queriam para suas reservas.

Dessa perspectiva, subjacente ao persistente déficit comercial dos Estados Unidos está o seu papel de moeda de reserva: outros países acumulam persistentemente letras do Tesouro americano. O problema é que o sistema não é sustentável. A dívida crescente acabará por solapar a confiança necessária para manter o dólar como moeda de reserva. Evidentemente, os Estados Unidos são capazes de reembolsar o que devem. Mas, com o crescente endividamento, há um risco também crescente de uma redução do valor real da dívida pela inflação. Até mesmo um leve aumento na taxa de inflação pode ter grandes efeitos na depreciação do valor real da dívida. Ao viajar pelo mundo e conversar com investidores e diretores de bancos centrais, escutei essa preocupação expressa de forma cada vez mais aberta. E, com a confiança no dólar fragilizada, o valor do dólar torna-se mais volátil.

Isso me traz ao conjunto final de custos importantes do sistema global de reservas: a instabilidade que ele causa. As reservas destinam-se a reduzir os custos da instabilidade. Mas a ironia é que, enquanto os custos da instabilidade para cada país se reduzem, direta ou indiretamente, o sistema global de reservas é um fator importante por trás do alto grau de instabilidade mundial. E esse grau tem sido realmente enorme. Por exemplo, entre fevereiro de 2002 e dezembro de 2004, o valor do dólar em relação ao euro despencou cerca de 37%. Esse declínio imenso chocou o mundo financeiro e desacreditou a noção então amplamente aceita de que o todo-poderoso dólar era inexpugnável.

Essa inexpugnabilidade havia sido questionada antes. Num passado distante demais para que os jovens corretores que determinaram o destino das taxas de câmbio no começo do século XXI se lembrem, uma crise anterior, no começo dos anos 70, propicia um pano de fundo para as ansiedades de hoje. Após a Segunda Guerra Mundial, os Estados Unidos acharam que um ataque especulativo poderia ser um problema para os países debilitados da Europa, mas não um problema que o país teria alguma vez de encarar. Isso não passava de ilusão. Na época, os Estados Unidos tinham uma taxa de câmbio fixa: o dólar podia ser convertido em ouro à taxa de 35 dólares por onça. Um ataque especulativo ao dólar forçou o país a desistir de seu compromisso com a conversibilidade de sua moeda em ouro: o dólar passou a flutuar e o mercado determinaria a taxa cambial.

O sistema tem funcionado, e até bem. Mas há um problema fundamental subjacente a todo o sistema de reservas: ele pode causar seu próprio fracasso. O país da moeda de reserva se endivida cada vez mais, o que acaba por tornar sua moeda inadequada para reservas.

O sistema atual já está se desgastando nas bordas. No começo de 2005, a China anunciou que não se comprometia mais em manter reservas em dólares. Na realidade, os chineses já haviam saído substancialmente do dólar (cerca de um quarto de suas reservas), mas o anúncio teve um valor simbólico imenso. Outros diretores de bancos centrais, mantendo a tradição de ficar longe do olhar público, confidenciaram-me que eles também estavam saindo do dólar.

Essas mudanças na política dos bancos centrais — a saída do dólar — fazem sentido. Quando se acreditava que as reservas tinham de ser em ouro ou em dólares lastreados em ouro, ninguém pensava em administrá-los. A partir de 2000, ocorreu uma grande mudança de filosofia. Os diretores de bancos centrais perceberam que não precisam de dólares para sustentar suas moedas. Como as moedas são livremente conversíveis umas nas outras, o que é importante não é a quantidade de dólares, mas a quantidade de riqueza em reservas. Então a questão passa a ser como gerir melhor essa riqueza — e os princípios da administração de riquezas, inclusive a diversificação, são bem conhecidos. Com uma parte tão grande das reservas em dólares, diversificação significa sair do dólar.

Essa mudança de mentalidade ocorreu, em parte, porque os bancos centrais descobriram que os dólares eram um mau armazenamento de valor. Tradicionalmente, seus diretores concentravam-se na inflação — ninguém quer ter uma moeda cujo valor, em termos dos bens que pode comprar, se desgasta muito. Com sua inflação baixa, o dólar parecia uma maneira excelente de armazenar valor. Mas, para quem não está nos Estados Unidos, seu valor depende da taxa de câmbio. Os diretores de bancos centrais e o FMI fracassaram — e fracassaram terrivelmente — na criação de um sistema de taxas cambiais estáveis. Quando o valor do dólar em relação ao iene era relativamente estável, a moeda americana era uma boa maneira de acumular reservas para o Japão. Mas quando sua volatilidade aumentou e a taxa de câmbio entre o iene e o dólar flutuou enormemente, o dólar perdeu sua capacidade de ser uma boa maneira de acumular reservas para o Japão. Argumentos similares se aplicam à Europa e a outros lugares: a volatilidade crescente do dólar significa que ele não é mais uma boa reserva global.

Por exemplo: num período de poucos meses de 1995, o dólar perdeu 20% de seu valor em relação ao iene. Houve pouca inflação nos Estados Unidos, mas os japoneses que haviam posto seu dinheiro em dólares descobriram que podiam comprar muito menos bens no Japão em abril de 2005 do que em janeiro do mesmo ano. Em relação ao euro, houve perdas ainda maiores durante um período mais longo de tempo. O custo de oportunidade também foi enorme — se tivessem mantido seu dinheiro em euros, em vez de dólares, os detentores de reservas estariam em situação muito melhor. O ponto de vista do custo de oportunidade torna-se particularmente importante para os países do Leste Asiático, que detinham cerca de 1,6 trilhão de dólares em reservas de moeda forte (a maior parte em dólares) no final de 2003. Se tivessem suas reservas em euros durante o ano seguinte, seus balanços teriam sido cerca de 11% maiores — em torno de 1 bilhão de dólares. É muito dinheiro para ser jogado fora.

Evidentemente, ninguém pode prever os movimentos das taxas de câmbio, mas é por isso que a teoria moderna da alocação de portfólio enfatiza a diversificação: não ponha todos os ovos em um único cesto. Uma dinâmica que não é boa para o dólar foi posta em movimento: à medida que os bancos centrais saem da moeda americana, ela enfraquece, reforçando a opinião de que o dólar não é uma boa maneira de acumular reservas.

O surgimento do euro acelerou o enfraquecimento do sistema de reservas baseado no dólar. Embora a Europa viva às voltas com problemas como crescimento baixo, desemprego alto e uma crise constitucional, o euro tem sido uma moeda forte. A lógica da diversificação diz que, seja qual for a avaliação que se faça das perspectivas da Europa versus os Estados Unidos, deve-se manter quantias significativas de ambas as moedas nas reservas.

No começo, a Europa ficou contente com isso. Ela viu com gosto a perspectiva de o euro se tornar uma moeda de reserva, porque queria que a nova moeda fosse tratada com respeito, e sua adoção como moeda de reserva apontava nessa direção. Mas, à medida que o significado disso se tornava mais claro, nem todos na Europa mantiveram o entusiasmo. Se os bancos centrais acumularem mais euros como reserva, o valor da moeda européia aumentará e tornará mais difícil para a Europa exportar, ao mesmo tempo em que a deixará aberta para uma inundação de exportações.[17] Ela terá cada vez mais dificuldade para manter o pleno emprego. E com o desemprego já alto e com a atenção de seu banco central concentrada exclusivamente na inflação, e de forma alguma no desemprego e no crescimento, há bons motivos para se preocupar com as perspectivas macroeconômicas da Europa.[18]

Cenários — da instabilidade crescente à crise

Parece estar claro que há um problema com o sistema global de reservas. Há menos certeza sobre como tudo isso se desenvolverá. Há várias possibilidades distintas, da crise à evolução gradual.

Eis um quadro do que pode acontecer nos próximos anos: à medida que a dívida americana aumenta, crescem as dúvidas sobre a solidez do dólar. De início, alguns investidores pensam que é melhor pôr seu dinheiro em outro lugar. Ao fazerem isso, o dólar cai. (A recuperação parcial do dólar em 2005 se deveu, pelo menos em parte, à repatriação dos lucros empresariais; os lucros repatriados durante o ano foram agraciados com impostos especialmente baixos, que induziram níveis anormalmente altos de repatriação. Em meados de 2006, o dólar começou a se enfraquecer de novo.) Quando as perdas no valor do dólar são levadas em conta, manter fundos nessa moeda parece uma insensatez; os rendimentos são pequenos demais para justificar o risco. Não existe obviamente aposta segura, mas, percebendo os riscos do dólar, mais e mais investidores decidirão trocar seus dólares por euros, ienes ou, onde for possível, yuans chineses (apesar do controle sobre os capitais, houve um influxo de cerca de 100 bilhões de dólares para a China em 2004, além dos investimentos estrangeiros diretos). Quando isso acontecer, mais pressão para baixo sofrerá o dólar. Simultaneamente, enquanto os investidores tiram seu dinheiro dos papéis americanos, os preços das ações caem ou ficam estagnados. Manter dinheiro nos Estados Unidos será cada vez mais uma aposta ruim.

As conseqüências dos aumentos das taxas de juros de médio e longo prazo podem ser particularmente graves, tendo em vista o alto grau de endividamento das famílias, muitas das quais assumiram grandes hipotecas graças às taxas tão baixas. O que importa não é nível médio de endividamento, mas o número de famílias que enfrentarão dificuldades para pagar o que devem. A quantidade crescente de hipotecas com taxas de juros variáveis torna essa questão particularmente preocupante.

A marcha de saída do dólar pode ser ordenada e suave, durante um período de meses, ou mesmo anos. Ou pode ser desordenada, um craque. No primeiro caso, a bolsa americana pode simplesmente passar por um mal-estar; pode até continuar a subir, mas a um ritmo mais lento. No segundo caso, a economia americana entraria em queda. Se houver um craque, é sempre difícil de prever que tipo de evento poderá precipitá-lo. Até mesmo em retrospecto é difícil identificar um evento único que tenha causado o craque de outubro de 1987, que pulverizou cerca de 25% do valor das ações americanas em um dia. Mas há muitos eventos, inclusive rumores sem fundamento, que poderiam deflagrar a crise. Os acontecimentos no Oriente Médio poderiam se tornar piores do que já são. Um novo ataque terrorista aos Estados Unidos poderia mostrar que, apesar de todo o dinheiro gasto, o país ainda é vulnerável.

Enquanto o endividamento crescente dos Estados Unidos — o curso histórico previsto para o país com a moeda de reserva — é uma fonte importante da instabilidade financeira global que o mundo enfrenta hoje, a contraparte a esse endividamento — as grandes reservas em dólares do Japão e da China — tem sido uma força a favor da estabilidade. Juntos, eles aumentaram suas reservas em mais de 1 trilhão de dólares somente entre 2000 e 2006. Como já observei, a gestão judiciosa de portfólio sugere sair do dólar e apostar mais em euros — e a China já começou a se movimentar nessa direção. Mas é nesse ponto que China e Japão têm um problema: suas reservas em dólares são tão grandes que, se vendessem quantidades significativas depressa, pressionariam o dólar para baixo e causariam perdas em suas reservas remanescentes em moeda americana. Os bancos centrais chinês e japonês têm interesse em manter a estabilidade e não estão sujeitos ao pânico, aos ataques de pessimismo ou otimismo irracional que caracterizam os mercados.

Além disso, há uma dimensão política em toda política cambial, especialmente na chinesa. De certo modo, em suas relações econômicas, China e Estados Unidos são reféns mútuos. A China tem um imenso superávit comercial bilateral em relação aos Estados Unidos, vendendo muito mais do que compra. Mas ela possibilita que os americanos sustentem seus gastos deficitários, comprando bilhões e bilhões de dólares em títulos americanos.

Estados Unidos e China conhecem a natureza de sua dependência mútua: por isso, as coisas raramente vão além da retórica.

Os americanos têm reclamado muito da política cambial injusta chinesa devido aos seus déficits comerciais. Embora a China tenha deixado sua taxa cambial se apreciar levemente, ela sabe que mesmo um aumento mais significativo diminuirá apenas um pouco o superávit bilateral. Ademais, uma mudança no câmbio não afetará o déficit comercial total dos Estados Unidos, que está relacionado com seus desequilíbrios macroeconômicos — o fato de que o país está poupando menos do que investindo, problema exacerbado pelo enorme déficit fiscal. Os americanos simplesmente comprariam mais têxteis de, digamos, Bangladesh. Ao mesmo tempo, uma apreciação significativa da moeda baixaria os preços dos bens agrícolas, que estão achatados devido à distorção dos preços mundiais causada pelos subsídios americanos e europeus, como vimos no capítulo 3; isso tornaria a vida mais difícil para o setor rural, uma parte da China que já está ficando para trás. Os chineses poderiam compensar os efeitos com subsídios aos seus agricultores, mas isso desviaria o dinheiro extremamente necessário para promover seu desenvolvimento. Em suma, a China sabe que a apreciação de sua taxa cambial acarretaria altos custos — e poucos benefícios para os Estados Unidos. E presume-se que os Estados Unidos também compreendam isso.

Embora China e Estados Unidos precisem um do outro, há sempre o medo de que as forças políticas saiam do controle: algum político americano, em um distrito especialmente afetado pelo desemprego em conseqüência das importações chinesas, pode tentar explorar as supostas políticas comerciais injustas da China; ou os Estados Unidos podem correr para o lado de Taiwan se algum político da ilha remexer nas águas turvas das relações Taiwan-China. Seria aceitável para a China, nessas circunstâncias, e dado o sistema político chinês, ser vista ajudando os

Estados Unidos com um empréstimo de várias centenas de bilhões de dólares? Haverá pressão sobre o governo chinês para se desfazer de uma quantidade significativa de dólares americanos, mesmo com um custo embutido? Embora os bancos centrais lutem pela estabilidade, a política pode triunfar sobre a economia, forçando ações que podem não ser do melhor interesse econômico de ninguém. A possibilidade de forças políticas induzirem uma liquidação de dólares não pode ser ignorada e, se acontecer, a moeda americana poderá despencar. Os economistas gostam de acreditar que as forças econômicas subjazem a todos os preços, mas os preços das moedas nacionais, pelo menos, são determinados tanto pela economia como pela política.

Ainda que pessoas razoáveis nos dois países compreendam os fatos, existe uma assimetria importante: a China não precisa realmente mandar seus bens para os Estados Unidos em troca de pedaços de papel de valor em declínio usados para financiar os déficits americanos. Há uma certa ironia no fato de a China ter, na realidade, financiado um corte de impostos para as pessoas mais ricas do país mais rico do mundo. Em vez de emprestar dinheiro aos Estados Unidos para aumentar o consumo dessas pessoas, ela poderia emprestá-lo a seu próprio povo, ou financiar investimentos em seu próprio país. Seria muito mais fácil para a China redirecionar a produção para seus próprios consumidores ou investimentos do que seria para os Estados Unidos encontrar uma fonte alternativa de financiamento barato para seus déficits.

Hoje, felizmente, as conseqüências econômicas de longo prazo das tensões nas relações sino-americanas não passam de uma nuvem no horizonte distante. Elas apenas acrescentam mais uma camada de incerteza a um sistema financeiro global que já está sob tensão.

PARA FAZER A GLOBALIZAÇÃO FUNCIONAR: UM NOVO SISTEMA GLOBAL DE RESERVAS

O sistema de reservas em dólares pode não ser a única fonte da instabilidade financeira mundial, mas contribui para ela. A questão é: a economia global trocará subitamente o sistema atual por um outro — como o sistema de reservas em duas moedas, para onde parece avançar agora — igualmente assediado por problemas? Ou se fará alguma coisa a respeito do problema subjacente?

Há uma solução muito simples, reconhecida há muito tempo por Keynes: a comunidade internacional pode criar uma nova forma de papel-moeda sem lastro para funcionar como reserva (Keynes chamou esse novo dinheiro de "bancor").[19] Os países do mundo concordariam em trocar esse papel-moeda — vamos chamá-lo de "cédulas globais"* — por sua própria moeda, por exemplo, em um momento de crise.

Isso não é apenas uma possibilidade teórica; na Ásia, já existe uma iniciativa em andamento que utiliza um pouco do mesmo conceito. A origem da iniciativa remonta à crise do Leste Asiático. No auge dela, o Japão propôs a criação de um Fundo Monetário Asiático, um movimento cooperativo entre os países da Ásia, e se ofereceu generosamente para entrar com 100 bilhões de dólares para financiá-lo — fundos extremamente necessários para ajudar na restauração das economias da região. Os Estados Unidos e o FMI fizeram de tudo para impedir isso; ambos temiam que um Fundo Monetário Asiático minaria sua influência na região, e ambos estavam dispostos a pôr suas preocupações egoístas acima do bem-estar daqueles países. Eles conseguiram liquidar a pro-

*No original *greenbacks*, forma coloquial de se referir às notas verdes de dólar (outra tradução possível seria "verdinhas"). (N. T.)

posta, mas poucos anos depois, em maio de 2000, os membros da Associação das Nações do Sudeste Asiático (ASEAN), mais China, Japão e Coréia do Sul, reunidos na Tailândia, assinaram a Iniciativa de Chiang Mai, pela qual concordavam em trocar reservas, estabelecer os começos de um novo arranjo cooperativo regional que melhoraria sua capacidade de enfrentar crises financeiras.

A gestão da crise de 1997 pelo FMI expôs a divergência de interesses entre a instituição — e, por extensão, dos Estados Unidos — e os países da região. Essas nações se perguntaram naturalmente: por que devemos pôr o dinheiro de nossas consideráveis reservas em países ocidentais que nos tratam tão mal, quando poderíamos manter as reservas na região, com cada um de nós sustentando a moeda dos outros? Precisamos de mais investimentos, e, se vamos emprestar para aumentar o consumo de alguém, por que não emprestar para sustentar o baixo nível de consumo de nosso povo, em vez do consumo perdulário dos Estados Unidos?

Essa iniciativa tinha dimensões econômicas e políticas. No sistema de reservas em dólar, o fato de receberem taxas de juros mais baixas sobre o que haviam emprestado do que sobre o que tomavam emprestado era particularmente exasperante, uma vez que estavam poupando mais e seguindo políticas fiscais muito mais prudentes do que os Estados Unidos e outros países avançados. Além disso, haviam estado repetidamente no lado perdedor da instabilidade da taxa de câmbio. Na posição de devedores, a queda de suas taxas cambiais na década de 1990 significou que, em termos de suas próprias moedas, tiveram de reembolsar muito mais do que tomaram emprestado; em 2000, com o dólar em queda, na posição de credores, seriam reembolsados em termos reais por muito menos do que haviam emprestado.

Em novembro de 2005, em torno de 60 bilhões de dólares

em moedas já haviam sido disponibilizados para troca entre várias nações asiáticas, com acordos firmados para expandir essa quantia ainda mais. Como essa iniciativa ilustra, as reservas podem ser vistas como um sistema de seguro mútuo cooperativo. A manutenção de reservas nas moedas dos outros países associados tem o mesmo efeito de uma linha de crédito, um compromisso da parte dos outros países de permitir acesso a recursos em tempos de carência para o país necessitado.

A comunidade internacional já reconheceu que pode propiciar o tipo de liquidez que Keynes imaginou, na forma de direitos especiais de saque (DESS). Os DESS são simplesmente um tipo de dinheiro internacional que o FMI tem permissão para emitir.[20]

A proposta das cédulas globais apenas amplia o conceito. Refiro-me ao novo dinheiro com esse nome para enfatizar que o que está sendo emitido é uma nova moeda de reserva mundial e para evitar confusão com o sistema existente de DESS, que tem dois problemas: são emitidos apenas episodicamente, ao passo que as cédulas globais seriam emitidas todos os anos; e os DESS são destinados, em larga medida, aos países mais ricos do mundo, enquanto as cédulas globais seriam usadas não somente para resolver os problemas financeiros do mundo, mas também para combater alguns dos problemas mais profundos do mundo de hoje, como a pobreza e a degradação ambiental.[21]

Eis uma descrição simplificada de como o sistema poderia funcionar. Todos os anos, cada membro do clube — os países que se inscreveram no novo sistema global de reservas — contribuiria com uma determinada quantia para um fundo de reservas mundial; ao mesmo tempo, esse fundo emitiria cédulas globais de valor equivalente para o país, que ele manteria em suas reservas.[22] Não há mudança no valor líquido de qualquer país; ele adquiriu um ativo (um direito sobre outros) e emitiu um direito sobre si mesmo. Porém, alguma coisa concreta aconteceu: o país obteve um ativo que pode usar em caso de emergência. Em um momento de crise, o país pode pegar essas cédulas globais e trocá-las por euros, dólares ou ienes; se a crise for precipitada por uma quebra de safra, pode usar o dinheiro para comprar alimentos; se a crise for causada por um problema bancário, o dinheiro pode ser utilizado para recapitalizar os bancos; se a causa da crise for uma recessão econômica, o dinheiro pode ser usado para estimular a economia.

O volume das emissões anuais estaria relacionado com os acréscimos nas reservas. Isso desfaria o viés para baixo do sistema global de reservas. Supondo-se que, indo à frente, a proporção das reservas para o PIB permaneça mais ou menos constante e que a renda global cresça a 5% ao ano, com um PIB mundial de aproximadamente 40 trilhões de dólares, as emissões anuais seriam em torno de 200 bilhões. Por outro lado, se a proporção das reservas em relação às importações permanecer constante, com as importações crescendo em torno do dobro da taxa do PIB, as emissões anuais equivaleriam a 400 bilhões de dólares.

Normalmente, é claro que essas trocas de pedaços de papel não fazem nenhuma diferença. Cada país continua cuidando de seus negócios do mesmo modo que antes, mantendo praticamente a mesma política fiscal e monetária. Mesmo em momentos de emergência, a vida se parece muito como antes. Consideremos, por exemplo, um ataque à moeda. Antes, o país teria de vender dólares ao comprar sua própria moeda para sustentar seu valor. Ele poderia continuar a fazer isso enquanto tivesse dólares em suas reservas (ou poderia obtê-los do FMI). Pelo novo regime, ele trocaria as cédulas globais por moedas fortes convencionais, como dólares ou euros, e as venderia para sustentar sua moeda.

(Há um detalhe importante: a taxa de câmbio entre as cédulas globais e as várias moedas. Em um mundo de taxas cambiais fixas — o tipo de mundo talhado para a proposta dos DESs

— isso não seria um problema; em um mundo de taxas cambiais flutuantes, as coisas são mais problemáticas. Poder-se-iam usar taxas correntes de mercado; ou então, a taxa de câmbio oficial poderia ser estabelecida como a média das taxas cambiais, digamos, dos últimos três anos. Nesse caso, para evitar que os bancos centrais tirem vantagem das discrepâncias entre taxas atuais de mercado e a taxa oficial, poderiam ser impostas restrições às conversões. Por exemplo: elas só poderiam ocorrer na eventualidade de uma crise, definida como uma alteração significativa na taxa de câmbio, na produção ou na taxa de desemprego do país. Imagino que as cédulas globais seriam acumuladas apenas pelos bancos centrais, mas uma versão mais ambiciosa dessa proposta permitiria que elas fossem guardadas por indivíduos, caso em que haveria um preço de mercado para elas, que poderiam ser tratadas como qualquer outra moeda forte.)

Uma vez que todos os países têm cédulas globais em suas reservas, nenhum deles precisa mais manter (tantos) dólares ou euros como reservas. Essa postura traria conseqüências enormes para a economia mundial, tanto para os atuais países das moedas de reserva como para a economia global.

Chamamos a atenção antes para a lógica autodestrutiva do sistema atual, em que o país da moeda de reserva fica cada vez mais endividado, ao ponto em que seu dinheiro não serve mais como moeda boa de reserva. É o processo que está acontecendo atualmente com o dólar. No novo sistema global de reservas, como ele não dependeria da dívida crescente de um único país — a contradição básica do sistema atual, que torna a instabilidade quase inevitável —, a estabilidade mundial aumentaria.

Há um segundo motivo para que o sistema de cédulas globais traga uma maior estabilidade mundial. Um fator importante nas repetidas crises das últimas décadas foram os déficits comerciais; quando importam mais do que exportam, os países precisam tomar emprestada a diferença. Enquanto o déficit comercial persiste, continuam os empréstimos no exterior; mas, em algum momento, os emprestadores se preocupam com o excesso de endividamento do país e temem que não seja mais seguro continuar a emprestar. Quando essas perguntas começam a ser feitas, há uma boa chance de que surja uma crise logo adiante.

Obviamente, se um país exporta mais do que importa, então outros países precisam importar mais do que exportam. Com efeito, afora discrepâncias estatísticas, a soma dos déficits e superávits comerciais mundiais deve ser igual a zero. Em outras palavras, os déficits comerciais devem coletivamente equivaler aos superávits comerciais. Esta é a lei férrea dos déficits comerciais globais. Por conseguinte, para que um país como o Japão, que insiste em acumular um superávit, consiga esse superávit, outro país ou países devem ter um déficit correspondente. Do mesmo modo, se alguns países deixam de ser deficitários, os déficits de outros países devem aumentar ou os superávits de outros países devem diminuir, ou uma combinação das duas coisas.

Nesse sentido, os déficits são como batatas quentes. Quando Coréia do Sul, Tailândia e Indonésia eliminaram seus déficits comerciais depois da crise do Leste Asiático e os transformaram em superávits, era quase inevitável que outros países acabassem com déficits consideráveis para compensar seus ganhos. Nesse caso, o país atingido foi o Brasil. Mas, assim como Coréia e Tailândia não podiam sustentar um déficit comercial, o mesmo acontecia com o Brasil. Quando viram o aumento do déficit brasileiro, os investidores agiram como sempre: as dívidas foram cobradas, precipitando uma crise. Na medida em que a economia brasileira mergulhou na recessão, houve contração das importações e o déficit do Brasil converteu-se em superávit; de novo, esse superávit significou que um déficit do mesmo tamanho foi criado em outro lugar do sistema global.

Embora o FMI — e a comunidade financeira em geral —

julgue que os países com déficits comerciais sejam o problema que origina a instabilidade global, esta análise sugere que os superávits comerciais contribuem na mesma medida para tanto. Com efeito, Keynes, refletindo sobre os problemas do sistema financeiro mundial há sessenta anos, chegou ao ponto de sugerir que deveria haver um imposto sobre os países que acumulassem superávits comerciais, para desestimular seu aumento excessivo.[23]

Por pior que o sistema tenha funcionado, as coisas poderiam ter sido piores. Existe apenas um país que pode — até agora — manter déficit comercial sem precipitar uma crise: os Estados Unidos, que se tornaram não apenas o consumidor de último recurso, mas também o déficit de último recurso. Os Estados Unidos conseguiram escapar impunes porque são o país mais rico do mundo e porque outros países quiseram fazer suas reservas em dólares. Mas, mesmo que possam acumular déficits por mais tempo do que outros países, não o podem fazer indefinidamente. O dia do ajuste de contas vai chegar.

O sistema das cédulas globais rompe com a lógica de soma zero que resultava em uma crise após a outra. Evidentemente, a soma dos déficits comerciais continuaria a ser igual à soma dos superávits, mas haveria uma emissão anual de cédulas globais para compensar os déficits — para pagar por eles. Enquanto os déficits permanecessem moderados, não haveria problemas. Existiria um amortecedor igual à emissão de cédulas globais. O jogo da batata quente do déficit acabaria de fato e seria criado um amortecedor para estabilizar a economia mundial diante dos choques inevitáveis que ela enfrenta.

Os Estados Unidos poderiam pensar que o sistema de cédulas globais pioraria sua situação, porque não mais obteriam empréstimos baratos dos países em desenvolvimento. É claro que há algo indecoroso no fato de países pobres propiciarem empréstimos a juros baixos ao país mais rico do mundo. Porém, os Estados Unidos se beneficiariam com a maior estabilidade global, junto com o resto do mundo. O sistema das cédulas globais tornaria mais fácil para esse país manter sua economia a pleno emprego, sem enormes déficits fiscais (desfazendo as forças descritas anteriormente, pelas quais o aumento das reservas em dólar no exterior leva a uma demanda agregada mais fraca dentro dos Estados Unidos).[24]

Se não for possível persuadir os Estados Unidos a entrar no novo sistema global de reservas, há uma atitude mais dura a ser utilizada. O resto do mundo poderia concordar em aderir a esse sistema, uma forma de ajuda mútua cooperativa, e na seqüência decidir mudar gradualmente suas reservas para os países que fazem parte da cooperativa. À medida que diminuíssem os benefícios da exploração dos países em desenvolvimento, os Estados Unidos perceberiam mais incentivos para aderir.

A REFORMA E A AGENDA MAIS AMPLA DA GLOBALIZAÇÃO

Quem receberia as emissões anuais de cédulas globais? A resposta a essa pergunta tem grandes conseqüências para o bem-estar global.

Aqui está uma oportunidade para a comunidade mundial fazer a globalização funcionar muito melhor.[25] A globalização implica uma integração mais estreita dos países, que acarreta maior interdependência, que, por sua vez, exige mais ações coletivas. Os bens públicos globais, cujos benefícios aumentarão para todos os participantes da comunidade mundial, tornam-se mais importantes. Eles incluem, por exemplo, a saúde (descobrir uma vacina para a malária ou a aids) e o meio ambiente (reduzir as emissões de gases de efeito estufa, manter a biodiversidade nas florestas úmidas). Essas deveriam ser as prioridades dos fundos.

O novo sistema global de reservas, além de resolver o problema do financiamento dos bens públicos globais, poderia demonstrar o compromisso da comunidade mundial com a justiça social mundial. Depois de fornecer fundos para os bens públicos globais, o grosso dos recursos restantes poderia ir para os países mais pobres do mundo. Isso significaria uma grande mudança na filosofia que fundamenta o FMI, que reconheceu a necessidade de uma liquidez maior, por meio da emissão de DESs, mas baseou-a no princípio de "para aquele que tem, mais deve ser dado". Os ricos ficaram com a parte do leão.

Há muitas maneiras pelas quais os fundos poderiam ser administrados. Inevitavelmente, haverá desacordos quanto à melhor maneira, mas devemos tomar o cuidado de não deixar o perfeito ser inimigo do bem-feito.[26] É provável que faça mais sentido ter uma combinação de abordagens. Uma delas seria alocar fundos a diferentes países, com base em suas rendas e populações (coerente com os princípios da justiça social, os países mais pobres receberiam uma maior alocação per capita). Tendo em vista o fracasso da condicionalidade no passado, a única condição que deveria ser imposta relaciona-se com as externalidades globais — custos que os países impõem aos outros. A mais importante é provavelmente a proliferação nuclear: somente países que se comprometessem totalmente com um regime não-nuclear seriam candidatos aceitáveis. Outras condições poderiam levar em conta externalidades ambientais globais, tais como emissões de gás de efeito estufa, emissões de gases que destroem a camada de ozônio, poluição marinha, cumprimento dos acordos internacionais sobre espécies em perigo de extinção etc.

Numa segunda abordagem, os fundos seriam distribuídos por intermédio de instituições internacionais, existentes ou "fundos fiduciários especiais" novos criados sob os auspícios da ONU. Eles poderiam ser emitidos para determinados países que concordariam, por sua vez, em dar uma contribuição de uma quantia equivalente aos fundos fiduciários da ONU. Uma parte poderia ser usada para ajudar a alcançar as Metas de Desenvolvimento do Milênio, que a comunidade internacional estabeleceu para si mesma a fim de reduzir a pobreza até 2015, incluindo a promoção da saúde, da alfabetização e a melhoria do meio ambiente nos países em desenvolvimento.[27] Tomemos, por exemplo, a área da saúde. O histórico da Organização Mundial da Saúde é impressionante. Algumas doenças, como sarampo, poliomielite e oncocercose, foram praticamente eliminadas. Com mais dinheiro, muito mais poderia ser feito a um custo relativamente baixo.[28] Já sabemos que a incidência da malária pode ser muito reduzida com a drenagem de águas estagnadas e o uso de mosquiteiros tratados com inseticida. Visitei choças enfumaçadas em todo o mundo, onde a poluição interna causa doenças dos pulmões e dos olhos: elas precisam apenas de chaminés. Como mencionei no capítulo 2, grandes avanços na saúde pública podem ser obtidos simplesmente ensinando as pessoas a construir latrinas abaixo do nível das fontes de água potável. São pequenas mudanças que poderiam fazer grandes diferenças na vida de milhões de pessoas, e mais dinheiro ajudaria muitíssimo.

Do mesmo modo, uma parte do dinheiro poderia ser usada para tornar a alfabetização universal. Hoje, cerca de 770 milhões de pessoas em todo o mundo não sabem ler nem escrever; uma das Metas de Desenvolvimento do Milênio para 2015 é fazer com que todas as crianças do mundo completem a educação primária. O custo seria baixo, entre 10 e 15 bilhões de dólares por ano,[29] mas até agora a comunidade internacional não compareceu com o dinheiro necessário. Emitir uma parte das cédulas globais para um fundo educacional especial do Unicef poderia fazer uma grande diferença.

Como vimos no capítulo 6, o aquecimento global é um problema que afeta o mundo inteiro. A comunidade internacional criou um serviço de empréstimo ambiental global para ajudar a pagar pelos aumentos de custos associados à redução dos gases de efeito estufa e outras boas políticas ambientais, mas elas carecem de fundos. Uma parte das cédulas globais poderia ser destinada a essas iniciativas.

Uma terceira abordagem poderia implicar alocações competitivas para projetos orientados para o desenvolvimento, às quais os governos e as ONGS poderiam se candidatar. A competição poderia incentivar a inovação em projetos para aumentar o bem-estar do mundo em desenvolvimento.

Uma quarta alternativa, distribuição direta aos indivíduos, talvez seja problemática demais para ser colocada em prática. Além das dificuldades de levar o dinheiro às pessoas mais pobres, faz pouco sentido dar dinheiro aos indivíduos e depois cobrar-lhes por saúde e educação básicas. Em ambos os lados da transação há desperdício e imperfeição. É melhor usar o dinheiro para oferecer serviços de educação e saúde aos mais pobres.[30]

Ao apresentar a idéia de uma reforma no sistema global de reservas em seminários por todo o mundo, fiquei animado com a amplitude do apoio que recebi. George Soros defendeu o uso de emissões de DESs uma única vez para financiar o desenvolvimento.[31] Mas por que restringir as emissões a uma única vez?

Os problemas do sistema financeiro mundial são sistêmicos e têm muito a ver com o sistema global de reservas. O mundo já está saindo do sistema do dólar, mas isso não significa que siga em direção a um sistema melhor: é triste dizer isso, mas pouco se pensou sobre seu caminho ou como deveria evoluir. Essa única iniciativa, mais do qualquer outra, poderia contribuir para fazer a globalização funcionar. Ela não eliminaria os problemas enfrentados pelos países em desenvolvimento, mas tornaria as coisas melhores. Aumentaria a estabilidade e a eqüidade globais. Não é uma idéia nova, mas é uma idéia para a qual talvez tenha chegado seu tempo.

10. Democratizando a globalização

Supunha-se que a globalização traria benefícios sem precedentes para todos. Contudo, curiosamente, ela passou a ser vilipendiada tanto no mundo em desenvolvimento como no desenvolvido. Os Estados Unidos e a Europa vêem a ameaça da terceirização; os países em desenvolvimento vêem os países industriais avançados inclinando o regime econômico mundial contra eles. Os dois lados vêem os interesses das grandes empresas serem promovidos à custa de outros valores. Neste livro, argumentei que há muitos méritos nessas críticas, mas que são críticas da globalização tal como ela tem sido gerida. Tentei mostrar que podemos refazer a globalização, fazer com que chegue mais perto do cumprimento de suas promessas.

Este livro dedicou-se principalmente à economia da globalização, mas, como observei no primeiro capítulo, os problemas têm muito a ver com o fato de a globalização econômica andar muito mais rápido do que a globalização política, e com as conseqüências econômicas da globalização andarem mais depressa do que nossa capacidade de compreendê-la e moldá-la e de lidar com suas conseqüências por meio de processos políticos. Reformar a globalização é uma questão política. Neste capítulo de conclusão quero tratar de algumas questões políticas fundamentais. Entre elas estão as perspectivas para os trabalhadores não especializados e o impacto da globalização sobre a desigualdade; o déficit democrático em nossas instituições econômicas globais, que enfraquece a democracia até mesmo em nossos países; e a tendência humana a pensar localmente, mesmo quando vivemos numa economia cada vez mais global.

Desigualdade crescente e a ameaça da terceirização

Em fevereiro de 2004, quando elogiou a oportunidade que a terceirização, com seus custos mais baixos e, portanto, lucros maiores, propiciava às empresas americanas, N. Gregory Mankiw, principal assessor de economia do presidente Bush, foi amplamente criticado. Os americanos estavam preocupados com empregos na indústria manufatureira — na qual cerca de 2,8 milhões de empregos foram perdidos entre 2001 e 2004 — e até mesmo nos setores de alta tecnologia e serviços.[1] Em certo sentido, a terceirização não é algo novo: as empresas americanas mandam empregos para o exterior há décadas. O número de empregos nas manufaturas dos Estados Unidos vem encolhendo desde 1979, e a parcela dos americanos que trabalham nesse tipo de indústria vem declinando desde a década de 1940 (em 1945, 37% dos trabalhadores americanos estavam empregados em manufaturas, ao passo que hoje esse número é menor do que 11%).[2]

Uma economia dinâmica caracteriza-se obviamente por perda e criação de empregos — a perda de empregos menos produtivos e a mudança dos trabalhadores para áreas de produtividade maior. A produção de carruagens declinou com a chegada do automóvel. Durante o debate sobre o NAFTA, o candidato a presidente de 1992 Ross Perot advertiu que haveria um "som de sucção gigantesco" quando os empregos fossem tirados dos Estados Unidos. A resposta do governo Clinton foi que o país não queria aqueles empregos de baixo salário e baixa especialização, e que o mercado criaria empregos mais bem pagos e mais especializados. E, durante os primeiros anos do NAFTA, o desemprego nos Estados Unidos realmente diminuiu, de 6,8%, no começo do acordo, para 3,8%.

Assim como os Estados Unidos e os países europeus fizeram a transição da agricultura para a indústria há mais de um século, mais recentemente eles passaram da manufatura para os serviços. A participação da indústria manufatureira no emprego e na produção caiu não apenas nos Estados Unidos, mas também na Europa e no Japão (para 20%).[3] Ao mesmo tempo em que perdiam empregos na manufatura, Europa e Estados Unidos ganhavam empregos no setor de serviços, um setor que abrange não somente empregos de baixa especialização, como fritar hambúrgueres, mas empregos de altos salários nos serviços financeiros. Pensava-se que os Estados Unidos, com seu alto grau de especialização e sua economia dominada pelo setor de serviços, estariam protegidos da competição de fora. O que tornou a terceirização tão assustadora foi que até mesmo os empregos de alta especialização começaram a ir para o exterior. A estratégia de maior capacitação e educação, embora claramente valiosa e importante, não proporciona uma resposta completa para reagir à competição mundial.

A escala e o ritmo da ameaça competitiva, da perda de empregos em relativamente pouco tempo, são inéditos. É o lado B de outra mudança sem precedentes: dois países — China e Índia — que eram paupérrimos e economicamente isolados agora fazem parte da economia global. Nunca a renda de tanta gente cresceu tão rápido.[4]

A teoria econômica dominante, que enfatiza a liberalização do comércio, tem uma perspectiva do que deveria acontecer com a liberalização total — uma previsão que seus defensores raramente mencionam, mas para a qual chamamos a atenção brevemente no capítulo 3. Com a plena integração econômica mundial, o mundo ficará parecido com um único país, e o salário dos trabalhadores não especializados será o mesmo em todo o lugar, independentemente de onde vivam. Seja nos Estados Unidos, na Índia ou na China, trabalhadores com capacidades comparáveis que realizem trabalho comparável ganharão a mesma coisa. Em teoria, o salário real estará em algum ponto entre o que recebem hoje chineses e indianos e o que ganham seus pares americanos e europeus; na prática, tendo em vista o tamanho relativo das populações, a probabilidade é que o salário para o qual convergirão estará mais perto do salário chinês e do indiano do que o dos Estados Unidos ou da Europa.

É claro que a derrubada de todas as barreiras tarifárias e comerciais não levará instantaneamente à plena integração ou ao nivelamento dos salários. Ainda haverá custos de transporte e, no caso dos países muito pobres e remotos, eles continuam importantes. No passado, pelo menos dois fatores desempenhavam um papel na persistência das diferenças salariais. O primeiro é a escassez de capital nos países em desenvolvimento. Isso importa porque, com menos capital (tais como máquinas e tecnologias novas), os trabalhadores são menos produtivos. Teares manuais são menos produtivos do que teares mecânicos — e, porque são menos produtivos, o salário dos trabalhadores é menor. O segundo fator é a diferença de conhecimento entre os países desenvolvidos e menos desenvolvidos. Capacitação e tecnologia ficaram para trás nos países em desenvolvimento, diminuindo a produtividade e achatando os salários.

Porém, esses impedimentos do nivelamento dos salários estão desaparecendo. Os mercados de capitais internacionais evoluíram em grande escala. Hoje, ao mesmo tempo em que poupa 42% de seu PIB, a China recebe mais de 50 bilhões de dólares por ano em investimento estrangeiro direto, quantia próxima de 4% de seu PIB.[5] E, em anos recentes, o fluxo de conhecimento dos países desenvolvidos para os em desenvolvimento se acelerou.

Serão necessárias décadas para superar totalmente a diferença de conhecimento e a escassez de capital no mundo em desenvolvimento. A boa notícia é que haverá uma força poderosa elevando os salários na China e na Índia. O outro lado da moeda é que haverá uma força poderosa puxando para baixo os salários dos trabalhadores não especializados no Ocidente. Assim, ao mesmo tempo em que poderão comemorar a elevação do padrão de vida dos trabalhadores não especializados no mundo em desenvolvimento, americanos e europeus se preocuparão com o que estará acontecendo em seus países. A questão não é apenas a do número de empregos que serão terceirizados — perdidos — para a China e a Índia. O verdadeiro problema é que até mesmo uma diferença relativamente pequena entre a demanda e a oferta de mão-de-obra pode criar grandes problemas, levando à estagnação e ao declínio dos salários e criando altos graus de ansiedade para os muitos trabalhadores que sentem seus empregos sob risco. É isso que parece que está acontecendo.

Evidentemente, como vimos, a globalização e a liberalização do comércio aumentarão as rendas totais (se o país conseguir manter pleno emprego, o que é um grande "se"). Mas, por conseguinte, com o crescimento das rendas em média e a estagnação ou queda dos salários, especialmente os mais baixos, a desigualdade aumentará. Os indivíduos nas indústrias que se virem superados pela concorrência sofrerão mais; eles podem descobrir que seu "capital humano", os investimentos feitos em determinadas capacitações, não tem muito mais valor. Nos últimos cinco anos, os

cepção, agora é o momento para os Estados Unidos e a Europa usarem seu poder econômico para garantir que as regras do jogo os favoreçam para sempre — ou pelo menos pelo maior tempo possível. O poder engendra poder, e, ao usar seu poderio econômico atual combinado, eles podem ao menos proteger sua posição e, quem sabe, até melhorá-la. Trata-se de uma concepção que não se baseia no que é certo ou justo, mas na *realpolitik*.

Por essa lógica, os Estados Unidos, embora continuem a defender da boca para fora o livre-comércio, devem se proteger do ataque das mercadorias estrangeiras e da terceirização, ao mesmo tempo em que devem fazer o que estiver a seu alcance para obter acesso aos mercados externos. O aparente descaramento americano ao dobrar seus subsídios agrícolas ao mesmo tempo em que prega o livre-comércio é um exemplo disso. Como concessão àqueles que insistem na eqüidade, faz-se algum esforço para descobrir maneiras "legais" de oferecer esses subsídios, tais como inventar conceitos como "subsídios que não distorcem o comércio", fazendo com que os outros países aceitem essa idéia, para depois alegar que seus subsídios são desse tipo. A suposição parece ser a de que se alguma coisa é legal, então é moralmente correta.

Creio que esse método é moralmente errado e econômica e politicamente inviável. A posição dos Estados Unidos no mundo baseia-se há muito tempo não apenas em seu poderio militar e econômico, mas em sua liderança moral, em fazer o que é certo e justo. Mas, para aqueles que acreditam na *realpolitik*, isso não os preocupa. Sobretudo, essa opção não é realmente possível, tendo em vista o caminho já percorrido na direção da globalização. Embora a Rodada Uruguai possa não ter sido justa para os países em desenvolvimento, ela criou os primórdios de algo que se assemelha ao império da lei internacional no comércio, que os Estados Unidos têm de obedecer.

Além disso, um dos êxitos das últimas três décadas foi a criação de democracias fortes em muitas regiões do mundo em desenvolvimento. Seus cidadãos sabem o que está acontecendo e sabem quando um acordo de comércio proposto é fundamentalmente injusto. Os cidadãos americanos podem não se importar com a hipocrisia de seus líderes quando falam de livre-comércio e mantêm os subsídios agrícolas, mas os cidadãos brasileiros e argentinos se importam.

Há muita coisa em jogo — e há gente demais que já se beneficiou com a globalização — para permitir que os Estados Unidos e a Europa recuem da globalização, saiam dela. Há perdedores demais com a globalização no mundo em desenvolvimento para permitir que o mundo desenvolvido tente moldar a globalização injustamente a seu favor.

Isso nos deixa com um único caminho a seguir: enfrentar a globalização e remodelá-la. Para os Estados Unidos, enfrentar significa reconhecer que a globalização significará pressão para baixo sobre os salários dos trabalhadores não qualificados. Os países industriais avançados precisam continuar a capacitar suas forças de trabalho, mas também têm de fortalecer suas redes de segurança e aumentar a progressividade de seus sistemas tributários; são as pessoas na base da pirâmide que têm sido prejudicadas pela globalização (e, provavelmente, por outras forças, como a mudança tecnológica); parece a coisa certa a fazer, diminuir os impostos pagos por essas pessoas e aumentar a carga tributária sobre aqueles que foram tão bem servidos pela globalização. Infelizmente, nos Estados Unidos e em outros lugares, as políticas tributárias têm avançado exatamente na direção oposta. Os investimentos em pesquisa, que aumentarão a produtividade da economia, também são importantes. Esses investimentos produzem altos retornos. O aumento da produtividade leva provavelmente ao aumento dos salários e das rendas; e, se uma parte da alta renda que resulta disso for gasta numa agenda social de educação e saúde, melhorará o bem-estar de todos os cidadãos.

Os críticos da globalização estão certos: tal como ela foi gerida, há perdedores demais. E penso que os críticos otimistas — aqueles que, em reuniões como o Fórum Social Mundial de Mumbai com que comecei este livro, sustentam que "outro mundo é possível" — também estão certos. Este livro apresentou uma série de reformas que permitiriam que a globalização chegasse mais perto de cumprir seu potencial de beneficiar quem vive tanto no mundo desenvolvido como no em desenvolvimento: uma globalização reformada que poderia receber o apoio de todos.

O DÉFICIT DEMOCRÁTICO

Argumentei neste livro que temos de aprender a lidar melhor com a globalização (tanto nos países desenvolvidos como nos em desenvolvimento). Também temos de aprender a administrá-la melhor, com uma maior preocupação com os países pobres e com os pobres que vivem nos países ricos, bem como com os valores que vão além dos lucros e do PIB. O problema é que há um déficit democrático no modo como a globalização foi gerida. As instituições internacionais (o Fundo Monetário Internacional, o Banco Mundial, a Organização Mundial do Comércio), que receberam a missão de escrever as regras do jogo e gerir a economia mundial, refletem os interesses dos países industriais avançados — ou, mais em particular, interesses especiais (como da agricultura e do petróleo) dentro desses países. Esse desequilíbrio é, em alguns casos, resultado de direitos de voto distorcidos;[7] outras vezes, advém do puro poder econômico dos países e interesses envolvidos. O desequilíbrio está tanto na pauta como nos resultados em cada campo de batalha da globalização, do comércio ao meio ambiente e ao financiamento. Vemos isso tanto no que consta da pauta como no que não está nela.

Nos últimos dois séculos, as democracias aprenderam a conter os excessos do capitalismo, a canalizar o poder do mercado, para assegurar que haja mais vencedores e menos perdedores. Os benefícios desse processo foram assombrosos e deram a muita gente do Primeiro Mundo um padrão de vida maravilhoso, muito mais alto do que era concebível em 1800.

Porém, em termos internacionais, não conseguimos criar as instituições políticas democráticas que são necessárias para fazer a globalização funcionar, assegurar que o poder da economia de mercado global leve à melhoria da vida da maioria dos habitantes do planeta, não apenas aos mais ricos dos países mais ricos. Devido ao déficit democrático no modo como a globalização é gerida, seus excessos não foram contidos; com efeito, como observamos nos capítulos anteriores, ela restringiu às vezes a capacidade das democracias nacionais de moderar a economia de mercado.

A necessidade de instituições mundiais nunca foi maior, mas a confiança nelas e sua legitimidade vêm se desgastando. Os repetidos fracassos do FMI na gestão de crises da década passada foram o *coup de grâce*, após anos de insatisfação com seus programas na África e em outros lugares, inclusive a austeridade excessiva que impôs a essas nações. O fracasso dos países que seguiram as diretrizes ideológicas do Consenso de Washington propostas pelo FMI e o Banco Mundial e o contraste com o sucesso em andamento dos países do Leste Asiático, que descrevi no capítulo 2, não ajudaram a restaurar a confiança nessas instituições. Tampouco a arrogância com que o FMI exigiu a permissão para forçar os países em desenvolvimento a abrir seus mercados aos fluxos de capital especulativo, seguida alguns anos depois por um reconhecimento silencioso de que a liberalização do mercado de capitais pode levar à instabilidade, mas não ao crescimento. E, enquanto impunham uma pauta que levava à instabilidade do mercado financeiro, não faziam nada em relação a uma de suas causas profundas, o sistema global de reservas. Na OMC, no front da luta comercial, as coisas não são melhores. Depois de admitirem em Doha, em novembro de 2001, que a rodada anterior de negociações comerciais era injusta, os países industriais avançados acabaram por descumprir sua promessa de uma rodada do desenvolvimento.

Em certo sentido, não devemos culpar as próprias instituições: elas são dirigidas pelos Estados Unidos e os outros países industriais avançados. Seus fracassos representam o fracasso da política desses países. O fim da Guerra Fria deu aos Estados Unidos, a superpotência remanescente, a oportunidade de remodelar o sistema econômico e político mundial com base nos princípios de justiça e preocupação para com os pobres; mas a ausência de competição da ideologia comunista também deu ao país a oportunidade de remodelar o sistema global com base em seus interesses próprios e das empresas multinacionais. Infelizmente, na esfera econômica, os Estados Unidos escolheram este último caminho.

Assim como não se pode atribuir toda culpa às instituições internacionais — a responsabilidade é, em parte, dos governos que as dirigem —, também não se pode atribuir toda culpa aos governos. A responsabilidade cabe, em parte, aos seus eleitores. Podemos fazer parte, cada vez mais, de uma economia global, mas quase todos nós vivemos em comunidades locais e continuamos a pensar muito em termos locais. É natural para nós valorizar muito mais um emprego perdido aqui do que dois empregos ganhos no exterior (ou, no contexto de uma guerra, muito mais uma vida perdida em nosso país do que aquelas perdidas no exterior). Parte dessa mentalidade localista advém do fato de que não costumamos pensar que as políticas que defendemos afetam outras pessoas e a economia mundial. Concentramos nossa atenção nos efeitos diretos sobre nosso bem-estar. Os plantadores de algodão dos Estados Unidos pensam no que ganham com seus subsídios, não nos milhões de pessoas do resto do mundo que perdem.

Para fazer a globalização funcionar, será preciso uma mudança de mentalidade: teremos de pensar e agir em termos mais globais. Hoje, muito poucos têm esse sentimento de identidade mundial. Há um velho aforismo sobre toda a política ser local e, com a maioria das pessoas vivendo "localmente", não surpreende que a globalização seja abordada dentro do quadro muito estreito da política local. Esse tipo de pensamento persiste mesmo em um mundo com uma economia cada vez mais interdependente. A fonte de tanta insatisfação com a globalização é essa disjunção entre a política local e os problemas globais.

O contraste entre a análise e a defesa de políticas nos níveis nacional e mundial é total. Dentro de cada país, temos consciência de que as leis e os regulamentos afetam diferentes pessoas de modo diferente. Os economistas calculam com cuidado, para cada imposto, regra ou regulamentação, em que medida os diferentes grupos de renda são afetados. Argumentamos a favor ou contra diferentes políticas conforme elas sejam justas, se prejudicam os pobres, se seu ônus recai de forma desproporcional sobre os menos afortunados.

Na arena internacional, não só deixamos de fazer uma análise, como quase nunca defendemos uma política com base em sua justeza. Os negociadores do comércio exterior recebem instruções para obter o melhor acordo possível da perspectiva dos interesses de seu país. Eles não são enviados a Genebra (onde ocorrem geralmente as negociações comerciais) com instruções para elaborar um acordo que seja justo para todos. Não se dá atenção especial, como se deveria, aos mais pobres, mas aos mais fortes — tais como os interesses especiais (os maiores contribuintes para as campanhas do presidente americano e do partido no poder). Na realidade, os interesses especiais são, com freqüência, elevados à categoria de interesse nacional: fazer o que é melhor para os grandes laboratórios americanos, para a Microsoft ou para a ExxonMobil é considerado equivalente a fazer o que é melhor para o país em geral. Isso está resumido na famosa frase de Charles Wilson, o presidente da GM, que em 1953 declarou: "O que é bom para nosso país é bom para a General Motors, e vice-versa".[8] Na era da globalização, isso não é mais verdade — se é que foi alguma vez.

Até mesmo no interior das instituições internacionais raramente se discute a política global em termos de justiça social. Existe uma presunção de que não há *trade-offs* e que, por conseguinte, a tomada de decisões pode ser delegada aos tecnocratas, que recebem a complexa missão de descobrir e gerir o melhor sistema econômico, supondo-se que estão mais bem equipados do que os políticos para tomar decisões objetivas. É óbvio que existem certos problemas que deveriam ser delegados aos tecnocratas, como, por exemplo, escolher o melhor sistema de informática para o sistema de previdência social. Mas delegar a redação das regras do jogo econômico aos tecnocratas só se justifica se existir um único conjunto melhor de regras, que deixe todo mundo em situação melhor do que qualquer outro conjunto de regras. Não é o caso: essa idéia não está apenas errada, mas é perigosa. Com poucas exceções, há sempre *trade-offs*. Sua existência significa que há escolhas a serem feitas. É somente através do sistema político que essas escolhas podem ser feitas de modo apropriado, e por isso é tão importante remediar o déficit democrático mundial.

A despolitização do processo de tomada de decisão abre caminho para decisões que não são representativas de interesses sociais mais amplos. Ao tirarmos do processo político *aberto* as decisões sobre o regime de comércio correto ou o regime de propriedade intelectual certo, abrimos a porta para a dominação *oculta* dessas decisões por interesses particulares. A indústria farmacêutica pode moldar os acordos sobre propriedade intelectual; os produtores, e não os consumidores, podem moldar a política de comércio exterior. A política monetária oferece outro exemplo. Nenhuma questão econômica afeta mais as pessoas do que o desempenho macroeconômico da economia. Aumentar a taxa de desemprego piora a situação dos trabalhadores, mas a inflação mais baixa resultante disso deixa os donos de ações mais felizes. Equilibrar esses interesses é uma atividade essencialmente política, mas houve uma tentativa do mercado financeiro de despolitizar a decisão, de entregá-la aos tecnocratas, com um mandato para implementar as políticas que são do interesse dos mercados financeiros. O FMI tem estimulado, às vezes até forçado, os países (como condição de ajuda) a fazer com que seus bancos centrais se concentrem *apenas* na inflação.

A Europa sucumbiu a essas doutrinas. Hoje, em toda a União Européia, há insatisfação com a política monetária do banco central europeu que, embora possa ter operado maravilhas para os mercados de ações ao manter a inflação baixa e os preços das ações altos, deixou o crescimento e o emprego da Europa em péssima situação.

RESPOSTAS AO DÉFICIT DEMOCRÁTICO

Há duas respostas ao problema do déficit democrático nas instituições internacionais. A primeira é reformar os arranjos institucionais, conforme as sugestões feitas neste livro. Mas isso não vai acontecer da noite para o dia. A segunda é pensar com mais cuidado sobre as decisões que são tomadas em nível internacional.

A globalização significa que os acontecimentos em uma parte do mundo têm um efeito dominó sobre outros lugares, à medida que idéias e conhecimentos, bens e serviços, capitais e pessoas atravessam com mais facilidade os limites nacionais. As epidemias nunca respeitaram fronteiras, mas, com o aumento das viagens internacionais, as doenças se espalham com mais rapidez. Os gases de efeito estufa produzidos nos países industriais avançados provocam o aquecimento global em todo o planeta. O terrorismo também se tornou global. À medida que se tornam mais estreitamente integrados, os países ficam mais interdependentes. Uma interdependência maior dá origem a uma necessidade maior de ações coletivas para resolver os problemas comuns.

A pauta da ação coletiva deveria se concentrar naqueles itens que representam as áreas mais essenciais para beneficiar toda a comunidade mundial. Outros itens deveriam ficar fora dela.[9] No capítulo 4, argumentei que não há necessidade de um conjunto uniforme de regras da propriedade intelectual: a padronização excessiva não somente retira graus importantes de soberania política, como é, na realidade, contraproducente. Uma pauta concentrada é especialmente importante porque a grande amplitude da própria pauta põe os países em desenvolvimento, que não podem ter grandes equipes, em desvantagem nas negociações. A ação coletiva global deveria se concentrar na necessidade de deter as externalidades negativas — ações de uma parte que afetam de modo adverso outras — e na oportunidade de promover, ao agir juntos, o bem-estar de todos por meio da provisão de bens públicos globais, cujos benefícios são desfrutados em todo o mundo.

À medida que o mundo se torna mais globalizado, mais integrado, haverá cada vez mais áreas oferecendo oportunidades propícias à ação cooperativa e nas quais essa ação coletiva não é somente desejável, mas necessária. Existe uma variedade de bens públicos globais — da paz à saúde mundial, da preservação do meio ambiente ao conhecimento global. Se esses bens não forem providos *coletivamente* pela comunidade internacional, há um risco — na verdade, uma probabilidade — de que seu aprovisionamento seja deficiente.[10]

O fornecimento de bens públicos globais requer um sistema de financiamento. O capítulo 9 descreveu como uma reforma do sistema global de reservas pode propiciar uma grande quantia de financiamento, da ordem de 200 a 400 bilhões de dólares por ano. Uma segunda idéia é usar as receitas da gestão dos recursos globais — leiloando-se direitos de pesca, ou o direito de extrair recursos naturais sob o oceano, ou licenças de emissões de carbono — para fornecer bens públicos globais. Por fim, há alguns casos em que a tributação pode realmente contribuir para a eficiência econômica. Tais impostos, cobrados para superar problemas de externalidades negativas, são chamados de tributos corretivos. A tributação sobre as externalidades negativas globais, tais como a venda de armas aos países em desenvolvimento, a poluição e os fluxos financeiros internacionais desestabilizadores, pode proporcionar uma terceira fonte de receita para financiar os bens públicos globais.

No longo prazo, as mudanças mais importantes necessárias para fazer a globalização funcionar são aquelas para reduzir o déficit democrático. Sem elas, há um perigo real de que qualquer reforma venha a ser subvertida. No capítulo 3, por exemplo, vimos como a queda das tarifas foi substituída pelas barreiras não-tarifárias. Este não é o lugar para fornecer uma descrição detalhada de como cada uma das instituições internacionais precisa ser mudada. Em vez disso, faço uma lista dos principais elementos de qualquer pacote de reformas:

- *Mudanças na estrutura de votação* no FMI e no Banco Mundial, dando mais peso aos países em desenvolvimento. No FMI, os Estados Unidos continuam a ser o único país com poder efetivo de veto. Em ambas as instituições, os votos estão baseados, em ampla medida, no poder econômico — e com demasiada freqüência, não no poder econômico de hoje, mas como era na época em que elas foram criadas, há mais de meio século.[11]

• *Mudanças na representação* de cada país. Enquanto os ministros do comércio exterior determinarem a política comercial e os ministros das finanças determinarem a política financeira, outras preocupações afins, como o meio ambiente e o emprego, receberão pouca atenção. Uma mudança possível é insistir na presença de todos os ministérios relevantes quando áreas de interesses sobrepostos estiverem envolvidas. Durante discussões sobre questões de propriedade intelectual, os ministérios de ciência e tecnologia — que podem não somente ter uma posição mais equilibrada, mas até saberão alguma coisa sobre o tema — deveriam estar à mesa.

• *Adotar princípios de representação.* É difícil tomar decisões ou travar negociações quando cem ou mais países estão envolvidos. Mas a maneira como, por exemplo, as negociações comerciais resolveram esse problema no passado deve ser considerada totalmente inaceitável.[12] Não importa o que seja feito, haverá sempre um desequilíbrio de poderio econômico, e há pouco que possa ser feito para impedir os poderosos de exercer esse poder; mas ao menos os processos formais deveriam estar mais em acordo com os princípios democráticos. Representantes de cada um dos vários grupos importantes — os países menos desenvolvidos, os pequenos exportadores agrícolas, e assim por diante — deveriam acompanhar as negociações dos principais países. Na verdade, algum progresso nessa direção já está sendo feito.

Tendo em vista que será difícil implementar essas mudanças, é ainda mais importante assegurar as seguintes reformas no modo operacional das instituições internacionais:

• *Aumentar a transparência.* Uma vez que não há *accountability* democrática direta para essas instituições (não votamos nossos representantes nessas instituições ou para suas direções), a transparência, imposta mediante rígidas leis de liberdade da informação, é vital. Por ironia, essas instituições são *menos* transparentes do que os governos mais democráticos que delas fazem parte.

• *Melhorias nas regras de conflito de interesses* não só aumentarão a confiança na governança internacional e sua legitimidade, mas (se os economistas estão corretos e os incentivos têm importância) podem realmente levar a políticas que sejam de interesse mais geral.

• *Mais abertura, inclusive melhorias nos procedimentos,* para assegurar não apenas mais transparência, mas que mais vozes sejam ouvidas. As ONGs têm assumido cada vez mais importância para que vozes diferentes daquelas das corporações multinacionais sejam ouvidas no processo global de tomada de decisão econômica. Em democracias como os Estados Unidos, quando as agências reguladoras propõem regras, as partes interessadas ganham uma oportunidade para comentar e a agência deve responder. Deveria ser igual nas instituições e agências reguladoras mundiais.

• *Aumentar a capacidade dos países em desenvolvimento de participar significativamente na tomada de decisões,* dando-lhes assistência na avaliação do impacto que sofrerão com as mudanças propostas. O Tesouro americano e os ministérios de finanças de alguns dos países industriais avançados podem fazer suas próprias avaliações, mas os países em desenvolvimento não costumam dispor de recursos para tanto. As discussões deliberativas da OMC e de outras organizações econômicas internacionais também lucrariam se houvesse um órgão independente para avaliar as propostas alternativas e seu impacto sobre os países em desenvolvimento.

• *Aumentar a accountability.* Ainda que não haja responsabilidade eleitoral direta, podem ser realizadas mais avaliações independentes do desempenho das instituições econômicas internacionais. Embora atualmente o Banco Mundial e o FMI se ocupem disso — e, com efeito, gastam uma considerável quantia nessas avaliações —, as unidades de avaliação costumam confiar em equipes temporárias fornecidas pelo Fundo ou pelo Banco. Por um lado, esses técnicos têm a vantagem de ser bem informados sobre o que está acontecendo, mas, por outro, é difícil para eles oferecer uma avaliação totalmente independente. A tarefa de avaliação deveria ser transferida — para a ONU, por exemplo. É preciso avaliar a disparidade entre conseqüências previstas e o que realmente acontece: por que, por exemplo, os pacotes de socorro do FMI não funcionaram como deveriam durante as crises? Por que havia mais dinheiro disponível para socorrer os bancos internacionais, mas nenhum para pagar por subsídios à alimentação para os pobres? Por que os benefícios recebidos por muitos dos países mais pobres na última rodada de negociações comerciais foram tão menores do que o prometido?

• *Melhores procedimentos judiciais.* A necessidade disso foi destacada no capítulo 3, quando discutimos o processo pelo qual as taxas antidumping são impostas pelos Estados Unidos, que é ao mesmo tempo promotor, juiz e júri no julgamento dessas taxas. Esse tipo de procedimento judicial é obviamente falho. É preciso haver um organismo judiciário global independente para determinar, por exemplo, se o dumping ocorreu e, em caso afirmativo, quais devem ser as taxas antidumping.

• *Melhor aplicação do império da lei internacional.* Comentei várias vezes a grande realização da Rodada Uruguai de começar a esboçar os princípios de uma aparência de direito internacional. Isso significa que princípios — e não apenas poder — podem governar as relações comerciais. A lei pode ser imperfeita, mas é melhor do que nenhuma. Porém, ainda existem muitas áreas em que a lei contribuiria para uma globalização melhor se *fosse imposta.* Um caso importante foi incluído no capítulo anterior: a recusa dos Estados Unidos de fazer alguma coisa a respeito do aquecimento global pode ser considerada um subsídio comercial significativo e injustificado. A imposição de regulamentações contra tais subsídios poderia ser um instrumento importante tanto para criar um sistema de comércio mais justo como para enfrentar um dos problemas globais mais importantes de hoje.

Temos um sistema imperfeito de governança global sem governo global; e uma das imperfeições são as limitações de nossa capacidade de fazer valer os acordos internacionais e impedir as externalidades negativas. Devemos usar todos os instrumentos disponíveis, inclusive sanções comerciais.[13]

No capítulo 3, observei outro problema importante: a fragmentação do sistema de comércio mundial numa série de acordos bilaterais e regionais. A grande realização do sistema multilateral de comércio nos últimos sessenta anos, o princípio da nação mais favorecida, pelo qual cada país estendia a todos os outros países as mesmas condições, está sendo agora destruído pelos Estados Unidos, seguido por outros países. Esses acordos são legais pelas regras da OMC somente quando criam mais comércio do que o desviam; é quase certo que alguns acordos bilaterais não passariam nesse teste. Deveria haver um tribunal internacional para determinar se os acordos propostos são legais, com o ônus da prova a cargo dos países que tentam fragmentar o sistema de comércio mundial. O tribunal determinaria, por exemplo, se os ganhos do México com o NAFTA, na medida em que existam, vieram em larga medida do desvio do comércio de têxteis que os Estados Unidos poderiam ter efetuado com outros países latino-americanos. Isso poderia diminuir o ritmo, ou até deter a corrida por acordos bilaterais que ameaça minar o sistema multilateral de comércio.

Se quisermos fazer a globalização funcionar, precisamos de um regime econômico internacional em que o bem-estar dos países desenvolvidos e em desenvolvimento seja mais equilibrado: um novo *contrato social global* entre países desenvolvidos e menos desenvolvidos. Entre os ingredientes principais estão:

- Um compromisso dos países desenvolvidos com um regime de comércio mais justo que promoveria efetivamente o desenvolvimento (conforme o que foi esboçado no capítulo 3).
- Uma nova abordagem da propriedade intelectual e da promoção da pesquisa que, ao mesmo tempo em que continuasse a fornecer incentivos e recursos para a inovação, reconheceria a importância do acesso dos países em desenvolvimento ao conhecimento, a necessidade da disponibilidade de medicamentos que salvam vidas a preços acessíveis, e o direito dos países em desenvolvimento de proteger seu conhecimento tradicional.
- Um acordo dos países desenvolvidos que compensaria os países em desenvolvimento por seus serviços ambientais, tanto na preservação da biodiversidade como na contribuição para combater o aquecimento global por meio do seqüestro de carbono.
- Um reconhecimento de que nós — países desenvolvidos e menos desenvolvidos igualmente — compartilhamos um planeta e que o aquecimento global representa uma ameaça concreta a ele — uma ameaça que pode ser particularmente desastrosa para alguns dos países em desenvolvimento; por conseguinte, precisamos todos limitar as emissões de carbono, deixar de lado a discussão sobre de quem é a culpa e tratar de fazer alguma coisa; os Estados Unidos, como o país mais rico do mundo e o mais pródigo no uso da energia, têm uma obrigação especial — e um de seus estados, a Califórnia, já mostrou que as as emissões podem ser largamente diminuídas sem prejuízo de padrões de vida.

• Um compromisso por parte dos países desenvolvidos de pagar de forma justa aos países em desenvolvimento por seus recursos naturais — e de extraí-los de uma maneira que não resulte em um legado de degradação ambiental.

• Uma renovação do compromisso já feito pelos países desenvolvidos de proporcionar uma ajuda financeira de 0,7% do PIB aos países mais pobres — dessa vez, uma renovação acompanhada de ações para garantir o cumprimento desse compromisso. Se os Estados Unidos podem gastar 1 trilhão de dólares para travar uma guerra no Iraque, certamente podem gastar menos de 100 bilhões por ano para travar uma guerra global contra a pobreza.

• Uma extensão do acordo para o perdão da dívida feito em julho de 2005 para mais países: as aspirações de desenvolvimento de um grande número de nações estão sendo frustradas pelas enormes quantias gastas no serviço de suas dívidas — como observamos, na realidade tão enormes que, em anos recentes, fluxos líquidos de dinheiro têm ido dos países em desenvolvimento para os desenvolvidos.

• Reformas da arquitetura financeira mundial que reduziriam sua instabilidade — que tem impactado de modo tão devastador tantos países em desenvolvimento — e transfeririam uma parte maior do ônus do risco para os países desenvolvidos, que estão em situação muito melhor para suportá-los. Entre as reformas essenciais está a do sistema global de reservas, como discutimos no capítulo 9, a qual, creio, não levaria apenas a uma maior estabilidade, que beneficiaria a todos, mas poderia também ajudar a financiar os bens públicos globais tão importantes para fazer a globalização funcionar.

• Uma grande quantidade de reformas institucionais (legais) — para assegurar, por exemplo, que não surjam novos monopólios mundiais, para tratar com eqüidade das complexidades das falências internacionais, tanto de países como de empresas, e para forçar as corporações multinacionais a encarar suas responsabilidades no que tange, por exemplo, aos danos causados ao meio ambiente.

- Se os países desenvolvidos estão enviando muito pouco dinheiro ao mundo em desenvolvimento, o fazem em excesso no caso das armas; os países desenvolvidos têm sido freqüentemente parte e parceiros da corrupção; e de várias outras maneiras vêm prejudicando as novas democracias. O pacto social global implicaria não apenas um compromisso da boca para fora com a democracia, mas a eliminação efetiva de práticas, por parte dos países desenvolvidos, que a solapam e a implementação de ações para sustentá-la — em especial, mais empenho para impedir as remessas de armas, o sigilo bancário e o suborno.

Para que a globalização funcione, é óbvio que os países em desenvolvimento devem fazer a sua parte. A comunidade internacional pode ajudar a criar um ambiente em que o desenvolvimento seja possível; ela pode ajudar a proporcionar recursos e oportunidades. Mas, no fim das contas, a responsabilidade por um desenvolvimento bem-sucedido e sustentável — com seus frutos compartilhados amplamente — terá de recair sobre os ombros dos próprios países em desenvolvimento. Nem todos lograrão êxito, mas creio fortemente que, com o contrato social global descrito acima, muito mais países terão sucesso do que no passado.

Alguns elementos desse novo contrato social global já estão estabelecidos. Na reunião internacional sobre financiamento para o desenvolvimento realizada pela ONU na cidade mexicana de Monterrey, em março de 2002, os países industriais avançados se comprometeram a aumentar sua ajuda para 0,7% do PIB, mas a reunião foi importante também porque reconheceu — finalmente — que o desenvolvimento é importante e complexo demais para ficar nas mãos dos ministros de finanças. Esses ministros e os presidentes de bancos centrais trazem um ponto de vista particular para a discussão — uma perspectiva importante, mas não a única. Consideremos, por exemplo, a questão da reestruturação da dívida soberana. Nenhum governo confiaria a redação de leis sobre falência a uma comissão dominada por credores e interesses de credores; porém, encarregar o FMI dos procedimentos de falência, como essa instituição sustenta que deveria ser feito, seria criar uma situação equivalente. Essas decisões devem ser abordadas com um equilíbrio maior.

Uma maneira de se chegar a esse equilíbrio é fortalecer o Conselho Econômico e Social da ONU. O Conselho poderia desempenhar um papel importante na definição da agenda econômica global, assegurando que a atenção não se volte apenas para as questões que são de interesse dos países industriais avançados, mas para as que são essenciais para o bem-estar de todo o mundo. Ele poderia estimular as discussões da reforma financeira mundial que tratem dos problemas dos países em desenvolvimento — o fato, por exemplo, de que recaem sobre seus ombros os riscos das taxas de câmbio e de juros. Poderia pressionar por uma reforma do sistema de reserva mundial, ou novas maneiras de tratar a reestruturação da dívida soberana, em que o processo de falência não fosse controlado pelos países credores. Poderia ter um papel particularmente importante nas muitas questões que atravessam os "silos" em que estão confinadas tantas tomadas de decisões internacionais. Poderia defender a iniciativa da floresta úmida que descrevi no capítulo 6, que proporcionaria ao mesmo tempo incentivos aos países em desenvolvimento para preservá-las (com enormes benefícios mundiais na redução do aquecimento global e na manutenção da biodiversidade), e dinheiro para promover seu desenvolvimento. Poderia defender um regime de propriedade intelectual que promovesse a ciência e desse o devido respeito a outros valores, tais como a vida e o acesso ao conhecimento. Poderia fazer com que qualquer supervisão internacional das políticas econômicas de um país ("vigilância", como é chamada com freqüência) não cuidasse apenas da inflação, que é uma preocupação dos mercados financeiros, mas também do desemprego, que cobra um tributo tão grande dos trabalhadores.

O descontentamento com a globalização tal como tem sido gerida refletiu, em parte, o descontentamento com seus resultados e, em parte, com a falta de um processo democrático. Reduzir o déficit democrático seria um importante passo adiante para fazer a globalização funcionar em ambos os sentidos. Tenho fé de que as políticas e os programas que foram submetidos ao escrutínio democrático serão provavelmente mais eficazes e mais sensíveis às preocupações dos cidadãos.

Há muita coisa em jogo

O debate sobre a globalização tornou-se tão intenso porque há muita coisa em jogo — não apenas o bem-estar econômico, mas a própria natureza de nossa sociedade, talvez até a sobrevivência da sociedade tal como a conhecemos. Os defensores da globalização dos últimos vinte anos podem ter pensado que as doutrinas econômicas que impuseram através das instituições internacionais teriam um tal sucesso na melhoria do bem-estar geral que tudo teria sido perdoado. Talvez esperassem que, mesmo com uma desigualdade crescente, haveria dinheiro gotejando em quantidade suficiente para aplacar os pobres. Se, no conjunto, gente suficiente visse que sua saúde havia melhorado, mesmo que alguns não tivessem acesso a remédios que salvam vidas, eles teriam ficado satisfeitos. Como vimos, para um número excessivo de habitantes do planeta os benefícios prometidos não se materializaram.

Mas, mesmo que tivesse havido mais sucesso *econômico*, o descontentamento com alguns aspectos da globalização persistiria, e, se mais pessoas tivessem notado o que estava acontecendo, essa insatisfação poderia ter sido ainda maior. Os Estados Unidos sustentaram que manter as fronteiras do comércio abertas é mais importante do que a preservação da cultura ou a proteção da segurança alimentar, pelo menos contra o que consideram temores irracionais em relação aos alimentos geneticamente modificados. Mas até mesmo os americanos reconheceram que há outros valores mais importantes do que a globalização econômica — ou pelo menos um valor: a segurança. Os Estados Unidos defendem com energia restrições comerciais que, dizem eles, melhorariam sua segurança nacional. Subsidiam o petróleo e não deixam navios estrangeiros transportarem mercadorias dentro de suas fronteiras — em ambos os casos, sob a alegação de defender a segurança nacional. Chegam mesmo a defender "boicotes secundários": além de não permitir que suas empresas vendam produtos para a China que possam ter utilização militar, pressionam em demasia a Europa para que faça o mesmo. A Lei Helms-Burton, de 1996, impõe sanções às firmas estrangeiras que negociam com Cuba, mesmo se não estiverem infringindo as leis de seus países. O medo de 2001 do antraz (cuja relação com o terrorismo fora do país não ficou provada, por fim) levou à aprovação de uma lei de bioterrorismo que impõe a obrigatoriedade de registro e de manutenção de dados aos que desejam exportar bens para os Estados Unidos. O país diz que as exigências não são onerosas e caras; muitas empresas estrangeiras afirmam o contrário. No mínimo, representam um custo agregado à venda aos americanos. As dificuldades crescentes na obtenção de vistos também tornam mais complicado para essas empresas fazer negócios nos Estados Unidos, inclusive fornecer serviços. Se outros países reagirem na mesma moeda, ficará claro que enquanto um conjunto de barreiras impostas pelo homem ao comércio vem abaixo, outro conjunto está sendo erguido.

Sim, a primeira responsabilidade de um país para com seus cidadãos é a proteção, e a segurança nacional deve ser prioritária. As preocupações nesse sentido são reais, não apenas exercícios hipotéticos. A Europa tornou-se dependente das importações de gás da Rússia; os Estados Unidos, de importações de petróleo do exterior. O desafio de fazer a globalização funcionar é universalizar essas preocupações e democratizar os procedimentos. Não se pode permitir que os Estados Unidos tomem providências de segurança sem permitir que outros façam o mesmo; não se deveria permitir que eles sejam o único árbitro a decidir com que países as firmas européias podem negociar ou que produtos podem vender.

As implicações potenciais de segurança para a globalização são enormes. As preocupações em tempos de emergência com a disponibilidade de qualquer coisa essencial (como energia ou alimentos) comprada no exterior são um motivo para restringir importações e subsidiar a produção interna. Quando levada até sua conclusão lógica, toda a estrutura da liberalização do comércio é posta em risco. Todos os países simplesmente aceitam esses riscos como parte do preço a pagar por uma economia global mais eficiente? A Europa diz simplesmente que se a Rússia é o fornecedor mais barato de gás, então deve comprar gás russo independentemente das implicações para sua segurança, ou ela pode intervir no mercado de energia para reduzir a dependência? Acolhemos o aumento da interdependência e o risco que isso acarreta como mais um incentivo para a resolução pacífica das disputas políticas internacionais? Devemos criar um procedimento internacional para julgar quando são permitidas intervenções comerciais com propósitos de segurança nacional? Ou devemos simplesmente permitir que cada país use à vontade a carta da segurança nacional como justificativa para o protecionismo?

O debate sobre segurança e globalização deixa claro — mesmo para aqueles que estiveram entre os entusiastas da globalização — que outros valores além do bem-estar econômico estão em jogo. Mas esses outros valores ganharam pouca atenção no modo como a globalização avançou. O motivo é simples: o déficit democrático significa que questões de importância, ou que deveriam ser importantes para os cidadãos comuns, não recebem a atenção que merecem. O país mais rico, os Estados Unidos, sabe que pode conseguir o que quiser — pode fazer o que quiser sempre que suas preocupações, especialmente de segurança, estiverem em risco. O resto do mundo, pelo menos até agora, não se dispõe a enfrentá-lo. Muita gente foi levada pela euforia da globalização orquestrada pelos americanos, independente de como tenha sido planejada e administrada. Mas chegará um momento em que os Estados Unidos não poderão fazer mais o que bem entenderem. As forças da mudança global econômica, social, política e ambiental são mais poderosas no longo prazo do que a capacidade da nação mais poderosa de moldar o mundo de acordo com seus interesses ou pontos de vista.

O debate sobre segurança e globalização põe em destaque um segundo tema deste livro: a globalização econômica andou mais rápido do que a globalização política.

Ficamos economicamente interdependentes mais depressa do que aprendemos a conviver em paz. Embora os laços que a globalização econômica forja — tanto a interdependência mútua que implica, como a maior compreensão que nasce das interações diárias — sejam uma força poderosa em favor da paz, eles não são suficientes por si mesmos; e, sem paz, não pode haver comércio. Há um século, o tumulto da guerra atrasou o ritmo da globalização e foi preciso mais de meio século para que ela retomasse do ponto (tal como medida, por exemplo, pelo comércio mundial em relação ao PIB mundial) onde havia sido descontinuada.[14] No final da Primeira Guerra Mundial, os Estados Unidos, já então o país mais forte do mundo, deram as costas ao multilateralismo quando abandonaram a Liga das Nações, a instituição internacional criada para ajudar a garantir a paz mundial. O governo Bush, tendo anunciado previamente sua rejeição do Protocolo de Kyoto, do Tribunal Criminal Internacional e de acordos importantes para conter a corrida armamentista, também abandonou a ONU quando entrou em guerra no Iraque, com um ataque preventivo que violava o direito internacional.

A ONU provou o valor da democracia deliberativa: depois de ponderar cuidadosamente as provas apresentadas de uma ameaça iminente de armas de destruição em massa, concluiu que eram insuficientes para justificar um afastamento de preceitos antigos e iniciar uma guerra preventiva. A conclusão revelou-se correta: nenhuma arma de destruição em massa foi encontrada. A única superpotência do mundo, ao mesmo tempo em que insiste na globalização econômica, enfraquece os alicerces políticos necessários para fazê-la funcionar. Os Estados Unidos justificaram suas ações afirmando que eram para fortalecer a democracia no mundo, mas debilitaram a democracia global. O pais falou sobre direitos humanos, mas os pisoteou em sua defesa descarada de seu direito de usar a tortura, infringindo a Convenção Contra a Tortura da ONU, e de muitas outras maneiras.

Se houve alguma vez um país que deveria ter sido sensível aos apelos dos que buscam uma globalização mais justa baseada em um império da lei internacional, esse país deveria ser os Estados Unidos: sua Declaração de Independência não diz "todos os americanos são criados iguais", mas "todos os homens são criados iguais". Os Pais Fundadores estavam preocupados com a universalidade dos princípios que estavam articulando tão bem, e a

Declaração de Independência, a Constituição, junto com a Lei dos Direitos e as dez primeiras emendas da Constituição, proporcionaram o modelo para grande parte do resto do mundo; os criadores desses documentos ficariam contentes com a adoção pela ONU da Declaração Universal dos Direitos Humanos em 10 de dezembro de 1948. Desde seu início como nação, os Estados Unidos se beneficiaram da globalização: a imigração maciça de trabalhadores, apoiada pelo capital e por idéias do exterior. Hoje, o país está entre os maiores beneficiários da globalização. É do interesse americano garantir que não haja nenhum recuo; mas, se esse é o caso, é também do seu interesse garantir que a distância entre a globalização econômica e política seja reduzida.[15]

Para grande parte do mundo, a globalização tal como foi gerida parece um pacto com o diabo. Umas poucas pessoas do país ficam mais ricas; as estatísticas do PIB, pelo que valem, parecem melhores, mas os meios de vida e os valores básicos estão ameaçados. Para algumas partes do mundo, os ganhos são ainda mais tênues, os custos, mais palpáveis. A integração mais estreita à economia global causou maior volatilidade e insegurança, e mais desigualdade. E chegou mesmo a ameaçar os valores fundamentais.

As coisas não devem ser assim. Podemos fazer a globalização funcionar, não apenas para os ricos e poderosos, mas para todos, inclusive aqueles que vivem nos países mais pobres. A tarefa será longa e árdua. Já esperamos demais. O momento de começar é agora.

Notas

INTRODUÇÃO À EDIÇÃO BRASILEIRA [PP. 9-38]

1. World Development Indicators, World Bank, 2007

2. International Monetary Fund, *World Economic Outlook 2006*, Washington, DC, 2006. Tabela 5, disponível emwww.imf.org/Pubs/FT/weo/2006/01/index.htm.

3. International Monetary Fund, *World Economic Outlook Update*, July 2007, disponível em http://www.imf.org/external/pubs/ft/weo/2007/update/01/pdf/eng/0707.pdf.

4. *Climate Change 2007: The physical science basis*, Painel Intergovernamental sobre Mudança Climática, Genebra, fevereiro de 2007, disponível em: www.ipcc.ch/SPM2feb07.pdf.

5. *The Economics of climate change: The Stern review*, Nicholas Stern, Cambridge: Cambridge University Press, 2007. disponível em www.hm-treasury.gov.uk/independent_reviews/stern_review_economics_climate_change/stern_review_report.cfm.

6. Ver, por exemplo, William D. Nordhaus, "The Stern review on the economics of climate change", manuscrito inédito, 2006, em nordhaus.econ. yale.edu/SternReviewD2.pdf; Martin L. Weitzman, "The Stern review of the economics of climate change", em *Journal of Economic Literature*, a sair; ou Partha Dasgupta, "Comments on the Stern review's economics of climate change", manuscrito inédito, 2006, em www.econ.cam.ac.uk/faculty/dasgupta/STERN.pdf. Tecni-

camente, o modo apropriado de descontar custos futuros é uma questão muito mais complexa do que boa parte da literatura formal sugere, quando se leva na devida conta a incerteza. Sob condições plausíveis, deve-se usar uma taxa de desconto muito baixa ao avaliar os riscos da mudança climática. Com efeito, depois de uma discussão completa, foi essa a posição tomada (por recomendação minha) durante o governo Clinton. Ver Kenneth J. Arrow, William R. Cline, Karl G. Maler, Mohan Munasinghe, R. Squitieri e Joseph E. Stiglitz, "Intertemporal equity, discounting, and economic efficiency", em *Climate change 1995: economic and social dimensions of climate change*, ed. James P. Bruce, Hoesung Lee e Erik F. Haites, (Cambridge: Cambridge University Press, 1996), pp. 125-44.

7. U.S. Department of Commerce, Bureau of Economic Analysis, "U.S. International Transactions: Fourth Quarter and Year 2006", press release, 14 de março de 2007.

8. U.S. Department of Commerce, Bureau of Economic Analysis, "U.S. International Transactions Accounts Data", 2006, Tabela 11, disponível em www.bea.gov/bea/international/bp_web/list.cfm?anon19/

9. IMF World Economic Outlook Database, setembro 2005, Tabela 1.2 "Emerging market and developing countries: net capital flows", disponível em www.imf.org/external/pubs/ft/weo/2005/02/index.htm.

10. Uma proposta é exigir que uma maioria de países apóie qualquer proposta, além das atuais exigências, votando por ações. Há muitas outras maneiras de reformar os procedimentos de votação (como exigir uma maioria de ações dos países em desenvolvimento e dos países desenvolvidos, cada um votando separadamente).

11. Robert Dañino Declaração ao Comitê Ad Hoc, 30 de abril de 2007, p. 4.

PREFÁCIO [PP. 39-51]

1. Isso é especialmente importante, tendo em vista a tentativa do FMI de me desacreditar, em vez de travar um debate intelectual, enquanto fui economista-chefe do Banco Mundial e depois. O FMI tentou dar a impressão de que aquilo que eu disse em *A globalização e seus malefícios* era diferente do que eu dizia no período em que estive no Banco Mundial. Nada poderia estar mais distante da verdade. (Eu deveria estar agradecido pela reação veemente deles ao meu livro, pois, na maior parte do mundo, isso levou a um aumento das vendas — um editor chegou a colar uma citação do ataque do FMI na capa do livro.)

2. Devo deixar claro: embora tenham sido retirados os fundamentos intelectuais do fundamentalismo de mercado, colunistas de jornais e especialis-

tas — e até alguns economistas — ainda invocam, às vezes, a "ciência" econômica em defesa de suas posições.

3. Essa pesquisa foi citada quando ganhei o prêmio Nobel.

4. *Ver* Bruce Greenwald e Joseph E. Stiglitz, "Externalities in economies with imperfect information and incomplete markets", *Quarterly Journal of Economics*, v. 101, nº 2 (maio 1986), pp. 229-64.

5. Joseph E. Stiglitz, *The roaring nineties* (Nova York: W. W. Norton, 2003) [*Os exuberantes anos 90*. São Paulo, Companhia das Letras, 2003].

6. Expressão usada pelo filantropo George Soros.

7. Matthew Miller, *The two percent solution: Fixing America's problems in ways Liberals and Conservatives can love* (Nova York: PublicAffairs, 2003). Eis como Miller expressa a questão no prólogo de seu livro: "Vamos inicialmente recuar e estabelecer algumas bases filosóficas, examinar o papel difuso da sorte na vida, e como levar a sério a 'loteria pré-nascimento' pode trazer o consenso que precisamos para fazer progressos".

8. Pelo mesmo motivo, não podemos delegar essas decisões sociais fundamentais aos tecnocratas. Uma crítica essencial da globalização discutida neste livro é que ela tentou "despolitizar" as decisões que são fundamentalmente políticas.

9. Como explicaremos no capítulo 5, as forças econômicas subjacentes da globalização também podem mudar ao longo do tempo, tal como mudam a composição da produção e a do comércio.

10. Trata-se de concepções já incorporadas à governança empresarial em muitos países europeus. Devo observar que as idéias expressas aqui, por mais razoáveis que possam parecer ao leigo, são altamente controvertidas, em particular no ambiente acadêmico americano. Existem algumas condições extremas sob as quais se pode mostrar que o comportamento maximizador de valor (ou lucro) das firmas leva à eficiência econômica, e é sobre esses modelos extremos que boa parte da literatura econômica se concentra. Mas, enquanto houver informações imperfeitas ou um conjunto de mercados incompletos, a maximização do bem-estar dos acionistas *não* leva à eficiência econômica ou ao bem-estar geral. Ver, por exemplo, Sanford J. Grossman e Joseph E. Stiglitz, "On value maximization and alternative objectives of the firm", *Journal of Finance*, v. 32, nº 2 (maio 1977), pp. 389-402.

1. UM OUTRO MUNDO É POSSÍVEL [PP. 61-90]

1. World Commission on the Social Dimension of Globalization, *A fair globalization: Creating opportunities for all*. (Genebra: International Labour Of-

fice, 2004), p. x; disponível em www.ilo.org/public/english/fairglobalization/report/index.htm.

2. World Commission on the Social Dimension of Globalization, *A fair globalization: Creating opportunities for all*, op. cit., p. 44; e Giovanni Andrea Cornia e Tony Addison, com Sampsa Kiiski, "Income distribution changes and their impact in the post-World War II period", World Institute for Development Economics Research Discussion Paper 2003/28, março 2003. A desigualdade é medida pelo coeficiente de Gini, uma das medidas-padrão.

3. Até mesmo o padrão de dois dólares por dia é menos do que um quinto do padrão de pobreza usado nos Estados Unidos e na Europa ocidental.

4. Shaohua Chen e Martin Ravallion, "How have the world's poorest fared since the early 1980s?", World Bank Development Research Group, World Bank Policy Research Working Paper 3341, junho 2004. O padrão de um dólar por dia é, na realidade, definido como 1,08 em dólares "reais" (ou de poder de compra similar) de 1993; o padrão de dois dólares por dia é definido em 2,15 dólares. A redução da pobreza na China foi realmente notável. Pelo padrão de um dólar por dia, o número de pobres caiu de 634 milhões para 212 milhões: mais gente saiu da pobreza absoluta do que o total de habitantes da Europa ou dos Estados Unidos.

5. O projeto *Vozes dos pobres* foi realizado enquanto eu era economista-chefe do Banco Mundial, como parte da preparação para o relatório decenal sobre pobreza (*World Development Report 2000/2001: Attacking Poverty*). Ele implicava um esforço sem precedentes de compreender a pobreza do ponto de vista dos próprios pobres. Os resultados foram publicados em três volumes: *Can anyone hear us?* (v. 1), *Crying out for change* (v. 2) e *From many lands* (v. 3) (Washington, DC: World Bank, 2002).

6. De 1985 a 2000, a parte da população do mundo que vivia em países democráticos aumentou de 38% para 57%, enquanto porcentagem dos que viviam sob regimes autoritários caiu de 45% para 30%. Ver Figura 1.1 de United Nations Development Programme (UNDP), *Human Development Report 2002: Deepening democracy in a fragmented world* (Nova York: Oxford University Press, 2002, p. 29); disponível em http://hdr.undp.org/reports/global/ 2002/en/.

7. Havia oito Metas de Desenvolvimento do Milênio abrangentes: erradicação da pobreza e da fome; universalização do acesso à educação primária; promoção da igualdade entre os gêneros; redução da mortalidade infantil; melhoria da saúde materna; combate à aids, malária e outras doenças; promoção da sustentabilidade ambiental; desenvolvimento de parcerias para o desenvolvimento. Ver www.un.org/millenniumgoals/.

8. Em 2004, os países da Organização para a Cooperação Econômica e o Desenvolvimento (OCDE) contribuíram somente com 0,25% do PIB para a aju-

da ao desenvolvimento; Japão, Estados Unidos e Itália contribuíram com menos de 0,2% (0,7% é menos do que os Estados Unidos vêm gastando na guerra no Iraque). Somente Noruega, Luxemburgo, Dinamarca, Suécia e Holanda cumpriram a meta de 0,7%. Ver OCDE, "Preliminary Official Development Assistance (ODA) by Donor in 2004, as Announced on April 11, 2005", em www.oecd.org/document/7/0,2340,en_2649_34485_35397703 _1_1_1 1,00.html.

9. Ver HM Treasury, "G-8 Finance Ministers" conclusions on development, London 10-11, June 2005", em www.hm-treasury.gov.uk/otherhmtsites/g7/news/ conclusions_on_development_110605.cfm.

10. Ver Tabela A.24 de World Bank, *Global development finance: the development potential of surging capital flows* (Washington, DC: World Bank, 2006); disponível em http://siteresources.worldbank.org/INTGDF2006/Resources/ GDF06 _complete.pdf.

11. Ver UNDP, *Making global trade work for people* (Londres e Sterling, VA: Earthscan Publications, 2003).

12. Ver Oxfam, "Running into the sand: why failure at the Cancun trade talks threatens the world's poorest people", Oxfam Briefing Paper 53, setembro 2003.

13. Eswar Prasad, Kenneth Rogoff, Shang-Jin Wei, e M. Ayhan Kose, "Effects of financial globalization on developing countries: some empirical evidence", IMF Occasional Paper 220, março 2003. Até mesmo a *Economist*, velha defensora dos mercados desregulamentados em geral e da liberalização dos mercados de capitais em particular, reconheceu a questão em seu excelente artigo "A fair exchange?", 30 de setembro de 2004.

14. A expressão "Consenso de Washington" foi cunhada originalmente pelo respeitado economista John Williamson para descrever as reformas na América Latina. Sua lista era mais longa (incluía dez pontos) e mais nuançada. Ver John Williamson, "What Washington means by policy reform", capítulo 2, em *Latin American adjustment: how much has happened?*, ed. John Williamson (Washington, DC: Institute for International Economics, 1990); e Joseph E. Stiglitz, "The post Washington Consensus consensus", IPD Working Paper Series, Columbia University, 2004, apresentado no Fórum "Do Consenso de Washington para uma nova governança global", Barcelona, 24-25 de setembro de 2004.

15. As idéias do grande filósofo de Harvard John Rawls foram influentes. Ele exortou que se pensasse sobre justiça social "atrás de um véu de ignorância", antes de sabermos em que posição nasceríamos. Ver John Rawls, *A theory of justice* (Cambridge, MA: Harvard University Press, 1971); e Patrick Hayden, *John Rawls: towards a just world order* (Cardiff, GB: University of Wales Press, 2002).

16. Algumas das transformações têm a ver com a mudança de padrões da

produção, e isso pode acontecer de novo, à medida que as economias do mundo se baseiem cada vez mais em serviços.

17. Ver Karl Polyani, *The great transformation: the political and economic origins of our time* (Boston: Beacon Press, 2001). No prefácio que fiz à reedição de 2001 desta obra clássica de 1944, descrevi os paralelos entre essas duas mudanças históricas.

2. A PROMESSA DE DESENVOLVIMENTO [PP. 91-136]

1. Ver William Easterly, *The elusive quest for growth: economists' adventures and misadventures in the tropics* (Cambridge, MA: MIT Press, 2001).

2. Essa visão alternativa tem alguma semelhança com a "Terceira Via" comumente associada ao primeiro-ministro britânico Tony Blair, o presidente americano Bill Clinton e o chanceler alemão Gerhard Schroeder. *O Relatório Econômico Anual do Presidente*, nos primeiros anos da presidência de Clinton, articulava essas idéias, relacionando estreitamente o que o governo deveria fazer com as limitações do mercado.

3. A busca pela compreensão das circunstâncias nas quais a idéia de Adam Smith de que os mercados levam ou não, como se fosse "por uma mão invisível", à eficiência econômica tem estado no centro da pesquisa econômica há dois séculos. Kenneth J. Arrow e Gerard Debreu ganharam prêmios Nobel por suas rigorosas análises matemáticas. Eles definiram as condições ideais dentro das quais Smith tinha razão, mas também identificaram as numerosas instâncias de falhas do mercado, nas quais ele não estava correto — quando, por exemplo, há externalidades (como a poluição) em que as ações de um indivíduo causam efeitos nos outros pelas quais eles não são compensados. Meu trabalho fez acréscimos à lista de situações em que as falhas do mercado levam à ineficiência — onde as informações são imperfeitas e/ou assimétricas (isto é, quando alguns indivíduos sabem alguma coisa que os outros desconhecem). As análises de Arrow e Debreu também supunham que a tecnologia era imutável, ou pelo menos não era afetada pelas ações dos participantes do mercado; no entanto, as mudanças na tecnologia estão no centro do desenvolvimento.

4. Gunnar Myrdal, *Asian drama: an inquiry into the poverty of nations* (Nova York: Pantheon, 1968).

5. Seu desempenho nos últimos quinze anos foi um pouco melhor — um magro aumento anual da renda per capita de 0,2%.

6. Ver World Bank, *China 2020: development challenges in the new century* (Washington, DC: World Bank, 1997), p. 3; disponível em http://www-

wds.world bank.org/servlet/WDSContentServer/WDSP/IB/1997/09/01/00000 9265_3980625172933/Rendered/PDF/multiOpage.pdf.

7. Desde 1970, o aumento total (taxa anual média de) na renda per capita foi: China, 923% (6,8%); Indonésia, 286% (4,0%); Coréia, 566% (5,6%); Malásia, 283% (3,9%); Tailândia, 347% (4,4%). Embora os dados sobre pobreza de um período tão longo sejam irregulares e não confiáveis, parece que em menos de duas décadas, usando a medida de pobreza dos dois dólares por dia, a taxa de pobreza da China caiu de 67% para 47% entre 1987 e 2002, a da Malásia caiu de 15% para 9% entre 1987 e 1997, e a da Tailândia, de 37% para 32% entre 1992 e 2000. Pelo padrão de um dólar por dia, a erradicação da pobreza foi ainda mais impressionante. Ver World Bank, World Development Indicators, GDP per capita (constant 2000 US$) and Poverty headcount ratio at $2 a day (PPP) (percentage of population). World Bank, Development Data and Statistics; disponível por assinatura em www.worldbank.org/data/onlinedatabases/onlinedatabases.html.

8. Usando o método do um dólar por dia. Ver World Bank, Development Data and Statistics; disponível por assinatura em www.worldbank.org/data/onlinedatabases/onlinedatabases.html.

9. Fonte: dados do IFS, 1963-2003; disponível por assinatura em http://ifs.apdi.net.

10. De 64% em 1981 para 16% em 2001. Ver Chen e Ravallion, "How have the world's poorest fared since me early 1980s?", op. cit.

11. Cálculos do autor baseados na Tabela 1 de Leandro Prados de la Escosura, "Growth, inequality, and poverty in Latin America: historical evidence, controlled conjectures", Universidad Carlos III de Madri, Departmento de Historia Económica e Instituciones, Working Paper 05-41, 2005; disponível em http://docubib.uc3m.es/WORKINGPAPERS/WH/wh054104.pdf.

12. Numerosos estudos sugerem que a pobreza triplicou na Rússia, de 11,5% em 1989 para 34,1% em 1999. (Ver Anthony Shorrocks e Stanislav Kolenikov, "Poverty trends in Russia during the transition", World Institute for Development Economics Research, maio 2001, Tabela 1.) O aumento da pobreza em outras economias em transição foi ainda pior, de tal modo que, para a região como um todo, a pobreza quase decuplicou. Ver Chen e Ravallion, "How have the world's poorest fared since the 1980s?", op. cit.

13. Muitos pensam que a Polônia seguiu a terapia de choque, mas foi relativamente bem-sucedida (não em comparação com a China, mas com a Rússia). De fato, o país aplicou políticas macroeconômicas de choque, baixando rapidamente a inflação; feito isso, adotou uma abordagem mais gradual, por exemplo, na privatização.

14. A explicação das diferenças em desempenho entre China e Rússia deu

margem a uma vasta literatura. (Ninguém discute o relativo sucesso chinês no crescimento e na redução da pobreza, e ninguém contesta que a Rússia aderiu muito mais do que a China às políticas do Consenso de Washington.) Alguns afirmam que a China, no fim das contas, aplicou de fato sua versão própria da terapia de choque; alguns sustentam que outros fatores respondem pelo sucesso relativo chinês; outros ainda afirmam que se a China tivesse aplicado a terapia de choque, talvez crescesse ainda mais rápido. Ver, por exemplo, os capítulos 7 e 8 de Jeffrey Sachs, *The end of poverty: Economic possibilities for our time* (Nova York: Penguin, 2005) [*O fim da pobreza. Como acabar com a miséria mundial nos próximos 20 anos* (São Paulo: Companhia das Letras, 2005)]; Jeffrey D. Sachs e Wing Thye Woo, "Structural factors in the economic reforms of China, Eastern Europe, and the Former Soviet Union", *Economic Policy*, v. 9, nº 18 (abril 1994), pp. 101-45; ou a variedade de opiniões sobre a transição expostas no site do FMI, https://www.imf.orglExternal/Pubs/FT/staffp/2001/04/.

15. Dani Rodrik e Arvind Subramanian, "From 'Hindu growth' to productivity surge: the mystery of the Indian growth transition", NBER Working Paper 10376, março 2004. Eles identificam como fundamental a mudança de atitude de antinegócio para pró-negócio — mas isso está muito longe das políticas de livre mercado do Consenso de Washington.

16. Discutida mais amplamente no capítulo 10 de Stiglitz, *Os exuberantes anos 90*, op. cit.

17. O PNUD, em seu *Relatório sobre o Desenvolvimento Humano* anual, fornece uma medida resumida chamada "Índice de Desenvolvimento Humano" (IDH) que combinas medidas de renda, saúde e outros aspectos do bem-estar humano. No IDH de 2005, os Estados Unidos ficaram em décimo lugar, atrás de Noruega, Islândia, Austrália, Luxemburgo, Canadá, Suécia, Suíça, Irlanda e Bélgica.

18. World Bank, Papua New Guinea Environment Monitor 2002, em http://www.wds.worldbank.org/external/default/main?pagePK=64193027&piPK=64187937&theSitePK=523679&menuPK=64154159&searchMenuPK=64187514&theSitePK=523679&entityID=000012009_20030729110929&searchMenuPK=64187514&theSitePK=523679.

19. Em 2000, um CEO já ganhava quinhentas vezes mais do que o empregado médio, 85 vezes mais do que no começo da década e 42 vezes mais do que duas décadas antes. Ver Stiglitz, *Os exuberantes anos 90*, op. cit., p. 144.

20. Ver Polanyi, *The great transformation*, op. cit.

21. Roderick Floud e Bernard Harris, "Health, height, and welfare: Britain, 1700-1980", in *Health and welfare during industrialization*, ed. Richard Steckel e Roderick Floud (Chicago: University of Chicago Press, 1997), pp. 91-126.

22. Os economistas dizem que os indivíduos são "avessos a riscos". O fato

de que estejam dispostos a pagar uma quantia considerável para reduzir os riscos fundamentais que enfrentam mostra a importância da segurança.

23. O ex-economista do Banco Mundial William Easterly escreveu sobre essas mudanças de pensamento. Ver Easterly, *The elusive quest for growth*, op. cit.

24. Embora alguns defensores do livre mercado possam ter afirmado que isso se deveu à intervenção das potências coloniais para evitar o desenvolvimento — por exemplo, as notórias restrições impostas à Índia.

25. O marco intelectual para essa nova abordagem foi estabelecido em "Towards a new paradigm for development: strategies, policies, and processes", minha Prebisch Lecture feita na UNCTAD (United Nations Conference on Trade and Development) em 19 de outubro de 1998, disponível em http://ww2.gsb.columbia.edu/faculty/jstiglitz/ papers.cfm.

26. Desde o fim da Revolução Cultural, em 1976, a taxa de crescimento anual da renda per capita da China foi, em média, 7,8%. Desde 1990, a taxa de crescimento foi de 8,3%. Fonte: World Bank, World Development Indicators, GDP per capita (constant 2000 US$); disponível por assinatura em www.worldbank.org/data/onlinedatabases/ onlinedatabases.html.

27. Ver o potente livro de Amartya Sen *Development as freedom* (Nova York: Oxford University Press, 2001) [*Desenvolvimento como liberdade.* São Paulo: Companhia das Letras, 2000].

28. Considero que a importância atribuída ao conhecimento no desenvolvimento, inclusive reparando o desequilíbrio na educação, foi uma das grandes mudanças enquanto fui economista-chefe do Banco Mundial. Ver *World Development Report 1998-1999: Knowledge for Development* (Washington, DC: World Bank, 1998).

29. No capítulo 6, descreveremos a enorme contribuição que os países em desenvolvimento estão dando ao meio ambiente global — serviços no valor de dezenas de bilhões de dólares, pelos quais não são compensados.

30. Isso se chama "monitoramento pelos pares". Desenvolvi a teoria econômica que explica o sucesso dessas instituições de crédito há quase duas décadas. Ver Joseph E. Stiglitz, "Peer monitoring and credit markets", *World Bank Economic Review*, v. 4, nº. 3 (setembro 1990), pp. 351-66.

31. Ver, por exemplo, Deepa Narayan, *The contribution of people's participation: evidence from 121 rural water supply projects* (Washington, DC: World Bank, 1995), que concluiu que a participação local em projetos de abastecimento de água rurais aumentou significativamente o número de sistemas de água em boas condições, a porção da população-alvo atingida e os benefícios econômicos e ambientais totais. Para mais informações atualizadas, ver o site de participação do Banco Mundial em www.worldbank.org/participation.

32. Thomas L. Friedman, *The World is flat: a brief history of the twenty-*

first century (Nova York: Farrar, Straus and Giroux, 2005 [*O mundo é plano. Uma breve história do século XXI* (Rio de Janeiro: Objetiva, 2005)].

33. O próprio Friedman sabe que o mundo não é plano e dedica um capítulo ao "Mundo não-plano".

3. PARA TORNAR O COMÉRCIO JUSTO [PP. 137-191]

1. Evidentemente, a maior parte disso reflete o tamanho da economia dos Estados Unidos. Após sua ampliação de 2004, a UE tem uma população acima de 450 milhões; o tamanho de sua economia é comparável ao NAFTA.

2. OECD, *OECD Economic Surveys*, "OECD economic surveys Mexico: migration: the economic context and implications", v. 2003, supl. nº. 1 (Paris: OECD, 2003), pp. 152-212.

3. No início do governo Clinton, o Conselho de Assessores Econômicos (do qual eu era membro na época) foi solicitado a expressar sua opinião sobre o NAFTA. Muitas pessoas do governo achavam que, dada a oposição ao acordo e a controvérsia relativa a outros itens prioritários em sua agenda (saúde, reforma da seguridade social), os esforços para aprovar o NAFTA deveriam ser, pelo menos, temporariamente adiados. Concluímos que os Estados Unidos seriam pouco afetados — simplesmente não faria muita diferença para nossa economia. O principal efeito seria a redução da pressão sobre a imigração, o que achávamos que seria de valor considerável. Pensávamos que o México se beneficiaria muitíssimo e que a "solidariedade" hemisférica aumentaria se pudéssemos diminuir a disparidade de renda. Olhando em retrospecto, estávamos errados em nossas estimativas dos ganhos mexicanos. Explico abaixo algumas das razões de nosso erro de julgamento.

Embora estivéssemos errados quanto aos efeitos sobre o México, estávamos certos sobre os efeitos nos Estados Unidos. Ross Perot, em sua campanha presidencial, havia alegado que haveria um "gigantesco som de sucção" quando os empregos saíssem dos EUA para o México. Não me surpreendi que o NAFTA tivesse tão pouca influência na economia americana. As tarifas já eram baixas e, tendo em vista a força dos mercados americanos, a economia era plenamente capaz de se ajustar. Com efeito, nos meses e anos posteriores à assinatura do acordo, o desemprego caiu de 6,6% para 5,5% e finalmente para 3,8%.

4. As estatísticas sobre crescimento dependem muito de como a produção é medida, o que é particularmente problemático em períodos de grandes flutuações da taxa de câmbio. Se essa taxa se aprecia, o valor da produção de um país, em termos de dólar, aumenta, ainda que o país esteja produzindo a mesma coisa que antes. Em conseqüência, os economistas analisam o que acon-

tece à renda real, medida em poder de compra. O crescimento em renda per capita real flutuou entre 3,5% dos anos 60, 3,2% dos anos 70 e 2,7% dos anos 50.

5. De Instituto Nacional de Estadística, Geografía e Informática, citado em William C. Gruben, "Was Nafta behind Mexico's high maquiladora growth?", *Economic and Financial Review* (terceiro trimestre, 2001), pp. 11-21.

6. Em conjunto, o emprego no setor manufatureiro doméstico declinou na década posterior ao NAFTA. O emprego no setor manufatureiro de exportação aumentou levemente, mas esses ganhos foram amplamente contrabalançados pelas perdas de empregos na agricultura, e não estava claro quão permanentes os empregos criados seriam: no final da primeira década, 30% dos empregos criados nas maquiladoras no começo dos anos 90 haviam desaparecido. Ver Sandra Polaski, "Mexican employment, productivity, and income a decade after NAFTA", Carnegie Endowment for International Peace, informe apresentado à Comissão Permanente sobre Negócios Estrangeiros do Senado do Canadá, 25 de fevereiro de 2004.

7. Ver Gruben, "Was Nafta behind Mexico's high maquiladora growth?", op. cit. No caso do México, o debate é complicado por sua crise financeira de 1994-95. Um estudo do Banco Mundial concluiu que sem o NAFTA, a renda per capita mexicana teria sido 4% menor. (Daniel Lederman, William F. Maloney e Luis Servén, *Lessons from NAFTA for Latin America and the Caribbean countries: a summary of research findings*, World Bank, dezembro de 2003.) Mas havia falhas graves nesse estudo. Ver, por exemplo, Mark Weisbrot, David Rosnick e Dean Baker, "Getting Mexico to grow with NAFTA: The World Bank analysis", Center for Economic Policy Research, 20 de setembro de 2004, disponível em www.cepr.net/publications/nafta_2004_10.htm. Mesmo deixando de lado esse debate estatístico, é notável que até mesmo os defensores do acordo sugiram que ele teve no máximo uma pequena influência no crescimento, mesmo em um período no qual, devido à crise mexicana, o comércio era vital.

A entrada do México na OMC em janeiro de 1995 talvez tenha feito mais diferença, sob certos aspectos, do que o NAFTA, porque limitou o que o governo poderia fazer após a crise de 1994-95 (em crises anteriores, o governo impusera numerosas restrições quantitativas ao comércio que os críticos dizem que causaram efeitos adversos de longa duração).

Os proponentes do NAFTA argumentam, às vezes, que a verdadeira contribuição do acordo foi a abertura aos investimentos, não ao comércio. Mas os críticos afirmam que enquanto o efeito total do investimento estrangeiro é incerto, alguns de seus aspectos podem ter contribuído para o crescimento lento do México. Quando os bancos internacionais compraram todos os bancos mexicanos, com uma única exceção — aquisições que o NAFTA efetivamente estimulou —, restringiu-se a oferta de crédito para empresas nacionais de pequeno e médio porte e o crescimento (exceto das empresas ligadas ao setor de exportação) diminuiu. Além disso, como veremos adiante, a proteção assimétrica ao investidor — os estrangeiros estavam mais bem protegidos do que os nacionais — pôs em risco regulamentações ambientais e outras.

8. Ver Instituto Nacional de Estadística, Geografía e Informática, "Personal ocupado en la industria maquiladora de exportación según tipo de ocupación", disponível em www.inegi.gob.mx/est/contenidos/espanol/rutinas/ ept.asp?t= emp75&c= 1811.

9. Em 1993, a renda per capita PPC (paridade de poder de compra) do México era 3,6 vezes a da China; em 2003, a proporção já caíra pela metade, para 1,8. A China tinha uma vantagem sobre o México em termos de salários, que são um oitavo dos mexicanos. Mas, durante o período do NAFTA, os salários chineses aumentaram, enquanto os do México estagnaram. Assim, o sucesso relativo da China deve estar baseado em outros fatores.

10. Alguns modelos simples — em que não há custos de transporte e onde todos têm acesso ao mesmo *conhecimento* (tecnologia) — predizem que haverá equalização completa do fator preço, ou seja, os salários dos trabalhadores especializados, dos não especializados e o retorno do capital serão os mesmos em todo o mundo. É como se a economia global total estivesse plenamente integrada — de tal modo que os salários dos trabalhadores em qualquer grau de especialização são os mesmos em qualquer lugar do mundo. Ver o artigo clássico do grande economista do século XX Paul A. Samuelson "International trade and the equalization of factor prices", *Economic Journal*, v. 58 (junho 1948), pp. 163-84, no qual ele mostra que, mesmo sem livre-comércio total, a liberalização do comércio leva à equalização do fator preço. Ver também Wolfgang F. Stolper e Paul A. Samuelson, "Protection and real wages", *Review of Economic Studies*, v. 9, pp. 58-73.

11. Os políticos, ao tecerem loas à liberalização do comércio, dizem freqüentemente que as exportações *criam* empregos. Mas, por essa lógica, as importações destroem empregos. E isso conduz à postura incoerente de muitos governos que, ao mesmo tempo em que falam a favor do comércio, manifestam-se contra as importações.

12. O recente livro de Louis Uchitelle, *The disposable American: layoffs and their consequences* (Nova York: Knopf, 2006), oferece uma análise convincente dos grandes custos que os trabalhadores deslocados enfrentam — e os custos arcados pela sociedade como um todo. A diminuição de salários não é apenas conseqüência da diminuição dos salários mais altos do que o normal desfrutados por trabalhadores sindicalizados em setores protegidos; há tam-

bém grandes custos que advêm da perda de capital humano efetivo, habilidades que não são mais relevantes em seus novos empregos.

13. John Maynard Keynes, *A tract on monetary reform* (Londres: Macmillan, 1923).

14. Ver nota 10 acima. Com efeito, depois que as conseqüências dos mercados de risco imperfeitos são levadas em conta, o livre-comércio, em vez de melhorar a situação de todo mundo, pode, na realidade, piorá-la de modo generalizado. O motivo é que ele aumenta os riscos enfrentados por famílias e empresas. Ver Partha Dasgupta e Joseph E. Stiglitz, "Tariffs versus quotas as revenue raising devices under uncertainty", *American Economic Review*, v. 67, nº 5 (dezembro 1977), pp. 975-81; e David M. Newbery e Joseph E. Stiglitz, "Pareto inferior trade", *Review of Economic Studies*, v. 51, nº. 1 janeiro 1984), pp. 1-12.

15. Os dados sugerem também que a globalização tem estado associada a uma crescente desigualdade nos países em desenvolvimento, por razões que ainda não foram plenamente compreendidas.

16. Por exemplo, em 13 de janeiro de 2006, a Administração do Comércio Internacional dos Estados Unidos impôs taxas de dumping a vários produtores brasileiros de suco de laranja que variavam de pouco menos de 10% até 60%. O órgão impõe taxas de salvaguarda dependendo do preço. Em alguns anos, as taxas médias superaram os 50%. Ver Hans Peter Lankes, "Market access for developing countries", *Finance & Development* (publicação trimestral do FMI), v. 39, nº 3 (setembro 2002); disponível em www.imf.org/external/pubs/ft/fandd/2002/09/lankes.htm.

17. Por exemplo, como porcentagem do PIB, as tarifas são catorze vezes maiores na África do que nos países (industriais avançados) da OCDE. Elas representam quase 5% do PIB no Paquisatão, 6,7% nas ilhas Maurício e 3% na Costa Rica, mas apenas 0,27% nos Estados Unidos, 0,13% na França, 0,35% no Reino Unido e 0,21% no Japão e na Alemanha. Os dados são para 1995; de Liam Ebrill, Janet Stosky e Reint Gropp, *Revenue implications of trade liberalization*, IMF Occasional Paper 180 (Washington, DC: International Monerary Fund, 1999).

18. Para uma discussão mais detalhada dos argumentos a favor da ajuda ao comércio, ver Joseph E. Stiglitz e Andrew Charlton, "Aid for trade: a report for the Commonwealth Secretariat", apresentado numa reunião da OMC em Genebra, 24 de março de 2006; disponível em: http://www2.gsb.columbia.edu/faculty/jstiglitz/download/2006_Aid_For_Trade.pdf. Resumo disponível em *Papers and proceedings of the annual bank conference on development economics*, Tóquio, 2006.

19. A defesa da indústria nascente tem uma história quase tão longa e distinta quanto a do livre-comércio. Foi desenvolvida no século XIX por Friedrich

List em *The national system of political economy* (1841; traduzido para o inglês por Sampson S. Lloyd [Londres: Longmans, Green, 1909]). Ver Ha-Joon Chang, "Kicking away the ladder: infant industry promotion in historical perspective", *Oxford Development Studies*, v. 31, nº 1 (2003), pp. 21-32; e Partha Dasgupta e Joseph E. Stiglitz, "Learning by doing, market structure, and industrial and trade policies", *Oxford Economic Papers*, v. 40, nº 2 (1988), pp. 246-68. A teoria geral do "aprendizado" — e de por que a ação do governo pode ser necessária — foi desenvolvida pelo economista ganhador do prêmio Nobel Kenneth Arrow em "The economic implications of learning by doing", *Review of Economic Studie*, v. 29, nº 3 (junho 1962), pp 155-73.

20. Uma ilustração dramática foi fornecida pela imposição ilegal pelos Estados Unidos de tarifas sobre o aço em 20 de março de 2002, em reação à pressão política dos produtores de aço. (Elas foram suspensas em 4 de dezembro de 2003, depois de uma decisão adversa da OMC.) A Coalizão de Ação Comercial das Indústrias Consumidoras calculou que as tarifas sobre o aço causaram a perda de quase 200 mil empregos americanos, enquanto o emprego total no setor siderúrgico é de apenas 190 mil. Joseph Francois e Laura M. Baughman, "The unintended consequences of U.S. steel import tariffs: a quantification of the impact during 2002", CITAC Foundation, 2003; disponível em www.citac.info/steeltaskforce/studies/attach/2002_Job_Study.pdf.

21. Ver Bruce Greenwald e Joseph E. Stiglitz, "Helping infant economies grow: foundations of trade policies for developing countries", *American Economic Review*, v. 96, nº 2 (maio 2006), pp. 141-46.

22. Ver UNDP, *Making global trade work for people* (Londres e Sterling, VA: Earthscan Publications, 2003). Para argumentos de que a globalização e/ou o comércio levaria a mais crescimento, ver Martin Wolf, *Why globalization works* (New Haven: Yale University Press, 2004); Jagdish N. Bhagwati, *In defense of globalization* (Nova York: Oxford University Press, 2004); World Bank, *Globalization, growth, and poverty: building an inclusive world economy* (Washington, DC: World Bank, 2002); Jeffrey D. Sachs e Andrew M. Warner, "Economic reform and the process of global integration", em Brookings Papers on Economic Activity 1995, v. 1, Macroeconomics, ed. William C. Brainard e George L. Perry (Washington, DC: Brookings Institution Press, 1995), pp. 1-95. Uma crítica convincente dos estudos econométricos é feita por Dani Rodrik e Francisco Rodríguez, "Trade policy and economic growth: a skeptic's guide to the cross-national evidence", em NBER *Macroeconomics Annual 2000*, ed. Ben S. Bernanke e Kenneth S. Rogoff (Cambridge, MA: MIT Press, 2001), pp. 261-325.

23. Há um grande movimento a favor do "livre-comércio" particularmente influente na Europa, que se concentra num conjunto levemente diverso de questões: o temor que os agricultores do mundo em desenvolvimento fi-

quem com uma parcela muito pequena do preço final pago pelos consumidores, enquanto os intermediários ficariam com a maior parte do dinheiro — com efeito, uma porcentagem mínima do custo da xícara de café vai para o produtor —, e a busca por meios para garantir que os agricultores sejam tratados de forma mais justa. Aqui, minha atenção está centrada nas regras do jogo e em como elas são injustas para o mundo em desenvolvimento.

24. Em nenhum lugar as desigualdades do regime de comércio internacional são mais evidentes do que no processo pelo qual novos países são aceitos pela OMC. Embora a maioria dos países fosse membro desde o começo, há vários deles, como Camboja, Rússia e Vietnã, que não eram. Qualquer país pode vetar sua admissão, e assim qualquer país tem o poder de impor as regras que deseje, não importa se justas ou não. Não há razão econômica para o tratamento diferenciado dos novos candidatos, trata-se apenas de outra manifestação de *realpolitik*. Os Estados Unidos têm o poder e, portanto, usa e abusa dele, de tal modo que a Oxfam, a agência de ajuda internacional, referiu-se à prática como "extorsão no portão" (Ver Oxfam, "Extortion at the gate", Oxfam Briefing Paper 67, novembro de 2004). Para entrar na OMC, até países muito pobres precisam concordar com restrições mais duras do que aquelas impostas aos membros efetivos. O Camboja, por exemplo, precisa obedecer às exigências relacionadas com a propriedade intelectual da OMC com muito mais rapidez do que membros em situação bem melhor, como a Índia. O que precisa ser feito é simples: qualquer país que queira aderir aos acordos de comércio da OMC (com períodos de ajuste adequados ao seu estágio de desenvolvimento) deve ser admitido.

25. Pelo Acordo Multifibra (MFA), que expirou em 1º de janeiro de 2005, os países negociavam cotas produto por produto, país por país. É por isso que tantas fábricas de vestuário abriram em todo o mundo, em lugares inesperados. A China poderia ser o produtor de baixo custo, mas, quando a cota chinesa se exauriu, os importadores tiveram de se voltar para o próximo país mais barato com cotas. Com o fim do acordo, muitas empresas começaram a comprar da China. Não foram apenas os produtores europeus e americanos que perderam, mas também de países em desenvolvimento. Numa óbvia negação do espírito da liberalização do comércio, a China foi pressionada a limitar suas exportações.

26. Outro problema é que, como muitos processos judiciais, ele é longo e demorado: o Brasil apresentou a denúncia do algodão em setembro de 2002 e a decisão contra os Estados Unidos saiu em abril de 2004, mas os subsídios ao algodão continuavam vigentes no momento em que este livro foi para o prelo. Há um contraste marcante com as altas taxas de dumping descritas adiante, que os Estados Unidos costumam impor preliminarmente e que são, com freqüência, revisadas para baixo depois de um exame cuidadoso das provas.

27. As rodadas de comércio recebem o nome da cidade em que começam,

ou do presidente sob a qual se iniciaram. Clinton talvez esperasse que, tal como a rodada que começou em Genebra em 4 de maio de 1964, que veio a ser chamada de Rodada Kennedy, a que começaria em Seattle viesse a ficar conhecida como Rodada Clinton. Hoje, o que se lembra é das manifestações de rua de Seattle.

28 Ver UNDP, *Human Development Report 1997: Human development to eradicate poverty* (Nova York: Oxford University Press, 1997).

29. O Banco Mundial define os países de renda média alta como aqueles com renda per capita de 3256 a 10065 dólares. Os de média baixa têm renda per capita de 826 a 3255 dólares. Os países de renda baixa são aqueles com renda abaixo de 826 dólares.

30. Ver United States International Trade Commission, "Interactive tariff and trade dataweb", em http://dataweb.usitc.gov/.

31. Ver capítulo 3 de Joseph E. Stiglitz e Andrew Charlton, *Fair trade for all: how trade can promote development* (Nova York: Oxford University Press, 2005).

32. Quando era economista-chefe do Banco Mundial, pedi uma "rodada do desenvolvimento" em um discurso feito na OMC em março de 1999, no qual expus os vários aspectos da Rodada Uruguai que haviam deixado em desvantagem os países em desenvolvimento.

33. No momento em que este livro vai para o prelo, a Rodada Doha ainda não tinha terminado. Mas, como os parâmetros de qualquer acordo potencial estão suficientemente claros, é possível tirar essas conclusões com considerável confiança.

34. Ver Stiglitz e Charlton, *Fair trade for all*, op. cit.

35. Uma das principais formas que o tratamento diferenciado assume é dar mais tempo aos países em desenvolvimento para se ajustarem. Os mercados em bom funcionamento facilitam o ajuste ao contribuir na realocação dos recursos. Quando os mercados funcionam bem, um trabalhador desempregado encontra um emprego alternativo sem muita demora; quando não funcionam bem, pode ser preciso um período mais longo, durante o qual a pessoa permanece desempregada. Essa é uma das várias razões porque os países menos desenvolvidos precisam de mais tempo para se ajustar e precisarão de ajuda financeira para fazer os ajustes necessários a um regime de comércio mais aberto.

36. A proposta de abertura dos mercados para todos os países menores e mais pobres está em Stiglitz e Charlton, *Fair trade for all*, e foi elaborada em Andrew Charlton, "A proposal for special treatment in market access for developing countries in the Doha Round", in *Trade Policy Research 2005*, ed. John M. Curtis e Dan Ciuriak (Ottawa: Department of International Trade, 2005).

37. A nova política da Europa, anunciada em fevereiro de 2001, foi chamada de iniciativa "Tudo menos Armas" (EBA em inglês). Os críticos a chamaram de "Tudo menos Fazendas" [Trocadilho em inglês: "Everything but Arms/ Everything but Farms"], uma vez que pouco tratava das preocupações dos países em desenvolvimento com a agricultura. Uma breve visão geral da iniciativa EBA encontra-se em World Bank, *Global economic prospects 2004: Realizing the development promise of the Doha Agenda* (Washington, DC: World Bank, 2003). Uma explicação mais completa está em http://europa.eu.int/comm/trade/issues/global/gsp/eba/ug.htm. Houve uma expansão notavelmente pequena do comércio dentro da iniciativa EBA. Provisões técnicas complicadas (regras de origem, que detalham quanto do "valor agregado" do bem tem de ser produzido dentro do país) parecem ser parcialmente responsáveis, destacando a importância dos detalhes finos em um acordo de comércio.

38. Chamei a proposta de iniciativa "EBP" — abrir os mercados para tudo, menos para o que você produz.

39. OECD, *Agricultural policies in OECD countries: Monitoring and evaluation* (Paris: OECD, 2005).

40. Em 2004, os subsídios da OECD eram 279 bilhões de dólares, incluindo subsídios à água e outros subsídios indiretos. Ver nota 39.

41. Em paridade de poder de compra, a renda do agricultor é um pouco mais alta, entre 1100 e 1200 dólares.

42. A Comissão Consultiva Internacional do Algodão (ICAC), uma associação de 41 países produtores, consumidores e comercializadores de algodão, formada em 1939, estima que a eliminação dos subsídios americanos aumentaria o preço mundial do produto entre 15% e 26%. A Oxfam calcula as perdas da África em 301 milhões de dólares por ano, e o grosso dessas perdas (191 milhões de dólares por ano) recairia sobre oito países da África ocidental. Em Mali, Burkina Fasso e Benin, os subsídios americanos levam a perdas anuais acima de 1% do PIB. Ver Kevin Watkins, "Cultivating poverty: the impact of US cotton subsidies on Africa", Oxfam. Briefing Paper 30, 2002.

43. Uma vez que os benefícios são proporcionais às vendas, os pequenos agricultores são pouco beneficiados. Os dados são para o período 1995-2004. Isso descreve a distribuição de benefícios entre os agricultores que recebem subsídios. Mas 60% de todos os agricultores e fazendeiros não recebem subsídios do governo, em larga medida porque não produzem commodities subsidiadas. Fonte: Environmental Working Group's Farm Subsidy Database, "Total USDA subsidies in United States", disponível em www.ewg.org/farm/progdetail.php?fips=00000&progcode=total&page=conc.

44. A UE e, em especial, os Estados Unidos às vezes alegam que "desligaram" os subsídios da produção, isto é, os projetaram de tal modo que não le-

vam ao aumento da produção, mas essas alegações são suspeitas — como o painel da OMC decidiu no caso do algodão. Mas mesmo subsídios supostamente desligados podem ter efeitos sobre a produção, pois fornecem aos agricultores mais renda para comprar fertilizantes, sementes de qualidade melhor e outros implementos que aumentam a produção.

45. De acordo com a *Harmonized tariff schedule* dos Estados Unidos (2005), a tarifa geral sobre laranjas importadas é 1,9 cents/kg (0805.10.00); sobre frutas cítricas preservadas em açúcar, é de 6 cents/kg (2006.00.60); sobre geléia de laranja, 3,5 cents/kg (2007.91.40); sobre polpa de laranja, 11,2 cents/kg (2008.30.35); sobre laranjas em meio líquido em contêiner hermético, 14,9 cents/kg (2008.92.90.40); e sobre suco de laranja congelado, 7,85 cents/litro (2009.11).

46. Isso é chamado de acesso ao mercado não-agrícola, ou NAMA, no jargão técnico da OMC.

47. Às vezes, a Lei Jones é defendida com base na segurança nacional: os Estados Unidos precisam de sua própria frota de transporte marítimo. A ironia é que durante a mais recente emergência americana — o furacão Katrina — a Lei Jones teve de ser suspensa. (Para uma discussão um pouco mais detalhada de globalização e segurança, ver capítulo 10.)

48. Isso também beneficiaria os países desenvolvidos como um todo, mas os trabalhadores de salários baixos perderiam. Os efeitos são análogos àqueles discutidos antes quanto à liberalização do comércio (o que não surpreende, porque, como observamos, o comércio de bens é um substituto para a movimentação das pessoas). E as respostas necessárias — em termos da ajuda aos perdedores da globalização discutida em outro ponto deste livro — são semelhantes. Entre os outros benefícios, temos a transferência de conhecimento e o acesso a mercados que essa migração facilita. A história da Infosys ilustra isso: entre seus fundadores estavam vários indivíduos que haviam passado muito tempo nos Estados Unidos.

49. Dados do Banco Interamericano de Desenvolvimento mostram que as remessas superam substancialmente a ajuda em cada um dos 23 países latino-americanos. Elas respondem por pelo menos 10% do PIB de Haiti, Nicarágua, El Salvador, Jamaica, República Dominicana e Guiana. A América Central e a República Dominica combinadas receberam mais de 10 bilhões de dólares, e os países andinos, mas de 7 bilhões de dólares. Em 2004, as remessas para a América Latina totalizaram 41 bilhões de dólares, quantia quase idêntica aos 45 bilhões de dólares que o continente recebeu em investimento externo direto líquido. Ver dados sobre remessas em World Bank, *Global economic prospects 2006: economic implications of remittances and migration* (Washington, DC:

World Bank, 2006); FDI-World Bank, World Development Indicators, foreign direct investment, net (BoP, current US$).

50. O governo mexicano trabalhou junto com os Estados Unidos para reduzir esses custos e, em 2004, o Tesouro americano já afirmava que os havia reduzido em 60%. Ver USINFO, "Treasury official notes importance of remittance in the Americas", 7 de outubro de 2004, em http://usinfo.state.gov/wh/Archive/2004/Oct/08-233308.html.

51. Como observamos na nota 20, a OMC declarou ilegal as tarifas de salvaguarda do aço que haviam sido impostas em março de 2002 e os Estados Unidos finalmente se submeteram, retirando-as no final de 2003.

52. É provável que esses tribunais também não mostrassem muita simpatia pela reivindicação americana, após a assinatura do NAFTA, de proteção contra uma "invasão" de vassouras do México que ameaçava destruir entre cem e trezentos empregos! Com certeza, os Estados Unidos tinham capacidade para dar conta disso sem proteção.

53. A lei de consignações de 2002 continha uma emenda dizendo que somente os ictalurídeos americanos podiam ser chamados de bagre.

54. Custo é um conceito mais esquivo do que os não-economistas costumam captar. O que é relevante é o custo marginal, o custo extra associado à produção de uma unidade extra do produto, e isso (ou uma tentativa de substituto) é o padrão em casos nacionais. Em casos internacionais, não há essa clareza conceitual. Eles freqüentemente utilizam custos médios de longo prazo, e em indústrias cíclicas, em períodos de queda, o custo marginal é geralmente menor que o custo médio. O que importa é o custo extra de produzir uma tonelada de aço hoje, não o custo das instalações e do equipamento, os quais terão de ser suportados produza-se ou não mais aço. Para produtos agrícolas, a maneira honesta de calcular o preço dos tomates seria analisar os preços de toda a estação e compará-los com os custos. Porém, os americanos olharam apenas para os dois primeiros meses de 1996 e o final de 1995 — época em que os preços estavam no ponto mais baixo. Ao analisar apenas esses meses, a Estados Unidos puderam justificar uma alta proteção antidumping.

As leis de dumping permitem até que se acrescente uma margem de lucro artificialmente alta como parte do cálculo do custo.

55. As autoridades chinesas às vezes provocam os americanos com um silogismo simples: os americanos acreditam que as economias mais bem-sucedidas (ou as únicas bem sucedidas) são as de mercado. A China tem sido claramente bem-sucedida. Logo, a China *tem de ser* uma economia de mercado.

56. Por exemplo, Lester C. Thurow, ex-diretor da Escola de Administração do MIT, concluiu que "se a lei fosse aplicada às empresas domésticas, dezoito das vinte maiores empresas da lista de 500 da *Fortune* seriam consideradas

culpadas de dumping em 1982". Lester C. Thurow, *The zero-sum solution: building a world-class American Economy* (Nova York: Simon & Schuster, 1985), p. 359. Um estudo do economista de Princeton Robert D. Willig concluiu que "em mais de 90% [dos casos], os indicadores parecem inconsistentes com a hipótese de que as intervenções eram necessárias para proteger a competição da predação internacional ou para proteger a competição de algum modo". Robert D. Willig, "Economic effects of antidumping policy", em *Brookings Trade Forum: 1998*, ed. Robert Z. Lawrence (Washington, DC: Brookings Institution Press, 1998) pp. 57-79.

57. A OMC decidiu, em janeiro de 2003, que a Lei de Dumping Continuado e Compensação de Subsídio de 28 de outubro de 2000 (a emenda Byrd) era contra a letra e o espírito da OMC. A retaliação foi autorizada no outono de 2004. Até agora, não ocorreu.

58. Quando as acusações de dumping são apresentadas, os países têm um curto período de tempo para responder a longos questionários destinados a estabelecer seus custos de produção. Devem responder em inglês, e, se não responderem, ou se não responderem de uma forma que satisfaça o Departamento de Comércio, então esse departamento impõe taxas baseadas na "melhor informação disponível", que costuma ser fornecida pela indústria que fez as acusações de dumping. Não é apenas o produtor estrangeiro que precisa preencher um questionário, mas também o importador e o comprador. Uma das amostras de questionário encontradas no próprio site da Comissão de Comércio Internacional dos Estados Unidos tem 22 páginas. Depois de uma audiência pública, o produtor estrangeiro acusado de dumping apresenta um novo informe. Para uma discussão mais ampla, ver, por exemplo, J. Michael Finger, *Antidumping: how it works and who gets hurt* (Ann Arbor: University of Michigan Press, 1993); e Joseph E. Stiglitz, "Dumping on free trade: The U.S. import trade laws", Southern Economic Journal, vol. 64, nº 2 (outubro 1997), pp. 402-24.

59. Outra medida não-tarifária, a taxa de compensação, permite que os países imponham tarifas para "desfazer" — compensar — os efeitos dos subsídios; não surpreende que isso não possa ser feito com subsídios agrícolas ou outros subsídios como os propiciados indiretamente aos fabricantes de aviões em contratos de defesa. Essas taxas não são utilizadas com freqüência.

60. O CAFTA, Acordo de Livre Comércio da América Central, foi aprovado por uma diferença mínima na Câmara de Deputados americana em julho de 2005, por 217 a 215 votos, minutos depois de o deputado republicano Robin Hayes mudar seu voto de "não" para "sim". O motivo para desistir de sua antiga oposição à lei? O líder do governo J. Dennins Hastert prometeu a Hayes, que representa a Carolina do Norte e suas indústrias têxteis, que ele proporia restrições às importações de roupas chinesas, trocando assim um conjunto de

tarifas por outro. Ver Edmund L. Andrews, "Pleas and promises by G.O.P. as trade pact wins by 2 votes", *New York Times*, 29 de julho de 2005, p. A1. A recepção do acordo na região também foi ambivalente. Os países centro-americanos viram-se diante de preços altos de medicamentos (ver capítulo 4) e uma nova competição do gigante do norte; mas não tinham certeza do que estavam recebendo em troca. O acordo foi cercado de problemas, inclusive a ratificação nos países centro-americanos e questões de implementação, surgidas muitas vezes dos testes de regra de origem.

61. Os países competem para atrair firmas oferecendo vantagens tributárias. Nessa disputa, as verdadeiras vencedoras são as empresas, que conseguem evitar a maior parte dos impostos. Embora competir possa ser do interesse de cada país, juntos eles perdem. Capítulos posteriores discutirão os efeitos debilitadores do suborno e do sigilo bancário.

62. "Discurso dos catorze pontos", feito na Sessão Conjunta do Congresso, 8 de janeiro de 1918.

63. Após Cancún, a representação e a voz dos países em desenvolvimento melhoraram. É preciso uma abordagem um pouco mais sistemática da representação.

64. A noção é muito parecida com direitos de emissão negociáveis, que se tornaram parte do sistema de gestão do aquecimento global pelo Protocolo de Kyoto. Ver capítulo 6.

4. PATENTES, LUCROS E GENTE [PP. 192-231]

1. Ver, por exemplo, Robert B. Zoellick, "When trade leads to tolerance", *New York Times*, 12 de junho de 2004, p. A13.

2. Declaração do Representante do Comércio Robert B. Zoellick após a aprovação pelo Senado do Acordo de Livre-Comércio com o Marrocos.

3. Nos Estados Unidos, por exemplo, os fabricantes de genéricos podem produzir seus remédios e estocá-los em suas prateleiras, prontos para serem vendidos no dia que a patente expirar. Pelo acordo com Marrocos, os produtores de genéricos talvez não possam fazer isso. Os laboratórios também vêm defendendo uma "exclusividade de dados" em que "a informação clínica que é essencial para a aprovação de um produto farmacêutico" é considerada protegida por um período de tempo. Os laboratórios pediram restrições ao uso de dados, mesmo quando foram publicados e postos à disposição do público, e mesmo quando a pesquisa foi parcialmente subsidiada por fundos públicos. Evidentemente, é ineficiente apenas repetir a pesquisa que já foi feita. Pior do que isso, porém, o teste de medicamentos requer que uma fração da população seja sub-

metida a um placebo ou a um remédio alternativo. Mas é válido afirmar que não seria ético realizar um teste em que alguns dos pacientes recebem um produto sabidamente menos eficaz do que um outro disponível no mercado. (Os países poderiam, supostamente, mudar suas regulamentações, de tal modo que qualquer medicamento aprovado nos Estados Unidos seria automaticamente aprovado por eles; tudo que seria necessário mostrar é que o produto químico genérico é, de fato, o mesmo. É isso que é feito nos Estados Unidos. Porém, suspeita-se que o governo americano sofreria enormes pressões contra a mudança nas regulamentações nesse sentido. É o resultado — introdução retardada dos genéricos — que a indústria farmacêutica americana quer.)

4. Ver Khabir Ahmad, "USA-Morocco deal may extend drug patents to 30 years", *Lancet*, v. 362 (6 de dezembro de 2003), p. 1904.

5. Os acordos são complexos e difíceis de interpretar, e assim restam incertezas quanto às suas conseqüências. As ambigüidades talvez sejam deliberadas. O país em desenvolvimento pode alegar que ganhou "flexibilidade", digamos, na aplicação da proteção da propriedade intelectual — ele pode permitir a produção de medicamentos genéricos se houver uma necessidade de saúde válida —, ao passo que o representante comercial americano pode dizer ao seu cliente, a indústria farmacêutica, que obteve concessões importantes na ampliação do prazo de validade das patentes. Quando os países em desenvolvimento procuram utilizar as "flexibilidades" que achavam que haviam conquistado no acordo, os Estados Unidos aplicam seu enorme poder econômico para detê-los — como o Brasil e a África do Sul descobriram quando tentaram produzir versões genéricas de medicamentos contra a aids nos anos posteriores à assinatura do Acordo sobre Aspectos Comerciais Relacionados com os Direitos de Propriedade Intelectual, usualmente chamado de "TRIPS".

6. De acordo com o TRIPS, todos os membros da OMC foram obrigados a ter um regime de propriedade intelectual que obedeça a certos padrões "altos" — essencialmente, os padrões estabelecidos pelos países industriais avançados. Cada país ainda seria responsável por ter suas próprias repartições de patentes e direitos autorais.

7. Havia uma outra crítica ao TRIPS: era injusto para com os países em desenvolvimento, em dois aspectos. Enquanto dava aos países industriais avançados a proteção desejada, não oferecia aos países em desenvolvimento proteção para seu conhecimento tradicional (ver discussão abaixo). E ao mesmo tempo em que o TRIPS reduziria o acesso dos países em desenvolvimento ao conhecimento e os forçaria a pagar bilhões em royalties, destinava-se a fazer parte da "Grande Barganha" descrita no capítulo 3, na qual os países em desenvolvimento obteriam maior acesso em agricultura e a redução dos subsídios agríco-

las dos países industriais avançados. Os países desenvolvidos não cumpriram o seu lado da negociação.

8. Esses exemplos ilustram a proposição geral: todos os direitos de propriedade são limitados. Do mesmo modo, em junho de 2005, a Suprema Corte americana reafirmou mais uma vez o direito de domínio eminente do governo: o indivíduo não pode fazer com sua propriedade o que quiser (inclusive vendê-la a quem quiser) se o Estado decidir o contrário. Obviamente, há restrições importantes para evitar abusos desses enormes poderes.

9. Naturalmente, a propriedade intelectual não leva com freqüência a um verdadeiro monopólio — uma única empresa que faz um produto sem nenhuma competição efetiva —, mas altera a intensidade e a natureza da competição, e os resultados podem ser até piores do que os do puro monopólio. Consideremos, por exemplo, a indústria farmacêutica, em que a pesquisa básica é financiada publicamente. Os laboratórios desempenham um papel levando os resultados dessa pesquisa para o mercado; mas, no sistema atual, eles competem mais através da comercialização e da diferenciação de produtos. Se um laboratório descobre um medicamento, outros tentam utilizar uma variante da idéia (um medicamento "eu também") não coberta pela patente original, mas de benefício limitado para os consumidores. Os lucros são pelo menos parcialmente dissipados nessa forma de competição ineficiente.

10. Paul A. Samuelson formalizou o conceito há pouco mais de meio século em seu artigo clássico "The pure theory of public expenditures", *Review of Economics and Statistics*, v. 36, nº 4 (novembro 1954), pp. 387-89. A distinção fundamental dos bens ordinários é chamada de "consumo não rival": se como uma tigela de arroz, você não pode comê-la; ao passo que se sei alguma coisa, você sabê-la não deprecia meu conhecimento dela (embora tenha obviamente uma influência sobre a receita que posso auferir desse conhecimento).

11. Para que seja aprovada, uma patente precisa satisfazer várias condições descritas antes (por exemplo, novidade); obviamente, não pode existir uma patente anterior para essencialmente a mesma idéia. Muitos pedidos de patentes são rejeitados e, às vezes, depois de serem concedidas, certas patentes não são sustentadas depois de um litígio (que costuma ser muito caro). No sistema europeu de patentes, há uma oportunidade para que outros se oponham ao pedido de patente antes que ela seja concedida. Nos Estados Unidos, as outras vozes somente são ouvidas depois.

12. Selden pediu a patente pela primeira vez em 8 de maio de 1879, em um pedido que incluía tanto o motor como o uso de um carro de quatro rodas. Depois, ele passou a acrescentar tantas emendas ao pedido de patente que estendeu o processo por dezesseis anos. A patente (nº 549 160) foi finalmente concedida em 5 de novembro de 1895.

13. Essas preocupações ficam particularmente claras no patenteamento do conhecimento tradicional. Uma das questões levantadas pela Comissão Mundial sobre a Dimensão Social da Globalização em seu relatório *A fair globalization: creating opportunities for all*, op. cit., foi "o impacto adverso das regras internacionais de direitos de propriedade intelectual, que abrem a porta para a privatização do conhecimento indígena" (p. 20).

14. Ver, por exemplo, "A tragedy of the public knowledge 'commons'?", de Paul A. David, um eminente professor de história econômica de Stanford e Oxford, em www.cepr.stanford.edu/papers.html; o professor de Direito James Boyle escreveu amplamente sobre aspectos legais, por exemplo, "The second Enclosure Movement and the construction of the public domain", *Law and Contemporary Problems*, v. 66 (inverno/primavera 2003), pp. 33-74. Ver também Richard Poynder, "Enclosing the digital commons", *Information Today*, v. 20, nº 5 (maio 2003), pp. 37-38; e Lawrence Lessig, *The future of ideas: the fate of the commons in a connected world* (Nova York: Random House, 2001).

15. Nas negociações com a AOL, por exemplo, a Microsoft exigiu que ela desistisse do RealPlayer da RealNetworks, que estava em competição direta com seu Windows Media Player. O processo antitruste da RealNetworks contra a Microsoft citou um executivo da própria Microsoft que teria dito que sua empresa procuraria "obliterar" a RealNetworks. Ver John Markoff, "RealNetworks accuses Microsoft of restricting competition", *New York Times*, 19 de dezembro de 2003, p. C5. Para mais detalhes sobre os ataques da Microsoft à Netscape e a subseqüente ação judicial, ver Paul Abrahams e Richard Waters, "You've got competition", *Financial Times*, 24 de janeiro de 2002, p. 16. Na época em que fui membro e presidente do Conselho de Assessores Econômicos, o órgão preocupou-se com o impacto econômico da posição dominante da Microsoft. Depois, fui testemunha em vários casos de litígio contra as práticas anticompetitivas da Microsoft nos Estados Unidos, na Europa e na Ásia; com base num cuidadoso exame das provas, as repetidas conclusões dos tribunais americanos e de outros lugares de que a Microsoft havia abusado de sua posição monopolista não foram surpresa.

16. Para uma discussão mais detalhada desse episódio, ver William Greenleaf, *Monopoly on wheels: Henry Ford and the Selden automobile patent* (Detroit: Wayne State University Press, 1961).

17. Para uma discussão dessa história, ver, por exemplo, Tom D. Crouch, *The Bishop's boys: a life of Wilbur and Orville Wright* (Nova York: W. W. Norton, 1989). O pool de patentes foi formado em julho de 1917. Joel Klein referiu-se a ele em um discurso feito em 2 de maio de 1997, durante seu mandato interino de procurador-geral assistente da Divisão Antitruste do Departamento de Justiça; ver www.usdoj.gov/atr/public/speeches/1118.htm.

18. Em alguns casos, por meio de uma melhor comercialização, os medicamentos posteriores venderam tanto quanto ou mais do que o remédio original. Por exemplo, Zantac foi um medicamento "eu também" contra úlcera que veio na esteira do inovador Tagamet (baseado em pesquisa que recebeu o prêmio Nobel). Embora algumas pesquisas sugiram que em geral o Zantac não supera o Tagamet, suas vendas foram superiores devido ao melhor marketing (seu sucesso talvez esteja relacionado também ao fato de apresentar menos efeitos colaterais).

19. Os gastos totais foram enormes: só os gastos combinados de P&D das sete maiores indústrias farmacêuticas dos Estados Unidos foram de 17 bilhões de dólares em 2001. Ver "Industry dominates R&D spending in US", Chemical and Engineering News, 28 de outubro de 2002, pp. 50-52. Os gastos com P&D aumentaram muitíssimo, com poucos resultados. De 2000 a 2004, o número médio anual de pedidos de registro de novos medicamentos submetidos à FDA foi de 107. Essa média vem diminuindo mais ou menos desde o começo da coleta de dados, em 1970. E, o que é mais revelador, dos 46 pedidos apresentados na primeira metade de 2005, somente sete foram para novas entidades moleculares, e em 2004, estavam nessa situação apenas 31 dos 113 pedidos. A maioria dos outros era para novas formulações ou nova manufatura. Ver U.S. Food and Drug Administration Center for Drug Evaluation and Research, "CDER drug and biologic approval reports", em www.fda.gov/cder/rdmt/default.htm.

20. Ver Ha-Joon Chang, *Kicking away the ladder: development strategy in historical perspective* (Londres: Anthem Press, 2002); e Eric Schiff, *Industrialization without national patents: The Netherlands*, 1869-1912; *Switzerland*, 1850-1907 (Princeton: Princeton University Press, 1971). Ainda hoje, muitos países continuam inovadores sem proteções tão fortes da propriedade intelectual quanto as que os Estados Unidos oferecem (a proteção dos direitos autorais no Japão, por exemplo, tem sido mais fraca). Ver H. Stephen Harris Jr., "Competition law and patent protection in Japan: a half-century of progress, a new millennium of challenges", *Columbia Journal of Asian Law*, v. 16 (outono 2002), pp. 71-140.

21. Evidentemente, a pesquisa básica só acontece porque encontra fontes de financiamento, como o governo ou fundações. Até mesmo um cientista dedicado precisa de um laboratório, e os laboratórios são caros. Os lucros monopólicos que vêm da propriedade intelectual propiciam uma fonte alternativa de financiamento, mas que traz alguns custos altos para a sociedade, que precisam ser postos na balança com os benefícios.

22. O navegador Firefox foi desenvolvido como parte do projeto Mozilla. Esse projeto produz softwares de fonte aberta e é sustentado pela Mozilla Foundation, que recebeu apoio inicial da divisão Netscape da AOL (mais informações em www.mozilla.org). Em março de 2006, dezoito meses após seu lançamento,

estimava-se que o Firefox da Mozilla detinha 10% do mercado. Ver Antony Savvas, "Firefox reaches one in ten", ComputerWeekly.com, 5 de abril de 2006, em www.computerweekly.com/Articles/2006/04/05/215224/Firefoxreachesoneinten.htm.

23. O presidente Jefferson, um dos redatores da Lei de Patentes de 1793 durante seu mandato de secretário de Estado, imaginava que as patentes só seriam concedidas a invenções físicas, úteis. Contudo, quando a lei de 1952 foi aprovada, um relatório do Congresso disse que "tudo feito pelo homem sob o sol" era patenteável. Desde então, houve uma vasta expansão do que é patenteável. Em 1980, a Suprema Corte, em *Diamond versus Chakrabarty*, decidiu que bactérias geneticamente modificadas eram patenteáveis. Desde então, as patentes foram estendidas para os processos empresariais.

24. Ver James Meek, "The race to buy life", *Guardian*, 15 de novembro de 2000, disponível em www.guardian.co.uk/genes/article/0,2763,397827,00.html; e o Centro para o Estudo de Tecnologia e Sociedade, "Genome patents", em www.tecsoc.org/biotech/focuspatents.htm.

25. A firma tem sede em Salt Lake City, Utah, e foi co-fundada por Walter Gilbert, que ganhou o prêmio Nobel de química em 1980 por suas contribuições para o desenvolvimento da tecnologia do seqüenciamento de DNA.

26. Ver Claude Henry, *Patent fever in developed countries and its fallout on the developing world*, Prisme nº. 6 (Paris: Centre Cournot pour la recherche en économie, maio 2005); e Andrew Pollack, "Patent on test for cancer is revoked by Europe", *New York Times*, 19 de maio de 2004, p. C3. A Myriad finalmente desenvolveu uma tecnologia de rastreamento e pede 3 mil dólares por um exame completo; ela se recusa a deixar outros realizarem o rastreamento. A província de Ontário está ignorando isso, permitindo que seus cidadãos sejam examinados gratuitamente.

27. O número mundial aumentou imensamente: 14% em apenas três anos. O Banco de Dados Estatísticos de Propriedade Intelectual está disponível em www.wipo.int/ipstatsdb/en/stats.jsp.

28. Tim Berners-Lee, *Weaving the web: the original design and ultimate destiny of the World Wide Web* (Nova York: HarperCollins, 2000).

29. A cláusula sobre exclusividade de dados — projetada para limitar o uso de informação — que os Estados Unidos insistem em acrescentar aos recentes acordos bilaterais de comércio vai claramente contra o espírito dessa exigência tradicional.

30. Há uma tensão curiosa na posição de alguns dos mais ardentes defensores dos direitos de propriedade intelectual: enquanto a pauta de liberalização/privatização que eles apóiam em geral implica a minimização do papel do

governo, esse novo conjunto de reformas pede um governo mais ativo e um novo e restritivo conjunto de regulamentações sobre o uso do conhecimento.

31. Seu investimento em lobby rendeu um alto retorno. Ver Stephanie Saul, "Drug lobby got a victory in trade pact vote", *New York Times*, 2 de julho de 2005, p. C1.

32. O Congresso mudou os termos das patentes em 1994 para se adequar aos padrões do GATT, de tal modo que agora uma patente tem validade por vinte anos a partir da data de pedido mais antiga, enquanto costumava durar dezessete anos a partir da data de sua concessão. O período de vinte anos está sujeito a uma possível extensão para compensar qualquer atraso no processo de concessão.

33. A OMPI foi precedida pelo Bureaux Internationaux Réunis pour la Protection de la Propriété Intellectuelle, criado em 1893 para administrar a Convenção de Berna para a Proteção das Obras Literárias e Artísticas (o primeiro acordo internacional sobre direitos autorais).

34. Vincular uma questão de política pública (padrões de trabalho ou propriedade intelectual) ao comércio (e sanções comerciais) chama-se naturalmente "vinculação". A defesa da vinculação é mais convincente quando o que está em questão é o próprio bem-estar de todos os habitantes do planeta. No capítulo 6, argumento que faz sentido vincular os acordos de comércio à aplicação de acordos ambientais globais, tais como o Protocolo de Kyoto sobre aquecimento global.

35. No final daquele mês, em Seul, numa reunião ministerial da OMPI dos países menos desenvolvidos, mostrei como poderia ser esse regime de propriedade intelectual. Ver "Towards a pro-development and balanced intellectual property regime", em www.gsb.columbia.edu/faculty/jstiglitz/download/ 2004 TOWARDS_A_PRO_DEVELOPMENT.htm.

36. Infelizmente, os Estados Unidos, em seus vários acordos bilaterais de comércio assinados recentemente, exigiram, e receberam, um fortalecimento da proteção da propriedade intelectual, um acordo "TRIPS mais" — o tipo de acordo que deu origem aos protestos no Marrocos. Protestos semelhantes marcaram as negociações bilaterais em outros lugares, como na Tailândia.

37. É isso que significa o conhecimento ser um bem público.

38. Ver artigo de Donald G. McNeil Jr., "A nation challenged: the drug; a rush for Cipro, and the global ripples", *New York Times*, 17 de outubro de 2001, p. A1.

39. Um enigma aparente é por que a indústria farmacêutica parece se preocupar tanto com os genéricos em países em desenvolvimento. Afinal, os lucros que ela obtém atualmente desses países são pequenos e, portanto, sua perda devido a essa produção de genéricos também é pequena. É possível que os

laboratórios até ganhem mais dinheiro com taxas de licença. A resposta que os laboratórios costumam dar é que eles temem que os remédios baratos sejam exportados para os Estados Unidos e a Europa, e isso poderia afetar em muito seus lucros. Porém, o argumento não é totalmente persuasivo. Já existem enormes diferenças de preços em todo o mundo e muito pouca burla, em larga medida porque se trata de uma atividade industrial muito regulamentada, com controle rígido das importações e com a maioria das compras pagas por terceiras partes. Suspeito que a verdadeira razão tem a ver com o medo de que se os americanos e europeus descobrirem a discrepância entre o que os laboratórios cobram e quanto poderiam custar os medicamentos, haveria enormes pressões sobre os preços.

40. As companhias farmacêuticas entraram com um processo contra o governo da África do Sul para contestar a capacidade do governo de usar cláusulas de acesso da OMC — neste caso, a licença compulsória — para fabricar medicamentos para HIV/aids no país. O processo foi retirado em abril de 2001.

41. Ver parágrafo 6 da "Declaração sobre o Acordo TRIPS e a Saúde Pública" de Doha: "Reconhecemos que os membros da OMC cujas capacidades de produção no setor farmacêutico são insuficientes ou inexistentes poderiam encontrar dificuldades para fazer uso efetivo de licenças obrigatórias conforme o Acordo sobre os TRIPS". Apesar da urgência da questão, com milhares de pessoas morrendo de aids, o governo Bush, sob pressão dos laboratórios, recusou-se a aceitar um acordo feito por todos os outros países. Por fim, em agosto de 2003, chegou-se a uma resolução quando os Estados Unidos mudaram sua posição para permitir que os países menos desenvolvidos importassem medicamentos genéricos de produtores dos países em desenvolvimento que não detêm patentes. Mas, àquela altura, a questão já havia causado considerável dano à reputação da OMC junto aos países em desenvolvimento.

42. Na verdade, uma vez que os medicamentos que salvam vidas são uma necessidade, o poder dos laboratórios de aumentar os preços e seus lucros com eles é muito maior do que com os cosméticos e outras superficialidades.

43. As novas tecnologias tornam mais fácil descobrir onde os medicamentos são produzidos, tornando a burla (às vezes chamada de importação paralela) ainda mais difícil.

44. Um estudo publicado na revista *Lancet* concluiu que "de 1393 novas entidades químicas postas no mercado entre 1975 e 1999, somente dezesseis eram para doenças tropicais e tuberculose". P. Trouiller *et al.*, "Drug development for neglected diseases: a deficient market and a public-health policy failure", *Lancet*, v. 359 (22 de junho de 2002), pp. 2188-94. Outro estudo observou: "Dos 137 medicamentos para doenças infecciosas em projeto durante 2000, somente um mencionava a doença do sono como uma indicação, e so-

mente um mencionava a malária. Não havia remédios novos em andamento para a tuberculose ou a leishmaniose. A lista atual 'Novos remédios em desenvolvimento' da PhRMA mostra oito medicamentos em desenvolvimento para impotência e disfunção erétil, sete para obesidade e quatro para distúrbios do sono". Médecins Sans Frontières Access to Essential Medicines Campaign and the Drugs for Neglected Diseases Working Group, "Fatal imbalance: the crisis in research and development for drugs for neglected diseases", Médecins Sans Frontières, setembro 2001, p. 12. Um trabalho de 2001 da Families USA Foundation intitulado "Off the charts: pay, profits and spending by drug companies" mostra que, em 2000, oito das nove maiores indústrias farmacêuticas americanas gastaram duas vezes mais em marketing do que em P&D; a exceção gastou 1,5 vez mais. Para um artigo mais recente que afirma que preços mais baixos dos remédios não diminuirão a pesquisa, ver Donald Light e Joel Lexchin, "Will lower drug prices jeopardize drug research? A policy fact sheet", *American Journal of Bioethics*, v. 4, nº 1 (janeiro 2004), pp. W1-W4.

45. Uma terceira alternativa é o apoio direto à pesquisa, por exemplo, por meio dos Institutos Nacionais da Saúde, nos Estados Unidos, e instituições similares de pesquisa em outros países.

46. Existem evidentemente outras reformas que reduziriam os incentivos para produzir medicamentos "eu também". O governo, por exemplo, poderia divulgar informações sobre a eficácia relativa e a segurança dos remédios. As companhias de seguros poderiam então autorizar o uso de medicamentos mais caros somente se ficasse demonstrado que seriam mais eficazes ou seguros. Uma reforma desse tipo estimularia a competição em qualidade e preço dos produtos.

47. O conhecimento é um bem público global — um bem que beneficia todos. Os mercados privados, por si mesmos, sempre oferecem um suprimento insuficiente de bens públicos. Não tratei aqui da questão da melhor localização da pesquisa, se no setor público, privado ou não-governamental. Muitas das inovações mais importantes ocorrem em universidades e laboratórios públicos. Está claro que eles têm capacidade para fazer pesquisa de primeira qualidade. O conceito de fundo de prêmios foi defendido por James Love e o Projeto dos Consumidores sobre Tecnologia. O deputado Bernard Sanders apresentou a HR 417, a Lei do Prêmio para a Inovação Médica de 2005, para implementar a idéia.

48. Naturalmente, os prêmios para doenças predominantes nos países em desenvolvimento beneficiariam mais seus habitantes. Pode-se pensar nesses gastos como uma forma importante de ajuda externa.

49. O primeiro presidente Bush recusou-se a assinar o acordo, mas, em 4

de junho de 1993, o presidente Clinton o firmou. Porém, o Congresso se recusou a ratificá-lo.

50. Ruth Brand, "The Basmati patent", em *Limits to privatization: how to avoid too much of a good thing*, ed. Ernst Ulrich von Weizäcker, Oran R. Young e Matthias Finger (Londres e Sterling, VA: Earthscan Publications, 2005). Devinder Sharma, "Basmati patent: let us accept it, India has lost the battle", 22 de junho de 2005; disponível em http://www.eftafairtrade.org/Document.asp? DocID=150&tod=2112.

51. É interessante observar que os cientistas envolvidos eram da Ásia meridional.

52. Os Estados Unidos finalmente revogaram todas as patentes, exceto cinco, e se recusaram a permitir que a RiceTec comercializasse seu arroz como arroz basmati. É claro que a RiceTec pode ter aperfeiçoado a variedade tradicional, mas os críticos afirmam que sua patente tentou, ao mesmo tempo, privatizar um considerável corpo de conhecimento tradicional. Ver Brand, "The basmati patent", op. cit.; e John Madeley, "US rice group wins basmati patents", *Financial Times*, 24 de agosto de 2001, seção de Commodities & Agricultura, p. 24.

53. Ver Vandana Shiva e Ruth Brand, "The fight against patents on the neem tree", em *Limits to privatization*, op. cit.

54. Qinghao é a artemísia (*Artemisia annua*), cujo ingrediente ativo é chamado de artemisinina. Os chineses haviam pedido a aprovação da OMS durante anos, até que os suíços a obtiveram rapidamente. Ao mesmo tempo, o laboratório Novartis compartilhava direitos de patente com o Instituto de Microbiologia e Epidemiologia da Academia de Ciências Médicas Militares, em Beijing. Ver Howard W. French, "Malaria remedy proves a tonic for remote China", *International Herald Tribune*, 12 de agosto de 2005, p. 1; e "A feverish response: treating malaria", *Economist*, 20 de novembro de 2004.

55. Há outras reformas necessárias para os procedimentos de patenteamento. Por exemplo, ver nota 11 deste capítulo.

56. A questão é obviamente mais geral: eles precisam também de assistência jurídica, por exemplo, na luta contra as muitas barreiras não-tarifárias descritas no capítulo 3.

57. Na indústria do entretenimento, como em qualquer outra indústria, as empresas nacionais tentam freqüentemente obter medidas protecionistas e muitas vezes alegam a promoção da cultura para defender essas medidas. Quero deixar claro: não estou defendendo o protecionismo, mas sim o direito dos governos de promover suas culturas.

58. Com certeza, jamais houve uma discussão aberta na Casa Branca sobre essas cláusulas, e eu supostamente deveria participar de todas as reuniões importantes relacionadas com assuntos ambientais. Quando, mais tarde, per-

guntei a Mickey Kantor, o representante de comércio na época, se ele sabia dessa cláusula, ele defendeu-se afirmando que o acordo havia sido negociado pelo primeiro presidente Bush; eles simplesmente aceitaram o acordo como estava, concentrando-se nos acordos laterais para aplacar os grupos trabalhistas e ambientalistas, que parece que também não sabiam de sua existência e importância potencial.

5. PARA ACABAR COPM A MALDIÇÃO DOS RECURSOS NATURAIS [PP. 232-267]

1. Para uma história do petróleo do Azerbaijão, ver Natig Aliyev, "The history of oil in Azerbaijan", *Azerbaijan lnternational*, v. 2, nº 2 (verão 1994), pp. 22-23.

2. Ver Terry Lynn Karl, *The paradox of plenty: oil booms and petro-states*, Studies in International Political Economy 26 (Berkeley: University of California Press, 1997).

3. Xavier Sala-i-Martin e Arvind Subramanian, "Addressing the natural resource curse: an illustration from Nigeria", Columbia University, Department of Economics, Discussion Paper Series 0203-15, maio 2003, disponível em www.columbia.edu/cu/economics!discpapr/DP0203-15.pdf.

4. Até pelo padrão rigoroso de 2 dólares por dia utilizado pelo Banco Mundial, um terço do país vive na pobreza.

5. A expressão "maldição dos recursos" foi cunhada por Richard M. Auty em *Sustaining development in mineral economies: the resource curse thesis* (Londres e Nova York: Routledge, 1993).

6. O acordo que ajudei a forjar na reunião levou finalmente à Convenção da OECD sobre Combate ao Suborno de Funcionários Públicos Estrangeiros em Transações Comerciais Internacionais, assinada em 17 de dezembro de 1997 e que entrou em vigor em 15 de fevereiro de 1999. Entre os signatários estavam todos os trinta países-membros da OECD e seis países não-membros (Argentina, Brasil, Bulgária, Chile, Estônia e Eslovênia). Cinco anos depois da reunião, a OCDE observou como os governos foram lentos em responder. A França acabara de eliminar a cláusula de dedutibilidade fiscal dos subornos em contratos assinados antes dos acordos da OECD e a Nova Zelândia ainda não havia se adequado plenamente. Ver Trade Compliance Center: OECD Antibribery Report 2001, "Laws prohibiting tax deduction of bribes", em www.mac.doc. gov/tcc/anti_b/oecd2001/html/ch04.html.

7. Ver o caso da ExxonMobil no Cazaquistão, noticiado em "Kazakhstan president Nazarbayev accepted bribes, U.S. alleges", Bloomberg.com, 16 de abril de 2004, em http://quote.bloomberg.com/apps/ news?pid= 10000087&sid

=a_8QW26uoX_I&refer=top_world_news; Daniel Fisher, "ExxonMobil's Kazakstan quagmire", *Forbes*, 23 de abril de 2003, disponível em www.forbes.com/2003/04/23/cz_df_0423xom.html; Seymour M. Hersh, "The price of oil", *The New Yorker*, 9 de julho de 2001, pp. 48-65; e Thomas Catan e Joshua Chaffin, "Bribery has long been used to land international contracts. New laws will make that tougher", *Financial Times*, 8 de maio de 2003, p. 19. O artigo do *Financial Times* diz: "No total, as autoridades acusaram [Giffen] de levar mais de 78 milhões de dólares em comissões e honorários da Mobil e outras companhias petrolíferas ocidentais e depois canalizá-los ilegalmente para autoridades cazaques". O processo está em andamento.

8. Houve finalmente um acordo fora do tribunal em que as companhias petrolíferas pagaram ao estado do Alasca mais de 1 bilhão de dólares. O Alasca não foi o único estado a encontrar problemas. O mesmo aconteceu com o Alabama, que conseguiu obter um grande acordo das companhias petrolíferas.

9. Evidentemente, os governos podem escolher passar uma parte do risco para outros. Eles podem vender o petróleo em mercados futuros, obtendo um preço certo hoje em vez do preço incerto que poderia prevalecer dentro de dois ou três anos. Os contratos entre as companhias petrolíferas e os países também podem envolver alguma transferência de risco. Se o governo insistir em ter uma parte maior dos lucros inesperados quando os preços explodem, as companhias petrolíferas podem possivelmente oferecer um bônus antecipado menor. Porém, há poucas provas de que este seja o caso, pelo menos em grau significativo.

10. Formalmente, o valor do recurso é o valor esperado descontados os lucros futuros (rendas dos recursos naturais) por ele gerados. Os enormes lucros auferidos por muitas das empresas privatizadas sugerem que eles obtiveram esses ativos por menos do valor pleno.

11. Durante o governo Reagan, os Estados Unidos empenharam-se no leasing rápido de terrenos petrolíferos — os críticos chamaram isso de liquidação; o resultado foi uma redução substancial da quantia que o governo recebia em média por cada terreno. Ver Jeffrey J. Leitzinger e Joseph E. Stiglitz, "Information externalities in oil and gas leasing", *Contemporary Economic Policy*, v. 1, nº 5, pp. 44-57.

12. Os empréstimos feitos por empresas estatais são tratados como se fossem do próprio governo. Isso significa que um país como o Brasil, que se comprometeu com um certo grau de empréstimos governamentais, deve cortar outros gastos públicos — com educação e saúde, por exemplo — se quiser investir mais nessas empresas, independente do alto retorno que esses investimentos gerariam.

13. De acordo com o dr. Mahatir bin Mohamad, em um discurso no Fó-

rum de Liderança Global, Kuala Lumpur, 7 de setembro de 2005, intitulado "O passado, o presente e o futuro — os desafios da Malásia em um cenário competitivo global", e em conversas pessoais com o autor.

14. O Chile tem sido apresentado freqüentemente pelo FMI como um exemplo do sucesso do modelo do Consenso de Washington. Mas, como me disse o ex-presidente Ricardo Lagos, a política chilena diferiu do Consenso em vários aspectos, inclusive em sua recusa de privatização total. Por exemplo, o país não liberalizou completamente seus mercados de capitais. E, mais importante ainda, enfatizou a educação e a luta contra a pobreza — questões que não faziam parte do Consenso de Washington.

15. Chrystia Freeland, *Safe of the century: The inside story of the second Russian Revolution* (Nova York: Crown, 2000).

16. A Nigéria, por exemplo, tinha uma dívida para com o Clube de Paris (ou seja, dívida do governo) de mais de 30 bilhões de dólares, antes de uma redução em outubro de 2005.

17. Perto do final de sua Public Information Notice nº 01/73 (27 de julho de 2001), intitulada "IMF concludes 2001 Article IV consultation with Chile", o FMI observa que suas estimativas dos balanços fiscais do governo chileno são diferentes (isto é, piores) do que as estimativas do próprio Chile devido ao tratamento diferente das receitas do Fundo de Estabilização do Cobre (e ganhos de capital com as privatizações).

18. Ver o site na internet do fundo estatal do petróleo da República do Azerbaijão (SOFAZ) em www.oilfund.az.

19. Ver o site na internet do Norges Bank Investment Management (NBIM) em www.norgesbank.no/english/petroleum_fund/.

20. Do mesmo modo, embora seja verdade que o sucesso de uma economia de mercado exige direitos de propriedade seguros, em uma democracia esses direitos só podem ser seguros se forem considerados legítimos. Para uma discussão mais ampla dessas questões, ver, por exemplo, Karla Hoff e Joseph E. Stiglitz, "After the Big Bang? Obstacles to the emergence of the rule of law in post-communist societies", *American Economic Review*, v. 94, nº 3 (junho 2004), pp. 753-76; e Karla Hoff e Joseph E. Stiglitz, "The creation of the rule of law and the legitimacy of property rights: the political and economic consequences of a corrupt privatization", NBER Working Paper 11772, novembro 2005.

21. Para mais discussões sobre essa grande iniciativa global chamada Iniciativa de Transparência das Indústrias Extrativas (EITI) — chamada às vezes de "divulgue o que você paga" —, ver www.eitransparency.org/.

22. A venda de armas, ao sustentar os conflitos, causa uma importante externalidade negativa; e uma maneira comum de reagir a tais externalidades é impor um tributo. Os líderes de vários dos países industriais avançados pedi-

ram um imposto desse tipo. Ver "Action against hunger and poverty: Report of the Technical Group on Innovative Financing Mechanisms", apresentado na ONU em setembro de 2004, redação de Anthony Atkinson *et al.*, Grupo Técnico sobre Mecanismos Inovadores de Financiamento, Brasília, 2004, disponível em www.globalpolicy.org/socecon/glotax/ general/2004/09innovative.pdf.

23. Até agora, parece relativamente ineficaz. Numa rápida investigação junto aos comerciantes de diamantes de Nova York, descobri que poucos sabiam da questão e a maioria simplesmente declarou que a proibição era impossível de ser implementada.

24. Embora, em princípio, a madeira seja, como os peixes, um recurso natural renovável — ao contrário do petróleo, do gás e dos minerais —, as florestas de madeiras nobres demoram tanto para se formar que, em essência, também são recursos esgotáveis.

25. Ver, por exemplo, Sachs, *O fim da pobreza*, op. cit.

26. E, na verdade, grande parte da ajuda dada à Rússia foi desviada rapidamente para contas bancárias em Chipre e outros lugares. Ver Stiglitz, *Globalization and its discontents*, op. cit., p. 150.

27. O Banco Mundial tentou desempenhar um papel positivo no estabelecimento de normas — ao assegurar que a maior parte do dinheiro do projeto petrolífero do Chade-Camarões que ele ajudou a financiar fosse direcionada para o desenvolvimento e não para a compra de armas. Temia-se que o dinheiro do petróleo se limitasse a fortalecer a ditadura militar do Chade. Foi criado um complicado fundo fiduciário onde o dinheiro do petróleo deveria supostamente ser depositado; mas, logo depois que o petróleo começou a jorrar, o governo militar do Chade exigiu que o fundo fosse abolido e que o dinheiro entrasse diretamente para ele, ameaçando cortar o fluxo de petróleo caso não fosse atendido. (No momento em que este livro vai para o prelo, a solução final não foi definida.) Os piores temores dos críticos do projeto se concretizaram. Por que, eles haviam se perguntado, a ExxonMobil precisava da ajuda do Banco Mundial? Se o projeto era bom, ela deveria ter sido capaz de obter financiamento sem o Banco Mundial. Um pouco antes, uma revisão independente dos empréstimos do Banco Mundial para indústrias extrativas havia argumentado contra emprestar para países como o Chade, onde era improvável que o dinheiro fosse contribuir no alívio da pobreza. O banco enviou essas recomendações para mais estudos — uma rejeição polida.

6. PARA SALVAR O PLANETA [PP. 268-301]

1. O termo foi popularizado por Garrett Hardin em seu artigo clássico

com este título em *Science*, v. 162 (13 de dezembro de 1968), pp. 1243-48. Há uma diferença fundamental entre os bens comuns do conhecimento e os bens comuns discutidos aqui. Nos primeiros, o uso dos bens comuns por alguém não diminui o que está disponível para os outros; impedir seu acesso representa uma restrição ineficiente ao uso. No caso das pastagens ou dos locais de pesca comuns, o uso por uma pessoa diminui os recursos disponíveis para as outras. Para utilizar o jargão dos economistas, no primeiro caso o custo marginal de uso é zero; no segundo caso, é positivo.

2. Ver no capítulo 3 a discussão sobre o conceito de externalidade e o do papel do governo no tratamento das ineficiências resultantes.

3. Entre os gases de efeito estufa não estão apenas o dióxido de carbono e o metano (a concentração atmosférica mundial média de metano aumentou 150% desde 1750), mas também gases como o óxido nitroso (N_2O). Ver Intergovernmental Panel on Climate Change, *Climate change 2001: The scientific basis* (Genebra: United Nations Environment Programme, 2001).

4. As pesquisas científicas mais abrangentes sobre o aquecimento global são feitas pelo Painel Intergovernamental sobre Mudança Climática (sigla em inglês IPCC) em seus relatórios periódicos. Ver IPCC, *IPCC Third Assessment: Climate Change 2001* (Cambridge, GB: Cambridge University Press, 2001). As duas avaliações anteriores — IPCC, *IPCC First Assessment Report, 1990* (Cambridge, GB: Cambridge University Press, 1990); e IPCC, *IPCC Second Assessment: Climate Change 1995* (Cambridge, GB: Cambridge University Press, 1995) — podem ser encontradas em www.ipcc.ch/ pub/reports.htm.

5. O IPCC foi criado em 1988 por duas organizações da ONU, a Organização Meteorológica Mundial e o Programa das Nações Unidas para o Meio Ambiente, para avaliar o "risco das mudanças climáticas induzidas pelo homem". Desde então, ele se reuniu quase continuamente, analisando os novos dados e estudos à medida que se tornam disponíveis. Participei da Segunda Avaliação (*IPCC Second Assessment: Climate Change 1995*, op. cit.).

6. A redução média era de 5,2% até 2012, em comparação com o ano de 1990. A média é de 5,2% porque alguns países, entre eles a Rússia e a Austrália, tiveram permissão para aumentos, ou pelo menos para nenhuma redução. Embora isso possa parecer pouco, representava uma redução de 29% em comparação com os níveis de emissão existentes sem o Protocolo. (A data final para o próprio Protocolo é 2012; imagina-se que padrões mais rígidos serão estabelecidos a partir de então.)

7. Council of Economic Advisers, "The Kyoto Protocol and the president's policies to address climate change: administration economic analysis", julho 1998.

8. Energy Information Administration, *International Energy Annual 2003* (Washington, DC: U.S. Department of Energy, 2005), Tabela E.1G.

9. Ibid., Tabela H.1GCO2.

10. Ver Tabela H.1 de ibid.; e National Environmental Trust, *First in emissions, behind in solutions: global warming pollution from U.S. States compared to 149 developing countries* (Washington, DC: National Environmental Trust, 2003); disponível em www.net.org/reports/globalwarming/emissionsreport.pdf.

11. Ver Tabela H.1 GCO2 de Energy Information Administration, *International Energy Annual 2003*, op. cit. No capítulo 2, expliquei como o PIB é uma medida imperfeita dos padrões de vida, e apontei para a medida mais abrangente utilizada pela ONU, chamada de "Indicadores do Desenvolvimento Humano". Por esses indicadores, os Estados Unidos ocupavam o décimo lugar no mundo em 2005.

12. Nos capítulos 2 e 5, expliquei por que o PIB não é uma boa medida de bem-estar social sustentável; é por isso que os argumentos da indústria que se ouvem com freqüência, segundo os quais a restrição à poluição tem um custo em PIB, não são apenas uma defesa do interesse próprio, como não vêm ao caso. Mesmo que o PIB medido hoje viesse a diminuir, se o resultado disso fosse a redução das perdas futuras dos efeitos do aquecimento global, a restrição às emissões seriam eficientes também do ponto de vista do PIB, visto numa perspectiva de longo prazo. Igualmente irrelevantes são os argumentos de se perderiam empregos; se as autoridades fiscais fizerem seu trabalho, novos empregos serão criados em outros setores da economia.

13. Ver o banco de dados "emissões cumulativas de CO_2, 1900-2002" do Instituto de Recursos Mundiais, localizado em http://earthtrends.wri.org/, que é compilado de vários dados publicados pelo Departamento de Energia dos Estados Unidos.

14. O plano de onze anos da China, anunciado em março de 2006, enfoca o meio ambiente, incluindo o aumento da eficiência em energia. Nas semanas seguintes ao anúncio, o governo elevou os impostos sobre a gasolina e outros produtos derivados do petróleo e anunciou outras medidas para desestimular o desmatamento, entre elas um imposto sobre os pauzinhos de comer.

15. Energy Information Administration, *International Energy Outlook 2004* (Washington, DC: U.S. Department of Energy, 2004), Tabela 72. A comparação entre desenvolvidos e em desenvolvimento ignora a categoria da Europa Oriental/países formadores da ex-URSS, que é projetada para responder por relativamente constantes 12% de emissões durante todo esse período.

16. Há forças complexas em jogo. A produção agrícola, embora não contribua para as emissões tanto quanto a produção industrial, ainda assim aumenta os gases de efeito estufa. O gado, por exemplo, produz altos níveis de

CH_4 (metano). O desmatamento é um grande problema, discutido mais adiante. Os países em desenvolvimento também são muito ineficientes — trata-se de uma característica quase definidora do ser pouco desenvolvido; e isso significa que registram altos níveis de emissões por unidade de produção. Por um lado, isso significa que à medida que se industrializam, as emissões crescem rapidamente; mas também que há um amplo espaço para sua redução, à medida que se tornem mais eficientes. Em alguns países em desenvolvimento, como a China, o preço baixo da energia contribui para essa ineficiência. Se os países em desenvolvimento seguirem o exemplo da Europa, e não o dos Estados Unidos, aplicando impostos altos sobre o petróleo, então seus aumentos de emissões serão limitados. Mesmo sem tais impostos, a China mostrou que se pode combinar crescimento rápido — de 7% a 9% ao ano — com aumentos limitados de emissões. Para uma discussão sobre as projeções de emissões, ver Mustafa H. Babiker, John M. Reilly, Monika Mayer, Richard S. Eckaus, Ian Sue Wing e Robert C. Hyman, "The MIT emissions prediction and policy analysis (EPPA) model: revisions, sensitivities, and comparisons of results", MIT Joint Program on the Science and Policy of Global Change Report 71, fevereiro 2001. Projeções mais recentes, publicadas pela Energy Information Administration em *International/ Energy Outlook 2004*, op. cit., prevêem que as emissões dos países em desenvolvimento superarão as dos países desenvolvidos em 2030, em vez de 2025.

17. Há também alguns problemas difíceis associados ao aumento populacional que não temos espaço para tratar aqui.

18. Com base nos cálculos do autor, usando dados da ONU para emissões per capita. United Nations Millennium Indicators data series, "Carbon dioxide emissions (CO_2), metric tons of CO_2 per capita (CDIAC)", encontrado em http://unstats.un.org/unsd/mi/ mi_series_list.asp.

19. Essa é uma das várias maneiras pelas quais o campo de jogo poderia ser nivelado. A Europa, por exemplo, poderia impor um imposto sobre o carbono (o governo Clinton chegou a propor esse tributo) — um imposto sobre todas as commodities baseado na magnitude das emissões de sua produção, com um crédito propiciado por impostos sobre energia já pagos. Evidentemente, os produtores europeus obteriam um grande crédito, devido aos altos tributos já impostos ao petróleo.

20. A Coalizão da Floresta Úmida (ver abaixo) *não* está pedindo compensação por isso, em parte porque é difícil calcular esses serviços de "limpeza", em parte porque serviços análogos são fornecidos pelas florestas dos países industriais avançados, inclusive dos Estados Unidos, e essas "emissões negativas" não foram incluídas na contagem de carbono para eles.

21. Há vários detalhes técnicos na implementação dos projetos para evi-

tar o desmatamento: por exemplo, no que diz respeito ao monitoramento. A tecnologia moderna torna isso muito mais fácil hoje do que há vinte anos.

22. A Coalizão da Floresta Úmida foi anunciada em 15 de janeiro de 2005, na Universidade Columbia, em Nova York, em um discurso de sir Michael Somare, o primeiro-ministro de Papua-Nova Guiné. Ela já ganhou o apoio de pelo menos doze países em desenvolvimento, entre eles Costa Rica, Nigéria, Vietnã e Índia. Ver www.rainforestcoalition.org/eng.

23. Embora até mesmo a abordagem que acabei de esboçar imponha custos diferentes aos diferentes países, essas diferenças são pequenas. Tecnicamente, o custo de ineficiência de um imposto é chamado de triângulo de Harberger, e está relacionado com a elasticidade da demanda e oferta. Esses custos são tipicamente pequenos em relação ao PIB. O custo da mudança da tributação da renda para a da poluição é a diferença entre o triângulo de Harberger associado a um imposto da poluição e, digamos, a um imposto de renda — e essa diferença é provavelmente pequena. Por fim, o impacto distribucional está associado à diferença nessa diferença, um número que também é provavelmente muito pequeno.

24. Há uma razão para esperar que os impostos sobre petróleo, gás e carvão aumentem ao longo do tempo se quisermos continuar a reduzir as emissões: se tivermos sucesso em induzir reduções energéticas, a demanda por esses recursos cairá e o mesmo acontecerá com o preço de mercado antes do imposto. Mas, à medida que o preço cai, o mesmo ocorrerá com os incentivos para reduzir as emissões.

25. Jared Diamond, *Collapse: how societies choose to fail or succeed* (Nova York: Viking, 2005), p. 498 [*Colapso: como as sociedades escolhem o fracasso ou o sucesso*, Rio de Janeiro: Record, 2005].

26. Assim como argumentei que as sanções se justificam como uma maneira de garantir a obediência aos acordos mundiais, do mesmo modo faz sentido condicionar a ajuda a essa obediência (inclusive das reduções das emissões de gases de efeito estufa por unidade de PIB e da não-proliferação de armas nucleares).

7. A EMPRESA MULTINACIONAL [PP. 302-333]

1. Em 2005, a entrada de investimentos externos diretos nos países em desenvolvimento foi de 233 bilhões de dólares. Ver United Nations Conference on Trade and Development (UNCTAD), *World Investment Report 2005: Transnational Corporation and the Internationalization of R&D*, disponível em www.unctad.org/en/docs/wir2005_en.pdf.

Posteriormente, em trabalho conjunto com Sanford J. Grossman, mostrei que quando a informação é imperfeita e os mercados de risco incompletos (como sempre são), maximizar o valor de mercado não resulta, em geral, em eficiência econômica. Ver Sanford J. Grossman e Joseph E. Stiglitz, "On value maximization and alternative objectives of the firm", *Journal of Finance*, v. 32, nº 2 (maio 1977), pp. 389-402, e "Stockholder unanimity in the making of production and financial decisions", *Quarterly Journal of Economics*, v. 94, nº 3 (maio 1980), pp. 543-66; e Joseph E. Stiglitz, "On the optimality of the stock market allocation of investment", *Quarterly Journal of Economics*, v. 86, nº 1 (fevereiro 1972), pp. 25-60, e "The inefficiency of the stock market equilibrium", *Review of Economic Studies*, v. 49, nº 2 (abril 1982), pp. 241-61. Mais importante ainda, expus os problemas associados ao que desde então tem sido chamado de "governança corporativa" e mostrei como a economia da informação poderia ser usada para estabelecer os fundamentos de uma teoria coerente da empresa moderna. Ver Joseph E. Stiglitz, "Credit markets and the control of capital", *Journal of Money, Banking, and Credit*, v. 17, nº 2 (maio 1985), pp. 133-52, e "The contributions of the economics of information to twentieth century economics", *Quarterly Journal of Economics*, v. 115, nº 4 (novembro 2000), pp. 1441-78; e Bruce Greenwald e Joseph E. Stiglitz, "Information, finance and markets: the architecture of allocative mechanisms", *Industrial and Corporate Change*, v. 1, nº 1 (1992), pp. 37-63.

11. O episódio de Bhopal recebeu ampla cobertura da imprensa em todo o mundo. Ver, por exemplo, Amnesty International, *Clouds of injustice: Bhopal disaster 20 years on* (Londres: Amnesty International, 2004), disponível em http:llweb.amnesty .org/library/lndex/ENGASA201042004?open&of=ENG-398.

12. Esses não são os únicos casos em que as multinacionais utilizam a política: os executivos que falam sobre a importância de manter o governo fora do caminho estão bastante dispostos a pedir ajuda dos governos quando dela precisam. Quando descobriu que havia dado um lance exagerado num contrato de concessão, a Aguas Argentinas — da qual a Suez francesa é grande acionista — pediu que o governo francês pressionasse a Argentina a renegociar. E também não se trata de uma via de mão única: quando os lucros se revelam excessivamente altos e os governos estrangeiros tentam renegociar concessões, os governos ocidentais metem a colher falando sobre a inviolabilidade dos contratos.

13. Para uma discussão desse e de outros casos do capítulo 11 do NAFTA, ver Public Citizen (uma organização sem fins lucrativos), "Table of NAFTA Chapter 11 investor-state cases & claims", em www.citizen.org/documents/Ch11cases_chart.pdf.

14. Impressionou-me a força e a diversidade do movimento de responsabilidade empresarial. A Hydro, firma norueguesa atuante em várias áreas, entre

elas gás, não só promoveu a transparência nos países em que está presente como divulga a Declaração dos Direitos Humanos da ONU. O banco holandês ABN-Amro não só fala de sustentabilidade em suas práticas de crédito como tem projetos que ajudam o desenvolvimento em vários países. Muitas companhias foram para o que é chamado de *triple bottom line*, enfocando não apenas os lucros, mas os impactos sobre o meio ambiente e as questões mais amplas da responsabilidade social.

15. *The wealth of nations* (Nova York: Modern Library, 1937), p. 128. [*A riqueza das nações*, várias edições.]

16. Um grau adicional de complexidade é acrescentado pelos acordos internacionais que supostamente devem tratar do comportamento anticompetitivo. Embora a OMC permita que os países utilizem taxas antidumping, como vimos no capítulo 3, o dumping, tal como definido tradicionalmente, tem pouco a ver com o comportamento anticompetitivo. Ademais, enquanto o dumping está preocupado com firmas que cobram pouco demais, a OMC não parece se preocupar com o perigo muito maior da monopolização, de empresas que cobram demais. Em um caso, os Estados Unidos acusaram o Japão de comportamento anticompetitivo no caso dos filmes (a Fuji vendia o dobro da Kodak, ao passo que nos Estados Unidos a proporção é inversa). Mas a posição americana não recebeu apoio.

17. Ver Stiglitz, *Globalization and its discontents*, op. cit., p. 173.

18. Alguns países europeus possuem marcos jurídicos que reconhecem as obrigações das empresas não somente para com os acionistas, mas também para com as pessoas afetadas por suas políticas.

19. Os Estados Unidos constituem o foro preferido porque têm tradicionalmente as leis sobre competição mais fortes. A decisão de 2005 da Suprema Corte foi em *F. Hoffman-LaRoche Ltd.* (uma multinacional suíça que atua em mais de 150 países) *versus Empagran AS*, uma empresa equatoriana prejudicada por ter de pagar preços mais altos pela vitamina C utilizada na criação de camarões e peixes. Hoffman-LaRoche e outros produtores de vitamina C foram considerados culpados de fixação de preços, mas eles acertaram primeiro com os americanos que também haviam sido prejudicados. Com os reclamantes americanos fora do caso, a Suprema Corte decidiu que a Empagran e vinte outras companhias estrangeiras não podiam buscar reparação nos tribunais americanos. Achei que os princípios envolvidos eram tão importantes para a preservação da competição mundial que entrei com um mandado *amicus curie* (amigo da corte), descrevendo os riscos do monopólio global e o que deveria ser feito. Embora a Corte tenha decidido contra a Empagran, sua decisão sugeriu uma consciência do problema representado por esses monopólios.

20. Há inúmeras dimensões para fazer um regime jurídico global que seja

ao mesmo tempo justo com os prejudicados e incentive as empresas a agir com responsabilidade. Uma reforma legal mais fundamental separaria as questões de punição e dissuasão do problema da compensação justa. Um conselho de reclamações poderia, por exemplo, estabelecer a magnitude do dano sofrido pelos indivíduos e decidir a compensação com base nisso. Um tribunal separado poderia estabelecer a dimensão da culpa da empresa, se ela tomou medidas que causaram dano — digamos, em conseqüência de políticas ambientais inadequadas —, e então avaliar, usando um modelo estatístico, as penalidades apropriadas. Danos punitivos adicionais poderiam ser aplicados para oferecer mais dissuasão ou em resposta a comportamentos particularmente abusivos.

8. O ÔNUS DA DÍVIDA [PP. 334-379]

1. O rublo caiu de 6,28 por dólar antes da crise para 23 por dólar em janeiro de 1999.

2. A Argentina abandonou seu velho regime de câmbio, em que o valor do peso estava fixado em um dólar em dezembro de 2001. Foi amplamente previsto que isso era um prelúdio para o calote da dívida, que ocorreu no início do ano seguinte. Ver Paul Blustein, *And the money kept rolling in (and out): Wall Street, the IMF and the bankrupting of Argentina* (Nova York: PublicAffairs, 2005).

3. Carta de Luis M. Drago, ministro de Relações Exteriores da República Argentina ao sr. Mérou, embaixador argentino nos Estados Unidos, 29 de dezembro de 1902, Documentos da História Americana, Durham Trust Library. Traduções para o inglês disponíveis em www.theantechamber.net/UsHistDoc/DocOfAmeriHist/DocOfAmeriHist3.html. Drago escreveu também: "O reconhecimento da dívida, seu pagamento integral podem e devem ser feitos pela nação sem diminuição de seus direitos inerentes como Estado soberano".

4. Ver Carlos Marichal, *A century of debt crises in Latin America: From independence to the Great Depression, 1820-1930* (Princeton: Princeton University Press, 1989).

5. A quantia devida estava próxima de 100 milhões de libras esterlinas, ou 11,12 bilhões de dólares de hoje (usando índices de varejo históricos, taxa de câmbio dólar/libra de 23 de novembro de 2005). Fonte: EH.Net, em www.eh.net/hmit/ppowerbp/. Ver D. C. M. Platt, *Finance, trade and politics in British foreign policy 1815-1914* (Oxford: Clarendon Press, 1968).

6. Devo esse exemplo a David Hale. Ver David Hale, "Newfoundland and the global debt crisis", *The Globalist*, 28 de abril de 2003; disponível em www.theglobalist.com/DBWeb/StoryId.aspx?StoryId=3088.

7. A respeitada Comissão Pearson (presidida pelo ex-primeiro-ministro

canadense e ganhador do prêmio Nobel Lester B. Pearson) afirmou a mesma coisa em seu relatório ao Banco Mundial há quase vinte anos, quando disse: "A acumulação de dívidas excessivas resulta geralmente da combinação de erros dos governos que fazem empréstimos e de seus credores estrangeiros". Lester B. Pearson *et al.*, *Partners in development: Report of the Commission on International Development* (Nova York: Praeger, 1969), pp. 153ss.

8. Mas assim como os tomadores de empréstimos concentram-se no ganho de curto prazo — adiando para seus sucessores os problemas do reembolso —, o mesmo fazem os que emprestam, deixando para seus sucessores o problema da cobrança.

9. Evidentemente, surgem questões similares nos países desenvolvidos. O problema é que os países em desenvolvimento, com menos experiência, podem ser mais suscetíveis ao "conselho" de um experiente banco ocidental, mesmo que esse conselho esteja marcado pelo egoísmo. Suborno e corrupção (discutidos em capítulos anteriores) também desempenham, às vezes, um papel.

10. O argumento é que ao tomar emprestado em dólares ou euros, o país poderia estabelecer um marco pelo qual as taxas de juros dos empréstimos privados poderiam ser estabelecidas. As taxas de empréstimo costumam ser estabelecidas a partir da soma do prêmio de risco de uma companhia ao prêmio de risco do país. Assim, se o Vietnã pudesse tomar emprestado, digamos, a 8%, um emprestador que pensa em emprestar para uma firma vietnamita relativamente segura poderá cobrar 10%, um prêmio de 2% de risco da companhia acrescentado ao do país. Mas, se o Vietnã pudesse tomar somente a 10%, então os emprestadores só cederiam o empréstimo a 12%.

11. Para se proteger do risco, digamos, de ir à falência, as empresas deveriam fazer seguros contra diminuições da taxa de câmbio que aumentassem o valor do que devem. E elas fazem isso freqüentemente, embora com menos freqüência do que a teoria econômica comum preveria. Mas, se as empresas acham que o governo vai evitar grandes flutuações da taxa cambial, pode haver menos demanda por esse tipo de seguro; e, se a maioria das firmas não tem seguro, então as quedas na taxa de câmbio podem não oferecer muito estímulo para a economia. Isso porque uma moeda mais fraca, ao mesmo tempo em que leva ao aumento das exportações, torna a dívida externa mais cara e assim o país fica mais pobre; por sua vez, isso desestimula o consumo e o investimento. O resultado é que as políticas do FMI, na realidade, diminuíram a eficácia da taxa cambial como parte do processo de ajuste da economia, aumentaram a exposição ao risco dos países e aumentaram o custo da volatilidade da taxa cambial.

12. Na verdade, da perspectiva dos emprestadores, o sistema não está funcionando mal, porque os credores recebem em média um retorno maior do que o normal sobre tais empréstimos, mesmo quando ajustados para o risco.

13. Com o assim chamado plano Brady, em que títulos velhos foram trocados por novos respaldados por letras do Tesouro americano.

14. As conseqüências fiscais da privatização da previdência social desempenharam um papel proeminente no debate sobre privatização parcial nos Estados Unidos, onde se observou que ela levaria, só nos primeiros dez anos, a um aumento de mais de um trilhão de dólares de déficits.

15. Naturalmente, se houvesse um único líder global, ele poderia querer punir o país teimoso para dar uma lição a todos os que pensassem em dar o calote. Mas, nos mercados financeiros competitivos, não é do interesse de ninguém dar essa punição.

16. Como observamos no primeiro capítulo, a dívida dos países em desenvolvimento em 2006 estava em torno 1,5 trilhão de dólares.

17. A lista inclui Benin, Bolívia, Burkina Fasso, Etiópia, Gana, Guiana, Honduras, Madagascar, Mali, Mauritânia, Moçambique, Nicarágua, Níger, Ruanda, Senegal, Tanzânia, Uganda, Zâmbia. Outros países podem se qualificar no futuro.

18. Se o país não iria reembolsar de qualquer modo, em que sentido o alívio da dívida oferece realmente uma ajuda adicional? É claro que tirar os credores das costas pode ser um benefício considerável para os países em desenvolvimento. E isso pode ser tratado como ajuda pelos doadores, que anotam em seus livros um cancelamento da dívida.

19. Isso acontece em especial porque as taxas de juros sobre, digamos, os empréstimos do Banco Mundial estão bem abaixo das do mercado; na realidade, o empréstimo é, em larga medida (geralmente dois terços), uma concessão. O elemento de doação é calculado tomando-se o valor descontado atual da diferença entre a taxa de juro "não-subsidiada" e a taxa de juro que os países têm de pagar.

20. No entanto, os europeus estão certos ao insistir que há ainda um papel importante para os empréstimos, por exemplo, no financiamento de projetos de energia elétrica. Além disso, um país pode tomar maior cuidado ao tomar emprestado e gastar bem o dinheiro quando este vem de um empréstimo que precisa ser reembolsado, em vez de quando vem simplesmente de presente.

21. Há uma literatura grande e crescente sobre dívidas odiosas. Patricia Adams, *Odious debts: loose lending, corruption, and the Third World's environmental legacy* (Londres: Earthscan Publications, 1991), oferece uma revisão da literatura histórica. Para uma discussão geral, inclusive a da aplicação ao Iraque, ver Joseph E. Stiglitz, "Odious rulers, odious debts", *Atlantic Monthly*, v. 292, nº 4 (novembro 2003), pp. 39-45. Para uma discussão do impacto sobre os empréstimos legítimos, ver Seema Jayachandran, Michael Kremer e Jonathan Shafter, "Applying the odious debts doctrine while preserving legitimate len-

ding", dezembro 2005, disponível em http://post.economics.harvard.edu/faculty/kremer/webpapers/Odious_DebtDoctrine.pdf.

22. De novo, no jargão econômico, trata-se de um caso clássico de externalidade.

23. Essas políticas estão descritas nos capítulos 1 e 2.

24. Ver Barry Eichengreen e Ricardo Hausmann, eds., *Other people's money: debt denomination and financial instability in emerging market economics* (Chicago: University of Chicago Press, 2005).

25. O Banco Mundial, em algumas ocasiões, tomou emprestado em mais de quarenta moedas. (Para uma lista parcial, ver World Bank Treasury, "List of Selected Recent World Bank Bonds", em http://treasury.worldbank.org/Services/Capital%2b Markets/Debt+Products/List+of+Recent+WB+Bond+Issuance.html.) Isso ajudou a servir de catalisador para a criação de mercados de títulos locais.

26. John Maynard Keynes, *The economic consequences of the peace* (Nova York: Harcourt, Brace and Howe, 1920).

27. Há duas explicações possíveis para a posição dos Estados Unidos. Uma é que Wall Street quer garantir que os credores reembolsem — quer dificultar ao máximo os calotes. A outra é ideológica: o governo Bush se opôs consistentemente aos esforços para criar e fortalecer as instituições multilaterais; um tribunal internacional de falências, que poderia surgir naturalmente da tentativa de criar um mecanismo de reestruturação da dívida soberana, seria considerado anátema.

28. A lei de falência americana reconhece essa diferença; o capítulo 9 deste livro trata especificamente das leis de falência relacionadas com os órgãos públicos.

29. Andrei Shleifer, professor de Harvard e amigo e associado do então subsecretário do Tesouro Larry Summers, foi designado para assessorar as privatizações na Rússia através de um contrato da AID (agência de desenvolvimento americana) com Harvard (na época, o Tesouro tinha um papel central no planejamento de políticas econômicas em relação à Rússia). Em meio a acusações de que o assessor de Harvard havia usado informações privilegiadas para fazer negócios e conexões internas para obter uma licença para abrir uma empresa de financiamento, a AID suspendeu e depois cancelou o contrato, e entrou com um processo para reaver o que havia gasto. O tribunal confirmou a posição da agência e as acusações contra Shleifer. Depois de gastar milhões no processo, em acordos dentro e fora dos tribunais, Harvard pagou mais de 25 milhões de dólares e Shleifer mais de 2 milhões de dólares. Summers, então presidente de Harvard, renunciou pouco depois, em parte sob pressão resultante desse incidente, mas, no momento em que este livro vai para o prelo, Harvard ainda

não aplicou nenhuma punição a Shleifer. Para uma discussão detalhada do incidente, ver David McClintick, "How Harvard lost Russia", *Institutional Investor*, 13 de janeiro de 2006; disponível em www.dailyii.com/print.asp? ArticleID= 1039086.

30. Ver John Lloyd, "Who lost Russia?", *New York Times Magazine*, 15 de agosto de 1999.

31. Taxas de juros mais altas podem até aumentar a eficiência total, ao reduzir a disparidade entre custos sociais e privados.

9. A REFORMA DO SISTEMA GLOBAL DE RESERVAS [PP. 380-410]

1. No momento em que este livro vai para o prelo, o capital líquido vem saindo dos países recentemente industrializados todos os anos desde 1997. Para outros países em desenvolvimento, tem havido um fluxo de capital líquido para fora desde 2000. Ver IMF, *World Economic Outlook*, setembro 2004 (Washington, DC: IMF, 2004), Statistical Appendix, Tabela 25; disponível em www.imf.org/external/pubs/ft/weo/2004/02/pdf/statappx.pdf.

2. Gerard Caprio, James A Hanson, Robert E. Litan, eds., *Financial crises: lessons from the past, preparation for the future* (Washington, DC: Brookings Institution Press, 2005).

3. Isto é, os países deveriam ter a parte maior da quantia exigida para sustentar as importações e cobrir o nível de dívida de curto prazo denominada em dólar.

4. A crise da Tailândia de 2 de julho de 1997, por exemplo, ocorreu quando se reconheceu que o país não tinha reservas suficientes para sustentar sua moeda.

5. Ver Dani Rodrik, "The social cost of foreign exchange reserves", NBER Working Paper 11952, apresentado na reunião da Associação Americana de Economia, Boston, janeiro 2006; disponível em www.nber.org/papers/w11952. As reservas dos países desenvolvidos não mudaram muito enquanto porcentagem do PIB, permanecendo um pouco abaixo de 5%.

6. IMF, *World Economic Outlook*, setembro 2005 (Washington, DC: IMF, 2005), Statistical Appendix, Tabela 35.

7. Nos primeiros anos desta década, a taxa de juros das letras do Tesouro americano caíram para 1%. Em meados de 2006, haviam subido para 5%. Em termos reais, levando em conta a inflação, os rendimentos foram ainda mais minúsculos, variando de -2% em 2003 a pouco acima de 1% em 2006.

8. Rodrik, "The social cost of foreign exchange reserves", op. cit., apresenta um conjunto mais conservador de cálculos. Ele se concentra nas reservas em

excesso — acima da regra tradicional dos três meses de importação — e apresenta cálculos baseados em um spread de 3%, 5% ou 7% entre a taxa de empréstimo e a taxa de tomar emprestado dos soberanos. Usando o número do ponto médio, ele calcula um custo próximo de 1% do PIB do país em desenvolvimento.

9. UNDP, *Investing in development: a practical plan to achieve the Millennium Development Goals* (Londres e Sterling, VA: Earthscan Publications, 2005), p. 57.

10. IMF, *Annual Report*, abril 2005, Appendix I: International Reserves, Tabela 1.2; disponível em www.imf.org/external/pubs/ft/ar/2005/eng/pdf/file7.pdf.

11. International Monetary Fund, International Financial Statistics, "Total Reserves 1s (w/gold at SDR 35 per oz)", acessado em 15 de maio de 2006 em http://ifs.apdi.net (usando fator de conversão de 1,5 dólar por DES).

12. A deflação é um sintoma de demanda agregada inadequada, e, com uma demanda agregada fraca, a produção será baixa e o desemprego alto. Mas a deflação em si mesma pode ser um problema, na medida em que os tomadores de empréstimos têm de pagar mais em dólares reais do que tomaram emprestado e previam reembolsar. O peso do aumento da dívida real (combinado com uma economia fraca) leva com freqüência a altas taxas de calote, que, por sua vez, levam a problemas no sistema bancário. O final do século XIX e a Grande Depressao foram períodos de deflação. Um dos grandes economistas da primeira metade do século XX, Irvin Fischer, analisou o papel da deflação e da dívida na Grande Depressão; mais recentemente, suas teorias foram revividas e modernizadas nas obras de Bruce Greenwald e nas minhas. Ver, por exemplo, Joseph E. Stiglitz e Bruce Greenwald, *Towards a new paradigm in monetary economics* (Nova York: Cambridge University Press, 2003) [*Rumo a um novo paradigma em economia monetária*. São Paulo: Francis, 2004].

13. Em termos de oferta e demanda, o desejo dos outros de acumular essas "*T-bills*" constitui (parte de) sua demanda e é fácil para os governos responder a ela, simplesmente tomando emprestado dinheiro (emitindo letras do Tesouro). Tomar emprestado no exterior costuma ser chamado de "influxos de capital".

14. A poupança nacional total é a soma das poupanças das famílias, das empresas e do governo. O déficit fiscal — a diferença entre a receita e os gastos do governo — é simplesmente uma poupança negativa. Quando o déficit fiscal aumenta, a poupança nacional total se reduz (exceto se as poupanças familiares e empresariais aumentarem). E, se não há alteração nos investimentos, isso significa que haverá uma escassez de fundos — o país terá de aumentar seus empréstimos no exterior. É por isso que os déficits fiscais e comerciais andam juntos, *exceto* se o investimento ou a poupança privada mudarem simultanea-

mente. Na década de 1990, o déficit fiscal diminuiu e o investimento aumentou, então o déficit comercial permaneceu grande. Déficits fiscais significam que o governo está cada vez mais endividado. Déficits comerciais significam que o país está cada vez mais endividado. Ambos podem ser um problema, em especial quando os países ou governos gastam o que tomam emprestado em consumo, em vez de investi-lo.

15. Há um risco de insuficiência de demanda agregada não apenas em nível mundial, mas dentro do país da moeda de reserva. Tecnicamente, podemos expressar o que está acontecendo da seguinte forma: as importações líquidas são subtraídas da demanda agregada. (Há um outro canal pelo qual a demanda por reservas no exterior pode diminuir a demanda agregada interna. O aumento da demanda pela moeda do país de reserva, ou letras do Tesouro, leva à apreciação da moeda em um sistema de taxa de câmbio flexível e isso, por sua vez, diminui as exportações e aumenta as importações.)

16. Independentemente de quem esteja no governo, tendo em vista a insuficiência da demanda agregada, haverá pressões a favor de uma política fiscal expansiva. Nessa perspectiva, o déficit comercial deveria ser visto como determinado, ao menos em parte, pela demanda pelas letras do Tesouro para reservas; o déficit fiscal se ajusta a mudanças no déficit comercial. Isso contrasta com boa parte da análise-padrão, que trata o déficit fiscal como determinado por políticas públicas (tais como cortes de impostos), com o déficit comercial se ajustando para refletir as diferenças resultantes em poupança e investimento interno.

17. Evidentemente, pode chegar um momento no futuro em que a confiança no euro também sofra erosão, à medida que o nível da dívida em euros aumente.

18. Além disso, o Pacto de Estabilidade e Crescimento da Europa impede gastos deficitários significativos dos países-membros da UE; com os limites de déficit sendo habitualmente rompidos, questiona-se se, *de facto*, o pacto ainda está em vigor.

19. John Maynard Keynes, "Proposals for an international clearing union" (1942), em *The collected writings of John Maynard Keynes*, v. 25, *Activities 1940-1944*, ed. Donald E. Moggridge (Londres: Macmillan, 1980), pp. 168-95.

20. O FMI fez isso duas vezes, para um valor total de DES 21,4 bilhões (em 14 de junho de 2006, um DES valia 1,47 dólar). Eles são um ativo mantido pelos bancos centrais, conversíveis em qualquer moeda. Em 1997, o conselho de direção do FMI aprovou uma outra emissão dobrando os DES, que se tornará efetiva quando 60% de seus membros (111 países), com 85% do poder de voto, a aceitarem. Até o final de agosto de 2005, os Estados Unidos, com 17,1% do poder de voto, haviam exercido seu poder de veto.

21. A lógica econômica por trás dessa proposta está mais explicada em Bruce Greenwald e Joseph E. Stiglitz, "A modest proposal for international monetary reform", trabalho apresentado à reunião da Associação Americana de Economia, Boston, 4 de janeiro de 2006; disponível em www.ofce.sciences-po.fr/pdf/documents/ international_monerary _reform.pdf.

22. Assim como os bancos centrais não precisam de cobertura total para o dinheiro que emitem, a nova Autoridade Monetária Global que emitiria as notas globais não precisaria ter em suas reservas uma quantia igual às notas globais emitidas. Tal como o FMI ou o Banco Mundial, os países-membros poderiam concordar em sustentar as notas globais, se necessário; essa garantia aumentaria a confiança no novo sistema mundial de reservas, mas é improvável que venha a ser necessário utilizar esses compromissos. (As notas globais não seriam um meio ordinário de transação; elas seriam simplesmente uma reserva de valor, conversível, sob condições especificadas, em moedas que poderiam ser usadas para comprar bens e serviços.)

Uma parte importante da proposta discutida adiante é que a emissão de notas globais não precisa estar estreitamente amarrada à contribuição financeira feita para ajudar a estabelecer o novo sistema mundial de reservas. Embora eu tenha descrito como o sistema poderia funcionar como "pura troca" entre notas globais e moedas de cada país, a Autoridade Monetária Global poderia simplesmente emitir as notas globais (da forma como qualquer banco central emite papel-moeda sem lastro). Adiante, descrevo os princípios que poderiam orientar a alocação dessas emissões anuais. Como alternativa, os que recebessem notas globais poderiam concordar em contribuir com uma quantia semelhante para financiar os bens públicos e o desenvolvimento, conforme as diretrizes descritas mais adiante neste capítulo.

23. John Maynard Keynes, "Proposals for an international clearing union" (1942), em *The collected writings of John Maynard Keynes*, v. 25, op. cit.

24. Argumentei antes que o sistema global de reservas estimula os gastos deficitários. A facilidade de tomar emprestado aumenta a tentação de fazê-lo de forma imprudente, como os Estados Unidos nos últimos anos. Com o dólar não sendo mais a moeda de reserva, essa tentação se reduziria. Nem os Estados Unidos teriam necessidade de ter enormes déficits fiscais para estimular a economia, a fim de contrabalançar os efeitos do déficit comercial, que vimos que é apenas o outro lado da acumulação de letras do Tesouro americano em reservas.

25. Até mesmo uma reforma mais limitada do que a proposta nesta seção seria altamente benéfica. Mesmo que as notas globais fossem para vários países, proporcionalmente a seus PIBS, as reformas propostas neste capítulo aumentariam a força e a estabilidade da economia global.

26. Podem surgir alguns desacordos em relação ao papel das instituições

internacionais existentes. Alguns críticos dessas instituições têm menos confiança na capacidade delas do que na dos governos nacionais, e argumentam que os problemas quase inerentes de governança e *accountability* tornam improvável o sucesso da reforma.

27. Um relatório da ONU concluiu que o custo para se alcançar essas metas era modesto, mas substancialmente maior do que os níveis atuais de gastos em ajuda externa; o texto sugere que um nível plausível de ajuda ao desenvolvimento total exigido para o cumprimento das Metas de Desenvolvimento do Milênio durante a próxima década será de 135 bilhões de dólares em 2006, elevando-se para 195 bilhões em 2015. Essas cifras equivalem respectivamente a 0,44% e 0,54% do PIB dos doadores. UNDP, *Investing in development*, op. cit.

28. De acordo com a Iniciativa Internacional da Vacina da Aids, o gasto total em P&D em vacina de HIV/aids até 2002 estava entre 430 milhões e 470 milhões de dólares, e somente entre 50 e 70 milhões haviam vindo da indústria privada. Em contraste, os gastos totais em pesquisa e desenvolvimento biofarmacêutico foram de cerca de 50 bilhões de dólares por ano. International AIDS Vaccine Intiative, "Delivering an AIDS vaccine: A briefing paper", World Economic Forum Briefing Document, 2002.

29. Ver Shantayanan Devarajan, Margaret J. Miller e Eric V. Swanson, "Goals for development: history, prospects and costs", World Bank Policy Research Working Paper 2819, abril 2002.

30. Há um argumento a favor das transferências diretas: em muitos países em desenvolvimento, a qualidade dos serviços de saúde e educação oferecidos pelo setor público é deficiente. Se os indivíduos comprarem os serviços diretamente (com o dinheiro propiciado pelas transferências), a qualidade dos serviços oferecidos poderia aumentar substancialmente.

31. Ver George Soros, *George Soros on globalization* (Nova York: PublicAffairs, 2002).

10. DEMOCRATIZANDO A GLOBALIZAÇÃO [PP. 411-441]

1. Em janeiro de 2001, havia 17,1 milhões de empregos na indústria manufatureira; em dezembro de 2004, tinham caído para 14,3 milhões. Ver Bureau of Labor Statistics (em www.bls.gov/), Employment, Hours, and Earnings from the Current Employment Statistics survey (National), Manufacturing employees (ajustado sazonalmente).

2. Ver Bureau of Labor Statistics (em www.bls.gov/), Employment, Hours, and Earnings from the Current Employment Statistics survey (National), Manufacturing employees and total nonfarm employees (ajustado sazonalmente).

Porém, provavelmente mais importante que a "terceirização" tenham sido os tremendos aumentos em produtividade na manufatura. Tendo em vista esse aumento, haveria de qualquer modo grandes perdas de emprego nesse setor.

3. World Bank, World Development Indicators, Manufacturing, Value Added (percent of GDP). World Bank, Development Data and Statistics; disponível por assinatura em www.worldbank.org/data/onlinedatabases/onlinedatabases.html.

4. Como observamos no capítulo 2, as taxas de crescimento na Índia e na China têm sido duas ou três vezes as da Revolução Industrial, ou da era dourada americana dos anos 50 e 60. Ver Nicholas Crafts, "Productivity growth in the Industrial Revolution: a new growth accounting perspective", *Journal of Economic History*, v. 64. nº 2 (junho 2004). pp. 521-35.

5. OECD Observer, "China ahead in foreign direct investment", agosto 2003; disponível em www.oecdobserver.org/news/fullstory.php/aid/1037/China_ahead_ in_foreign_direct_investment.html.

6. Economic Policy Institute, "Hourly wage decile cutoffs for all workers. 1973-2003 (2003 Dollars)", em www.epinet.org/datazone/05/wagecuts_all.pdf.

7. Até mesmo o chefe do FMI reconheceu o problema, pedindo uma realocação dos direitos de voto dos diretores da instituição na reunião da primavera de 2006. Mervyn King, presidente do Banco da Inglaterra, o banco central da Grã-Bretanha, em discurso feito em Nova Delhi em 20 de fevereiro de 2006, pediu uma ampla reforma do FMI.

8. O próprio Wilson parece ter sido mais restrito ao considerar os dois interesses idênticos. Na verdade, em seu testemunho ao Congresso, ele disse: "Eu costumava pensar que o que era bom para nosso país era bom para a General Motors, e vice-versa". Ver James G. Cobb, "G. M. removes itself from industrial pedestal", *New York Times*, 30 de maio de 1999, seção 3, p. 4.

9. Este é um exemplo do que é chamado às vezes de princípio da subsidiariedade — as questões deveriam ser tratadas no nível mais baixo em que uma medida efetiva pode ser tomada.

10. Assim como, sem governo nacional, haverá subprovisão de bens públicos. Os economistas chamam isso de o "problema do carona": uma vez que todos se beneficiam (e pode ser impossível ou caro excluir alguém dos benefícios), há uma tendência de cada um pegar carona nos esforços dos outros.

11. Na reunião da primavera de 2006, o diretor administrativo do FMI propôs mudanças modestas no direito de voto nessa direção, mas não surpreende que tais propostas tenham encontrado resistência de alguns daqueles cujo direito de voto relativo seria reduzido.

12. Ver a discussão no capítulo 3.

13. Observamos no capítulo 3, porém, que o atual sistema de sanções co-

merciais é muito mais eficaz para induzir respostas dos países em desenvolvimento às violações das regras da OMC contra os países desenvolvidos do que o contrário.

14. Ver Tabela 1 de Robert C. Feenstra, "Integration of trade and disintegration of production in the global economy", *Journal of Economic Perspectives*, v. 12, nº 4 (outono 1998), pp. 31-50.

15. Desse ponto de vista, o unilateralismo do presidente Bush será, espero, apenas uma aberração temporária dos primeiros oito anos do século XXI.

Índice remissivo

ESTA OBRA FOI COMPOSTA PELO GRUPO DE CRIAÇÃO EM MINION,
TEVE SEUS FILMES GERADOS PELA SPRESS E FOI IMPRESSA PELA GEOGRÁFICA
EDITORA EM OFSETE SOBRE PAPEL PÓLEN SOFT DA COMPANHIA SUZANO
PARA A EDITORA SCHWARCZ EM OUTUBRO DE 2007